项目管理工程硕士规划教材

项目融资

陈 健 陶 萍 主 编

王守清 主 审

中国建筑工业出版社

图书在版编目(CIP)数据

项目融资/陈健,陶萍主编. —北京:中国建筑工业
出版社,2008
项目管理工程硕士规划教材
ISBN 978-7-112-10118-4

Ⅰ. 项… Ⅱ. ①陈…②陶… Ⅲ. 基本建设项目-融
资-研究生-教材 Ⅳ. F830.55

中国版本图书馆 CIP 数据核字(2008)第 086210 号

本书为面向项目管理工程硕士研究生编写的教材,内容包括项目融资
过程中的项目投资结构、项目融资模式、项目融资渠道、项目融资担保、
项目融资风险等方面的概念、过程、体系和管理等内容。本教材适合项目
管理、工程管理及金融学等专业的研究生、本科生使用,也可供工程、金
融、咨询及政府部门等领域相关工作人员参考。

* * *

责任编辑:牛 松 张 晶
责任设计:董建平
责任校对:兰曼利 关 健

项目管理工程硕士规划教材
项 目 融 资
陈 健 陶 萍 主编
王守清 主审
*
中国建筑工业出版社出版、发行(北京西郊百万庄)
各地新华书店、建筑书店经销
北京天成排版公司制版
廊坊市海涛印刷有限公司印刷
*
开本:787×1092 毫米 1/16 印张:18¾ 字数:465 千字
2008 年 11 月第一版 2016 年 3 月第二次印刷
定价:**35.00** 元
ISBN 978-7-112-10118-4
(16921)

项目管理工程硕士规划教材编审委员会

序一

近年来，随着经济的快速发展和新型工业化进程的加快，我国各级各类建设项目迅速增加，建设项目资金投入不断增长，近几年我国年固定资产投资额已均在10万亿以上。但在建设行业蓬勃发展的今天，由于种种原因，有些项目并不成功，在质量、成本或进度上不能完全实现建设目标，造成了一定的资源浪费和经济损失。据调查，造成项目失败的主要原因之一是管理工作跟不上形势要求，特别是项目管理工作不到位。为了提高管理水平，建设领域迫切需要大量既精通专业知识又具备管理能力的项目管理人才。因此，为建设行业培养一大批专业基础扎实、专业技能强、综合素质高、具备现代项目管理能力的复合型、创新型、开拓型人才是高等院校和企业培训部门所面临的艰巨且迫切的任务。

为满足社会对项目管理人才的需求，从2003年开始，我国相继有100多所高校开设了项目管理工程硕士专业学位教育。该项目主要培养对象是具有某一领域的工程技术背景且在实践中从事项目管理工作的工程人员，期望他们通过对项目管理知识的系统学习、结合自身的工作经验，针对工程项目管理中存在的重大问题、重点问题或热点问题作为自己的毕业设计进行研究，这不仅可以很好地提高学员的项目管理能力，也为有效解决工程项目实际中的问题奠定了基础，因此受到了社会的广泛欢迎。本专业学位教育的快速发展，为工程领域培养高层次项目管理人才拓宽了有效的途径。

项目管理工程硕士教育作为一个新兴的领域，开展的时间比较短，各方面经验不足，因此，到目前为止，国内还没有一套能很好满足教学需要的教材。大家知道，项目本身是一个内涵十分广泛的概念，不同类型的项目不仅技术背景截然不同，其管理的内外环境也有很大差异，因此试图满足所有类型项目管理教学需要的教材往往达不到预期效果。同时有些教材在编写的过程中忽视了工程硕士教育的工程背景及实践特征，常常重理论、轻实践，案例针对性差、内容更新缓慢，用于实际教学，效果往往不尽如人意。

鉴于此，中国建筑工业出版社在充分调研的基础上，组织了国内高校及企业界数十位从事项目管理教学、研究及实际工作的专家，历时近两年，编写了这套项目管理工程硕士规划教材。在教材规划及编写过程中，既强调了项目管理知识的系统性，又特别考虑了教材本身的建设工程背景。同时针对工程硕士教育的特点，教材在保持理论体系完整的同时，结合工程项目管理成功案例，增加国内外项目管理前沿发展信息、最新项目管理的思想与理念，着重加大实践及案例讨论的内容。相信这套教材的出版会为本领域的人才培养工作提供有力的支撑。

我国正处在加速实现信息化、工业化和城市化的进程之中，今后相当长一段时期内，国家的各项建设事业仍将维持高速发展。真诚希望这套规划教材的出版，能够为项目管理工程硕士培养质量的提高，为越来越多的创新型项目管理人才的培养，为国家和社会的进步与发展作出应有的贡献。

同时，真诚欢迎各位专家、领导和广大读者对这套教材提出修改补充与更新完善的意见。

李敏

2008.10.6.

序二

工程科学技术在推动人类文明的进步中一直起着发动机的作用，是经济发展和社会进步的强大动力。自20世纪下半叶以来，工程科技以前所未有的速度和规模迅速发展，其重要作用日益突显，并越来越受到人们的重视。

当前，我国正处于经济建设快速发展时期，全国各地都在进行类型多样的工程建设，特别是大量的重大工程的建设，标志着我国已经进入工程时代，更凸显了工程科学技术的重要地位和工程管理的巨大作用。

在这一大背景下，2007年4月6日，首届中国工程管理论坛在广州召开。这次论坛是由中国工程院发起和组织的第一次全国性工程管理论坛，是我国工程管理界的盛大聚会，吸引了20余位院士、350余名代表齐聚广州。论坛以"我国工程管理发展现状及关键问题"为主题，共同探讨了我国工程管理的现状、成就和未来，提高了工程管理的社会认知度和影响力，促进了我国工程管理学科的发展。

一次大会就像播种机，播撒下的种子会默默地发芽、成长，会取得令人意想不到的收获。让人欣慰的是，中国建筑工业出版社以这次会议为契机，组织部分与会专家和代表编写了一套培养"项目管理工程硕士"的教材。这套教材融会了项目管理领域学者们的最新研究和教学成果，它的出版为高水平工程项目管理人才的培养提供了有力保障；对项目管理模式在工程建设领域的普及会产生积极的推动作用。

在人类文明的进程中，在中国经济发展和社会进步的潮涌中，需要具有创新思想的人才，需要掌握工程科学技术和先进项目管理思想的人才。日月之行，若出其中；星汉灿烂，若出其里。愿志存高远的青年朋友们，沉志于心、博览群书、勇于实践，以真才实学报效国家和民族，不负时代的期望。

何建善 识
2008.9.18.

序三

2007 年初，当中国建筑工业出版社提出要规划出版一套项目管理工程硕士教材而向我征求意见时，我当即表示支持，并借 2007 年 4 月参加"工程管理论坛"之际参加了出版社在广州组织召开的教材编写工作会议，会上确立了强化工程背景的编写特色，教材编写工作正式启动。如今，在 10 余所高校数十位专家及中国建筑工业出版社的共同努力下，"项目管理工程硕士规划教材"终于面世了，这套教材的出版，必将进一步丰富我国项目管理工程硕士的特色教育资源，对提高我国项目管理工程硕士教育质量也将起到积极的促进作用。

现代项目管理学科起源于 20 世纪 50 年代，我国的项目管理则源于华罗庚教授在 1965 年开始从事的统筹法和优选法的研究和推广工作，而具有里程碑意义的项目管理在我国工程中的应用则始于 20 世纪 80 年代的鲁布革水电站引水隧洞工程。国家有关部门 1987 年总结了"鲁布革经验"，在工程建设领域提出了"项目法"施工的改革思路，推动了建筑业生产方式的改革和建筑企业组织结构的调整。考虑到社会对项目管理人才培养的迫切需求，有关行业协会制定了项目经理职业培训和资格认证体制，开展了数十万项目经理的职业培训和资格认证，培养了一支职业化、专业化的现代项目经理队伍。但随着经济的发展和竞争的加剧，各行业领域越来越需要以项目为单元进行精细的管理，而项目管理的国际化、信息化和集成化趋势日益明显，对高层次项目管理人才的需求越来越大。在这种情况下，我国的项目管理工程硕士教育一经推出就受到广泛欢迎并得到了迅猛的发展。

我国的项目管理工程硕士教育于 2003 年启动，经过近几年的发展，目前具有项目管理工程硕士学位授予权的高校已达到 103 所，项目管理工程硕士的报名人数及招生人数自 2005 年起一直居 40 个工程硕士领域之首。为促进工程硕士教育与国际接轨，在全国项目管理领域工程硕士教育协作组的积极努力下，促成了项目管理工程硕士与国际两大权威专业团体（IPMA 和 PMI）的实质性合作。与项目管理工程硕士教育的快速发展相比，适用于项目管理工程硕士培养的教材尤其是具有鲜明工程背景的特色教材还十分匮乏，制约了项目管理工程硕士教育的发展和质量的提高。因此，"项目管理工程硕士规划教材"的出版，是非常必要和及时的。

这套教材在确定各分册内容时充分考虑了项目管理知识体系的完整性和相对独立性，各分册自成体系又相互依托，力求全面覆盖项目管理工程硕士的培养要求。在编写过程中始终强调理论联系实际，强调培养学生的实际操作能力和解决问题的能力，全面满足项目管理工程硕士教学的需要。

这套教材最大的特点是具有鲜明的工程背景，这与全国工程硕士专业学位教育指导委员会一贯倡导的工程硕士教育要强调工程特性的指导思想完全一致。出版社在作者遴选阶段、编写启动阶段及编写过程中，都很好地落实了这一思想，全套教材以土木工程、水利工程、交通工程、电力工程及石油石化工程等为背景，做到了管理科学体系和工程科学体系的紧密结合。另外值得一提的是，这套教材的编写秉承了中国建筑工业出版社 50 余年来的严谨作风，实行了教材主审制度，每个分册书稿完成后都有一名业内专家进行审阅，进一步保证了本套教材的工程性和权威性。

这套教材除适用于高等学校项目管理工程硕士教育外，也可供管理类及技术类相关专业工程硕士、硕士、博士及工程管理本科生使用，还可作为社会相关专业人员的参考资料。

我衷心祝贺本套教材的出版，也衷心希望我国的项目管理工程硕士教育事业能够健康持续地发展！

（王守清）

清华大学建设管理系　教授

全国项目管理领域工程硕士教育协作组　组长

PMI 全球项目管理认证中心　理事

2008 年 7 月 16 日

前言
Preface

　　项目融资作为项目管理中的重要工作，是项目顺利进行和完成的必要前提。掌握项目融资的思想、理论、技术和方法，是项目决策和管理者的基本素质。尤其是在我国社会经济快速发展的今天，更需要项目管理领域的人士发挥聪明才智，推进项目管理理论、方法与工程建设的有效结合，让项目管理科学更好地服务于经济社会。

　　资源开发、基础设施建设和大型工业项目的开发建设都离不开资金的筹措，而筹措资金的技术问题、风险问题、经济性问题又是十分复杂的。工程项目管理需要管理者具备良好的工程知识、管理知识和经济知识，懂得国际金融市场规则和如何面对日益开放的经济全球化局面。通过项目融资的成功运作，保障项目的顺利完成。为了能够为读者提供较高层次的研究成果，作者在吸取国内有关项目融资书籍、资料的基础上，也参阅了期刊文章、论文，力图在书中能涵盖项目融资的理论前沿，把融资理论比较全面地展现给广大的读者。力图做到概念准确、内容丰富、简洁深入、适用性强。

　　全书共分八章，第一章为绪论，第二章为项目可行性与融资决策分析，由陈健编写；第三章为项目投资结构，第四章为项目融资模式，由陶萍编写；第五章为项目融资渠道，由周鲜华编写；第六章为项目的信用保证结构，由丁琦编写；第七章为项目融资风险与融资效益，由孙成双编写；第八章为项目融资案例，由王丹编写。本书各章附有思考题，以便读者在学习过程中通过思考与练习，更好地掌握相关知识。

　　本书针对具有实践经验的工程硕士研究生编写，也适合从事投融资管理、项目管理的有关人士的学习。在本书编写过程中，作者参阅了国内外相关教材和论文资料，在此，对相关作者表示感谢。由于作者学识及对项目融资管理的认识深度有限，书中难免存在不足之处，欢迎广大读者批评指正。

目录
Contents

1.1 项目融资概述

1.1.1 项目融资的定义

项目融资是以项目建成后的资产作为担保，以项目未来的现金流作为主要偿资来源的一种融资方式。虽然项目融资在世界各国的基础设施建设中有着多年的实践，但作为学术用语，迄今为止还并没有一个统一公认的定义。各种中外文出版物、书籍、论文对项目融资定义有多种不同的表述。

P. K. Nevitt 所著的《项目融资》中对于项目融资的定义是："项目融资就是在向一个经济实体提供贷款时，贷款方考察该经济实体的现金流和收益，将其视为偿还债务的资金来源，并将该经济实体的资产视为这笔贷款的担保物，若对这两点感到满意，则贷款方同意贷予。"

国际著名法律公司 Clifford Chance 编著的《项目融资》一书对于项目融资的定义是："项目融资用于代表广泛的，但具有一个共同特征的融资方式，该共同特征是：融资主要不是依赖项目发起人的信贷或所涉及的有形资产。在项目融资中，提供优先债务的参与方的收益在相当大的程度上依赖于项目本身的效益。因此，他们将其自身利益与项目的可行性，以及对项目具有不利影响的潜在性敏感因素紧密联系起来。"

美国财会标准手册中对于项目融资的定义是："项目融资是指对需要大规模资金的项目而采取的金融活动。借款人原则上将项目本身拥有的资金及其收益作为还款资金来源，而且将其项目资产作为抵押条件来处理。该项目事业主体的一般性信用能力通常不被作为重要因素来考虑。这是因为其项目主体要么是不具备其他资产的企业，要么对项目主体的所有者(母体企业)不能直接追究责任，两者必居其一。"

国家发展和改革委员会(原国家计划委员会)与国家外汇管理局共同发布的《境外进行项目融资管理暂行办法》(计外资〔1997〕612号)中的定义是："项目融资是指以境内建设项目的名义在境外筹措外汇资金，并仅以项目自身预期收入和资产对外承担债务偿还责任的融资方式。它应具有以下性质：①债权人对于建设项目以外的资产和收入没有追索权；②境内机构不以建设项目以外的资产、权益和收入进行抵押、质押或偿债；③境内机构不提供任何形式的融资担保。"

上述对于项目融资的定义虽有所不同，但其本质上的内容是一致的。对于项目融资定义都包含了两项最基本的内容：第一，项目融资是以项目为主体安排的融资，项目的导向决定了项目融资的最基本的方法；第二，项目融资中的贷款偿还来源仅限于融资项目本身。换言之，融资项目能否获得贷款完全取决于项目未来可用于偿还贷款的净现金流量和项目本身的资产价值。这里涉及一个无追索或有限追索问题，而无追索或有限追索又是项目融资的主要特点，所以在相关的书刊和文献中，往往把项目融资称为无追索或有限追索贷款。

所谓有限追索或无追索是指贷款人可以在某个特定阶段或者规定的范围内，对项目的借款人追索。除此之外，无论项目出现任何问题，贷款人均不能追索到借款人除该项目资产、现金流量以及所承担义务之外的任何财产。有限追索融资的特例是"无追索"融资，即融资百分之百地依赖于项目的经济实力。

无追索或有限追索的含义通常可以通过一个实例说明：某电力公司已有A电厂，为满足日趋增长的供电需要，决定增建B电厂。要从金融市场筹集资金，通常有两种方式：①贷款用于建新电厂B，归还贷款的资金来源为A、B两个电厂的收益，并以A厂的资产收益作为担保。如果新厂B建设失败，该电力公司以A厂的收益偿还贷款。在这种情况下，贷款方对该电力公司有完全追索权。所谓追索权，是指贷款人在借款人未按期偿还债务时，要求借款人用除抵押资产之外的资产偿还债务的权利。②贷款用于建设新厂B，偿还资金仅限于B厂建成后的收益。如果新建B厂失败，贷款方只能以清理新项目B的资产的方式收回部分贷款。除此之外，贷款方不能要求该电力公司用别的资金来源(包括A厂的收入)来归还贷款，这时称贷款方对电力公司无追索权。或者在签订贷款协议时，只要求电力公司把其特定的一部分资产作为贷款担保，这时称贷款方对该电力公司拥有有限追索权。这个实例说明，项目融资将归还贷款资金来源限定在特定项目的收益和资产范围之内。

综上所述，项目融资可以被定义为：以项目未来收益和资产作为融资基础，由项目的参与各方分担风险的具有有限追索权或无追索权的一种融资方式。

需要指出的是，项目融资中的资金来源尽管很大部分来源于贷款，但也不能把项目融资与项目贷款融资在概念上等同起来。因为项目贷款融资，无论是有限追索形式还是无追索形式，都只是项目融资的重要组成部分，而不是项目融资的全部。项目的债务资金除贷款之外还有债券等其他形式。

1.1.2　项目融资的特点

1. 以项目为导向

以项目为导向安排融资是项目融资的一个显著特点。安排融资的依据是项目未来的现金流量和项目资产，而不是项目投资者的资信。贷款人的注意力主要放在项目贷款期间能够产生多少现金流量用于偿还贷款。因此，贷款的数量、融资成本、融资结构与项目未来的现金流量和项目资产的价值直接相关。

由于项目导向的特点，有些对于投资者来说很难筹借到的资金，可以利用项目融资来安排。特别是对一些大型、复杂的工程项目，项目的投资风险超出了投资者所能够和所愿意承担的程度。在这种情况下，若采用传统的公司融资方式，投资者可能没有办法解决资金问题。项目融资利用项目本身的现金流量和资产价值安排有限追索贷款，使这类大型、复杂工程的项目融资成为可能。

与公司融资方式相比，对于一些投资者的财务和资信能力不足以支撑一个投资规模巨大的工程项目的融资，若采用项目融资方式，根据项目的经济强度状况可能获得项目总投资 60% 甚至更多的债务融资。另外，项目融资的贷款期可以根据项目投资者的具体要求和项目的经济寿命期统筹设计，从而可以获得较一般商业贷款期限更长的贷款期。比如有的项目贷款期长达 20 年，甚至更长的期限。

2. 有限追索

项目融资的有限追索(Limited Resource Financing)是区分项目融资与公司融资的标志。在公司融资中，贷款人为企业提供的是完全追索形式的贷款，即贷款人主要看借款人自身的资信情况，而不是项目的经济强度。而作为有限追索的项目融资，贷款人可以在项目的某一特定阶段或在规定范围内(如项目的建设期和试生产期)对项目借款人进行追索。除此之外，无论项目出现什么问题，贷款人均不能追索到项目借款人除项目资产和现金流量以及所承担的义务以外的任何财产。

有限追索权项目融资是指项目发起人只承担有限的债务责任和义务。有限追索主要体现在追索对象、追索金额的有限性。

无追索权项目融资是指贷款人对项目发起人无任何追索权，只能依靠项目所产生的收益作为还本付息的唯一来源。其特点可以概括为：①项目贷款人对项目发起人的其他项目资产没有任何要求权，只能依靠该项目的现金流量偿还；②项目融资的信用基础是该项目的现金流量水平；③项目贷款人通常会要求提供信用担保以避免还贷风险；④项目融资需要一个稳定的政治、经济环境。

有限追索的实质是由于项目本身的经济强度还不足以支撑一个"无追索"的项目融资，因而还需要项目借款人在项目的特定阶段提供一定形式的信用支持。影响项目融资追索程度的因素主要有：项目的性质，现金流量的强度及其可预测性，借款人的经验、信誉、管理能力以及借贷双方对未来风险的分担方式。对于一个具体的融资项目，其追索程度由借贷双方通过谈判来确定。由于项目风险的程度及其表现形式在项目实施的不同阶段有所不同，所以贷款人对追索的要求也可能会随之调整。例如，项目贷款人通常要求项目借款人承担项目建设期的全部或大部分风险，而在项目进入正常生产阶段之后，才将追索权局限于项目的资产及其未来现金流量。

3. 风险分担

风险分担是把与项目有关的各种风险以某种形式在项目贷款人、借款人和其他参与者或项目利益相关者之间进行分配。一个成功的项目融资结构应该将项目的各种风险在项目的主要参与者和其他利益相关者之间进行合理分配，而不应该由项目中的任何一方单独承担项目的全部风险。借款人、融资顾问在组织项目融资的过程中，要在识别和分析项目的各种风险因素的基础上，确定项目各参与者承担风险的能力和可能性，充分利用一切可以规避风险的方法或策略，设计出最低追索的融资结构。

尽管项目融资使项目风险分散化，项目公司和项目投资者在一定程度上减轻了承担风险的压力，但是，项目风险在各项目参与人之间进行合理分配是一项十分复杂的工作，它涉及诸多的项目参与人、法律文件以及相关因素。如贷款人与投资者之间的风险分配取决于贷款人对债务的追索程度；项目承建者与项目投资者之间的风险分配取决于承包合同的形式和担保类型。同时，由于项目融资是有限追索或无追索融资，如果风险识别不充分、风险承担分配不当，将会给项目的实施和合同的执行留下隐患。

4. 信用结构多样化

在项目融资中，支持贷款的信用结构(Credit Structure)的安排是多样化的。一个成功的项目融资，应该是将贷款的信用支持分配给各项目参与者和利益相关者。项目融资的信用支持主要来自项目的产品市场方面、工程建设方面、原材料和能源供应方面。项目产品市场方面的信用支持主要是通过与对项目产品感兴趣的购买者签订长期购买合同，其信用支持的力度取决于合同的形式和购买者的资信。这种信用支持的有效性源于购买者为项目提供了一个基本的现金流量。对于那些受国际市场需求或价格波动影响大的资源性项目，投资者能否获得一个稳定的、符合贷款银行要求的项目产品的长期销售合同往往成为组织项目融资成功的关键。通过信用支持，可以减少融资对投资者资信和其他资产的依赖程度，提高项目的债务承受能力。

5. 实现资产负债表外融资

资产负债表(Balance Sheet)是反映一个公司在特定时期财务状况的会计报表，其提供的主要财务信息有：公司拥有的资源、债务、偿债能力、股东在公司中持有的权益，以及公司未来财务状况的变化趋势。

资产负债表外融资(又称非公司负债型融资)是指项目的债务不表现在项目投资者的公司负债表中的一种融资形式。在项目融资中，通过精心设计项目投资结构和融资结构，可以帮助投资者将贷款安排成为一种非公司负债型融资。根据项目融资风险分担的原则，贷款人对债务的追索权仅限于项目公司的资产和现金流量，项目投资者承担的责任是有限的。因而，有条件使融资被安排成一种不需要进入项目投资者资产负债表中的一种贷款形式。

资产负债表外融资对于项目投资者的价值在于：使得投资者以有限的财力从事更多的投资，同时将投资风险分散到更多的项目中。一个公司在从事超过其自身资产规模的项目投资，或者同时进行几个较大的项目开发时，这种融资方式的价值就会充分体现出来。

6. 追求税务优惠，降低融资成本

项目融资充分利用税务优惠，降低融资成本，提高项目的综合收益率和项目的偿债力，并贯穿于项目融资的各个阶段。充分利用税务优惠是指在项目所在国法律允许的范围内，通过精心设计投资结构、融资模式，将项目所在国政府对投资的税务优惠政策在项目参与者中最大限度地进行分配和利用，以此降低融资成本，提高项目的偿债能力。税务优惠政策通常包括：加速折旧、利息成本、投资优惠以及其他抵税的政策。

7. 融资时间较长、成本较高

与公司融资方式比较，项目融资的成本较高，组织融资的时间也较长。由于项目融资涉及面广、结构复杂，需要做许多方面的工作，如项目风险的分配、税收结构设计、资产抵押等一系列的技术性工作。同时，起草、谈判、签署的融资法律文件比公司融资方式多，所有这些都必然导致组织项目融资的时间增加。组织一个项目的融资，从开始准备到完成整个融资计划通常需要 3～6 个月时间，有些大型融资项目甚至需要几年时间。

项目融资成本高的原因主要有两个方面：

(1) 项目融资要做大量的前期工作，并发生相应的费用。包括：融资顾问、贷款建立以及法律等方面的相关费用等。项目融资前期费用与项目的投资规模有直接关系，项目规模越大，前期费用占融资总额的相对比例越小，反之亦然。

(2) 项目的贷款成本，由于项目融资主要依赖于项目的现金流量和项目的资产价值，贷款具有较大的风险，因此，项目融资的贷款成本一般要比同等条件下的公司融资高出 0.3%～1.5%，其增加的幅度与贷款银行承担的风险以及对项目投资者的追索程度有关。然而，国际上的一些项目融资案例表明，如果在一个项目中有几个投资者共同组织项目融资，通过合理的融资结构设计和良好项目组织，以及充分发挥合作伙伴在管理、技术、市场方面的强势，可以提高项目的经济强度，从而降低融资成本。

8. 贷款人的过度监管

贷款人对项目的监管和参与项目的部分决策程序是项目融资的一个重要特点。这是因为项目借款人有将贷款资金投向高风险项目的冲动，即所谓的"资产替代" (Assets Substitution)效应(指由于资产收益率和风险结构失衡所引发的公众重新调整其资产组合，减持价值被高估的资产，增持价值被低估的资产的套利行为)，从而使贷款人承担了一定的项目风险。为防止"资产替代"效应出现，贷款人可能采取多种监管措施进行监管。如：要求借款人提交项目报告、项目经营情况、贷款和收益资金的使用、项目工程技术报告和相关资料等。除此之外，有的贷款人还提出过度的项目保险要求，并限制项目所有权的转移，以确保出资的安全。

由于项目融资可以进行适合项目特点的个性化融资设计，不同的需求和策划会产生不同的贷款结构，因此，也为项目融资的优化提供了广阔的空间。

1.1.3 项目融资的功能

项目融资与传统融资方式相比较，具备三个主要功能：

1. 筹资功能强，能更有效地解决大型建设项目的筹资问题

凡是大型建设项目，就投资而言，少则几亿，多则上百亿资金。一般投资者仅凭自己的筹资能力，几乎很难筹集到项目所需的全部资金。同时，由于大型工程项目需要巨额投资，随之而来的投资风险也很大，因此采用传统的融资方式是行不通的。而项目融资通常是无追索或有限追索形式的贷款，项目融资的能力大大超过投资者自身筹资能力，并将投资风险分摊到与项目有关的各方，从而可以有效地解决大型项目的资金问题。

2. 融资方式灵活多样，使社会资金投入公共项目建设成为可能

大型的基础设施建设需要大量的财力，但无论是发达国家，还是发展中国家，政府能出资建设的大型项目是有限的，而且仅凭政府投资很难满足社会经济发展的需要。在经济发展过程中，各相关产业的发展却要求基础设施、能源、交通等大型工程项目先行。项目融资是解决繁重的项目建设任务与项目资金供给之间矛盾的一个有效途径。例如，为建设一条高等级的高速公路，政府不以直接投资者和借款人的身份参与该项目，而是为该项目提供专营特许权、市场保障等融资优惠条件。由于项目融资方式是多种多样的，且融资方式灵活，因此可以解决许多应由政府出资建设的项目资金问题，也为社会资金，包括企业和投资公司的资金投入公共项目建设提供了的空间。

3. 实现项目风险分散和风险隔离，提高项目成功的可能性

项目融资的多方参与结构决定了可以在项目发起人、贷款人以及其他项目参与方之间分散项目风险，通过各方签订的项目融资协议，能够明确项目风险责任的分担。对于项目发起人来说，利用项目融资的债务屏蔽功能，实现资产负债表外融资，将贷款人的债务追索权限于项目公司，降低自身的财务风险。而贷款人也可以根据项目的预期收益和风险水平，要求发起人提供项目融资担保，在项目无法达到合理现金流量时，能够最大程度避免贷款风险。同时由于各方都承担风险，必然在融资过程中追求相应的回报，积极促成项目的成功。

1.1.4 项目融资的条件

贷款人在评估是否愿意为项目提供资金之前，需要了解一些关于项目的最基本的信息。项目所在国具有稳定的政治法律环境是项目成功的先决条件，其他需要考虑的因素包括：

(1) 欲生产加工制造的产品有足够的市场需求；

(2) 在项目寿命期内，有足够的原材料供应，且价格合理，具有储量充足的有效资源；

（3）对上述提到的原材料和资源问题，有独立的报告确认其可靠性；

（4）原材料和制成品的运输有充分的保证；

（5）租赁合同、特许权、协议、许可证以及其他执照均已备齐；

（6）生产辅助设施有保障；

（7）项目采用的技术经测试证明可行，也适应项目所在国家的具体情况；

（8）产品的产量和品种类别需求清楚；

（9）有符合要求的可行性研究报告作为依据；

（10）拥有项目运作的专门人才和经营管理队伍；

（11）项目自身有抵押价值；

（12）项目发起人或符合条件的担保人（有时是项目发起人所在国家的政府机构）能提供足够的担保；

（13）具有准确的项目建设和生产成本数据；

（14）项目由有成功经验的可靠的承包商承建；

（15）已经安排好当项目出现延误或成本超支情况下的其他资金来源及备选方案；

（16）项目发起人和其他股东具有充足的股本金；

（17）在建设期和项目开工初期有很强的资金信誉的支持；

（18）项目方案贷款风险相对比较低。

1.1.5　项目融资的适用范围

从项目融资产生到发展的进程看，无论是发达国家还是发展中国家，采用项目融资方式都比较谨慎。尽管这种融资方式具有筹资能力强、风险分散等优点，但毕竟风险较大，融资成本高。因此，项目融资方式主要针对：资源开发项目、基础设施建设项目和大型工业项目。

1. 资源开发项目

资源开发项目如石油、天然气、煤炭、铀等能源开采；铁、铜、铝、矾土等金属矿资源的开采等。资源开发项目具有两大特点：一是开发投资数额巨大，二是一旦项目运作成功，投资收益丰厚。

2. 基础设施项目

项目融资应用最多的是基础设施建设项目。该项目可分为三类：第一类是公共设施项目，如电力、电信、自来水、排污工程等；第二类是公共工程，包括铁路、公路、海底隧道、大坝工程等；第三类是其他交通工程，包括港口、机场、城市地铁工程等。

我国从 20 世纪 80 年代初开始尝试运用项目融资方式。按照我国政府目前的有关规定，项目融资主要适用于投资规模大、贷款偿还能力强、有长期稳定预期收入的部分基础设施和少数基础产业建设项目。具体包括发电设施、高等级公路、桥梁、隧道、城市供水厂及污水处理厂等基础设施项目以及其他投资规模大且具有长期稳定预期收入的建设项目。从已经运作的项目看，项目融资多集中在电力、公路和地铁等基础设施项目。如电力项目有深圳沙角 B 电厂、广西来宾电厂、山东日照电厂、合肥二电厂、福州电厂等；公路项目有广州至深圳高速公路、海南东线高速公路、北京京通高速公路等；地铁项目有重庆地铁、深圳地铁等。近年来许多城市的自来水厂、污水处理厂等规模不大的基础设施建设项目也越来越多地采用项目融资的方式。

世界各国的项目融资也相对集中于基础设施建设领域，项目融资在一定程度上为政府减轻了基础设施领域需要大量资金投入而造成的沉重负担；另一方面，由于这类项目大都可以商业化经营，通过项目建成后的收益收回投资，因此可将规范的运作机制引入到政府项目之中。正因为如此，许多发达国家采用项目融资建设的基础设施项目，为基础设施项目筹集资金开辟新的方向。

3. 大型工业项目

随着项目融资运用范围的扩大，项目融资在工业领域也有发展。成功的典型如澳大利亚波特兰铝厂项目、加拿大塞尔加纸浆厂项目等。但与运用到资源开发项目、基础设施建设项目的数量相比，工业项目融资还相对较少。

项目融资应用具体到某个国家，是和该国的具体国情（包括国家的经济发展计划，政府的财力，利用外资的政策等）相联系的。随着项目融资被越来越广泛接受，项目融资应用的范围也会不断调整和发展。在一些发达国家，随着对基础设施融资需求的减少，项目融资的重点正转向工业等领域。

1.1.6 项目融资的优缺点分析

1. 项目融资的优点

项目融资的优点主要反映在项目的有限追索和风险分担方面。因而，项目开发商依赖项目融资，可以在不同地区同时建设多个项目，每个项目依赖其自身的价值及资本需求，有不同的融资结构，各个项目之间的财务义务相互独立，互不影响。而且，采用项目融资有利于追求如下目标：

（1）实现融资的承诺最小和融资设计个性化。

（2）通过谈判确定有利于项目发展的风险分摊安排。其首要目的是将风险从项目发起人那里转移出去，从而改善项目的风险分布。

（3）从商业或会计的角度将项目的负债从公司资产负债表中隔离出来。

（4）避免项目的债务融资对公司财务报表的严格约束条款。

（5）通过实施多个项目，实现项目的风险多元化。

2. 项目融资的缺点

项目融资的缺点主要反映在融资成本高和操作比较复杂等方面。依据项目的不同，项目融资的缺点也不尽相同。可能反映在以下某些方面：

（1）融资机构认为项目融资风险较大，从而要求一个较高的补偿。

（2）融资机构要求对项目实施严格的监控，项目发起人和管理方失去了很多的自由度。

（3）融资机构把保险安排看作风险分摊结构的一部分，要求项目必须购买比传统的商业贷款更全面的保险，从而必然增加项目成本。

（4）项目融资文件复杂，成本高。因而仅仅适用于相当大的项目。

从项目发起人和贷款人的角度概括的项目融资的主要优点和缺点见表 1-1。

从项目发起人和贷款人的角度概括项目融资的优缺点　　　　表 1-1

	优　　点	缺　　点
项目发起人	1. 将项目的债务和公司的其他资产区分开； 2. 项目提款及偿还的条件可以根据项目现金流量的实际情况灵活对待； 3. 银行和其他贷款人也承担一定的风险； 4. 项目开工后项目发起人自身信誉对提供贷款的银行来说，并不是特别重要； 5. 项目发起人可以不提供财务保障指标	1. 高成本； 2. 公司结构和法律关系更为复杂； 3. 还款时间拖长； 4. 通常对项目盈余现金的使用有限制； 5. 项目发起人和第三方必须强调项目建设的风险
贷款人	1. 高回报； 2. 良好的市场声誉	1. 高风险； 2. 评估分析项目的时间长，成本高，需要具备专业知识的专家协助

一个项目融资最终是否成功，不仅仅取决于项目融资优缺点，也取决于它所具备的主、客观条件，项目融资所面对的投资环境的质量，包括微观环境和宏观环境。由于项目融资通常是利用外资的一种形式，相对而言，投资的宏观环境更为重要。而在宏观环境的政治环境、法律环境、经济环境、科技环境和文化环境中，法律环境对项目融资影响最大。

就项目投资者而言，要想获得项目融资成功，除具备良好的客观条件外，还必须熟悉项目融资的基本原理及运作程序。要掌握相应的法律和金融知识，具备灵活的谈判技巧。在融资的全过程中，能够科学评价项目和正确分析项目风险、确定严谨的项目融资法律结构并明确项目的主要投资者，尽早地确定项目的资金来源和充分调动项目各参与方的积极性。

1.2　项目融资的框架结构和合同体系

1.2.1　金融市场及其项目参与者

金融市场是指以市场方式买卖金融工具的场所。它包括四层含义：其一，它是金融工具进行交易的有形市场和无形市场的总和；其二，它表现金融工具供应者和需求者之间的供求关系，反映资金盈余者与资金短缺者之间的资金融通过程；其三，它反映金融工具交易或买卖过程中所产生的运行机制，其核心是价格机制；其四，由于金融工具的种类繁多，不同的金融工具交易形成不同的市场，如债券交易形成债券市场，股票交易形成股票市场，故金融市场又是一个由许多具体的市场组成的庞大的市场体系。

金融市场交易活动按其性质大致可以分为以下几类：筹资活动、投资活动、套期保值活动、套利活动以及监管活动。所以，金融市场的参与者也相应可以分为筹资者、投资者（投机者）、套期保值者、套利者和监管者几大类。可见，项目融资是一项技术性强、风险大的项目管理工作，项目融资的运作在一定程度上决定着项目的兴衰成败。

项目参与者包括参加金融市场交易和促成交易顺利达成的组织和个人，如：政府、投资机构、金融中介等，见图1-1。一般而言，交易主体的多寡决定了金融市场规模的大小。一个多样化的、交易量巨大的金融市场，是经济活跃和发达的重要条件，也为项目融资提供有利的基本条件。

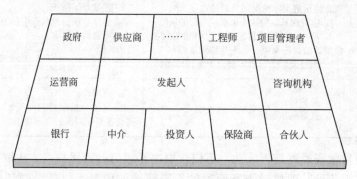

图 1-1　项目发起人及其项目参与者示意图

1.2.2　项目融资的框架结构

项目融资成功的关键是在各参与方之间实现令人满意和有效的项目利润分配与风险分担。为此，必须合理安排好项目融资的每一个环节，其中最重要的是安排好项目融资的四个主要结构：项目的投资结构、项目的融资结构、项目的资金结构和项目的信用保证结构。

对借款人和一个或多个发起人的限制因素，将会对项目的投资结构和融资结构产生影响。这些限制性因素是：按照当地法律确定的公司章程或类似的纲领性文件；现有的融资文件中存在的适用于它的分支结构的限制性约定（如平等条款、借款限额、消极保证条款等）；借款人和它的发起人之间的合资章程或与政府机构之间的特许权合同中的条款（包括先买权、消极保证等）。

1. 项目的投资结构

项目的投资结构是指项目资产的所有权结构，它表示项目的投资者对项目资产权益的法律拥有形式和项目投资者之间的法律合作关系。不同的项目投资结构中，投资者对其资产的拥有形式，对项目产品、项目现金流量的控制程度，以及投资者在项目中所承担的债务责任和所涉及的税务结构会有很大的差异。这些差异对其他三个结构的设计也会产生影响。因此，为了做好整个项目融资的结构安排，首先就是在项目所在国法律、法规许可范围内设计符合投资者投融资需求的项目投资结构。目前，国际上项目融资中设立的项目投资结构主要形式有：契约型结构、股份有限公司、合伙制结构和信托基金结构等。

2. 项目的融资结构

融资结构是项目融资的核心部分。项目的投资者确定了项目实体的投资结构后，一项重要的工作就是设计合适的融资模式以筹集项目所需资金。在此过程中，投资者所聘请的财务顾问将起重要作用。项目融资通常采取的融资模式有：投资者直接融资、利用"设施使用协议"型融资、BOT 模式、融资租赁等。实际运作中还可以根据需要对几种模式进行组合。有关融资结构的设计问题将在第 4 章详细讨论。

3. 项目的资金结构

项目的资金结构设计关注的是项目资金中股本资金、准股本资金和债务资金的形式，相互间的比例关系以及各自来源等方面。这里需要考虑的是不同资金来源比例关系、项目资金的合理使用结构以及税务安排对总的加权平均融资成本的影响。

4. 项目的信用保证结构

由于项目融资风险较大，因此，各个贷款人都要求贷款的安全性能得到保证。对于贷款人而言，项目融资的安全性来自三个方面：①保险公司对项目贷款的保险；②项目本身的经济强度；③项目之外的各种直接或间接的担保。这些担保可以由项目的发起人提供，也可以由项目的直接或间接利益相关者提供。这些担保可以是直接的财务保证，如不可预见费用担保、成本超支担保、完工担保；也可以是间接的非财务担保，如长期购买项目产品协议、以某种定价为基础的长期供货协议、技术服务协议等。所有这些担保形式的组合，构成了项目的信用保证体系。项目贷款保险及项目本身经济强度和信用保证结构是相辅相成、互相补充的。当项目经济强度高时，另外两个方面就相对简单，条件宽松；反之，就要相对复杂，条件严格。

1.2.3　项目融资的运作程序

项目融资一般要经过五个阶段与步骤，即投资决策分析、融资决策分析、融资结构分析、融资谈判和项目融资的执行阶段。

1. 投资决策分析阶段

从严格意义上来说，投资决策分析不属于项目融资所包括的内容。然而投资者在决定投资一个项目之前，往往都要进行宏观经济形势的判断、项目所处行业的发展以及项目在该行业的竞争性分析、项目的可行性研究等，以判断该项目是否有投资的必要。若投资者决定对项目进行投资后，接下来就要确定项目的投资结构，投资结构的选择与将要选择的融资结构和资金来源有密切关系，也与项目融资的可行性及融资的方式联系在一起。

2. 融资决策阶段

这一阶段的主要任务是分析项目是否有融资的可行性和必要性以及决定项目融资的方式。项目融资是否可行和必要，取决于投资者对债务责任分担上的要求、贷款资金数量上的要求、时间上的要求、融资费用上的要求、债务会计处理等方面要求的综合评价。如项目有融资的必要性和可行性，接下来就由项目投资者或由投资者聘请的融资顾问对项目的融资能力及可能的融资方案做出分析和比较，在获得一定信息反馈后，再做出项目的融资方案决策。

3. 融资结构分析阶段

这一阶段的主要任务是完成对项目风险的分析和评估，设计出项目的融资结构和资金结构，并对项目的投资结构进行修正和完善。项目融资结构设计的关键点之一是要求项目融资顾问和项目投资者一起对项目有关的风险因素进行全面的分析和判断，确定项目的债务承受能力和风险，设计出切实可行的融资方案。项目融资结构以及相应的资金结构的设计和选择必须全面反映出投资者的融资战略要求和考虑。

4. 融资谈判阶段

在初步确定项目融资方案以后，融资顾问将有选择地向商业银行或其他一些金融机构发出参加项目融资的建议书，组织贷款银团，着手起草项目融资的有关文件。在与贷款银团的接触和相关的融资文件的起草过程中，必须既能在最大限度上保护投资人的利益，又能为贷款银行所接受。因此，往往经过多次的反复和不断的谈判，并对有关的法律文件进行必要的修改，在很多情况下也会涉及融资结构的调整问题，有时甚至会对项目的投资结构及相应的法律文件做出修改。在这一阶段，融资顾问、法律顾问和税务顾问对于加强项目投资者的谈判地位、保护投资者的利益有重要的作用，在项目融资谈判陷入僵局时可以及时、灵活地找出适当的变通办法，绕过难点解决问题。

5. 项目融资的执行阶段

在正式签署融资的法律文件之后，项目融资将进入其执行阶段。在项目融资中由于贷款银团在一定程度上承担了项目的风险，因此往往会加大对项目执行过程的监管力度，贷款银团通过其经理人经常性地监督项目的进展，并根据融资文件的规定，参与部分项目的决策程序，管理和控制项目的贷款资金投入和部分现金流量。贷款银团对项目的参与往往在项目的建设期、试生产期和正常运行期表现出不同的内容和特点。此外，银团经理人也会帮助项目投资者加强对项目风险的控制和管理，以降低项目的金融风险和市场风险。

1.2.4 项目融资的合同体系

由于项目融资的参与方众多、各种关系复杂，所以为了保证项目融资各参与方的利益，通过项目融资的合同规定各方的职责。

1. 项目融资过程中的合同文件体系

通常而言，根据各参与方以及各方之间的关系，项目融资中主要存在以下 10 种类型的文件：

（1）特许经营协议 需要融资的项目已经获得东道主政府的许可，其建设与经营具有合法性。

（2）投资协议 项目发起人和项目公司之间签订的协议，主要规定项目发起人向项目公司提供一定金额的财务支持。

（3）担保合同 包括完工担保协议、资金短缺协议和购买协议，是一系列具有履约担保性质的合同。

(4) 贷款协议 贷款人与项目公司之间就项目融资中贷款权利与义务关系达成一致而订立的协议。

(5) 租赁协议 在 BLT(建设—租赁—移交)或以融资租赁为基础的项目融资中承租人和出租人之间签订的租赁协议。

(6) 收益转让协议(托管协议) 按照收益转让协议,通常会将项目产品长期销售合同中的硬货币收益权(或将项目的所有产品的收益权)转让给一个受托人。这种合同的目的是使贷款人获得收益权的抵押利益,使贷款人对项目现金收益拥有法律上的优先权。

(7) 先期购买协议 项目公司与贷款人拥有股权的金融公司或者与贷款人直接签订的协议。按照这个协议,后者同意向项目公司预先支付其购买项目产品的款项,项目公司利用该款项进行项目的建设。这种协议包括了通常使用的"生产支付协议"。

(8) 经营管理合同 有关项目经营管理事务的长期合同。

(9) 供货协议 通常由项目发起人与项目设备、能源及原材料供应商签订。通过这类合同,在设备购买方面可以实现延期付款或者获取低息优惠的出口信贷,构成项目资金的重要来源,在材料和能源方面可以获取长期低价供应,为项目投资者安排项目融资提供便利条件。

(10) 提货或付款协议 包括"或取或付"(或"照付不议")协议(Take-or-Pay Agreement)和"提货与付款"协议(Take-and-Pay Agreement)。前一种合同规定,无论项目公司能否交货,项目产品或服务的购买人都必须承担支付预先约定数额贷款的义务;后一种合同规定只有在特定条件下购买人才有付款的义务。其中当产品是某种设施时"或取或付"协议可以形成"设施使用协议"。

上述合同文件相互制约,又互为补充,共同构成了项目融资的合同文件基础,形成了项目融资的合同文件体系。该体系在项目融资中的组成情况如图 1-2 所示。

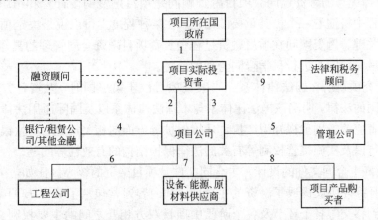

图 1-2 项目融资过程中参与方的主要合同协议

1. 特许经营协议;2. 投资协议;3. 担保合同;4. 贷款协议、租赁协议、收益转让协议、先期购买协议;
5. 经营管理合同;6. 建设合同;7. 供货协议;8. 提货或付款协议;9. 委托代理合同

2. 项目融资合同文件间的关系

根据项目融资合同作用的不同，可以把决定项目融资资金保障的合同文件称为项目融资中的主合同文件，其他的合同文件称为从合同文件。主合同文件决定项目融资文件体系的整体组成，从合同文件主要包括了采购管理、风险管理、施工管理等具体内容。一般来说，从合同文件大多是以主合同文件的确立为前提而订立的。

不同的项目融资方式，主合同文件也有所不同。表1-2列举了几种常见的项目融资方式中的主合同文件及其特点和作用。通过对项目融资中合同文件的主从地位的划分，使得在合同文件的管理中可以分清层次，抓住主要问题重点解决，从而提高融资工作的效率。

几种常见的项目融资方式中主合同文件及其特点和作用　　　　　　表1-2

项目融资方式	主合同文件	主合同的特点和作用
投资者直接投资	贷款协议	以贷款人资信作为担保
通过项目公司安排	投资协议	实现了有限追索，但需要发起人一定的信用保证
以设施使用协议为基础	设施使用协议	为项目的经济强度提供了强有力的保证
以杠杆租赁为基础	租赁协议	利用了税务好处，保证了还款金额的稳定
以生产致富为基础	生产支付协议	通过项目的产品和销售收入实现了信用保证
BOT	特许权协议	为项目的建设和运营提供了合法地位和专用权

3. 项目融资中合同文件体系的管理

通过项目融资中合同文件体系管理，规定参与方的职责、义务和权利，为项目融资和项目本身的具体操作提供了法律依据，进而保证和促进项目融资和项目本身的顺利实施。通过对项目融资合同文件体系的创新，可以在一定程度上实现融资方式的创新。

(1) 项目融资中合同体系管理的内容

从项目发起人的角度来看，其对项目融资合同文件体系的管理内容主要包括以下几个方面：

1) 选择优秀的融资顾问。项目融资顾问是项目融资的设计者和组织者，在项目融资过程中扮演着一个极其重要的角色，在某种程度上可以说是决定项目融资能否成功的关键。融资顾问在项目融资过程中负责项目融资合同管理的具体实施，选择优秀的融资顾问是进行科学合同管理的前提。

2) 研究项目所在国法律体系。当融资项目位于第三国时，融资各方有必要深入了解该国的法律，明确该国法律体系与本国法律体系以及国际通用法律是否相一致。投资者应该特别重视知识产权、环境保护等方面的相关规定，贷款银行应当考虑担保履行以及实施接管权利等有关的法律保护结构的有效性等问题。

3) 做好主合同文件的设计。主合同文件是项目融资的核心。比如，在BOT项目中，政府特许协议构成了融资的主合同，其内容通常包括了一个BOT项目从建设、运营到移交等各个环节及各个阶段中项目双方相互之间的主要权利义务关系。其他所有贷款、工程承包、运营管理、保险、担保等诸种合同均是以此协议为依据，为实现其内容而服务的。因此，项目融资主合同的管理就构成了项目融资合同文件体系管理的核心工作，在进行融资合同文件体系管理的时候，应当加强主合同文件的管理。

主合同的管理要重点包括以下几方面内容：明确规定项目融资主要参与者各方义务权利；选择项目风险辨识、评估以及分担的方式和手段；处理违约的发生和补救的方法；争议的解决。

4）全面完善项目融资从合同文件体系的构建。在确立项目主合同的基础上，全面构建完善的项目融资从合同文件体系，促使项目融资顺利完成。

项目融资从属合同的管理主要包括以下两方面的内容：

① 项目融资担保合同文件体系与风险分担：担保合同大都为可能出现的风险和违约行为提供了资产或资信的担保，在被担保人发生违约的时候，担保人有义务去执行其所担保的内容。项目融资中的担保主要包括项目完工担保和以"或取或付"（或"照付不议"）协议和"提货与付款"协议为基础的项目担保。对于这些担保文件在谈判和签订过程中要注意以下内容：担保合同文件成立的条件；明确担保人和借款人以及贷款人之间的法律关系；重视具有信用担保效用的条约条款；在发生被担保人违约的情况下，如何执行担保合同文件；在实施过程按照设定的担保体系，签署相关文件，为项目的成功实施提供保证。

② 设计合理的管理结构。项目的管理结构应该包括有经验的能够胜任的项目管理团队、科学合理的项目管理的决策方式和程序。所有这些在进行合同文件谈判时，都应给予足够的重视，并通过合同文件的形式建立起一个科学合理的项目管理结构，在项目实施过程中严格按照相关规定执行。

5）项目融资实施过程中合同文件体系的管理。在项目融资实施过程中，要重视已经签署的合同文件。严格按照相应的合同规定，控制项目的现金流量，实现融资参与各方的既定目标。当出现各类违约行为或者风险时，要按照合同文件体系的规定，及时有效地进行处理，确保项目融资的实施。

6）项目融资合同争端的解决。以主合同的利益维护为主，充分利用从合同文件，对出现的争端事件，按照各有关规定做好相应处理。

7）项目融资合同实施后的评价。合同管理工作注重经验，只有不断地总结经验，才能提高合同的管理水平。对于项目融资类合同，不断总结更为重要。合同实施评价应当包括：合同设计情况评价、合同签订情况评价、合同执行情况评价、合同管理工作状况评价、合同条款分析。

(2) 项目融资合同文件体系的管理流程

项目融资的过程本身也是项目融资合同文件体系形成的过程，对应项目融资的各个工作阶段，项目融资合同文件体系的管理流程如图1-3所示。

项目投资决策阶段的主要工作是对项目进行市场分析和技术经济分析，此时项目发起人主要为形成融资阶段的合同文件作相关的准备工作，尤其是当融资项目位于第三国时，有必要深入了解该国的现行法律体系；在明确了采用项目融资的筹资方式后，当务之急就是选择优秀的融资顾问，他们应该是一系列融资合同文件的起草者；最关键的步骤是确立融资中的主从合同文件的形式和有关条款，合同文件的

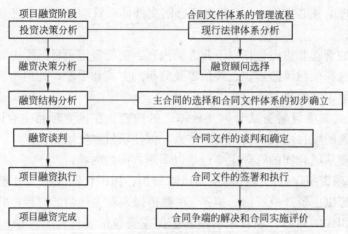

图 1-3　项目融资合同文件体系管理流程

谈判、签署和执行涉及项目公司、银行、融资顾问等一些重要的参与方，在此期间发生的问题很可能需要返回到上一层次进行调整。通过对合同文件体系进行系统的管理就可以有效地促进项目的顺利实施。

由于项目融资特有的优点，其作为一种新型的融资方式在世界范围内的应用越来越广。随着金融创新和世界经济制度和法律体系的不断完善，项目融资方式也会不断创新，在这个过程中充分重视项目融资合同文件体系的管理工作，并且积极探索有效的融资合同文件体系管理方法，对各种方式的项目融资的顺利进行都将提供有益的保障。

项目的文件协议在项目保护权利人方面起到关键的作用，在项目实施的不同阶段，应用因果分析和对策表的思想，如图 1-4 所示，可以预先有针对性地通过协议

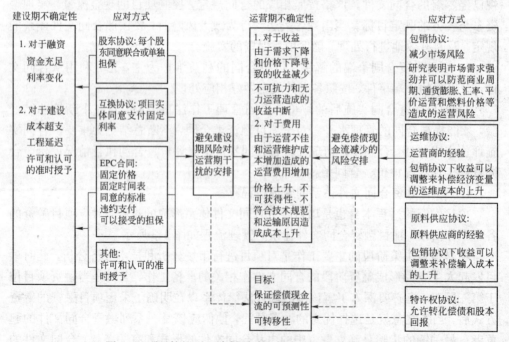

图 1-4　项目协议对于降低风险、提高现金流所起到的作用

的体系，增加相关人的责任感，保证项目的顺利实施。

1.2.5　项目融资与公司融资的区别

项目融资是近 30 年来出现的新型融资方式，它与公司融资有很大的区别。

公司融资是指依赖一家现有企业的资产负债及总体信用状况（通常企业涉及多种业务及资产），为企业(包括项目)筹措资金，属于完全追索权融资；而项目融资通常是无追索或有限追索形式的筹资方式，其基本特征表现为：融资主体不同、融资基础不同、追索程度不同、风险分担程度不同、债务比例不同、会计处理不同、融资成本不同等多个方面。

1. 融资主体不同

一般的公司融资是由项目的发起者作为融资的主体，银行或其他资金提供者是否向该项目贷款或投入资金，一方面取决于将要建设的项目是否有良好的经济效益，更重要的还取决于项目的发起者的总体信用状况。因为，公司融资不仅以项目的未来收益偿还贷款，以项目建成后的资产作为抵押，还以公司的其他资产作为抵押。而项目融资的融资主体即是项目公司本身，银行或其他资金提供者能否如期收回投入资金，完全取决于项目的未来收益，追索也仅限于项目的未来收益和项目建成后的资产。

2. 融资基础不同

项目的经济强度是项目融资的基础。换言之，贷款人能否给予项目贷款，主要依据项目的经济强度，即贷款人在贷款决策时，主要考虑项目在贷款期内能产生多少现金流量用于还款，贷款的数量、利率和融资结构的安排完全取决于项目本身的经济效益。这完全有别于传统融资主要依赖于投资者或发起人的资信。项目融资的这些特征就使得缺乏资金而又难以筹措资金的投资者，可以依靠项目的经济强度，通过项目融资方式实现融资。同时，由于贷款人关注的是项目经济实力，必然要密切关注项目的建设和运营状况，对项目的谈判、建设、运营进行全过程的监控。从这个意义上讲，采用项目融资有利于项目的成功。

3. 追索程度不同

追索程度不同是项目融资与传统融资的最主要区别。如前所述，项目融资属于有限追索或无追索。实际工作中，无追索的项目融资很少见。由于有限追索或无追索的实现使投资者的其他资产得到有效的保护，这就调动了大批具有资金实力的投资者参与项目的积极性。传统融资方式属于完全追索，借款人必须以本身的资产作抵押，如果项目失败，而该项目不足以还本付息，贷款方则有权把借款方的其他资产作为抵押品收走或拍卖，直到贷款本金及利息偿清为止。完全追索与有限追索是区别项目融资和传统融资的主要标准。

4. 风险分担程度不同

任何项目的开发与建设都必然存在着各种风险。项目融资与传统融资方式相比较，在风险分担方面有三点显著不同：其一，采用项目融资的项目都是大型项目，它具有投资数额巨大、建设期长的特点，因而与传统融资的项目相比，投资风险大。其二，项目融资是一种利用外资和民间资本的新形式，因此，项目融资的风险种类可能多于传统融资的风险。其三，传统融资的项目风险往往集中于投资者、贷款者或担保者，风险相对集中，难以分担；而项目融资的参与方有项目发起人、项目公司、贷款银行、工程承包商、项目设备和原材料供应商、项目产品的购买者和使用者、保险公司、政府机构等多家，通过严格的法律合同可以依据各方的利益，把责任和风险合理分担，从而保证项目融资的顺利实施。由此可见，能否有效、合理地分担风险是项目融资方案中十分关键的问题。

5. 债务比例不同

在传统融资方式下，一般要求项目的投资者出资比例至少要达到 30%～40% 以上才能融资，其余的不足部分由债务资金解决。而项目融资是有限追索或无追索融资，通过这种融资形式可以筹集到高于投资者本身资产几十倍甚至上百倍的资金，而对投资者的股权出资所占的比例要求不高，一般而言，股权出资占项目总投资的 5%～30% 即可，其余由贷款、租赁、出口信贷等方式解决。因此，项目融资是一种负债比率较高的融资。

6. 会计处理不同

项目融资也称非公司负债型融资（Off-Balance Finance），是资产负债表外的融资，这是与传统融资在会计处理上的不同之处。资产负债表外融资是指项目的债务不出现在项目投资者的资产负债表上的融资。这样的会计处理是通过对投资结构和融资结构的设计来实现的。

非公司负债型融资对于项目投资者的好处在于：可以使投资者以有限的财力从事更多的投资，同时将投资风险分散和限制在更多的项目之中。而在传统融资方式下，项目债务是投资者债务的一部分，出现在投资者的资产负债表上，这样一来，投资者的项目投资和其他投资之间会产生相互制约的现象。

在实际融资的过程中，大型工程项目的建设周期和投资回收期都很长，对于项目的投资者而言，如果把项目的贷款反映在投资者的资产负债表上，很有可能造成投资者（公司）的资产负债比例失衡，超过银行通常所能接受的安全警戒线，并且短期无法根本改变，这就势必影响投资者筹措新的资金，以及投资于其他项目的能力。如果采取非公司负债型融资，则可避免上述问题。

7. 融资成本不同

项目融资与传统融资相比，融资成本较高。这主要是由于项目融资的前期工作十分浩繁、工作量大，这是有限追索性质所造成的。项目融资的成本包括融资的前期费用和利息成本两个部分。融资的前期费用包括融资顾问费、成本费、贷款的建立费、承诺费，以及法律费用等，一般占贷款总额的 0.5%～2%；项目融资的利息成本一般要高出等同条件公司贷款的 0.3%～1.5%，其增加幅度与贷款银行在融资结构中承担的风险以及对项目的投资者的追索程度密切相关。

从以上项目融资的基本特征可以看出，项目融资相对传统融资有很多的优点。但任何事物都不可能是十全十美的，项目融资也有不足。例如，组织实施项目融资时间较长，一个完整的融资计划通常需要半年甚至更长的时间，其成本费用必然很高。即使是这样，从整体而言，项目融资仍不失为一种金融创新，具有很强的发展潜力。

项目融资与公司融资的主要区别如表 1-3 所示。

项目融资与公司融资的区别　　　　　　　　表 1-3

内　　容	项 目 融 资	公 司 融 资
融资主体	项目公司	发起人
融资基础	项目未来收益和资产	发起人和担保人的资产和信誉
追索程度	有限追索或无追索	全额追索或有限追索
风险承担	项目参与各方	发起人、担保人、放贷人
会计处理	不进入项目发起人的资产负债表	进入项目发起人的资产负债表
贷款技术、周期、融资成本等	相对复杂、长、较高	相对简单、较短、较低
债务比例	一般负债比率较高	自有资金的比例为 30%～40%

1.3　项目融资的发展及理论沿革

1.3.1　项目融资的发展过程

1. 项目融资简要历程

项目融资虽然是近 30 年来出现的新型融资方式，但究其历史可能要追溯到公元 1800 年。根据《汉谟拉比法典》，船主造船筹资所使用的形式是抵押融资，贷款由商业贸易产生的收入进行偿还，如果在贷款还清以前船只在旅途中毁坏了，那么欠贷款人的剩余债务将一笔勾销。

19 世纪中叶，苏伊士运河融资成为今天基础设施融资的先驱。尽管苏伊士运河的融资与当今的项目融资有明显的不同之处，比如，特许经营商从埃及政府获得了长达 99 年对运河进行建设、营运和维修的特许权，如今这种长过 30 年的特许权是非常罕见的。

人们普遍认为，20 世纪 60 年代中期英国北海油田的开发项目是最早的有限追索项目融资实例。在石油资源开发项目上，美国得克萨斯州的石油开发项目采用项目融资的手法（即依靠企业生产的产品——石油产品支付）乃至项目（获得石油开采项目所有权的融资活动）筹集足够的资金，并获得了成功。

第二次世界大战后，发展中国家的基础设施项目都是通过财政拨款、政府贷款和国际金融机构贷款建设的。进入 20 世纪 70 年代后，发展中国家大量举债导致国际债务危机加剧，对外借款能力下降、预算紧张。在这种情况下，政府很难拿出更多的资金投资需求日益增加的基础设施建设项目。随着经济的发展和人民生活水平的提高，对公共基础设施的需求量越来越大，标准越来越高，而政府的财政预算则越来越紧张，由政府出面建设耗资巨大的公共基础设施项目越来越困难。20 世纪 70 年代末至 80 年代初，随着世界各国经济的发展，无论是发达国家还是发展中国家，都先后出现了大规模基础设施建设与资金短缺的矛盾。为此，人们也在不断寻求一种新的融资方式，依靠项目本身的收益去获得建设所需贷款。在这方面首开先河的是土耳其总理奥热扎尔。1984 年，在讨论土耳其公共项目的私营问题时，奥热扎尔提出了 BOT 的概念，而 BOT 恰恰是用得最多的一种特定的项目融资方式。运用此种方式，土耳其建设了火力发电厂、机场和博斯普鲁斯第二大桥。此后，BOT 融资方式作为基础设施项目建设的一种有效融资方式逐渐流行起来。1985 年以后，随着世界经济的复苏和若干具有代表性的项目融资模式的完成，项目融资又重新开始在国际金融界活跃起来，并在融资结构、追索形式、贷款期限、风险管理等方面有所创新和发展。迄今为止，在许多发达国家和地区越来越多地采用 BOT 融资方式进行大型基础设施建设。一些发展中国家，如土耳其、菲律宾、泰国、马来西亚、中国等也相继采用 BOT 融资方式进行基础设施建设。

20 世纪 80 年代末至 90 年代初，世界项目融资高速发展，其中尤以发展中国家发展最为迅速。据世界银行统计，至 1993 年全世界以项目融资模式进行的项目近 150 个，投资总额超过 600 亿美元，其中约一半在发展中国家。从 1994 年到 1997 年全世界项目融资的总量由 350 多亿美元增加到 2364 亿美元。1997 年以前的 10 年，在发展中国家的项目融资比上一个 10 年增长了 25 倍。1997 年发展中国家的项目融资金额达到 1232 亿美元，占世界项目融资金额的 52.1%。

随着全球经济的发展，广大发展中国家经济逐步复苏并迅速增长，同时也面临人口增加、资源短缺、城市化和环境污染等问题的巨大压力。经济的高速增长及其带来的发展中的问题，使得基础设施等工程项目投资剧增。尤其在能源、交通、供水、通信等基础设施项目方面，需要进行大量的投资建设，国家公共部门投资难以满足需求，利用私人力量进行投资，资金来源更加广泛、期限更长、政府介入更少，项目融资的多元化态势成为发展的必然趋势，是历史发展的必然。随着更多金融工具的出现，项目融资必然会越发走向大型化、国际化和技术化，而且其应用重点也必然是在发展中国家，项目融资具有广阔的应用前景。

2. 项目融资在中国的发展过程

在相当长一段时间里，我国的国民经济运行实行计划经济体制，整个社会投资包括主要大型工程项目投资由政府包揽，投资主体单一；投资决策权和项目审批权高度集中于中央或省市一级政府；投资资金来源于财政预算拨款；投资运行靠行政系统直接手段。改革开放以后，工程项目融投资体制发生了巨大变革，中国的工程项目投资融资体制发展大致可分为六个阶段。

第一阶段是改革开放开始到 20 世纪 80 年代中期。从 1979 年到 1983 年是起步和试点阶段，国家对财政投资实行"拨改贷"。1980 年国家在交通运输等大型工程项目中试行基本建设投资有偿占用制度，基本建设投资由原先的无偿拨款改为有偿贷款。初步改变了计划经济下传统的完全用行政手段分配资金的做法。

第二阶段是 20 世纪 80 年代中期至 80 年代末期。从 1984 年到 1986 年，国家重点对项目建设阶段的管理体制进行改革。1984 年国务院颁布了《关于改革建筑业和基本建设管理体制的若干问题的暂行规定》，推行招投标制度，代替行政分配任务制度，实行工程承包和基建物资与设备供应单位企业化，引进市场竞争机制。投资建设的发包方与承接工程的承包方，其经济利益相对地独立了。甲乙双方不再是传统的"家庭内部关系"，而是买卖双方的"市场竞争关系"。

第三阶段是从20世纪80年代末期到90年代初期。从1987年到1992年，该阶段以国务院颁布《关于投资体制近期改革方案》（国发［1988］45号文件）为标志，提出对投资活动的管理必须符合发展、有计划、商品经济的要求，把计划和市场有机结合起来，重点对政府投资范围、资金来源和经营方式进行初步改革。1987年，国家经委明文规定，对基本建设项目必须进行国民经济可行性论证，借鉴世界银行等国际组织规范化的建设项目可行性论证经验和程序，凡未进行论证或论证达不到规定标准的，一律不予立项。从而在调整投资结构，运用经济手段管理和引导全社会投资运行上取得了进展。各地分别采用贷款、借款、集资、引进外资等途径来筹集工程项目建设资金。

第四阶段是从20世纪90年代初期至90年代中期。从1993年到1996年，这个阶段以邓小平同志的"南巡讲话"精神为指针，各级政府进一步解放思想，突破旧的体制，大胆创新，因地制宜地探索筹集工程项目建设资金的渠道和方法。积极引进外资，通过发行债券、股票上市等多种形式筹集资金。明晰产权关系，成立股份制公司，向社会发行股票，参与金融市场融资，掀起了经济发展的热潮。

第五阶段是从20世纪90年代中期到21世纪初。这一时期主要是对提高工程项目投资决策质量和建立投资约束机制进行了探索。重要措施包括实行"建设项目法人责任制"和"项目资本金制"，推行大型工程项目（尤其是市政公用基础设施）的国有资产授权经营等。

第六阶段是从21世纪初开始到现在。以上海、深圳、北京等为代表的部分省市在工程项目融资方面正在开创"项目自主决策、政府宏观引导、社会广泛参与、市场有效运作"的健康、有序、稳健的工程项目融资体制的新路。

近20年来，我国BOT融资项目已有多个成功实例：20世纪80年代中期深圳沙角B电厂采用了类似BOT的建设方式，它标志中国利用项目融资方式进行建设的开始。为尽快解决能源、交通、通信等基础设施严重不足的问题，加快基础设施的建设步伐，改变过去基础设施建设单纯依靠国家财政投资的传统做法，大胆尝试项目融资新方式，中央政府在制定"八五"计划时，国家发改委首次提出了运用BOT方式加快基础工业发展和基础设施建设方面的新思路。

进入20世纪90年代，我国陆续出现了一些以BOT方式进行建设的项目，如上海黄浦江延安东路隧道复线工程、广州至深圳高速公路、上海大场水处理厂、海南东线高速公路、三亚凤凰机场、重庆地铁、深圳地铁、北京京通高速公路、广西来宾B电厂等。这些项目虽然相继采用BOT模式进行建设，但只有重庆地铁、深圳地铁、北京京通高速公路、广西来宾B电厂、成都第六水厂等项目被国家正式认定为采用BOT模式的基础设施项目。广西来宾B电厂BOT项目是经国家批准的第一个试点项目，经过各方多年的努力，该项目已取得了全面成功，被国际上很有影响的金融杂志评为最佳项目融资案例，在国内被誉为"来宾模式"。广东沙角

B电厂、北京市王府井市区改造、上海的杨浦大桥和江苏沪宁高速公路建设等项目也在项目融资模式创新方面取得了成功。近几年，公路经营权有偿转让已有多个成功先例，如成渝高速公路重庆段、西临高速公路等。

在我国，项目融资在国内的运用范围主要局限于电力、公路、桥梁等大型基础设施项目，在很多奥运场馆的建设上也采用了项目融资。20世纪国内融资的方式主要是外资以BOT等方式参与，其他融资方式如基金、信托、租赁、资产证券化等方式较少，内资参与程度也很低。造成这种局面的原因，与国内法律政策环境限制了对融资方案的优化，提高了风险管理和评估的难度有一定关系。但进入21世纪以来，内资参与项目融资的越来越多，有超过外资参与的趋势甚至已经超过了外资的参与。

1.3.2 我国项目融资法律政策环境状况

1. 我国有关项目融投资体制方面的法律、法规和政策规定

20世纪90年代以来，我国政府先后颁布了一系列有关项目融投资体制方面的法律、法规和重要政策，初步确立了市场经济条件下融资风险约束机制和投融资管理体制。

(1) 财政部《企业财务通则》和《企业会计准则》

于1992年颁布的《企业财务通则》和《企业会计准则》，对企业项目投资的建设成本及其融资行为作了原则性的规定。

2006年12月财政部第41号令颁布了新的《企业财务通则》，2006年2月财政部第33号令，颁布了修订后的《企业会计准则—基本准则》。两则自2007年1月1日起施行。

(2) 财政部《基本建设财务管理若干规定》

《基本建设财务管理若干规定》（财基字〔1998〕4号）的颁布，明确了为适应建立社会主义市场经济体制的需要，加强和规范基本建设投资的财务管理，提高经济效益，结合财税体制、投资体制改革和财务会计制度改革的要求，对基本建设项目的财务管理作了具体的规定。

(3) 财政部《关于加强基本建设财务管理若干意见的通知》

《关于加强基本建设财务管理若干意见的通知》（财基字〔1996〕145号）的颁布，为加强基本建设投资的宏观调控和管理，针对当时基本建设投资领域仍然存在着规模过大、浪费严重、结构不合理、投资效益不高、基本建设财务管理弱化等问题作了明确具体的规定。

(4) 财政部《关于加强国有企业财务监督若干问题的规定》

《关于加强国有企业财务监督若干问题的规定》（财工字〔1997〕346号）的颁布，针对当时企业财务管理中存在的问题，为强化国有企业的财务监督工作，严肃财经法纪，维护国有权益作了操作性强的具体化规定，其中对国企的投资行为规定如下：①加强企业生产经营资金使用的监督。企业必须在满足生产经营周转资金需要的基础上进行固定资产投资，并严格按照国家规定足额安排铺底生产经营资金。

②加强企业对外投资的监督。企业对外投资要做可行性研究，坚持集体讨论，建立严格的审查和决策程序，重大投资项目应报经职工代表大会或董事会审批。除国家有特殊规定外，企业累计对外投资不得超过本企业净资产的 50%。技术改造任务重和生产经营资金不足，以及对外投资报酬率预计达不到银行存款利率的，不得对外投资。

(5) 原国家计划委员会、国家外汇管理局《境外进行项目融资管理暂行办法》

《境外进行项目融资管理暂行办法》（计外资［1997］612 号）的颁布，对进一步加强借用国际商业贷款宏观管理，规范境外进行项目融资的行为，强化对我国外债的有效管理，高效地利用国外资金，作了明确的规定。

(6) 财政部《财政性基本建设资金效益分析报告制度》

《财政性基本建设资金效益分析报告制度》（财基字［1999］27 号）的颁布，对于准确、及时反映和分析财政性基本建设资金使用情况和效益情况，加强财政性基本建设资金管理，有效实施宏观调控，作了具体明确的规定。

(7) 中共中央《关于建立社会主义市场经济体制若干问题的决定》

党的十四届三中全会通过了《关于建立社会主义市场经济体制若干问题的决定》，将投资项目划分为竞争性项目、基础性项目和社会公益性项目三类。指出将竞争性的项目推向市场，国家制定产业政策加以引导；基础性项目要鼓励和吸引各方投资参与；社会公益性项目由政府财政统筹安排，并广泛吸引社会资金。该决定实际上提出了市场经济环境下实施项目投资、投融资改革的总体思路。

(8) 国务院《90 年代国家产业政策纲要》

《90 年代国家产业政策纲要》（国发［1994］33 号）的颁布，鼓励和引导社会各方面资金参与项目建设，尤其是基础设施建设，并在股票和债券发行、国家政策性银行长期贷款等方面给予优先支持。

(9) 原国家计委《关于实行建设项目法人责任制的暂行规定》

《关于实行建设项目法人责任制的暂行规定》（计建设［1996］673 号）的颁布，规定基本建设项目必须建立项目法人，对项目的策划、资金筹措、建设实施、生产经营、债务偿还等全过程负责。

(10) 国务院《关于固定资产投资项目试行资本金制度》

《关于固定资产投资项目试行资本金制度》（国发［1996］35 号）的颁布，规定各种经营性投资项目试行资本金制度，必须落实资本金；公益性项目不实行资本金制度。

(11) 原国家计委《关于加强国有基础设施资产权益转让管理的通知》

《关于加强国有基础设施资产权益转让管理的通知》（计外资［1999］1684 号）的颁布，对向外商和国内经济组织转让国有公路、桥梁、隧道、港口码头、城市市政等公用基础设施的经营权、使用权、收益权以及股权等行为，作了明确的规定，使得公共基础设施项目的投资者招商有了操作依据。

(12) 原国家计委《关于促进和引导民间投资的若干意见》

《关于促进和引导民间投资的若干意见》（计投资［2001］2653 号）的颁布，要求进一步转变思想观念，促进民间投资的发展，要进一步完善法律法规，依法保护民间投资者的合法权益，为民间投资者营造公平竞争的发展环境，鼓励和引导民间投资以独资、合作、联营、参股、特许经营等方式，参与经营性项目建设。

(13) 财政部《企业公司制改建有关国有资本管理与财务处理的暂行规定》

《企业公司制改建有关国有资本管理与财务处理的暂行规定》（财企［2001］325 号）的颁布，对适应建立现代企业制度的需要，促进国有经济结构调整，规范企业公司制改建中有关国有资本管理与财务处理行为，作了具体明确的规定。

(14) 国务院《关于鼓励支持和引导个体私营等非公有制经济发展的若干意见》

2005 年 2 月国务院正式发布《关于鼓励支持和引导个体私营等非公有制经济发展的若干意见》正式出台。这是建国以来首部以促进非公有制经济发展为主题的中央政府文件。文件允许非公有资本进入垄断行业和领域，在电力、电信、铁路、民航、石油等行业和领域，进一步引入市场竞争机制。对其中的自然垄断业务，积极推进投资主体多元化，非公有资本可以参股等方式进入，对其他业务，非公有资本可以独资、合资、合作、项目融资等方式进入；允许非公有资本进入公用事业、基础设施领域和社会事业领域以及金融服务业和国防科技工业建设领域。允许非公有制经济参与国有经济结构调整和国有企业重组，城市商业银行和城市信用社要积极吸引非公有资本入股，鼓励有条件的地区建立中小企业信用担保基金和区域性信用再担保机构，任何单位和个人不得侵犯非公有制企业的合法财产，不得非法改变非公有制企业财产的权属关系等。文件内容共 36 条，这份文件通常被简称为"非公 36 条"。

(15) 国务院《关于鼓励和规范我国企业对外投资合作的意见》

2006 年 10 月国务院常务会议讨论通过《关于鼓励和规范我国企业对外投资合作的意见》。会议认为，支持有条件的企业按照国际通行规则对外投资和跨国经营，是对外开放新阶段的重大举措，对于更好地利用国际国内两种资源、两个市场，推进经济结构调整，增强企业国际竞争力，促进国际交流合作、共同发展，具有重要意义。会议指出，改革开放以来，中国企业的对外投资、工程承包、劳务合作等有了很大发展，一些企业的跨国经营能力逐步提高，形成了一批具有比较优势的产品和产业，增强了经济发展的动力和后劲。但从总体上看，中国企业的对外投资合作还处于起步阶段，迫切需要正确引导，及时规范。会议认为制定《关于鼓励和规范我国企业对外投资合作的意见》是完全必要的。会议强调：坚持相互尊重，平等互利，优势互补，合作共赢；加强政策引导，统筹协调，规范秩序，合理布局，防止无序竞争，维护国家利益；完善决策机制，落实企业境外投资自主权，科学论证，审慎决策，防范投资和经营风险；加强境外国有资产监管，健全评价考核监督体系，建立项目安全风险评估和成本核算制度，实现资产保值增值；遵守当地法律法规，坚持工程项目承包公开公正透明，重信守诺，履行必要的社会责任，保障当地员工合法权益，注重环境资源保护，关心和支持当地社会民生事业；提高境外工程承包建设水平，提高产品质量和效益，不断增强企业的综合竞争力；加强安全教育，健全安全生产责任制，保障境外中资企业、机构的人员和财产安全；加快人才培养，注重培养适应国际化经营的优秀人才，提高企业跨国经营管理能力；营造友好的舆论环境，宣传中国走和平发展道路的政策主张，维护中国的良好形象和企业的良好声誉。

(16) 国务院《商业特许经营管理条例》

2007 年 1 月 31 日国务院第 167 次常务会议通过《商业特许经营管理条例》，自 2007 年 5 月 1 日起施行。商业特许经营，一般简称为特许经营，有时也叫特许加盟，是一种营销方式。它是指拥有注册商标、企业标志、专利、专有技术等经营资源的企业，也就是特许人，通过订立合同，将其拥有的这些经营资源许可其他经营者也就是被特许人使用，被特许人按照合同约定在统一的经营模式下开展经营，并向特许人支付相应费用的经营活动。特许经营的核心是无形资产的输出。条例主要规定了规范和管理特许经营活动所必需的具有管理性质的一些制度、措施和要求，并通过严格、明确的法律责任保证其切实得以落实；条例明确了特许人从事特许经营活动应当具备的条件；对于信息披露、备案特许经营期限等都作出规定。

(17)《中华人民共和国物权法》

中华人民共和国第十届全国人民代表大会第五次会议于 2007 年 3 月 16 日通过《中华人民共和国物权法》，自 2007 年 10 月 1 日起施行。物权法针对现实生活中迫切需要规范的问题统筹协调各种利益关系，树立依法平等保护和正确行使财产权利的物权观念，为实施物权法营造广泛的社会思想基础，从而消除各种体制性障碍，完善社会主义市场经济体制，形成更加公平、更加开放的市场竞争秩序，为增强公有制经济活力和促进非公有制经济发展提供更加有力的法制保障。

(18)《中华人民共和国反垄断法》

中华人民共和国第十届全国人民代表大会常务委员会第二十九次会议于 2007 年 8 月 30 日通过《中华人民共和国反垄断法》，自 2008 年 8 月 1 日起施行。反垄断法从起草到审议，历经十三载，见证了中国市场经济的艰难转型。反垄断法的出台，初步界定了垄断行为的三方面具体内容，建立了反垄断的执法体系和救济途径，为部分垄断行业的改革扫清法律障碍。反垄断法意在保护竞争、构建公平有序的市场秩序，它的出台将令中国的投资环境更加完善，有利于建立平等竞争的市场环境，消除垄断对市场经济造成的破坏，平衡和协调各种利益关系。

2. 有关政策对于项目融资的限制作用

项目的专项立法，主要包括《关于境外进行项目融资管理暂行办法》、《外汇管理条例》、《境内机构对外担保管理办法》、《关于以 BOT 方式吸收外商投资有关问题的通知》内的限制条款，如：

(1) 项目融资需要遵循基本建设程序，经过有关部门审批。在审批时需确定项目的风险是否被合理分担、融资的条款是否合理、信贷支持是否被允许，项目的外汇需求是否已纳入国家借用国际商业贷款指导性计划，项目融资的条款、期限和各项费用是否可以接受。这一系列问题关系到对外直接支付，需要得到国家外汇管理局的批准。

(2) 收入必须使用人民币，偿还融资贷款时，必须将本国货币兑换成外汇汇出境外。还本付息的收入应存入专项账户。未经国家外汇管理局批准，项目公司不得为其境内收入设立境外账户。

（3）债权人对于建设项目以外的资产和收入没有追索权，境内机构不得以项目以外的资产、权益和收入进行抵押、质押或偿债。

（4）禁止政府部门为企业的商业融资提供担保。在实践中，针对一些具体问题，这些限制可能被突破。如：提供安慰函、原材料供应承诺、外汇汇率政策承诺、价格政策承诺、补贴发放承诺；在完工风险方面，承诺由于政治、法律制度变化或政府配套建设的义务未得以履行导致工程延期、工程停工的，政府承担相应损失；公用事业单位的收益不足以偿还债务时，政府保证承担债务的交付责任；承诺给予外商的优惠不因法律规范文件的变更而变更等。

（5）项目产品或服务的价格的确定应符合我国有关价格管理规定，允许考虑项目所在地的承受能力，并得到有关价格管理部门的批准。收费标准必须经过有关物价局一年一度的审核批准。

（6）对外担保限制。对于金融机构境内外汇担保余额及外汇债务余额，非金融企业法人对外提供的对外担保余额都设定了限制。外汇债务的全部担保必须经过审批，担保的金额必须经过预先批准，并接受定期监督。

经济法规对项目融资的限制主要体现在：

（1）《担保法》有关项目融资的规定

1）担保对象的限制。《担保法》规定一般债权不能作为抵押物或者质押物，抵押人可以将资产一并抵押，但各项财产的数量、质量、状况和价值都应当是明确的。项目的财产是在建设过程中逐步形成的，项目财产本身处于不断地增值状态中。因此，项目建设中增加的财产不构成抵押物。担保法律尚未肯定"浮动担保、财团担保、所有权担保"等担保形式，在项目开发建设的前期无法以项目财产作为抵押物设定抵押权。

2）担保权利转移的规定。项目公司可能获得的担保权主要包括保证和抵押两大类：政府担保性承诺。有政府背景的企业为项目公司与第三方签订的买卖合同提供支持保证等。其他当事人提供的保证和抵押。《担保法》规定抵押权不得与债权分离而单独转让，保证和其他担保方式的权利能否单独转让未作详细规定。

《担保法》尚未在立法上确认权利转移型担保形式。转移型担保的操作方法是通过合同的形式将所有权转移于担保权人，由担保人保留标的物的赎回权。这是一种新型担保形式。目前，项目财产转移担保已在 BOT 项目中使用，但我国担保法律制度中没有予以明确肯定，无法确定其与其他担保形式在受偿权方面的优先顺序。

3）担保登记。我国负责担保登记的机关随担保对象不同而不同。由工商局、土地管理部门、林业登记部门、运输工具登记部门以及地方人民政府分别负责。

（2）《公司法》有关项目融资的规定

1）公司形式的约定。境内成立项目公司负责融资相关的一切活动。应采用具有法人地位的中外合资经营等企业形式。不能采用契约型投资结构和有限合伙投资结构。

2)《公司法》规定项目公司发行债券需满足有关债券发行条件，如发行债券的公司累计债券总额不超过公司净资产的 40％，最近三年平均可分配利润足以支付公司债券一年的利息。

(3)《合同法》有关项目融资的规定

1) 资产的优先权益确定。根据国外经验，建立中央优先权益登记系统可以为证券化资产的优先权益及其先后次序提供一个客观的法律意义上的确认。我国目前尚未建立中央优先权益登记系统，这将增加资产证券化过程中优先权确认的难度。

2) 权利的转移。基础设施项目融资认可债权的转移。

3. 国内项目融资风险管理的局限

根据上述政策和法规，我国目前无法采用国际上常用的一些风险控制措施。其中主要体现在：

(1) 现金流的直接控制是风险隔离方案的重要组成部分。国际上一般借助设立境外信托账户。通过这一信托账户控制项目的现金流量和担保权，以提高项目公司的有限追索和降低项目公司对贷款者违约的可能性。我国虽然支持在境内的外汇指定银行的还本付息专户，但规定未经国家外汇管理局批准，项目公司不得为其境内收入设立境外账户。从贷款方来看，现金流的控制权受到限制，风险控制措施的效果要受到政治风险的干扰。

(2) 市场风险的控制。银行要求项目收入具有确定性，希望收费能够与有关的成本的变动挂钩，并通过有关合同对价格调整加以定义。有关成本包括通货膨胀、汇率、投入价格。由于国内对定价权、价格调整的限制，项目贷款人需要承担市场风险。

(3) 特殊目的公司(SPV)可能无法满足《公司法》关于债券发行条件的规定，使用 SPV 来隔离风险的方法难以运用。

(4) 浮动担保的效力。在我国设立浮动担保的有效性不确定，也没有相关制度的保障，浮动担保的设定和执行都只能依靠国际惯例操作，通过合同来建立。由于抵押登记部门的不统一，直接影响到浮动担保登记的公示效力，第三人很容易就此找到支持其不知浮动担保存在而善意受让的法律证据，浮动担保的优先抗辩能力容易受到干涉。因此，单纯依靠合同条款建立起的债权浮动担保，其潜在的法律风险很难完全排解。

目前，项目融资在中国的发展处于挑战与机遇并存的新局面。

项目融资面临的挑战主要来自两个方面：其一，过去曾长期制约中国经济发展的基础产业瓶颈制约局面已有很大的改变。随着市场结构的变化，一些领域或地区的某些产品出现了相对过剩或供求平衡。其二，某些垄断行业的改革正朝着市场化的方向迈进。例如电力工业体制正在进行以"厂网分离，竞价上网"为目标的市场化改革，并在许多省份开始试点推行。按照这一改革思路，电力项目融资中的长期购电协议的签署就已不具备以往的条件。上述两点都将影响到项目融资的实施。

另一方面，在正视项目融资面临挑战的同时，还必须看到，随着中国经济的进一步发展，新的投资领域和投资机会的出现，为项目融资的进一步发展提供了有利时机。中国的基础设施等工程项目建设将是一项长期任务。目前已兴起的大型工程项目如水利、道路、高速公路、机场、港口、铁路、水坝、写字楼、大型商铺和现代化场馆的建设在全国各个省市持续发展。项目融资将在整个社会经济发展过程中起到极为关键的作用。例如，我国在"十五"期间加速了城市化的进程，加大了对城市基础设施投资。未来的"十一五"、"十二五"的发展会更快，巨大的投入完全依靠政府的公共财政是不可能的，必须广开融资渠道，在这方面项目融资可以大有作为。预期我国项目融资的发展方向还有城市轨道交通、城市供水及污水处理等方面。应该说，我国的经济建设需要项目融资，项目融资在我国的发展空间很大。

1.3.3　项目融资的相关理论

项目融资理论并不系统，其理论的构成大多和银行业有关，可称之为项目融资银行业理论，包括：早期银行贷款叫作真实票据概念；莫尔顿的转嫁理论；货币市场和资本市场的相互依赖理论；贷款流动性期望收入理论；对冲互换理论；期权定价理论；资产组合管理理论；信用转让理论；风险转换理论和审慎避险理论等。

18世纪英国经济学家亚当·斯密的《国富论》中开始出现"真实票据"的概念。真实票据理论强调贷款必须具有"可偿性"。也就是说，借款人出售产品的收入要能够偿还所借的贷款。判断借款人是否具有偿还能力，主要是依据对其信贷历史的考察。

美国的商业贷款理论也强调商业银行要尽量避免可能造成资产和债务不对称风险的贷款资产。美国经济学家莫尔顿在1918年提出，为保持银行的流动性，可将部分资金变为可转让资产。如果借款人还不起现金，则可以拿"可转让资产"来抵账，这一理论实际上是强调贷款的担保问题，是以资产为基础的筹资。

20世纪80年代以来，各种金融创新工具不断涌现，现代经济社会呈现出财产价值化、金融媒介化、实物证券化的特征，构思较为精巧的当属资产证券化的融资模式。这种融资模式由于其独特的表外融资、资产剥离功能引起了经济学界、法学界和政府部门的重视。

1. 货币市场和资本市场的相互依赖理论

货币市场和资本市场的壁垒被打破，带来的全球金融市场一体化，一系列新的金融产品出现，如循环承销融资、票据发行融资和可转换贷款融资工具。

循环承销融资是银行等金融机构保证承销机构在一定额度内可以循环承销的融资额度。

票据发行融资是指银行等金融机构对于客户发行短期票据所提供的融资额度。其中包括期票发行的额度。在这个额度内，保证客户通过发行短期票据取得资金。如果有没能销售的部分，则须由银行承购或给予贷款，弥补不足部分，使客户顺利取得必要的资金。

可转换贷款融资工具是指银行等金融机构为了扩大贷款业务，强化资金的流动性，提供给投资人的一种对于第三者可以转让的融资额度。

2. 贷款流动性期望收入理论

贷款流动性预期收入理论认为，发放贷款应当考虑借款人预期收入和现金流。放贷给具有较好的预期收入的借款人不会影响银行的流动性。贷款流动性期望收入理论强调要动态地分析借款人的还贷能力。

根据预期收入理论，商业银行创造了许多新的放款业务，例如，消费者分期付款、房屋抵押贷款、中期商业放款等。良好的贷款应具备和借方的期望收入或现金流相联结的债务偿还计划。

3. 对冲互换理论

现代项目融资还依据银行在互换交易方面积累的经验，使银行为适应新的情况重新对风险进行组合。互换交易是一项很好的避险措施。交易双方将各自所持的货币先相互交换一下，也即你买我的我也买你的，金额相当，待到一定时日，双方再换回原卖给对方(也就是对方先买去)的货币本金，并且付一定的利息。典型的互换交易有三个特点：①买进和卖出是有意识地同时进行；②买进和卖出的货币种类相同，金额相当；③一笔即期外汇交易和一笔远期外汇交易同时配对进行。这种业务的目的是为避免汇率变动的风险，调整外汇资金头寸，或利用汇率变动从中获利。所有的银行都承认互换在防范利率和汇率风险方面是一种有用的信用市场工具。案例研究证明，发展中国家的跨国公司把项目融资作为公司风险管理目标的主要手段。一旦识别和认定了风险，贷款方主要关心的是减少和避免它。项目融资风险对冲机制是分析、制度和法律保护等各种方法的综合。此外，除了直接的风险对冲以外，贷款方还以间接方式进行，其做法是在二级市场上进行交易或互换等。

4. 期权定价理论

期权是一个转移权利的合约，不承担任何的义务，是此前(或将来)某个时期以一定的价格买入期权(或卖出期权)特定的金融工具。在市场风险方面，如果价格对他有利，期权的买方具有获得无限利润的可能性；但如果价格对其不利，损失仅限于他支付的期权价格。实证研究表明，期权市场的发展便利了转移信用风险，被银行和企业广泛用作减少风险的工具。

5. 投资组合理论

投资组合理论系美国著名经济学家、诺贝尔奖获得者马科维兹在 1952 年首先创立的。他在美国的《金融杂志》上发表了"资产组合选择"一文，论述了投资目标函数，组合的方差以及解的性质等基本理论，以其均值/方差要素创立了现代资产组合理论。马氏模型的创立被誉为金融理论的一场科学革命，表现在：①否定了"持有的证券越多，风险分散效果越好"的长达一个世纪的错误观念，指出一个拥有 10~15 种证券的资产组合即可达到分散非系统风险的目的。②科学地揭示了分散风险的关键在于选择相关程度(协方差)低的证券构成的资产组合。③运用数学图解法(资产组合有效前沿)科学确立了最优投资比例(权数)关系。在这一前沿上任何投资组合要么能够在相同的风险水平下提供更高的报酬，要么能在相同的报酬水平下实现更小的风险。

投资组合理论其核心是投资方进行分散风险的过程，通过投资多样化降低与期望收益相关的公司风险。根据假定，不同国家经济周期往往不完全相关，贷方应根据每一个国家的情况对管理的贷款资产风险和相类似的项目设有一个内部限制，有可能通过投资不同的国家或行业的项目，降低与期望收益相关的风险。

6. 资本结构理论——MM 理论

利用财务杠杆可以提高股东的收益水平，但同时也增加了股东所承受的财务风险，那么这种收益的增加和风险的增大究竟会给企业带来什么样的后果，即改变企业的资本结构能为企业带来多大的好处，这是资本结构理论要讨论的主要问题。20 世纪五六十年代由美国经济学家 Modiglani 和 Miller 提出的 MM 理论具有开创性的成果。

其命题 MM I 和 MM II 的基本思想是：在无政府税收时，增加公司的债务并不能提高公司的价值，因为负债带来的好处与同时带来的风险增加完全抵消，因而要举债适度。

1963 年 Miller 修正了在 1958 年提出的公司结构理论，又提出了两个命题：

命题一：负债经营企业的权益成本等于具有同等风险程度的无负债企业的价值加上因负债而产生的税收屏障，这一税收屏障的价值等于企业的负债总额乘以所得税税率。这一命题指出在有政府税收的情况下，通过增加公司负债可以减少政府的税收收入，提高公司的价值，故公司资本结构将对公司价值产生影响。

命题二：负债经营企业的权益成本等于具有同等风险程度的无负债企业的权益成本加上一定的风险补偿。但如果存在财务风险产生了财务成本以及代理成本，则应考虑负债经营不但会为公司价值带来税收屏障的正效应，而且会带来财务危机成本和代理成本的负效应。实际上由于财务危机成本和代理成本很难估算，最佳资本结构不能靠计算或纯理论得出，而需要由企业管理人员和有关决策人员根据各方情况进行判断和选择。

7. 信用转让理论

在项目融资结构中，发起方同较强信用的参与成员结合的属信用转让现象。信用转让可按照三种机制进行。

一是经济避险。通过测试、分析项目确实有市场，能产生足够的现金流来保证债务的偿还。每一个利益参与方都对信用给予支持。二是机制避险，依靠信托安排，确保项目一旦产生现金流首先偿付贷款的机制。这种支付机制，是通过确保项目产生现金流，在支付前不经发起方以其他方式来保证项目的质量。这种安排，只有到债务支付机制手段完善之前经济活动才算完成。机制避险是一种担保标准，如果项目不能产生现金流，就不可能创造任何的信用或财务支持。三是法律避险，银行通过签订贷款协议运用法律避险的机制。

8. 风险转移理论

银行的经济作用是转移风险。在法律上，项目融资信用评估涉及贷方将借方作为贷款协议中主要参与方。因此，项目实体在形成过程中要考虑如何建立信用评估，这是贷款银行参与项目时一个主要的问题，因为保护机制必须高度可靠，确保贷款按时偿还。如果借方是一个新的开发项目，贷方不仅要看发起方的信誉，而且要审查发起方与项目的关系。实践证明，项目融资的结构旨在建立一种链接，即项目的信用风险能够很好替代发起方的信用风险。

9. 稳妥避险理论

贷款银行虽然很难定义一个绝对的风险标准，但至少要有一个基本的安全线。一般来讲，银行寻求的安全标准称之为零风险目标，即贷款损失程度不能大到严重损害贷方资本结构。组合理论解释了为什么有些银行可以提供项目融资而有些银行却不能。有经验的项目贷款方可以通过间接的手段分散主要的项目贷款风险，在最坏的情况下维护自己的系统生存。

复习思考题

1. 简述项目融资的概念。
2. 简述项目融资的功能。
3. 简述项目融资的适用范围。
4. 简述项目融资成功的基本条件。
5. 简述项目融资与一般公司融资的主要区别。
6. 简述项目融资的框架结构。
7. 简述项目融资的优点与缺点。
8. 简述项目融资的运作程序。
9. 简述项目融资的发展过程。

2.1 项目可行性研究

2.1.1 可行性研究的概念

可行性研究是一种系统的投资分析研究方法，是项目投资决策前，对拟建项目的工程、技术、经济、财务、生产、销售、环境、法律等方面进行全面的、综合的调查研究，对备选方案从技术的先进性、生产的可行性、建设的可能性、经济的合理性等方面进行比较评价，从中选出最佳方案的研究方法。

作为一种方法，可行性研究是一种综合性的决策论证分析，包括市场调查与预测、方案构造和比选决策方法、风险分析方法、技术经济分析方法等技术方法。融资作为项目投入的重要组成部分，是项目可行性论证的重要一环。如何筹措资金，如何保证资金供应，如何保证项目投入的计算精准，筹资结构的优化与科学是保证项目可行性研究有效的基本条件。

作为一门科学，可行性研究是横跨工程技术科学、项目管理科学和自然科学的综合性科学。研究对象涉及工程决策的技术经济问题，人力、物力、财力的资源配置问题，是与社会政治、经济、文化、金融、市场等相关的项目寻优问题。而其中方案的策划为项目实施确定了指导原则、框架和基础。

2.1.2 可行性研究的内容

概括起来，项目可行性研究一般包括下列内容：

1. 外部投资环境分析　项目所在国的政治、法律法规、政策、金融等与项目相关的政策环境限制；

项目所在区域的环境、基础设施的状况等。

2. 技术可行性分析 包括技术的先进性、可靠性、市场化程度；项目相关资源状况及保障程度；项目产品的国内外市场需求、市场竞争状况；项目建设管理的组织、进度实施保障程度等。

3. 项目财务评价 从投资人的角度出发，分析项目投入的回收期、内部收益率等。通过项目投资成本、运营成本、经营性收益分析项目的经济性。

4. 国民经济评价 从国家和区域经济社会发展的角度，运用影子价格、影子汇率、影子工资和社会折现率等经济参数，采用费用与效益的分析法，分析项目需要国家和区域经济付出的代价和对国家和区域经济的贡献，考虑投资行为的经济合理性和宏观可行性。

5. 社会评价 应用社会学与人类学的理论方法，系统地调查和收集与项目相关的社会数据，了解项目实施过程可能出现的社会问题，与财务评价、经济评价和环境评价互为补充，从不同的角度分析和评价项目的合理性和可行性。

6. 环境影响分析 分析评价项目建设期和项目运行期对当地生态环境的影响。

具体对于项目可行性影响的方面，可以通过表 2-1 予以说明。

项目可行性研究内容　　　　　　　　　　　　　　表 2-1

项目领域	对项目可行性影响的方面
外部投资环境	国家法律制度，税收制度
政策性环境	项目对环境的影响和环境保护立法 项目经营许可获其他政府限制政策
金融性环境	通胀因素 汇率，利率 国家外汇制度，货币风险及可兑换性
工业性环境	项目基础设施，能源，水电供应，交通运输，通信等
项目生产因素	生产技术的可靠性和成熟度
技术要素	资产储量及可靠性（矿产能源项目）
原材料供应	原材料来源，可靠性，进口关税和外汇限制
项目市场	项目产品或服务的市场需求、价格、竞争性 国内和国际市场分析
项目管理	生产、技术、设备管理 劳动力分析
投资收益分析	项目建设费用 征购土地、购买设备费用
项目投资成本	不可预见费用
经营性收益分析	项目产品或服务的市场价格分析和预测 生产成本分析和预测 经营性资本支出预测 项目现金流量分析
资本性收益分析	项目资产增值分析和预测

2.1.3　项目可行性分析

项目可行性分析从项目和国家两个角度出发，分析、评价项目的财务可行性与国民经济效益。

1. 财务可行性分析

财务可行性分析主要是对项目获利能力及发展前景的定量分析。

财务分析的步骤是：首先对项目的投资成本，项目建设期内投资支出及其来源、销售收入、税金和产品成本、利润、贷款的还本付息等主要方面进行预测，得出项目现金流量，再以预测出的现金流量为依据，通过财务指标的计算，确定项目在财务效益上的可行性。

项目财务分析具体体现在项目融资实务中，可以从项目盈利能力和债务清偿能力两个方面进行。其分析指标如图 2-1 所示。

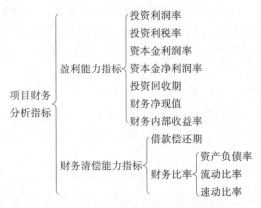

图 2-1　财务可行性分析指标分类

(1) 反映项目盈利能力的指标

反映项目盈利能力的指标包括两大类，即静态指标和动态指标。

静态指标是指在计算时不考虑货币时间价值因素影响的指标，主要包括投资利润率、投资利税率、资本金利润率、资本金净利润率和静态投资回收期等。

1) 投资利润率

投资利润率是项目的年税后利润总额与总投资之比。计算公式为：

$$投资利润率 = (年税后利润总额 / 总投资) \times 100\% \qquad (2\text{-}1)$$

式中，年税后利润总额，可选择正常生产年份的年利润总额，也可以计算出生产期平均年利润总额，即用生产期利润总额之和除以生产期。选择前者还是后者，根据项目的生产期长短和年利润总额波动的大小而定。若项目生产期较短，且年利润总额波动较大，原则上要选择生产期的平均年利润总额；若项目生产期较长，年利润总额在生产期又没有较大的波动，可选择正常生产年份的年利润总额。

总投资是建设投资、建设期利息和流动资金之和。

计算出的投资利润率要与规定的行业标准投资利润率或行业的平均投资利润率进行比较，若大于或等于标准投资利润率或行业平均投资利润率，则认为项目是可以考虑接受的。

2）投资利税率

投资利税率是项目的年利税总额与项目总投资之比，其计算公式是：

$$投资利税率＝（年利税总额/总投资）×100\%\qquad(2-2)$$

式中，年利税总额可以选择正常生产年份的年利润总额与销售税金及附加之和，也可以选择生产期平均的年利润总额与销售税金及附加之和。选择前者还是后者，依据项目生产期长短和利税之和的波动大小而定，选择原则与计算投资利润率中年税后利润总额的选择同理。

总投资仍为建设投资、建设期利息和流动资金之和。

计算出的投资利税率要与规定的行业标准投资利税率或行业的平均投资利税率进行比较，若前者大于或等于后者，则认为项目是可以考虑接受的。

3）资本金利润率

资本金利润率是项目的年利润总额与项目资本金之比。计算公式为：

$$资本金利润率＝（年利润总额/资本金）×100\%\qquad(2-3)$$

式中，年利润总额是选择正常生产年份的年利润总额，还是选择生产期平均年利润总额，原理同于投资利润率的计算。

资本金是指项目的全部注册资本金。

计算出的资本金利润率要与行业的平均资本金利润率或投资者的目标资本金利润率进行比较，若前者大于或等于后者，则认为项目是可以考虑接受的。

4）资本金净利润率

资本金净利润率是项目的年税后利润与项目资本金之比。计算公式为：

$$资本金净利润率＝年税后利润/资本金×100\%\qquad(2-4)$$

式中，年税后利润是选择正常生产年份的税后利润，还是选择生产期平均年税后利润，原理同于投资利润率的计算。

资本金也是指项目的全部注册资本金。

资本金净利润率应该是投资者最关心的一个指标，因为它反映了投资者自己的出资所带来的净利润。

5）静态投资回收期

静态投资回收期是指在不考虑货币时间价值因素的条件下，用年净收益回收全部投资所需用的时间，一般用年表示。其表达式为：

$$k=\sum_{t=1}^{T_p}NB_t\qquad(2-5)$$

式中　k——项目总投资；

　　NB_t——项目第 t 年净收益；

　　T_p——静态投资回收期。

计算出的投资回收期要与行业规定的标准投资回收期或行业平均投资回收期进行比较，如果小于或等于标准投资回收期或行业平均投资回收期，则认为项目是可以考虑接受的。

动态指标是指在计算时考虑货币时间价值因素影响的指标，主要包括财务净现值和财务内部收益率。

① 财务净现值

财务净现值是指在项目计算期内，按行业基准折现率或设定折现率计算的各年净现金流量现值的代数和，简称净现值，记作 $FNPV$。其计算公式为：

$$FNPV = \sum_{t=0}^{n} (CI_t - CO_t)(1 + i_0)^{-n} \tag{2-6}$$

式中　CI_t——项目第 t 年的现金流入；

　　　　CO_t——项目第 t 年的现金流出；

　　　　i_0——基准折现率；

　　　　n——项目寿命周期。

财务净现值的计算值可能有三种情况，即 $FNPV > 0$，$FNPV = 0$，$FNPV < 0$。当 $FNPV > 0$ 时，说明项目用其净效益抵付了相当于用折现率计算的利息以后，还有盈余，从财务角度考虑，项目是可以考虑接受的。当 $FNPV = 0$ 时，说明拟建项目的净效益正好抵付了用折现率计算的利息，这时，判断项目是否可行，要看分析所选用的折现率。在财务效益分析中，若选择的折现率大于银行长期贷款利率，项目是可以考虑接受的；若选择的折现率等于或小于银行长期贷款利率，一般可判断项目不可行。当 $FNPV < 0$ 时，说明拟建项目的净效益不足以抵付用折现率计算的利息，甚至有可能是负的效益，一般可判断为项目不可行。

② 财务内部收益率

财务内部收益率是指项目投资实际可望达到的报酬率，即能使投资项目的净现值等于 0 时的折现率，记作 $FIRR$。显然，财务内部收益率 $FIRR$ 满足下列等式：

$$\sum_{t=0}^{n} (CI_t - CO_t)(1 + FIRR)^{-t} = 0 \tag{2-7}$$

财务内部收益率与财务净现值的表达式基本相同，但计算程序却截然不同。在计算财务净现值时，预先设定折现率，并根据此折现率将各年净现金流量折算成现值，然后累加得出净现值。在计算财务内部收益率时，要经过多次试算，使得净现金流量现值累计等于 0。一般可借助计算机编制运算程序完成。如用手工计算时，应先采用试算法，后采用插值法。

插值法的计算公式为：

$$FIRR = i_1 + \frac{FNPV}{FNPV_1 + |FNPV_2|}(i_2 - i_1) \tag{2-8}$$

式中　i_1——偏低折现率；

　　　　i_2——偏高折现率；

　$FNPV_1$——i_1 对应的正净现值；

　$FNPV_2$——i_2 对应的负净现值。

计算出的财务内部收益率要与国家规定的基准折现率或投资者的目标收益率进

行比较，如果前者大于或等于后者，则说明项目的盈利能力超过或等于国家规定的标准或投资者的目标收益率，因而是可以考虑接受的。

③ 动态投资回收期

动态投资回收期是指在考虑货币时间价值的条件下，以投资项目净现金流量的现值抵偿原始投资现值所需要的全部时间。其表达式为：

$$\sum_{t=0}^{n} k_t (1+i_0)^{-t} = \sum_{t=1}^{T_p^*} NB_t (1+i_0)^{-t} \qquad (2-9)$$

式中　T_p^*——动态投资回收期；

　　　k_t——项目第 t 年的投资；

其他符号意义同前。

计算得出的动态投资回收期要与行业标准动态投资回收期或行业平均动态回收期进行比较，如果小于或等于标准动态投资回收期或行业平均动态投资回收期，则认为项目是可以考虑接受的。

(2) 反映项目清偿能力的指标

反映项目清偿能力的指标包括借款偿还期、财务比率(资产负债率、流动比率和速动比率)。

借款偿还期是指用可用于偿还借款的资金来源还清贷款本息所需要的全部时间。偿还借款的资金来源包括折旧、摊销费、未分配利润和其他收入等。借款偿还期可利用《借款还本付息计算表》的有关数据计算。

计算出借款偿还期后，要与贷款机构的要求期限进行对比，等于或小于贷款机构提出的要求期限，即认为项目是有清偿能力的。否则，认为项目没有清偿能力，从清偿能力角度考虑，则认为项目是不可行的。

资产负债率是反映项目各年所面临的财务风险程度及偿债能力的指标。流动比率是反映项目各年偿付流动负债能力的指标。速动比率是反映项目快速偿付流动负债能力的指标。

具体的计算公式见 7.4.2。

2. 国民经济效益分析

国民经济效益分析又称为国民经济评价，它是指按照资源合理配置的原则，从国民经济的角度出发，通过利用影子价格、影子工资、影子汇率和社会折现率等参数计算、分析项目对国民经济的净贡献，以评价项目经济合理性的经济评价方法。国民经济效益分析是项目评估的重要组成部分，是投资决策的重要依据。

(1) 国民经济评价的意义

项目国民经济评价从形式上看与财务可行性分析相类似，都是对项目盈利状况的评价，但财务可行性分析是站在项目投资者角度进行分析，国民经济评价是站在国家和全社会的角度，考察项目对整个国民经济的贡献。项目国民经济评价的意义体现在以下几个方面：

首先，国民经济评价能够客观地估算出投资项目为社会做出的贡献和社会为项目付出的代价。运用反映项目投入物和产出物真实价值的影子价格计算建设项目的费用和效益，可以真实地反映项目对国民经济的贡献以及社会为项目付出的代价。而且国民经济评价还考虑就业、环境保护、生态平衡、资源合理配置等多方面的因素，使得项目建设的社会意义得到真实完整的体现。

其次，国民经济评价能够对资源投资的合理流动起到导向的作用。国民经济评价中采用的影子价格和社会折现率，不仅能起市场信号反馈的作用，而且能够反映资源最优分配状态下的边际产出价值。通过项目国民经济评价能够对资源分配加以引导，达到宏观调控的目的。

最后，国民经济评价可以达到统一标准的目的。由于国民经济评价中采用统一评价参数，包括影子价格、社会折现率、影子工资、贸易费用率等。这些参数的运用，使不同地区、不同行业的投资项目的效益费用具有可比性。

(2) 项目国民经济评价与财务可行性分析的关系

项目的国民经济评价和财务可行性分析是相互联系的，既有相同的地方，也有不同的地方。相同点表现在：

1) 评价目的相同，都是寻求以最小的投入获得最大的产出，寻求经济上最优的方案。

2) 基本分析方法和主要指标的计算方法类同，都采用现金流量分析方法，通过基本报表计算净现值、内部收益率等指标。

项目的国民经济评价和财务可行性分析代表不同的利益主体，其不同点体现在：

1) 评价的出发点不同。财务可行性分析是站在投资者或项目自身的角度，衡量投资项目的盈利状况，评价项目财务上的可行性；国民经济评价则是站在社会全局整体的角度，分析投资项目为国民经济可能创造的效益和做出的贡献，评价项目经济上的合理性。前者为投资者或项目的投资决策提供依据，后者则是为政府宏观的投资决策提供依据。

2) 计算费用和效益的范围不同。在财务可行性分析中，根据企业的实际收支情况确定项目的财务收益和费用，收益和费用中要考虑通货膨胀、税金、利息、项目可能获得的政府优惠政策等；而在国民经济评价中，根据所耗费的资源和项目对社会提供的产品及服务来考察项目的费用和收益。由于费用和效益范围不同，充分体现了对于项目经济性的不同视角和不同标准。

3) 评价中采用的价格不同。在财务可行性分析中，要求评价结果反映投资项目实际发生情况，采用的是市场价格；国民经济评价不仅要客观地评价项目，而且要求不同地区、相同行业的投资项目具有可比性。因此，在国民经济评价中，必须采用统一的价格标准，以影子价格作为国民经济的价格体系。

4) 评价中使用的参数不同。所谓评价参数，主要指汇率、贸易费用率、工资及折现率。在财务可行性分析中，上述各参数需根据不同行业、不同项目及其项目条件和环境自行选定；在国民经济评价中，为了达到横向投资项目可比的目的，采用国家统一测定的影子汇率、影子工资和社会折现率。

国民经济效益分析与财务可行性分析的主要区别如表 2-2 所示。

国民经济效益分析与财务可行性分析的主要区别 表 2-2

项 目	财务可行性分析	国民经济效益分析
目 标	企业盈利最大化	国民经济效益最大化
出 发 点	项目或企业	国家或全社会
价 格	市场价格	影子价格
折 现 率	各部门、各行业的基准收益率或综合平均利率加风险系数	全国统一使用的社会折现率
外部费用和外部效益	不计入	计入
主要计算指标	投资利润率、财务净现值和投资回收期等	经济内部收益率、经济净现值等

2.1.4 项目不确定性分析

投资项目的不确定性分析是以计算和分析各种不确定因素(如价格、投资费用、成本、项目寿命期、生产规模等)的变化对投资项目经济效益的影响程度为目标的一种分析方法。

在投资项目实施过程中,某些经济与非经济因素的变化,将导致投资项目的实际经济效益偏离方案评价时的经济结论,决策者选择任何一项投资方案都将承担一定的投资风险。因此,在对项目进行经济效益分析时不仅要在已有数据的基础上按正常情况(即确定条件下)计算项目的技术经济指标,还应该估计到出现不确定因素后将会给项目投资效益带来的不利影响,据以分析项目抵抗风险的能力。不确定性分析的基本方法包括盈亏平衡分析、敏感性分析和概率分析。

1. 盈亏平衡分析

盈亏平衡是指项目某年的收支相抵后利润为 0、不盈不亏的一种状况。

盈亏平衡分析是通过计算达到盈亏平衡点的产销量或生产能力利用率,分析拟建项目成本与收益的平衡关系,判断拟建项目适应市场变化的能力和风险大小的一种分析方法。

设 P 为单位产品价格,Q 为产品销售量(生产量),C_f 为项目固定成本,C_v 为单位产品变动成本,则盈亏平衡的方程式为:

$$PQ - C_f - C_v Q = 0 \tag{2-10}$$

对产量这一因素进行盈亏平衡分析就是要确定产量的最低值,使工程项目既不盈又不亏,或者说盈利等于 0。我们把盈利为 0 时的产量点称为盈亏平衡点产量(或销售量),设平衡点产量为 Q^*,利用公式(2-13),有:

$$Q^* = \frac{C_f}{P - C_v} \tag{2-11}$$

如果项目设计生产能力为 Q_0,则项目盈亏平衡的生产能力利用率为:

$$E^* = \frac{Q^*}{Q_0} \times 100\% \tag{2-12}$$

若按项目设计生产能力 Q_0 进行生产和销售,则盈亏平衡价格为:

$$P^* = \frac{C}{Q_0} = C_v + \frac{C_f}{Q_0} \tag{2-13}$$

2. 敏感性分析

敏感性分析是项目经济效果评价中常用的一种不确定性分析方法。敏感性分析是通过分析、预测项目主要的不确定因素发生变化时对经济评价结论的影响程度，从而对项目承受各种风险的能力做出判断，为项目决策提供可靠依据。

影响项目经济评价的不确定性因素很多，一般有产品销售量（产量）、产品售价、主要原材料和动力的价格、固定资产投资、经营成本、建设工期和生产期等。在这些因素中，其数据的微小的变化所引起的评价指标值变化程度有所不同，对于那些影响比较大的因素称之为敏感因素。决策者需要对于这些敏感因素进行分析，分析在进行项目决策时所采用的数据是否准确，是否可能产生变化，变化的结果是否会导致项目凭借结论的变化。而且要针对敏感因素提出有针对性的控制措施，保证项目顺利进行。

敏感性分析的步骤包括：

(1) 确定评价指标

评价指标是评价项目经济效果的指标，一般多采用净现值或内部收益率。选择的评价指标原则有两点：①选择与确定性分析的评价指标相一致的指标。例如，项目财务评价采用了内部收益率指标，则进行敏感性分析也应采用内部收益率指标。②选择最能够反映该项目经济效益、最能够反映该项目经济合理与否的指标。对于某一个具体的项目而言，没有必要对所有的指标都作敏感性分析，而需要选择最利于说明问题的指标进行分析。

(2) 设定不确定因素和其变动范围

根据经济评价的要求和项目的特点，将发生变化的可能性比较大、对项目经济效益影响比较大的几个主要因素设定为不确定因素。对于一般的项目而言，常用作敏感性分析的因素有投资额、建设期、产量或销售量、价格、经营成本等。还要针对项目具体情况分析设定所选因素可能的变动范围。

(3) 计算不确定因素变动对经济评价指标和评价结论的影响，确定敏感因素

采用敏感性分析计算表或分析图的形式，把不确定因素的变动与经济指标的对应数量关系反映出来。能使经济指标相对变化最大的或分析图中曲线斜率最大的因素，即为敏感因素。

(4) 结合确定性分析对项目风险做出判断

根据敏感因素对方案评价指标的影响程度及敏感因素的多少，判断项目风险的大小，结合确定性分析的结果作进一步的综合判断，寻求对主要不确定因素变化不敏感的项目，为项目决策进一步提供可靠的依据。

敏感性分析具有分析指标具体，能与项目方案的经济评价指标紧密结合，分析方法容易掌握，便于决策等优点，有助于找出影响项目经济效益的敏感因素及其影响程度，对于提高项目经济评价的可靠性具有重要意义。

3. 概率分析

概率分析是利用概率方法研究、预测各种不确定因素和风险因素对项目经济效益指标的影响的一种定量分析方法。概率分析的关键是确定各种不确定因素变动的概率。确定事件概率的方法有客观概率和主观概率两种方法。通常把以客观统计数据为基础确定的概率称为客观概率；把以人为预测和估计为基础确定的概率称为主观概率。

由于投资项目很少重复过去的同样模式，所以，对于大多数项目来讲，不大可能单纯用客观概率来完成，而是需要结合主观概率进行分析。无论是主观概率还是客观概率，都应该以大量的调查研究为基础。只有掌握足够的信息量，概率分析的结论才可能科学、合理、可信。

简单的概率分析可以通过计算项目经济效果的期望值、标准差和变异系数等来进行。

(1) 经济效果的期望值

投资方案经济效果的期望值是指在一定概率分布条件下，投资效果所能达到的概率平均值。其一般表达式为：

$$E(x) = \sum_{i=1}^{n} X_i P_i \tag{2-14}$$

式中　$E(x)$——变量的期望值；

$\qquad X_i$——变量 x_i 状态下的取值($i=1, 2, \cdots, n$)；

$\qquad P_i$——变量 x_i 出现的概率；

$\qquad n$——未来状态的个数。

(2) 经济效果的标准差

标准差反映了一个随机变量实际值与其期望值偏离的程度。这种偏离程度在一定意义上反映了投资方案风险的大小。标准差的一般计算公式为：

$$\sigma = \sqrt{\sum_{i=1}^{n} P_i [x_i - E(x)]^2} \tag{2-15}$$

式中　σ——变量 x 的标准差；

其他符号意义同前。

(3) 经济效果的变异系数

由于标准差是一个绝对量，为了能够明确反映风险程度的差异，可以采用相对值反映数据的离散程度。为此引入另一个指标变异系数 V。它是标准差与期望值之比，即：

$$V = \frac{\sigma(x)}{E(x)} \tag{2-16}$$

当对多个投资项目方案进行比较时，针对效益指标，则认为期望值较大的方案较优；如果是费用指标，则认为期望值较小的方案较优；如果期望值相同，则标准差较小的方案风险更低；如果多个方案的期望值与标准差均不相同，则变异系数较小的方案风险更低。

2.2 项目的可融资性分析

项目的建设、生产、技术、经济的可行性并不意味着项目就具备了可融资性，即使满足了投资者的最低风险要求，也并不意味着项目一定能够满足融资的要求。因此，在进行以上项目可行性分析的同时，也应该进行项目的可融资性分析。

2.2.1 项目可融资性的内涵

项目的可融资性即银行的可接受性(Bankability)。银行只有在所承担的风险与其收益相当时，才能向项目注入资金。项目可融资性分析与可行性研究不同的是：可行性研究是站在项目发起人的角度，而可融资性分析是站在提供贷款资金的银行的角度对项目的评价。一般，在项目的可行性研究的经济评价中各评价指标的计算未考虑融资问题对这些指标的影响，所以，经济上的可行不一定说明在财务上、在操作上的可行。

作为借贷资金给项目的银行，为保证其所承担的风险和其收益相当，对项目提出了各种限制条件，包括对各种授权合约的限制，对股东协议和所有者权益分配的限制，对特许协议的限制，对建设合同的限制及对经营和维护合同的限制等。理解项目可融资性应着重理解以下几点：

(1) 银行一般不愿意承担法律变化的风险；

(2) 在存在信用违约或对贷款人进行第一次偿还以前，项目发起人不得进行红利分配；

(3) 完工前收入应用于补充项目的资本性支出，以此来减少对银行资金的需求量；

(4) 项目风险应进行较好的分摊。项目公司不能承担太多的风险，尤其不能承担东道国政府和项目发起人都不愿承担的风险；

(5) 项目合同涉及的其他当事人不能因为银行对项目资产或权益行使了抵押权益而终止与项目公司的合同。

2.2.2 项目可融资性的必要条件

为了保证银行所承担的风险与其收益相当，银行就会提出必要的限制条件：

1. 对各种授权合约的限制

(1) 所有授权合约都必须确定项目的有效生命期；

(2) 如果银行对项目公司行使抵押权(包括银行卖出项目公司抵押的股份)，授权合约不能提前终止，即所有这些合约应与项目而不是项目公司同在；

(3) 授予的权利应能全部转让。

2. 对股东协议和所有者权益分配的限制

(1) 发起人应认购分配给他的全部股份；

(2) 发起人应补足成本超支的资金；

（3）发起人应为保险不能覆盖的部分提供资金保证。

3. 对特许协议的限制

（1）特许协议应规定项目的固定生命期；

（2）不能将不适当的过重的条款加在项目公司的身上；

（3）特许协议的授予者应当承担法律变更的风险；

（4）由于不可抗力因素，应延长项目的特许期限；

（5）特许协议不能简单地因为银行对项目公司行使了抵押权而提前终止；

（6）银行应可以自由地转让特许权给第三者。

4. 对建设合同的限制

（1）建设合同应是一揽子承包合同；

（2）在建设合同中，应规定固定价格；

（3）应在规定期限内完工；

（4）不可抗力事件应控制在有限范围内；

（5）如果不能在固定日期完工，承包商应承担由此给项目公司带来的损失，而且这种损失赔偿应至少能弥补项目公司须支付的银行贷款利息额。

5. 对经营和维护合同的限制

（1）对项目经营者应提供适当的激励措施以使其保证项目正常、有效率地运行，实现项目公司利润最大化目标；

（2）如果由于项目经营管理不善导致经营目标的失败，经营者应承受严格的处罚；

（3）银行应有权对经营管理不善的经营者行使开除权或建议开除权。

对于以上三点，应进行一些解释：首先经营者所得到的激励与所承受的处罚应相对平衡，有时甚至需要进行重新谈判、修改条款；其次，对于银行拥有的对经营者的否决权，操作起来有些难度，通常的做法是把项目公司在经营和维护合同中拥有的控制合同终止权授予银行，这样，银行可以控制经营合同的期限但不能直接开除某经营者。

综上所述，只有在解决以上问题之后，才能打消贷款银行的顾虑，银行才可能将资金长期注入到项目中来。

2.2.3　项目"免责条款"的运用

在项目融资实务中，项目发起人在说服银行接受该项目时，应注意利用不可抗力因素来构成"免责条款"。因此，对这一条款的理解相对于发起人和银行来说都是非常重要的。一般地，出现以下事件时，就构成了不可抗力因素，可以免除项目发起人的责任：

（1）罢工或其他停工行为；

（2）战争和其他武装斗争，如恐怖分子活动、武装阴谋破坏活动、暴乱等；

（3）封锁或禁运导致供应或运输的中断；

（4）不利的自然现象，如雷电、地震、地陷、火山爆发、山崩、飓风、暴雨、火灾、洪水、干旱、积雪及陨石等；

  (5) 相当规模的流行传染病；

  (6) 辐射和化学污染事件；

  (7) 法律和法规的变化；

  (8) 其他人类暂时不能控制的事件。

  以上列举的不可抗力的事件，并不意味着所有的项目都可以将以上所有事件视为不可抗力。针对不同的项目，不可抗力的特征可能是不同的。例如：在电力项目开发中，能源供应的中断就不构成项目的不可抗力因素，项目公司必须为此而承担责任。

2.3 项目融资决策分析

2.3.1 融资方案的影响指标分析

  融资方案的影响指标主要有融资可靠性指标，融资结构指标，融资成本指标和融资风险指标，如图 2-2 所示。

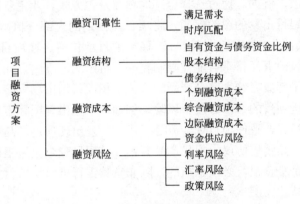

图 2-2 项目融资方案指标

  1. 要考察方案的融资可靠性。所策划的方案要能够满足项目对资金使用要求，使用要求包括资金在量上得到保证和在时间上得到保证。

  2. 上市的项目公司要考虑项目在融资结构方面的设计，要使得项目资金在财务上符合政策要求，股本结构和债务结构合理，符合规范的股票市场的融资要求。

  3. 融资成本是考虑融资决策的主要方面。不同的融资方案，有不同的融资成本。融资对项目的保证性和融资的成本就成为融资方案的决定性因素。只有投资项目的内部收益率大于融资成本，也只有项目融资成本小于内部收益率，项目融资才有意义。无论采用什么动态投资评价方法，融资成本都是底线，是投资项目必须达到的最低报酬率。因此，融资成本是项目投资决策的基准"取舍率"。

  4. 融资的成本问题不是孤立的，低成本也可能与高风险相联系，因此，在考虑个别融资成本、综合融资成本和边际融资成本时，要通过科学的方法，与融资风险一起进行综合的评价。

2.3.2 项目融资结构的决策因素分析

项目融资结构的决策因素分析主要是对于融资共性因素是否能够实现和怎样能够实现的分析和筹划。这些因素主要是：实现有限追索；合理分散项目风险；追求税务优惠和实现非公司负债型融资。

项目融资追索的形式和追索的程度，取决于贷款银行对一个项目的风险的评价以及项目投资结构、项目融资结构设计和项目融资模式的选择。同样条件的项目，采用不同的投资结构和融资模式，项目融资的追索形式或追索程度也就会有所变化。例如，对于一个契约型合资结构的项目，如果几个投资者分别安排项目融资，其中有的投资者可能需要承担比其他投资者更为严格的贷款条件或者更多的融资追索责任。因此，在项目融资中，为了实现对投资者的最有限的追索，除了考虑项目在正常情况下的经济强度是否足以支持融资的债务偿还外，更重要的是，要从项目融资模式选择的角度，考虑项目融资是否能够找到来自投资者以外的强有力的信用支持；考虑通过适当的技术处理，优化融资结构设计，以实现债务责任的最低追索。

项目在不同阶段中的各种性质的风险有可能通过合理的融资结构设计和融资模式的选择得以分散。例如，通过选择合理的项目发包方式，业主获取承包商提交的履约保证金或由银行出具的履约保函，将项目建设期的大部分风险(工期拖延、工程质量和全部(或部分)费用超支风险)转移给项目承包商。在项目建成投产以后，投资者所承担的风险责任将有可能被限制在一个特定的范围内，如投资者有可能只需要以购买项目全部或者绝大部分产品的方式承担项目的市场风险，而贷款银行则有可能同样要承担项目的一部分经营风险。例如，一旦出现国际市场上同类产品的价格出现过低的情况，致使项目现金流量不足；一旦出现项目产品购买者不愿意或者无力继续执行产品销售协议，项目产品滞销致使项目现金流量不足，这些潜在问题所造成的风险是贷款银行必须承担的，除非贷款银行可以从项目投资者处获得其他的信用保证支持。

世界上多数国家的税法都对企业税务亏损的结转问题有所规定，但是这种税务亏损的结转不是无限期的，一般短则只有 3～5 年，长的也有 10 年左右时间，即企业的税务亏损可以结转到以后若干年使用，以冲抵公司的所得税。同时，许多国家政府为了发展经济制定了一系列的投资鼓励政策，这些政策也是以税务结构为基础的(如加速折旧)。大型工程项目投资，资本密集程度高，建设周期长，项目前期会产生数量十分可观的税务亏损。如何利用这些税务亏损降低项目的投资成本和融资成本，可以从项目的投资结构、融资结构和融资模式三个方面着手考虑。通过更为有效的融资结构设计和融资模式的选择来解决吸收税务亏损的问题，以降低项目的资金成本。

实现非公司负债型融资(即公司资产负债表外的融资)，是一些投资者选用项目融资的原因。通过选择项目融资模式和设计项目的投资结构，在一定程度上可以做到不将所投资项目的资产负债与投资者本身公司的资产负债表合并。但是，在多数情况下，这种安排只对合资项目中共同融资的某一个投资者有效。如果是投资者单独安排融资，通过项目融资模式的选择，可以实现投资者的非公司负债型融资的目的。例如，在项目融资中可以把一项贷款或一项为贷款提供的担保设计成为"商业交易"的形式，按照商业交易来处理，既实现了融资的安排，也达到了不把这种贷款或担保列入投资者的资产负债表的目的。

2.3.3　项目信用保证结构决策因素分析

项目融资的最大特征是"资产导向"和"有限追索"，债务资金的偿还主要来源于项目资产及其所产生的预期现金流量。但在项目开发建设、试生产和运营阶段，项目完工风险、政治风险和现金流量风险比较大的情况下，项目债务资金提供者，尤其是高级债务资金提供者，如贷款银行非常关心其贷款的安全性，一般要求有相应的贷款偿还保证机制。

从理论上来说，贷款偿还保证机制分为契约保证和法律保证两类。前者是一种事前、积极的保证机制，后者则是一种事后、强制性的保证机制，二者之间存在相互补充的关系，法律规则与执法是签订与执行契约的基础。一般而言，项目融资中的贷款偿还保证机制来自于项目投资者，或其他的项目利益相关者所提供的信用保证。信用保证可以是直接的财务担保，如完工担保、资金缺额担保等；也可以是间接的或财务性的担保，如"或取或付"（或"照付不议"）协议（Take-or-Pay Agreement）和"提货与付款"协议（Take-and-Pay Agreement）性质的长期销售合约等。在一个具体项目融资中，不同形式的信用担保所形成的组合，就构成了项目的信用保证结构。

项目信用保证结构的选择或设计，一般应考虑以下因素：

1. 项目的经济强度

项目的经济强度越好，其偿债能力越强，即项目自身的支付能力较强，资金提供者对项目支付担保要求可能有所降低。

2. 项目风险的大小

在项目融资期间，如果项目风险较低，则资金提供者可能不会要求项目投资者或其他利益相关者提供百分之百的债务偿还担保，比如在项目建设期，可能不会要求项目投资者做出百分之百债务承购的保证。

3. 项目的技术特性

如果项目采用的是高新技术，尽管项目经济分析显示有较强的经济强度，但由于技术风险较大，资金提供者也会要求项目投资者提供完工担保和资金缺额担保。

4. 高级债务资金提供者（如贷款银行）**承受风险的能力**

显然，如果贷款银行承受风险能力强，则可能愿意承担和有能力承担部分项目技术风险、市场风险。

5. 借贷双方的谈判地位

项目信用保证的形式和结构的确定在某种程度上，还取决于项目借贷双方的谈判地位。如果贷方在谈判中居于优势地位，则可能要求项目投资者或其他利益相关者提供担保金额较高的信用担保；反之则可能要求项目投资者或其他利益相关者提供担保金额较低的信用担保。

6. 谈判签约时的国际金融形势

如果谈判签约时国际金融形势不稳定，则贷方对贷款的发放更为谨慎，可能要求项目投资者或其他利益相关者提供金额较高的信用担保，以保证贷款的安全；反之，则可能要求项目投资者或其他利益相关者提供担保金额较低的信用担保。

2.3.4 项目融资结构的决策分析

项目资金结构的决策方法主要有比较资金成本法和每股利润分析法。

1. 比较资金成本法

项目融资的资金构成基本上可以分为两个部分：股本资金和债务资金。债务资金的资金成本的概念和计算在第 5 章有专门介绍。这里主要介绍以此为基础的比较方法：比较资金成本法。

比较资金成本法是指在适度财务风险的条件下，计算可供选择的不同资金结构或融资组合方案的加权平均资金成本，并以此作为标准确定最佳融资资金结构的方法。

下面通过案例介绍说明比较资金成本法。

例 1：某工程的开发建设需要初始投资 10000 万元，经融资顾问的精心设计和安排，有 3 个方案可供选择，其相关资料详见表 2-3。假设这 3 个融资方案的财务风险相当，试确定该工程初始融资的最佳资金结构。

步骤 1：分别求解 3 个融资方案中不同筹资方式下融资额占融资总额的比例，见表 2-4。

步骤 2：分别求解 3 个融资方案的加权平均资金成本，见表 2-5。

步骤 3：比较各融资方案的加权平均资金成本，确定该工程融资的最佳资金结构。

某工程初始融资方案表 单位：万元　　　　　　　　　　　　　表 2-3

筹资方式	融资方案 1		融资方案 2		融资方案 3	
	初始融资额	资金成本率	初始融资额	资金成本率	初始融资额	资金成本率
长期借款	800	6%	1000	6.5%	1500	7%
长期债券	2000	7%	3000	8%	2400	7.5%
优 先 股	1200	12%	2000	12%	1000	12%
普 通 股	6000	15%	4000	15%	5000	15%
合　计	10000		10000		10000	

不同筹资方式下的融资额占融资总额的比例表　　　　　　　表 2-4

筹资方式	不同筹资方式下的融资额占融资总额的比例(%)		
	融资方案 1	融资方案 2	融资方案 3
长期借款	8	10	16
长期债券	20	30	24
优 先 股	12	20	10
普 通 股	60	40	50

加权平均资金成本表　　　　　　　　　　　　表 2-5

加权平均资金成本(%)	融资方案 1	融资方案 2	融资方案 3
	12.36	11.45	11.62

经比较，融资方案 2 的加权平均资金成本最低，应选择融资方案 2 作为最佳融资组合方案，由此形成的资金结构可确定为最佳资金结构，即长期债款 1000 万元，长期债券 3000 万元，优先股 2000 万元，普通股 4000 万元。

对于项目扩大投资规模而需要追加筹措新资的状况可用两种方法确定最佳资金结构：一种是直接计算各备选追加融资方案的边际资金平均成本，以边际资金平均成本为标准选择最佳融资方案组合；另一种是分别将各备选追加融资方案与原有资金结构合并考虑，计算合并后各个方案的加权平均资金成本，然后以加权平均资金成本为标准选择最佳融资方案。

2. 息税前利润——每股利润分析法

息税前利润——每股利润分析法是利用每股利润无差别点来进行资金结构决策的方法。每股利润无差别点是指两种或两种以上融资方案下普通股每股利润相等时的息税前利润点，亦称息税前利润平衡点或利润无差别点。根据每股利润无差别点，分析判断在什么情况下可利用什么方式融资来安排及调整资金结构，进行资金结构决策。

每股利润无差别点的计算公式如下：

$$\frac{(\overline{EBIT}-I_1)(1-T)-d_{ps1}}{N_1}=\frac{(\overline{EBIT}-I_2)(1-T)-d_{ps2}}{N_2} \qquad (2-17)$$

式中　$\overline{EBIT}$——息税前利润平衡点；

　　I_1 和 I_2——两种融资方式下的长期债务年利息；

　　d_{ps1} 和 d_{ps2}——两种融资方式下的优先股年股利；

　　N_1 和 N_2——两种融资方式下的普通股股数；

　　T——所得税税率。

这种分析方法的实质是寻求不同融资方案之间的每股利润无差别点，以使项目能够获得对股东最为有利的最佳资金结构。

例 2：某工程公司拥有长期资金 17000 万元，其资金结构为：长期债务 2000 万元，普通股 15000 万元。现准备追加融资 3000 万元，有 3 种融资方案可供选择：增发普通股、增加债务和发行优先股。有关资料见表 2-6。

某工程公司目前和追加融资后的资金结构资料表　单位：万元　　表 2-6

资本种类	目前资本结构		追加融资后的资金结构					
	金额	比例(%)	增加普通股		增加长期债务		发行优先股	
长期债务	2000	12	2000	10	5000	25	2000	10
优先股							3000	15
普通股	15000	88	18000	90	15000	75	15000	75

续表

资本种类	目前资本结构		追加融资后的资金结构					
	金额	比例(%)	增加普通股		增加长期债务		发行优先股	
资金总额	17000	100	20000	100	20000	100	20000	100
年债务利息额	180		180		540		180	
年优先股股利额							300	
普通股股数(万股)	2000		2600		2000		2000	

当息税前利润为 3200 万元时，为便于计算，假定所得税税率为 40%，下面计算不同增资方式下每股利润无差别点。

(1) 增发普通股与增加长期债务两种增资方式下的每股利润无差别点。计算如下：

$$\frac{(\overline{EBIT}-180)(1-40\%)}{2600}=\frac{(\overline{EBIT}-540)(1-40\%)}{2000}$$

$$\overline{EBIT}=1740 \text{万元}$$

(2) 增发普通股与发行优先股两种增资方式下的每股利润无差别点。计算如下：

$$\frac{(\overline{EBIT}-180)(1-40\%)}{2600}=\frac{(\overline{EBIT}-180)(1-40\%)-300}{2000}$$

$$\overline{EBIT}=2346 \text{万元}$$

(3) 增发长期债务与增发优先股两种增资方式下的每股利润无差别点。由式 (2-20)易知，增发长期债务与增发优先股两种增资方式下不存在每股利润无差别点。

由此可见，当息税前利润为 1740 万元时，增发普通股和增加长期债务的每股利润相等；同样道理，当息税前利润为 2346 万元时，增发普通股和发行优先股的每股利润相等。那么，每股利润无差别点的息税前利润为 1740 万元的意义为，当息税前利润大于 1740 万元时，增加长期债务要比增发普通股有利；而当息税前利润小于 1740 万元时，增加长期债务则不利。同样道理，每股利润无差别点的息税前利润为 2346 万元的意义为，当息税前利润大于 2346 万元时，发行优先股要比增发普通股有利；而当息税前利润小于 2346 万元时，发行优先股则不利。

最后计算上述 3 种融资方式追加融资后的普通股每股利润，如表 2-7 所示。

某工程公司预计追加融资后的每股利润测算表　单位：万元　　表 2-7

项　　目	增发普通股	增加长期债务	发行优先股
息税前利润	3200	3200	3200
减：长期债务利息	180	540	180
所得税前利润	3020	2660	3020
减：公司所得税(40%)	1208	1064	1208

续表

项　　目	增发普通股	增加长期债务	发行优先股
所得税后利润	1812	1596	1812
减：优先股股利			300
普通股可分配利润	1812	1596	1512
普通股股数(万股)	2600	2000	2000
普通股每股利润(元)	0.70	0.80	0.76

由表 2-7 可知，当息税前利润为 3200 万元时，增发普通股时普通股每股利润最低，为 0.70 元；增加长期债务时最高，每股为 0.80 元；发行优先股时居中，每股为 0.76 元。这说明在息税前利润一定，为 3200 万元时，增加长期债务时有利于增加项目市场价值。

复习思考题

1. 项目可行性研究的基本内容有哪些？
2. 建设项目财务盈利能力分析中常用的指标有哪些？
3. 清偿能力分析中常用的指标有哪些？
4. 财务分析的主要方法有哪些？
5. 国民经济效益分析的主要方法有哪些？
6. 如何理解项目融资的不确定性？
7. 项目可融资性的研究内容有哪些？
8. 项目融资决策与项目决策之间有何影响关系？
9. 项目融资资金结构是如何分析确定的？

3.1 项目投资结构及其影响因素

3.1.1 项目投资结构

项目的投资结构是指项目的投资者对项目资产权益的法律拥有形式及与其他项目投资者之间的法律合作关系。采用不同的投资结构，投资者对其资产的拥有形式、对项目产品及项目现金流量的控制程度，以及投资者在项目中所承担的债务责任和所涉及的税务结构会有很大的差异。项目投资结构对项目融资的组织和运行起着决定性的作用，一个法律结构严谨的投资结构是项目融资得以实现的前提条件。

选择项目投资结构，就是在项目所在国的法律、法规、会计、税务等客观因素的制约下，寻求一种能够最大限度地实现其投资目标的项目资产所有权结构。确定项目单位的组织结构或项目投资结构是项目前期开发阶段的核心环节。因为项目单位不同的组织结构将影响诸如项目融资文件的谈判与签订、项目管理等项目开发和融资的各个方面。例如，特许权授予项目发起人之后，再转让给项目公司，这在有些国家是不被法律承认的。又如，如果项目开发协议中有禁止项目转让条款，项目发起人将无法将该项目转让给实际经营该项目的法律实体——项目公司，这表明最初选择的项目投资结构——公司型投资结构是不理想的。所以，无论以何种形式组建项目单位，应在项目进行全面的可行性研究之前的前期开发阶段尽早确定下来。

当然，并不是在任何项目融资中都面临着这一问题的。如果项目发起人想自己单独从事项目的开发与建设，其他单位只是以一般参与者的身份参与项目的建设(如以工程承包商角色建设项目取得承包费后就撤离该项目)而不是投资该项目时，就不存在选择投资结构的问题。

由于项目融资通常有两个以上的投资者，因此项目投资各方的权益协调也是投资结构设计的重要考虑因素。项目投资者在投资结构设计中所考虑的投资目标通常不只是利润目标，而往往是一组相对复杂的综合目标集，包括投资者对融资方式和资金来源等与融资直接有关的目标要求；也包括投资者对项目资产的拥有形式、对产品分配、对项目现金流量控制、对投资者本身公司资产负债比例控制等与融资间接有关的目标要求。

在大多数项目融资中，都会面临两个以上的项目发起人，这是因为由多个投资者共同投资具有以下优点：

(1) 共同投资、共担风险。项目融资使用更为广泛的领域是一些基础设施项目和资源性开发项目，这些项目的共同特点是资金占用量大，投资回收期长，受政治性因素或国际市场周期性波动影响大，任何一个投资者都很难全面承担起项目的风险。如果由多个投资者共同投资，项目的风险就可以由多个投资者共同承担。

(2) 充分利用不同背景投资者之间所具有的互补性效益。如有的投资者可为项目提供长期稳定的市场，有的拥有资源，有的可以提供技术和管理技能。尤其是到一个不熟悉的国家去投资，如果有一个了解当地情况的公司作为合作伙伴无疑将会提高投资成功的机会。

(3) 利用不同投资者的信誉等级吸引优惠的贷款条件。投资者之间不同优点的结合可以为项目争取到较为有利的贷款条件。例如，有的投资者具备较好的生产、管理和财务资信，可以构成对项目融资有力的信用支持，从而有可能在安排项目融资时获得较为有利的贷款条件，包括贷款利率、贷款期限、贷款限制等方面的优惠。

(4) 通过合理的投资结构设计来充分利用各合资方国内的有关优惠政策。各国税法规定的内容不尽相同，但可以通过在合资企业中作出某种安排，使其中一个或几个投资方可以充分利用项目可能带来的税收优惠，而后以某种形式将这些优惠和利益与其他投资方分享，提高投资者实际的投资收益。

项目投资结构的设计是一个非常复杂的过程，针对一个具体的投资项目，哪一种投资结构是最优方案并没有一个统一的标准和尺度。但是，任何事物都有其规律性，项目投资结构的选择也不例外。因此，在选择项目投资结构时，应考虑以下基本因素。

3.1.2 项目投资结构的影响因素

1. 风险和项目债务的隔离程度

项目融资的有限追索性是其重要的特征。因此，许多项目投资者在设计项目投资结构时，都会考虑如何实现风险和债务的有限追索性。但是，各发起人会有不同的背景和不同的要求，因而他们会根据具体的情况设计出一种最符合其要求的项目风险和债务责任承担形式。

实现融资的有限追索是采取项目融资方式的一个基本出发点，在项目投资结构设计时，必须考虑如何根据各项目参与方的特点和要求来实现项目风险的合理分配以及项目的债务追索性质和强度符合项目投资者的要求。通常项目投资者实现的收益率与其承担的风险是紧密相关的，因此各投资者往往由于其背景、投资目标和对项目融资的具体要求不同，会对投资结构提出不同的要求，在投资结构设计时必须经过不断的修正和调整，最大限度的满足各投资者的要求。

采用项目融资，投资者目的之一是将债务责任最大限度地限制在项目之内，其中包括对银行贷款的主要责任，以及项目经营过程中的其他债务和一些未知风险因素。因此，许多项目投资者在设计项目投资结构时，都会考虑如何实现风险和债务的有限追索性。

例如，如果项目发起人愿意承担间接的风险和责任，则多偏好于公司型投资结构，成立一个项目公司。在这种投资结构中，项目融资是以项目公司的资产和项目未来现金流量为基础进行的，投资者的风险只包括已投入的股本资金和一些承诺性的担保责任。而如果投资者有能力且愿意承担更多的风险和责任，以期获得更大的投资回报的话，则可能会选择契约型的投资结构。在这种投资结构中，投资者承担的是一种直接的债务责任，投资风险大。因为投资者是以其直接拥有的项目资产来安排融资的。到底选择哪一种债务承担形式，由投资者根据其收益与风险的对称关系具体决定。

2. 补充资本投入的灵活性

初始资本投入可以有多种多样的形式。初始资本的投入形式也就是各投资者如何在项目投资中承担为项目提供一定的财务支持的责任。在有些情况下，以资本金形式投入，在另一些情况下，是以某一实物作为股本资金投入的，如由当地股东提供项目所需的房地产等作为股本资金投入。因此，初始资本的投入形式必须在合资协议中有明确的反映。

由于融资项目所需资金数额巨大，项目风险种类较多，往往风险较一般项目要大，而且由于通常融资项目的债务股本比例较高，因此当项目遇到经营困难时，往往难以通过其他方式筹集资金，可能会要求一定的补充资本，通过补充资本的形式来满足资金需求。融资项目要求注入补充资本的可能性大小和数额多少往往取决于项目性质、项目的投资等级、经济强度等因素。如果投资项目具有较高的经济强度，则要求注入补充资本金的可能性不大，反之，在设计项目投资结构时，就要格外重视这一问题。

无论以何种形式投入股本，其评估价值都必须得到其他股东的认可，因为股本投资者将会依据其股本价值取得相应的投资回报。而股本价值的估价是比较困难的，尤其是在发展中国家，市场自由竞争机制不很完善，或者存在一些交易障碍，很难真实评估有关房地产等实物的价值。因此，有必要在合资协议中确定下来，以防产生投资者之间的纠纷。

当可能经常要求补充资本时，一般倾向于选择公司型投资结构，这样在增资扩股时比较便利。而如果项目出现财务困境的概率较小时，则可能会偏向选择契约型投资结构。

投资者在一个项目中的投资权益能否转让、转让程序以及转让时的难易程度是评价投资结构有效性的一个考虑因素，其结果对于项目融资的安排也会产生一定的影响。作为一个投资者，在项目经营期间，出于战略上或者经济上的原因，可能需要出售项目资产或权益时，其转让程序、转让成本等问题是很重要的制约因素。一般的规律是项目投资结构越简单，则投资的转让问题也就越简单。

3. 对税务优惠的利用程度

精心设计项目投资结构，充分利用税务优惠，从而降低项目的投资成本和融资成本。在一定条件下，不同公司之间的税收可以合并，统一纳税，这就为投资者设计投资结构提供了一种有益的启示，即通过设计一种合理的投资结构以利用一个公司的税务亏损去冲抵另一个公司的盈利，从而降低其总的应缴税额，提高其总体的综合投资效益。因此，如何充分利用税务优惠就成为项目融资中选择投资结构的一个重要影响因素，尤其是在项目的开发建设阶段，这个阶段存在大量的项目亏损而没有利润可以冲抵。

例如，在有限责任公司投资结构中，项目公司是纳税主体，其应纳税收入或亏损以项目公司为单位计算。如果盈利，项目公司需要缴纳所得税；如果亏损，项目公司可以按照规定将亏损结转到以后若干年冲抵未来的收入但不能冲抵投资者的其他经营收入。在契约型的投资结构中，项目资产由投资者分别直接拥有，项目的产品也是由投资者直接分配，销售收入也直接归投资者所有，此时，投资者可以自行决定其纳税收入问题，这就为冲抵税务亏损提供了可能。因此，投资者可根据自己投资的要求和融资的需要，设计符合其要求的税务结构。

4. 投资者的财务处理

各种基本投资结构在财务处理上有所区别，主要表现为两个方面：一是财务资料的公开披露程度；二是财务报表的合并问题。如果投资者不愿意将项目资料公布于众，则可能会对股份有限公司投资结构持谨慎态度。因为，按照各国证券法规，都要求股份公司必须满足信息公开披露原则。而对于财务报表的合并问题，也是投资者十分关注的问题。如采用不同的投资结构，或者虽然投资结构相同但采用不同的投资比例，最后在投资者自身的财务报表上所反映出来的结果可能会不一样，这就会对投资者的资产负债状况带来不同的影响。因此，在设计项目投资结构时，也应注意对投资结构作适当的会计处理。

例如，对契约型投资结构而言，不管投资比例大小，该项投资全部资产负债和损益状况都必须在投资者自身的公司财务报表中全面反映出来。而对于有限责任公司投资结构而言，情况就比较复杂一些，大致可以分为三种情况进行不同的账务处理：

(1) 如果投资者在项目公司中持股比例超过50％以上，此时，投资者被认为拥有被投资公司的控制权，该项目公司的资产负债表需要全面合并到投资者自身公司的财务报表中去，以达到全面真实反映该投资者财务状况的目的。

(2) 投资者在项目公司中持股比例决定其具有或者没有对项目公司控制权，对于没有控制权的投资者，不存在合并财务报表的问题。而由于持股比例比较大，对公司的决策可以起很大的影响，因此，应在投资者自身公司的财务报表中按投资比例反映出该项投资的实际盈亏情况。

(3) 如果投资者在一个项目公司中持股比例低，对公司决策的影响有限，则只要求在其自身公司的财务报表中反映出实际投资成本，而不需要反映任何被投资公司的财务状况。因此，投资者应根据实际要求，在设计项目投资结构时，设计出对自己有利的投资结构。假如投资者不希望将新项目的融资安排反映在自身的财务报表上，同时又不失去对项目的实际控制权，就需要小心处理投资者在项目公司中的投资比例。反之，如果投资者尽管在一个项目中所占比例较小，但仍希望能够将其投资合并进入自身的资产负债表中以增强公司的形象，可适当选择合伙制投资结构等。

5. 产品分配形式和利润提取的难易程度

项目投资者参与项目的投资、开发、建议，往往是以获取一定的经济目标为目的的。这种经济目标可能是直接的项目产品，也可能是分得的项目利润。在不同的投资结构之间，投资者对项目资产的拥有和产品分配形式可以有很大的差别。

例如，在契约型投资结构中，项目资产是由投资者直接拥有的，各个投资者分别承担其在项目中的投资费用和生产费用，产品的分配也就必然具有较大的灵活性，投资者既可以在市场上单独销售自己投资份额的产品，也可以联合起来以项目作为一个整体共同销售产品。而在公司型投资结构中，项目资产则是由一个中介法人实体(项目公司)拥有，投资者拥有的只是项目公司的一部分股权，而不是项目资产的一个部分，项目的产品也必然是由项目公司统一拥有和销售。合伙制的项目资产拥有和产品分配形式较为复杂一些。

项目资产的拥有形式对融资安排有直接的影响。投资者对项目资产的直接拥有形式，可以分为两种结构：一种结构是投资者拥有项目全部公用资产的一个比例，另一种结构是不同的投资者拥有不同的项目资产。两种结构下项目融资的安排，也会有区别。前一种结构实际应用较为普遍，对于项目融资的安排也有一套比较成熟的做法；后一种结构，在税务安排上灵活性较大，但是也大大增加了项目的管理难度和项目融资的复杂性。投资者可以根据自己的商业目的进行选择。当然，如果一些投资者本身资信较高，能够筹集到较优惠的贷款，此时，契约投资结构会更受青睐。

由于项目的特点不同和投资者自身的特点不同，对项目产品的分配形式和利润提取方式会有不同要求，在投资结构设计时，这一要求对项目投资结构的影响体现在以下两个方面：

(1) 投资者的不同背景的影响。通常不同的投资结构，对利润的提取形式有不同的规定。如在有限责任公司投资结构中，由项目公司统一对外销售，统一结算，统一纳税，在弥补项目经常性支出和资本性支出后，在投资者之间进行利润分配。而在契约型投资结构中，项目产品是直接分配给各投资者自己支配的，投资者如果拥有较广泛的销售渠道和市场知名度，就很容易将产品变现，取得收入，赚取利润。因此，从这个意义上说，大型跨国公司参与项目融资时，会偏向于选择契约型投资结构，而中小型公司参与项目融资时往往采取公司型投资结构的更多。

（2）投资项目的不同性质也对项目投资结构有重要影响。例如，在资源开发项目中，多数投资者愿意直接获得项目产品。因为这些产品可能是其后续工业的原材料，也可能是其特定客户或特定市场所必需的一些关键性资源。这是大多数跨国公司在资源丰富的发展中国家和地区从事投资活动的一个重要原因。而在基础设施项目投资中，多数投资者一般就不会十分重视对项目产品的直接拥有形式，只是为了开拓公司的业务活动领域，增加公司利润。因此，在资源性开发项目中，一般以契约型投资结构从事项目的开发和建设，而在基础设施项目中则以公司投资结构为主要投资形式。

6. 融资的便利与否

设计投资结构，最终体现在融资问题上。项目投资结构不同，项目资产的法律拥有形式就不同，投资者融资时所能提供的抵押担保条件就会不同，从而直接影响到项目的融资活动。

在有限责任公司投资结构中，项目公司是全部资产的所有人，它可以较容易地将项目资产作为一个整体抵押给贷款银行来安排融资，并且可以利用一切与项目投资有关的税务好处及投资优惠条件来吸引资金。同时，项目公司又完全控制着项目的现金流量，因此，以项目公司为主体安排融资就比较容易。在契约投资结构中，项目资产是由多个投资者所分别直接拥有。项目资产很难作为一个整体来向贷款银行申请项目贷款，只能由各个投资者将其所控制的项目资产分别地或者联合地（也并非是一个整体的项目公司）抵押给贷款银行，并且分别地享有项目的税务好处和其他投资优惠条件，分别地控制项目现金流量。这时，融资的安排就较为复杂。所以，从融资便利与否来看，选择公司型投资结构比选择契约型投资结构更有优点。当然如果一些投资者本身资信较高，能够筹集到较优惠的贷款，此时，契约投资结构会更受青睐。同时，在考虑融资便利与否时，还要顾及到各国对银行留置权的法律规定，如有些国家法律规定，银行要对合伙制投资结构的抵押资产行使留置权时，要比对公司型投资结构更为困难。

7. 资产转让的灵活性

投资者在一个项目中的投资权益能否转让，转让程度以及转让成本是评价一个投资结构有效与否的又一重要因素。其结果对于项目融资的安排起着非常重要的影响。这是因为，作为项目融资的贷款银行，需要投资人提供抵押的资产或权益是可以较方便地转让的，这样，一旦借款人违约，贷款银行就可以通过出售用作抵押的资产或权益以抵消贷款本息，减少贷款的违约风险。反之，如果投资者用作融资抵押的资产或权益无法转让或转让困难，项目的融资风险就相应增加，贷款银行在安排融资时就会要求增加融资成本，增加信用保证以减少贷款风险，这样，对投资者来说就是增加了财务负担，相应会降低投资收益。因此，从某种意义上说，公司型投资结构比契约型投资结构更受银行欢迎，在公司型投资结构中，项目资产或股份抵押给贷款银行，一旦项目公司违约，贷款银行即可很方便地在公开市场上抛售项目资产或股份，以弥补贷款本息。而在契约型投资结构中或合伙制投资结构中，项目资产或权益的出售要经过所有投资者的一致同意等限制，转让成本较高。

8. 对项目现金流的特点和控制的影响

(1) 不同项目现金流对投资结构的设计的影响

资源型和基础设施项目的特点是初始投入资金量大，生产过程中的资本再投入量大，但是项目建成后的利润占项目总收入的比例也相对较高，项目产品种类较少，市场较为简单。对于这一类项目，采用项目资产由投资者直接拥有并能够将项目的现金流量直接分配给投资者的投资结构，有利于项目融资的安排。相比之下，多数制造业和加工业项目，初始投入资金占用量相对较少，生产过程中的资本再投入量相对较少，但是利润占项目总收入的比例也相对较低，并且项目产品往往种类繁多，市场复杂。对于这一类项目，选用建立一个项目公司作为中介的投资结构来管理项目的生产和销售，并以该公司为主体安排项目融资则相对有利。

(2) 项目现金流量的控制要求对投资结构的影响

项目正常生产运行期后所形成的经营收入，在扣除生产成本、经营管理费用以及资本再投入之后的净现金流量，需要用来偿还银行债务和为投资者提供相应的投资收益。银行和股东对项目资金的控制会有各自的要求。契约型投资结构，项目的现金流量由投资者直接掌握，在扣除了项目生产的共同成本和资本再投入之后，一般来说投资者可以自由地支配现金流量，进而为安排项目融资的贷款银行直接控制这部分现金流量提供了可能。而公司型投资结构，项目公司将控制项目的现金流量，按照公司董事会或管理委员会的决定对其进行分配，包括资本再投入、偿还债务以及利润分配。投资者如果准备为其股本资金部分安排融资，就需要采用更为灵活的投资结构安排，尽可能比较直接和有规律地从项目公司获得现金流量的分配。例如，以从属性股东贷款、可转换债券等现金投入方式替代普通股本资金投入，可以减少依赖于红利分配的不稳定性和不确定性。

国际上较为普遍采用的投资结构有四种基本的法律形式：公司型投资结构、合伙制或有限合伙制投资结构、契约型投资结构、信托基金结构。下面就项目融资中经常采用的这几种投资结构进行分析。

3.2　公司型投资结构

3.2.1　公司型投资结构的运作方式

公司型投资结构(Incorporated Joint Venture)的基础是有限责任公司(Limited Liability Company)，这种投资结构是一个按照公司法(Companies Acts)成立的与其投资者(公司股东)完全分离的独立法律实体，即公司法人。作为一个独立的法人，公司拥有一切项目资产和处置资产的权利，公司的权利和义务是由国家有关法律(或公司法)以及公司章程所赋予的。由于股份有限公司发起人的人数有最低限制(5人)，出资必须是货币，而项目融资中发起人的人数一般不到5人，投资者还倾向于以技术、厂房、土地、原料等入股，所以项目融资中公司型的投资结构一般采取有限责任公司的形式。公司股东既没有直接的法律权益也没有直接的受益人权益，即由合作双方共同组成有限责任公司，共同经营、共负盈亏、共担风险，并按照股份份额分配利润。公司承担一切有关的债权债务，在法律上具有起诉权也有被起诉的可能，并且除了在公司被解散的情况之外，公司对这些资产和权益有着永久性继承权，而不受到其股东变化的影响。投资者通过持股拥有公司，并通过选举任命董事会成员对公司的日常运作进行管理。

公司型投资结构是目前世界上最简单有效的一种投资结构，这种投资结构历史悠久，使用广泛。国际上大多数制造业、加工业项目都采用公司型投资结构，并且在 20 世纪 60 年代以前有很大比例的资源性开发项目也采用公司型投资结构。公司型投资结构的形式如图 3-1 所示。

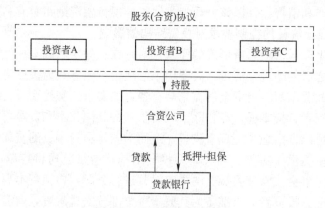

图 3-1 公司型投资结构图

3.2.2 公司型投资结构的优点

在项目融资中选择公司型投资结构往往会体现出如下一些明显的优点：

1. 非公司负债性融资安排

根据一些国家的公司法规定，如果投资者在项目公司中拥有的股份不超过50％，则项目公司的资产负债情况不需要反映到项目投资者的资产负债表中去，成立项目公司进行融资可以避免将有限追索的融资安排作为债务列入项目发起人自身的资产负债表上，实现非公司负债型融资安排，从而降低项目发起人的债务比率。

2. 公司股东承担有限责任

在公司型投资结构中，公司股东承担有限责任（to Enjoy Limited Liability for the Actions of the Entity），即投资者的责任是有限的，且仅限于其对公司投入的股本金额，也就是说其最大责任被限制在已支付的股本资金以及已认购但尚未支付的股本资金之内。股东之间不存在任何的信托、担保和连带责任，这就是所谓的风险隔离。风险的隔离可以说是项目发起人选择公司型投资结构的重要影响因素，它使投资者的投资风险大大降低。在公司型投资结构中，项目公司对偿还贷款承担直接责任，从而实现了对项目投资者的有限债务追索，以此将项目的融资风险和经营风险大部分限制在项目公司内，项目公司对偿还贷款承担直接责任，实现对项目投资者的有限债务追索。

3. 投资转让比较容易

公司股票代表着投资者在一个公司中的投资权益。投资者只要转让其持有的股票也就达到了转让投资权益的目的，这比转让项目资产本身容易得多，而且转让后不影响公司的继续存在。相对项目资产的买卖而言，股票的转让程序比较简单和标准化。另外，通过发行新股，公司型投资结构也可以较容易地引入新的投资者。

4. 融资安排比较灵活

从贷款人的角度，公司型结构便于其在项目资产上设定抵押担保权益。公司型投资结构对于安排融资有两方面的优点：

(1) 公司型投资结构易于被资本市场所接受，条件许可时可以直接进入资本市场。通过股票上市或发行债券等多种方法筹集资金，通过发行新股筹集新资金，吸收新的投资者；

(2) 公司型投资结构也较容易取得银行的项目贷款，因为贷款银行可以通过取得项目资产的抵押权和担保权，来降低借款人的违约风险。也便于贷款银行对于项目现金流量的控制，一旦项目出现债务违约，银行可以比较容易地行使自己的权利。

5. 易于项目的管理和协调

组织项目公司便于把项目资产的所有权集中在项目公司，而不是分散在各个发起人所拥有的公司，便于项目资产的管理。项目公司可以拥有项目管理所必须具备的生产技术、管理、人员条件，也可以将项目的运营与管理委托给具有经验的管理公司管理。

3.2.3　公司型投资结构的缺点

与其他投资结构相比，公司型投资结构也存在着两个明显的缺点：

1. 项目的现金流量的直接控制与财务处理不利

在合资公司中，没有任何一个投资者可以对项目的现金流量实行直接的控制，这对于希望利用项目的现金流量自行安排融资的投资者来说是一个很不利的因素。同时，投资者不能利用项目公司的亏损去冲抵发起人的利润。因为任何一个项目发起人都不能完全控制该项目公司，该项目公司也不是任何一个项目发起人的"子公司"。那么，该项目公司的财务报表就不需要与任何一个投资者自身的财务报表合并。投资者大都希望在项目经营中所获得的丰厚盈利通过编制合并财务报表而被冲减，以便获取税收优惠，这显然对他们的积极性造成一种很大的打击。

2. 税收优惠丧失

项目的税务结构灵活性差，即不能利用项目公司的亏损去冲抵投资者其他项目的利润。在这种投资结构中，还存在着"双重纳税"的现象，即项目公司如有盈利时要缴纳公司所得税，项目投资者取得的股东红利还要缴纳公司所得税或个人所得税，这样无形中降低了项目的综合投资回报率。

由于公司型投资结构存在着以上优、缺点，国外许多公司在法律许可的范围内尽量对其基本结构加以改进，创造出种种复杂的有限责任公司投资结构，以达到充分利用其优点，避开其短处的目的，即争取尽快、尽早地利用项目的税务亏损（即以亏损减抵收益后纳税）或优惠，以提高项目投资的综合经济效益。其中一种流行的做法就是在项目公司中做出某种安排，使得其中一个或几个发起人可以充分利用项目投资前期的亏损或税务优惠，同时又将其所取得的部分收益以某种形式与其他发起人分享。

3.3 合伙制投资结构

合伙制投资结构（Partnership）是至少两个或两个以上合伙人（Partners）之间以获取利润为目的，共同从事某项投资活动而建立起来的一种法律关系。合伙制投资结构也不是一个独立的法人实体，它只是通过合伙人之间的法律合约成立起来，没有法定的形式，一般也不需要在政府注册，这一点与成立一个公司有本质的不同。当然，在多数国家仍有完整的法律来规范合伙制投资结构的组成及其行为。在实际运用中，合伙制投资结构有两种基本形式：普通（一般）合伙制和有限合伙制。

3.3.1 普通合伙制投资结构

1. 普通合伙制投资结构

普通合伙制是所有的合伙人对于合伙制的经营、合伙制投资结构的债务以及其他经济责任和民事责任负有连带的无限责任的一种合伙制。普通合伙制投资结构中的合伙人称为普通合伙人。在大多数国家中普通合伙制投资结构一般被用来组成一些专业化的工作组合，例如会计师事务所、律师事务所等，以及被用来作为一些小型项目开发的投资结构，很少在大型项目和项目融资中使用。只有在北美地区，普通合伙制偶尔被用来作为项目的投资结构（特别是在石油天然气勘探和开发领域），投资者（即合伙人）以合伙的形式共同拥有资产，进行生产经营，并以合伙制投资结构的名义共同安排融资。普通合伙制投资结构的具体形式如图 3-2 所示。

2. 普通合伙制投资结构的优点

由于合伙制投资结构不是一个与其成员相分离的法律实体，与公司型结构相比较，合伙制投资结构具有以下几方面的优点：

（1）资产拥有和债务连带方面：公司型结构资产是由公司而不是其股东所拥有的，而合伙制的资产则是由合伙人拥有；公司型结构的股东对债务不承担直接责任，而普通合伙制的合伙人对项目承担直接连带责任。

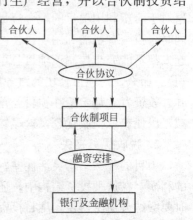

图 3-2 普通合伙制投资结构

（2）投资人对项目的管理权方面：公司型结构不是任一股东都能够请求去执行公司的管理权的，一般由公司董事会及其聘任的经理人员履行管理责任；但在普通合伙制投资结构中，每个普通（一般）合伙人均可以要求以所有合伙人的名义去执行合伙制的权利，即当一个合伙人与第三者签订合同时，也就表明普通（一般）合伙人也必须承担该合同的责任。相应地，合伙制投资结构的法律权益的转让必须要得到其他合伙人的同意。每个合伙人都有权参与合伙制的经营管理，并且各合伙人都承担着无限连带责任。每个合伙人都有权根据合伙协议参与项目的管理，不容易发生少数人权利得不到保障的问题。

（3）会计处理和税务安排方面：与公司型结构不同，合伙制投资结构本身不是一个纳税主体。合伙制投资结构在一个财政年度内的净收益或亏损全部按投资比例直接转移给合伙人，普通（一般）合伙人单独申报自己在合伙制投资结构中的收益、扣减和税务责任，并且从合伙制投资结构中获取的收益（或亏损）允许与合伙人其他来源的收益进行税务合并，从而有利于合伙人较灵活地做出自己的税务安排。可以充分利用税务优惠。

3. 普通合伙制投资结构的缺点

普通（一般）合伙制投资结构在项目融资中的应用也存在着以下缺点：

（1）合伙人承担着无限责任。由于合伙人在合伙制投资结构中承担无限责任，因而一旦项目出现问题，或者如果某些合伙人由于种种原因无力承担其应负的责任的话，其他合伙人就面临着所需要承担的责任超出其在合伙制投资结构中所占投资比例的风险。这一问题严重限制了普通合伙制在项目开发和融资中的使用。

为了克服这一缺陷，国外有些公司在使用普通合伙制作为投资结构时加入了一些减少合伙人风险的措施，其中一种做法是投资者并不直接进入合伙制投资结构，而是专门成立一个项目公司投资到合伙制投资结构中；另一种做法是为采用合伙制投资结构的项目安排有限追索的项目融资。

（2）单个合伙人也具有约束合伙制的能力。普通合伙制的另一个潜在问题是，按照合伙制投资结构的法律规定，每个合伙人都被认为是合伙制的代理，因而至少在表面上或形式上拥有代表合伙制投资结构签订任何具有法律效力的协议的权力。这样将会给合伙制的管理带来诸多复杂的问题。

（3）融资安排比较复杂。由于合伙制投资结构在法律上并不拥有项目资产，因此，合伙制投资结构的融资安排需要每一个合伙人同意将项目中属于自己的一部分资产权益拿出来作为抵押或担保，并共同承担融资安排中的责任和风险。合伙制投资结构安排融资的另一个潜在问题是如果贷款银行由于执行抵押或担保权利进而控制了合伙制投资结构的财务活动，有可能导致在法律上贷款银行也被视为一个普通的合伙人，从而被要求承担合伙制投资结构所有的经济和法律责任。

3.3.2　有限合伙制投资结构

1. 有限合伙制投资结构

有限责任合伙制（the Limited Liability Partnership）是在普通（一般）合伙制基

础上发展起来的一种合伙制形式，它是指包括至少一个普通（一般）合伙人（a General Partner）和至少一个有限合伙人（a Limited Partner）在内的合伙制形式。其中，在有限合伙制投资结构中，普通（一般）合伙人负责合伙制项目的组织、经营和管理，并承担对合伙制债务的无限责任；有限合伙人则不能参与项目的日常经营管理（这是区别一个合伙人是否能够被定义为有限合伙人的主要标准），而且也只承担着与其投资比例相对应的有限责任，其主要责任是提供一定的资金，故有人称之为"被动项目投资者"（Passive Project Investors）。在这种结构中，普通（一般）合伙人和有限合伙人起到了互相合作、扬长避短的作用。在该种投资结构中，普通（一般）合伙人大多是在该项目投资领域有技术管理特长并准备利用这些特长从事项目开发的公司。由于资金、风险、投资成本等多种因素的制约，普通（一般）合伙人愿意组织一个有限合伙制的投资结构吸引更广泛的有限合伙人参与到项目中来以共同分担项目的投资风险和分享项目的投资收益。

有限合伙制投资结构是通过有限合伙制协议组织起来的，在协议中对合伙各方的资本、项目管理、风险分担、利润及亏损的分配比例和原则均需要有具体的规定。有限合伙制具备普通合伙制在税务安排上的优点，一定程度上又避免了普通合伙制的责任连带问题，是项目融资中经常采用的一种投资结构。

较为经常采用有限合伙制作为投资结构的项目有两大类型：其中一类是资本密集、回收期长但是风险较低的公用设施和基础设施项目，如电站、公路等，在这类项目中有限合伙人可以充分利用项目前期的税务亏损和投资优惠冲抵其他的收入，提前回收一部分投资资金；另一类是投资风险大、税务优惠多，同时又具有良好前景的资源类地质勘探项目，例如石油、天然气和一些矿产资源的开发。许多国家对于资源类项目的前期勘探费用支出都给予优惠的税收政策（费用支出当年可从收入中扣减100%～150%）。对于这类项目，通常是由项目的主要发起人作为普通合伙人，邀请一些其他的投资者作为有限合伙人为项目提供前期勘探的高风险资金，而普通合伙人则承担全部或大部分的项目建设开发的投资费用以及项目前期勘探、建设和生产阶段的管理工作。在这种结构安排下，有限合伙人由于在勘探阶段的全部费用可以当年抵税，从而获得相当比例的投资回报，并且项目又具有一定的发展前景，所以对许多盈利较高而又不具备在这一领域专门发展所需能力的公司有很大的投资吸引力。这是在工业国家中许多公司愿意对勘探前景较好的项目进行风险投资的原因。作为普通合伙人，由于在勘探工作结束并确认为有开发价值之后才投入项目的建设开发资金，虽然税务结构上不如有限合伙人，但是所承担的资金风险也相对小得多，而且普通合伙人是项目的主要发起人，可以在项目的开发中获得更大的利益。

总体来说，合伙制投资结构在法律上要比公司型结构复杂，有关的法律在不同国家之间差异也很大。在采用有限合伙制作为项目投资结构时，尤其需要注意项目所在国家对有限合伙制投资结构的税务规定和对有限合伙人的定义，防止由于结构设计考虑不周而可能出现的两种极端情况：一种情况是，如果结构安排不好，有限合伙制有可能被作为公司结构处理，失去了采用合伙制投资结构的意义；另一种情况是，如果对于"参与管理"的界定不清楚，有限合伙人有可能由于被认为"参与管理"而变成为普通合伙人，从而也就增大了有限合伙人在项目中的风险。合伙制投资结构如图 3-3 所示。

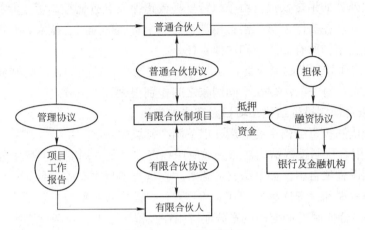

图 3-3　合伙制投资结构

2. 有限合伙制投资结构的优点

有限合伙制投资结构作为一种特殊的合伙制投资结构，一方面，仍具有普通（一般）合伙制在税务安排上的优点；另一方面，又在一定程度上避免了普通（一般）合伙制的责任连带问题，因而在项目融资中被经常使用。

具体来说，有限合伙制相对于其他投资结构来说，具有以下优点：

（1）成立手续简便。许多国家都没有关于对合伙制成立的法律法规，因此，其所受限制较少。

（2）每个普通（一般）合伙人有权直接参加企业的管理，有利于发挥各合伙人的业务专长和管理能力，做到资源的充分利用。

（3）在一定程度上避免了普通（一般）合伙制的责任连带问题。由于在有限合伙制投资结构中，出现了一种有限合伙人，而有限合伙人的责任仅以其投入和承诺投入的资本额为限来对合伙制投资结构承担债务责任。同时，因为它仍然不是一个法律实体组织，所以，对于有雄厚资金实力的投资公司和金融机构来说，既可以承担有限的债务责任，又可以充分利用合伙制在税务扣减方面的优点，这是在项目融资中采用有限合伙制投资结构的主要原因。

（4）税务安排比较灵活。由于有限合伙制投资结构本身不是一个纳税主体，其在一个财政年度内的净收益或亏损可以全部按投资比例直接转移给合伙人，合伙人单独申报自己在合伙制投资结构中的收益并与其他收益合并后确定最终的纳税义务。

3. 有限合伙制投资结构的缺点

有限合伙制投资结构在项目融资中的应用也存在着以下缺点：

（1）普通（一般）合伙人仍然要承担无限的债务连带责任。每个普通（一般）合伙人对合伙制投资结构都具有约束力，而不受投资份额大小的影响。

（2）融资安排比较复杂。由于有限合伙制投资结构在法律上仍然不拥有项目的资产，有限合伙制投资结构在安排融资时需要每个普通(一般)合伙人同意将项目中属于自己的一部分资产权益拿出来作为抵押或担保，并共同承担融资安排中的责任和风险。此外，如果贷款银行由于执行抵押或担保权利进而控制了企业的财务活动时，有可能导致在法律上贷款银行也被视为一个普通(一般)合伙人，从而被要求承担合伙制投资结构所有的经济和法律责任。

（3）在法律处理上的复杂性。在对有限合伙制投资结构的税务规定和对有限合伙人的定义上，有关的法律在不同国家之间差别很大。

4. 有限合伙制投资结构在项目融资中的应用

有限合伙制投资结构主要应用在以下两个领域中：

（1）有限合伙制投资结构被充分地应用在资本密集、周期长但风险较低的公用设施和基础设施项目中，如电站、公路等，在这类项目中有限合伙人可以充分利用项目前期的亏损和投资优惠冲抵其他的收入，提前回收一部分投资资金；

（2）有限合伙制投资结构被充分地应用在投资风险大、税务优惠大、具有良好勘探前景的资源类地质勘探项目，如石油、天然气和一些矿产资源的开发。

欧洲迪斯尼乐园项目的投资结构是合伙制投资结构运用的经典案例。欧洲迪斯尼乐园位于巴黎市郊，在筹建的过程中备受关注，不仅仅因为其本身是美国文化与欧洲文明冲突和磨合的结果，还因为其在筹资模式方面带给金融界的影响。筹建欧洲迪斯尼乐园的发起人是美国迪斯尼公司，该公司只用了很少的自有资金就完成了对项目的投融资计划，而且还牢牢地掌握了项目的控制权。1987 年 3 月，美国迪斯尼公司与法国政府签署兴建欧洲迪斯尼乐园的合同，法国东方汇理银行是该项目的财务顾问，通过东方汇理银行的设计，美国迪斯尼公司的投资结构分为两个部分：欧洲迪斯尼财务公司和欧洲迪斯尼经营公司。财务公司将拥有欧洲迪斯尼乐园的资产，并通过一个 20 年期的杠杆租赁协议，将资产租赁给经营公司。在项目的前半期，由于利息和折旧等原因，项目将产生亏损，这些亏损由财务公司的股东承担，租赁协议期满后，经营公司以经折旧后的账面价值将项目从财务公司买回来，财务公司解散。为了达到对项目的控制，美国迪斯尼公司选择了有限合伙制的投资结构，在这一投资结构中，美国迪斯尼公司作为唯一的普通(一般)合伙人对项目承担无限责任，但拥有日常经营管理权，其他投资者作为有限合伙人承担有限责任，但不参与项目的经营管理。所以，迪斯尼公司虽然股权很少，但却达到了控制项目的目的，这就是有限合伙制投资结构的优点所在。欧洲迪斯尼乐园项目的资金来源于五个途径：一是财务公司的资本，也即各个股东的出资；二是通过在证券市场上公开发行股票筹集，由于迪斯尼项目本身很有吸引力，所以，股票发行非常顺利；三是美国迪斯尼公司的直接投资；四是在项目协议中约定的由法国公众部门储蓄银行提供的成本优惠的资金支持；五是占总投资 40％的资金来源于银行贷款，这种贷款是以项目资产为担保的，以项目资产为限额的有限追索债务。通过这些安排和设计，迪斯尼项目的投资半数以上是股本资金、准股本资金，另一部分是有限追索的债权，从而大大降低了项目的债务负担。同时，项目的低成本提高了项目自身的债务承受能力，使进一步获得银团贷款和筹集股本资金变得十分容易。

3.4　契约型投资结构

3.4.1　契约型投资结构的运作方式

契约型投资结构又称为非公司型投资结构或合作式投资结构，是项目发起人为实现共同目的，通过合作经营协议结合在一起、具有契约合作关系的一种投资结构，是一种大量使用并且被广泛接受的投资结构。契约型投资结构在合作企业合同中约定投资或者合作条件、收益或者产品的分配、风险和亏损的分担、经营管理的方式和合作企业终止时财产的归属等事项。契约型投资结构(非公司型投资结构)的简单形式，如图 3-4 所示。

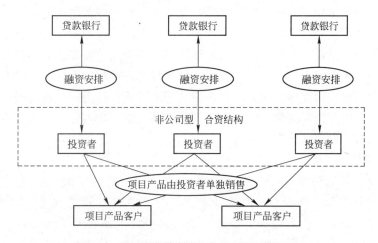

图 3-4　契约型投资结构(非公司型投资结构)

从表面上看，契约型投资结构与合伙制投资结构有一定的相似之处，然而，这两种结构在本质上是有区别的。契约型投资结构与合伙制投资结构的主要区别表现在两个方面：

（1）非公司型投资结构不是以"获取利润"为目的而建立起来的。合资协议规定每一个投资者从合资项目中将获得相应份额的产品，而不是相应份额的利润。

（2）在非公司型投资结构中，投资者们并不是"共同从事"一项商业活动。合资协议中规定每一个投资者都有权独立作出其相应投资比例的项目投资、原材料供应、产品处置等重大商业决策。从税务角度，一个合资项目是合作生产"产品"还是合作生产"收入"，是区分非公司型投资结构与其他投资结构的基本出发点。

显而易见，从以上两点可以看出契约型投资结构更适用于作为产品可分割的项目的投资结构。

在项目融资中，非公司型投资结构的主要应用领域集中在采矿、能源开发、初级矿产加工、石油化工、钢铁及有色金属等领域。这种投资结构从严格的法律概念上来说不是一种法律实体，只是投资者之间所建立的一种契约性质的合作关系。选择这种投资结构的原因可能是因为在这些领域仅由一个投资者来开发并且融资能力有限，所以联合其他投资者来共同融资、共同解决技术和管理问题，并共同承担风险，但又不失去对投资项目的控制。或者投资者具有进行项目开发所需要的所有条件，如技术、经验及融资能力，但缺少当地政府授予的经营合同，此时，它就可能与当地的经营者联合起来共同投资。

3.4.2　契约型投资结构的优点

契约型投资结构(非公司型投资结构)的优点主要有以下几方面：

1. 投资结构设计灵活

契约型投资结构(非公司型投资结构)是通过一个投资者之间的合资协议建立起来的，每一个投资者直接拥有全部项目资产的一个不可分割的部分，直接拥有并有权独自处理与其投资比例相符的项目最终产品。相应地，投资者只承担与其投资比例相符的相应的责任，投资者之间没有任何连带责任或共同责任。世界上多数国家迄今没有专门的法律来规范非公司型投资结构的组成和行为，这就为投资者提供了较大的空间，按照投资战略、财务、融资、产品分配和现金流量控制等方面的目标要求设计项目的投资结构和合资协议。

2. 项目管理方面

契约型投资结构没有一个独立的法人实体，一般是根据联合经营协议(the Joint Operating Agreements，简称JOA)，成立项目管理委员会(an Operating Committee)，该委员会由每一个投资者的代表组成，每个代表都代表本公司的利益在项目管理委员会进行投票，每个投资者都有权独立作出其相应投资比例的项目投资、原材料供应、产品处置等重大商业决策，然后项目管理委员会往往选定其中之一的投资者作为经营者经营该项目。

项目的日常管理由项目管理委员会指定的项目经理负责。项目经理可以由其中一个投资者担任，也可以由一个合资的项目管理公司担任，在一些情况下，也可以由一个独立的项目管理公司担任。有关项目管理委员会的组成、决策方式与程序，以及项目经理的任命、责任、权利和义务，需要通过合资协议或者单独的管理协议加以明确规定。

3. 税务安排灵活

契约型投资结构可以有效地分配和利用税务优惠(Efficient Location of Tax Benefits)。由于投资结构不是一个法人实体，所以项目本身不必缴纳所得税，其经营业绩可以完全合并到各个投资者自身的财务报表中去。无论在契约型投资结构中投资比例大小，投资者在项目中的投资活动和经营活动都将全部地、直接地反映在投资者自身公司的财务报表中，其税务安排也将由每一个投资者独立完成。比合伙制投资结构更进一步，契约型投资结构中的投资者可以完全独立地设计自己在项目中的税务结构。因此，如果项目投资者本身具有很好的经营业绩，新的投资项目就可以采用契约型投资结构以吸收项目建设期和试生产期的税务亏损和各种投资优惠，用于冲抵公司应纳税所得，从而降低项目的综合投资成本。

4. 融资安排灵活

项目经营所需的资金由一种被称为资金支付要求（Cash Calls System）的机制来提供。这种资金支付要求机制是由各个投资者分别出资开立一个共同账户，然后，考虑各投资者承担债务的比例和下月项目费用支出预算来估算每个月各个投资者应出资的数额。如果某个投资者违约，则其他投资者将不得不代其履行支付义务，然后再要求违约者偿还。

由于项目投资者在该结构中直接拥有项目的资产，直接掌握项目的产品，直接控制项目的现金流量，并且可以独立设计项目的税务结构，这就为投资者提供了一个相对独立的融资活动空间。每一个投资者均可以按照自身发展战略和财务状况来灵活地安排项目融资。如在澳大利亚波特兰项目中，各个项目发起人充分利用自己的条件分别融通资金。

5. 法律规范方面

与其他几种投资结构不同，世界上多数国家迄今为止没有专门的法律来规范契约型投资结构的组成和行为，这就为投资者提供了较大的空间，可按照投资战略、财务、融资、产品分配和现金流量控制等方面的目标要求设计项目的投资结构和合资协议。在常规的合同法的规范下，合资协议将具有充分的法律效力。

3.4.3 契约型投资结构的缺点

与其他投资结构相比，契约型投资结构也存在着以下几方面难以克服的缺点：

1. 投资转让复杂

投资转让程序比较复杂，交易成本比较高。在契约型投资结构中的投资转让是投资者在项目中直接拥有的资产和合约权益的转让。与股份转让或其他资产形式转让（如信托基金中的信托单位）相比，投资转让程序比较复杂，与此相关联的费用也比较高，交易成本比较高。对直接拥有资产的精确定义也相对比较复杂。

2. 结构设计与合伙制类同

契约型投资结构在一些方面的特点与合伙制投资结构相类似，因而结构设计存在一定的不确定性因素。在结构设计上要注意防止投资结构被认为是合伙制投资结构而不是契约型投资结构。有的国家就曾有将契约型投资结构作为合伙制投资结构处理的法院判决案例。

3. 合资协议比较复杂

由于缺乏现成的法律规范契约型投资结构的行为，参加该种结构的投资者的权益保护基本上依赖于合资协议，因而必须在合资协议中对所有的决策和管理程序按照问题的重要性清楚地加以规定。尤其对于投资比例较小的投资者，尤其要注意保护在投资结构中的利益和权利，要保证这些投资者在重大问题上的发言权和决策权。

3.5 信托基金结构

3.5.1 信托基金结构的运作

1. 信托基金结构及其特点

信托基金作为一种投资形式，在英、美、法国家中应用较为普遍，而在我国应用则较少。在房地产项目和其他不动产项目的投资，在资源性项目的开发，以及在项目融资安排中比较经常使用的一种信托基金形式被称为单位信托基金，在本文中将其简称为信托基金结构。严格地讲，信托基金结构是一种投资基金的管理结构，在投资方式中属于间接投资形式。

信托基金的结构在形式上与公司型投资结构近似，也是将信托基金划分为类似于公司股票的信托单位，通过发行信托单位来筹集资金。但是，与公司型结构相比较，信托基金结构还具有以下几方面的特点：

（1）信托基金是通过信托契约建立起来的，这一点与根据国家有关法律组建的有限责任公司是有区别的。组建信托基金必须要有信托资产，这种资产可以是动产，也可以是不动产。

（2）信托基金与公司法人不同，不能被作为一个独立法人而在法律上具有起诉权和被起诉权。受托管理人承担信托基金的起诉和被起诉的责任。

（3）信托基金的受托管理人作为信托基金的法定代表，他所代表的责任与其个人责任是不能够分割的。例如，受托管理人代表信托基金签署一项银行贷款协议，受托管理人也就同时为这项贷款承担了个人责任，信托基金的债权人有权利就债务偿还问题追索到受托管理人的个人资产。但是，除极个别的情况，债权人一般同意受托管理人的债务责任被限制于信托基金的资产。

（4）在信托基金结构中，受托管理人只是受信托单位持有人的委托持有资产，信托单位持有人对信托基金资产按比例拥有直接的法律和受益人权益，在任何时候，每一个信托单位的价值等于信托基金净资产的价值除以信托单位总数。

2. 信托基金结构的运作

一般地，信托基金参与项目融资的方式主要有：同银行等机构一样为项目提供贷款；购买项目的股权、可转换债券等。而且，信托基金结构在项目融资中的应用，主要是作为一种被动投资形式，或者是为实现投资者特殊融资要求而采用的一种措施。这种投资结构的一个显著特点是易于转让，在不需要时可以很容易地将信托基金中的一切资产资金返还给信托单位持有人。如果一家公司在开发或收购一个项目时不愿意新项目的融资安排反映在公司的财务报表上，但是又希望新项目的投资结构只是作为一种临时性的安排，信托基金结构就是一种能够达到双重目的的投资结构选择。

一个信托基金的建立和运作需要包括以下几方面的内容：

（1）信托契约。信托契约与公司的股东协议相似，是规定和规范信托单位持有人、信托基金受托管理人和基金经理之间法律关系的基本协议。

（2）信托单位持有人。信托单位持有人类似于公司股东，是信托基金资产和其经营活动的所有者。理论上，信托单位持有人不参加信托基金以及信托基金所投资项目的管理。

（3）信托基金受托管理人。信托基金的受托管理人代表信托单位持有人持有信托基金结构的一切资产和权益，代表信托基金签署任何法律合同。受托管理人由信托单位持有人根据信托契约任命并对其负责，主要作用是保护信托单位持有人在信托基金中的资产和权益不受损害，并负责控制和管理信托单位的发行和注册，以及监督信托基金经理的工作。除非信托基金经理的工作与信托单位持有人的利益发生冲突，受托管理人一般不介入日常的基金管理。在采用英美法律体系的国家，信托基金的受托管理人一般由银行或者职业的受托管理公司担任。

（4）信托基金经理。信托基金经理由受托管理人任命，负责信托基金及其投资项目的日常经营管理。一些国家规定，受托管理人和信托基金经理必须是由两个完全独立的机构担任。

3.5.2　信托基金结构的优点

信托基金结构是将大型复杂收购活动及融资安排与原有公司业务区分开的一种有效方法。信托基金结构的优点主要有：

（1）有限责任。信托单位持有人在信托基金结构中的责任由信托契约来确定。一般来说，信托单位持有人的责任是有限的，仅限于在信托基金中已投入和承诺投入的资金。然而，受托管理人需要承担信托基金结构的全部债务责任，并有权要求以信托基金的资产作为补偿。

（2）融资安排比较容易。信托基金结构可为贷款银行提供一个完整的项目资产的权益来安排融资。并且信托基金结构易于被资本市场接受，需要时可以通过信托单位上市等手段筹集资金。

（3）项目现金流量的控制相对比较容易。按照各国有关信托基金的法律规定，信托基金中的项目净现金流量在扣除生产准备金和还债准备金以后都必须分配给信托单位持有人。从投资者的角度，采用信托基金结构将比公司结构能够更好地掌握项目的现金流量。

3.5.3　信托基金结构的缺点

信托基金结构也存在着明显的缺点：

（1）税务结构灵活性差。在应用信托基金作为投资结构的国家中，历史上一个重要原因是其税务安排的灵活性。然而，近些年来，这种灵活性已经在很多国家中逐渐消失了。虽然信托基金结构仍然是以信托单位持有人作为纳税主体，但是信托基金的经营亏损在很多情况下却被局限在基金内部结转用以冲抵未来年份的赢利。

（2）投资结构比较复杂。信托基金结构中除投资者（即信托单位持有人）和管理公司之外，还设有受托管理人，需要有专门的法律协议来规定各个方面在决策中的作用和对项目的控制方法，因此其投资结构相对较复杂。另外，对于应用普通法的国家之外的投资者，大多数人对于这种结构是不熟悉的。

3.6 考虑贷款银行影响因素后的项目融资投资结构选择

以上几节的讨论说明了在不同的投资结构之间，无论是在资产拥有形式、产品分配、现金流量控制、债务责任等方面，还是在投资的税务结构、会计处理、资产转让等方面，均存在着较大的差异。这些差异同样也是贷款银行在安排融资时所非常关注的。在设计项目融资投资结构时，投资者除了考虑自身的因素和要求外，还会考虑到贷款银行的利益，以便获得贷款银行的支持，顺利完成项目。对于项目融资，贷款银行考虑资产抵押和信用保证时，除了通常的含义之外还包含了一些新的特定的内容。

3.6.1 对项目现金流量的控制

由于项目融资中贷款的偿还主要来源于项目的现金流量，所以贷款银行要求对项目的资金使用在某种程度上加以控制，这种控制包括：在融资期间，贷款资金的使用需要得到银行批准，项目的经营收入必须存入指定的专门银行账户，并且在融资协议中详细规定出该账户资金的用途、使用范围、使用手续以及使用的优先序列。典型的资金使用优先序列是：生产成本；项目资本再投入（用来保证项目正常生产运行）；债务本金偿还；项目扩建及发展资金；投资者的利润分配。

3.6.2 贷款的分割

如果项目采用的是公司型投资结构，项目公司拥有百分之百的资产，进而在安排项目融资时要求把项目全部现金流量作为一个整体抵押给贷款银行，作为其融资保证。从贷款银行的角度，项目的贷款是完整的，不需要在投资者之间进行分割，有利于银行对项目现金流量、项目决策权和资产处置权进行全面的监督和控制。

然而，在一个契约型投资结构中，由于没有项目公司作为中介，相互独立和平行的贷款必须直接提供给每个项目的投资者，并且是由每个投资者使用自己所拥有的那部分项目资产以及相应的现金流量，作为融资的抵押保证。即使是由同一个贷款银团安排整个项目的融资，并且在项目开始时所有投资者的债务/资产比例和现金流量状况相同，但是随着时间的推移，这些情况也有可能发生变化。

例如，如果合资项目的产品由投资者分别销售，由于销售价格的差异，各个投资者之间的现金流量就可能出现差别；又如，有的投资者可能愿意提前还款或加速还款；有的投资者愿意参与项目的进一步扩建，而其他投资者又不愿意等。这样发展的结果必然是，在项目的一定阶段，各个投资者之间的财务状况和项目现金流量状况出现很大差别，项目融资所赖以生存的项目经济强度在各个投资者之间也发生很大变化。一旦项目出现危机（如市场崩溃），一部分投资者可能迅速地还清债务

（或者已根本没有债务），而另一部分投资者可能还负有很重的债务。从贷款银行的角度，契约型投资结构增加了项目的不确定性和不稳定性，增加了银行对项目监控的难度。对于投资者，这些问题首先表现为融资结构的相对复杂化，但有时也表现为融资成本的增加。

3.6.3 对项目决策程序的控制和对项目资产的控制

在项目融资中，贷款银行通常要求在一定程度上介入项目的管理，对投资者在项目中的决策权加以控制。贷款银行关心的问题主要是涉及资金方面的决策，如年度资本预算和生产预算、项目扩建规划、项目减产停产等，目的在于保证被融资项目不会做出任何有损于贷款银行利益的决定。

从贷款银行的角度来说，对项目资产的控制包括正常生产经营过程中项目资产的使用和处置，以及借款人出现违约时项目资产的使用和处置两个方面。

对于公司型投资结构，由于项目的资产和权益作为一个整体在贷款银行的控制之下，贷款银行对项目的决策会有较大的影响力，即使是项目出现违约的情况，贷款银行也可以较容易地将项目公司接管，继续经营或者出售。对于契约型投资结构，贷款银行对项目资产控制权的大小很大程度上是与投资者在项目中的投资比例联系在一起的。如果一个投资者在项目中所占比例较小，在项目决策过程中的发言权必然较少，贷款银行对项目资产的控制权也就会相应受到影响。尽管理论上贷款银行对该投资者的项目资产可以具有绝对的控制权，该投资者所拥有的资产只是全部项目资产中的一个不可分割的部分，项目资产的处置实际上要受到在项目中占有较大比例的投资者的制约。

在违约出现时，贷款银行可以取得并出售违约方的项目资产和相应权益。由于项目的管理权和其他一些重要权益有可能与违约方的资产权益不联系在一起，并且对于某些项目一部分资产的出售可能会比整个项目的转让困难得多，一些银行更愿意接受公司型投资结构，认为在这种结构下对项目资产的控制和转让的风险相对较小。

由于上述问题的存在，一般的银行在实际工作中有时更偏爱公司型投资结构。表面上看这种结构在处理这些问题时相对简单明了，然而，采用公司型投资结构或契约型投资结构对于项目融资并没有本质上的区别，其区别仅仅在于采用契约型投资结构时项目融资的安排可能要复杂一些，相应安排融资所花费的时间和成本也可能要多一些。但从投资者的角度来看，契约型投资结构也具备许多优点和长处，尤其是对于项目投资比例较小但又希望独立安排融资的投资者，这些优点和长处是其他投资结构所无法替代的。孰优孰劣，这就要求一个公司在做投资决策时，根据本章所讨论的各种结构的优、缺点，自己加以分析和权衡了。

3.6.4 对债务追索权的考虑

作为公司型投资结构的基础，有限责任公司的股东责任被限制在已投入和已承诺投入到公司中的股本资金上，除了投资者做出其他一些附加的承诺（如项目完工担保)外，贷款银行对债务的追索权只能局限在项目公司的资产和现金流量，而无法追索到项目的投资者。相反，在契约型投资结构中投资者直接安排融资，贷款银行就有可能追索到投资者除项目资产和项目现金流量之外的其他资产和权益。同时，投资者为了安排有限追索的项目融资，要求贷款银行共同承担一定的项目风险，把债务的追索权局限在投资者所拥有的项目资产及现金流量上，就需要采取一些限制投资者风险的专门措施。例如，在融资协议中加入限制贷款银行追索的条款，或者在契约型投资结构和投资者之间设立一个由投资者持股的中介公司，以该公司名义进入项目，从而把项目风险与投资者隔离开来。

项目融资涉及到众多的参与者，如何协调他们之间的关系，成为项目融资中的一个重要问题。

复习思考题

1. 项目融资的主要参与者(利益相关者)有哪些？您认为这些主要参与者(利益相关者)各自的权责是什么？试举例说明。

2. 项目公司主要有哪两种组织形式？

3. 进行项目投资结构设计时需要考虑的主要问题有哪些？

4. 公司型投资结构的优、缺点有哪些？实践中有哪些创新？

5. 影响项目投资结构的主要因素有哪些？

6. 税务优惠在项目融资的投资结构中起着什么作用？

7. 项目融资中，采用有限责任公司的投资结构有何利弊？一般在哪些领域，采用有限责任合伙制投资结构，为什么？

8. 如何理解有限责任公司投资结构的"双重纳税"问题？如何解决？

9. 契约型投资结构的项目管理有何特点？试分析在项目融资中采用契约型投资结构的优缺点。

10. 简述普通(一般)合伙制投资结构的基本特点。其投资结构的优、缺点有哪些？

11. 如何将信托基金投资方式应用于项目融资？有何特点？

12. 贷款银行介入项目融资时主要考虑哪些方面？其对项目投资结构会产生什么影响？

4.1 项目融资模式设计

项目融资模式是对前面项目融资各要素的综合，因此，它实际上涉及的内容是对项目融资各要素的具体组合和构造。项目融资模式是项目融资整体结构组成中的核心部分。项目融资模式的设计，需要与项目投资结构的设计同步考虑，并在项目投资结构确定之后，进一步细化完成融资模式的设计工作。

4.1.1 项目融资模式设计的基本原则

设计项目的融资模式，是一个较为复杂的系统工程，牵涉到项目投资者、借款人、贷款人、项目公司等各方的利益。在项目融资的实践中，必须遵循一定的原则并根据项目特点因地制宜地安排融资模式。无论一个项目的融资模式如何复杂，实际上融资模式中总是包括一些具有共性的东西。这就是人们所说的在设计项目融资模式时所必须遵循的一些基本原则。项目融资模式设计首要的、基本的原则有两项，即实现有限追索和分担项目风险。

1. 有限追索融资原则

实现项目融资人对项目投资者（借款人）的有限追索，是设计项目融资模式必须遵循的一项最基本的原则。追索是指债务人（借款人）未按期偿还债务时，债权人（贷款人）要求债务人（借款人）用除抵押资产之外的其他资产偿还债务的权利。其中，在项目融资中，项目的抵押资产通常包括项目资产、项目现金流量及相关方所承诺的其他义务（如担保）。项目融资的有限追索是指贷款人可以在某个特定时间阶段（如项目建设期或试生产期）对项目借款人实行追索，或者在一个规定的范围内（如金额或者形式的限制）才能对项目借款人——投资者（借款人）进行追索，如果超过上述时间和范围，无论出现任何债务清偿问题，贷款人均不能对借款人除作为抵押资产的项目资产、现金流量以及有关方所承诺的义务之外的任何形式的资产进行追索。

为了限制贷款人对项目发起人的追索责任，需要考虑以下三方面的问题：

（1）在正常情况下，项目的经济强度是否足以支持债务偿还。项目本身经济强度越高，在正常情况下收益足以偿还债务，则越能对追索条件和追索程度进行较严格限制，直至实现无追索的纯粹项目融资。

（2）在投资者以外，能否找到强有力的外部信用支持。如果能找到强有力的外部信用支持，如寻求信用卓著的第三方担保人（如政府机构），无疑对限制融资人的追索权也是相当有用的筹码。

（3）对于融资结构的设计项目发起人应能作出适当的技术性处理。

至于项目发起人在融资中需要承担的责任和义务，需要提供的担保的性质、金额和时间要求等，主要取决于项目的经济强度和贷款银行的要求，可以通过借贷双方通过双边或多边谈判来决定。

2. 项目风险合理分担原则

项目融资模式设计的另一项基本原则是保证项目发起人——投资者不承担项目的全部风险责任。其实施的关键是如何实现项目风险在投资者、贷款人和其他利益相关各方之间的合理有效划分。

项目在建设开发、试生产、生产经营等阶段都有各种性质的风险。对于与项目有关的各种风险要素，要以某种形式在项目发起人、与项目开发有直接或间接利益关系的其他参与者和贷款人之间进行分担，力争实现对项目发起人的最低债务追索。

项目在不同阶段中的各种性质的风险有可能通过合理的融资结构设计将其分散，例如项目投资者（有时包括项目的工程承包公司）可能需要承担全部的项目建设期和试生产期风险，但是在项目建成投产以后，投资者所承担的风险责任将有可能被限制在一个特定的范围内，如投资者（有时包括对项目产品有需求的第三方）有可能只需要以购买项目全部或者绝大部分产品的方式承担项目的市场风险。而贷款银行也可能需要承担项目的一部分经营风险。这是因为即使项目投资者或者项目以外的第三方产品购买者以长期协议的形式承购了全部的项目产品，对于贷款银行来说仍然存在两种潜在的可能性：

（1）有可能出现国际市场产品价格过低从而导致项目现金流量不足。

（2）有可能出现项目产品购买者不愿意或者无力继续执行产品销售协议而造成项目的市场销售问题。

这些潜在问题所造成的风险是贷款银行必须承担的，除非贷款银行可以从项目发起人处获得其他的信用保证支持。

4.1.2　项目融资模式设计的普遍问题

项目融资模式的设计，除了要遵循以上两方面的基本原则外，通常还会遇到一些具有普遍性的问题，必须予以周密考虑和妥善解决。

1. 投资者的完全融资期望

项目投资者投入一定的股本资金以支持项目的开发，是对任何一个项目(当然也包括采用项目融资安排资金的项目)进行投资的基本要求。但是，在项目融资中，这种股本资金的投入可以比传统的公司融资更为灵活，这就为通过项目融资模式的设计，争取实现投资者对项目较少的股本投入提供了条件。如何使投资者以最少的资金投入获得对项目最大限度的控制和占有，是设计项目融资模式必须加以考虑的问题。

通常，项目投资者会希望项目所需要的全部资金能够做到百分之百的完全融资。对此，在进行项目融资结构设计时，可以考虑在认购项目公司股本或以提供一定的出资金额的方式提供股本金的传统出资方式之外，以担保存款、信用证担保等非传统出资方式代替实际的股本资金投入，从而满足投资者的完全融资期望。值得注意的是，在完全融资或近似完全融资的情况下，设计融资结构时必须先充分考虑如何最大限度地控制现金流量，保证现金流量既能满足债务融资部分的清偿要求，又能满足股本融资部分的权益要求。

2. 投资者的表外融资要求

如果融资是非公司负债型的(公司资产负债表外的)，则借款人能够在不影响其信用地位的情况下实现融资。通过对项目融资投资结构和融资结构的设计，可以帮助投资者(借款人)将贷款安排成为一种非公司负债型融资(资产负债表外融资)，也就是项目的债务不表现在项目投资者(即实际借款人)的公司资产负债表中的一种融资形式。实现资产负债表外的融资的可能性，是很多投资者选择项目融资方式进行融资的重要原因。从而，如何实现投资者的表外融资，也就成了设计项目融资模式时需要考虑的问题。

虽然通过设计项目投资结构，在一定程度上也可以做到不将所投资项目的资产负债与投资者自身的资产负债表合并，但是多数情况下，这种安排只对共同安排融资的合资项目中的某一个投资者而言是有效的。如果是投资者单独安排融资，怎样才能实现投资者的表外融资呢？这就是在设计项目融资模式时需要考虑的问题。在设计项目融资模式时，可以把一项贷款设计成为一种商业交易的形式，按照商业交易来处理，既实现了融资的安排，也达到了不将这种贷款列入投资者的资产负债表的目的。因为按照国际通行的会计制度，贷款必须反映在债务人的资产负债表上(或在资产负债表的注释中说明)，而商业交易则不必计入资产负债表中，这样就实现了资产负债表外融资，如产品支付融资模式和远期购买融资模式。另一种做法是在 BOT 项目融资模式中，政府以特许权协议为手段利用私人资本和项目融资兴建本国的基础设施，一方面达到了改善本国基础设施状况的目的，另一方面又有效地减少了政府的直接对外债务(或者说使政府所承担的义务不以债务的形式出现)。

3. 项目融资与市场安排的结合

国际项目融资在多年的发展中积累了大量处理融资与市场关系的方法和手段，其中除了已多次提到的"或取或付"(或"照付不议")和"提货与付款"类型的长期市场合约以及政府特许权合约等直接性市场安排以外，也包括一些将融资与项目产品联系在一起的结构性市场安排，如生产支付、产品贷款等多种形式。如何利用这些市场安排的手段，最大限度地实现融资利益与市场安排利益相结合，应该成为项目投资者设计项目融资模式的一个重要考虑因素。

长期的市场安排是保证项目现金流量、实现项目融资有限追索的一个信用保证基础，没有这个基础，项目融资是很难组织起来的。而对大多数项目投资者来说，尤其是在非公司型投资结构中，以合理的市场价格从投资项目中取得部分产品是其参与该项目投资的一个主要动机。然而，从贷款银行的角度，低于公平价格的市场安排意味着银行将要承担更大的市场风险；但对项目投资者来说，高于公平价格的市场安排则意味着全部地或部分地失去了项目融资的意义。因此，在设计项目融资模式时，能否确定以及如何确定项目产品的公平市场价格对于借贷双方来说是处理融资市场安排的一个焦点问题。在设计项目融资模式时，就不得不考虑项目融资与市场安排如何结合的问题。在国际上，项目融资历经多年的发展，积累了大量协调项目融资与市场安排关系的方法和手段，可资借鉴。比如，以"或取或付"（或"照付不议"）、"提货与付款"等长期市场合约或政府特许权合约，进行直接的市场安排。又如，以"产品支付"、"产品贷款"等形式，将融资与项目产品相结合，实现结构性的市场安排。

4. 近期融资与远期融资的协调

大型工程项目的融资一般都是 7～10 年的中长期贷款，长的甚至可以达到 20年左右。有的投资者愿意接受这种长期的融资安排，但更多的投资者考虑采用项目融资的出发点不是这样。这些投资者选用项目融资可能是出于对某个国家或某个投资领域不十分熟悉，对项目的风险及未来发展没有十分的把握而采取的一种谨慎策略，或者是出于投资者在财务、会计或税务等方面的特殊考虑而采取的一种过渡性措施。因此，他们的融资战略将会是一种短期战略。如果决定采用项目融资的各种基本因素变化不大，他们就长期地保持项目融资的结构；而一旦这些因素朝着有利于投资者的方向发生较大变化时，他们就会希望重新安排融资结构，放松或取消银行对投资者的种种限制，降低融资成本。

在所有的项目融资中，由于贷款银行的偿债资金来源在很大程度上依赖于项目的现金流量，对投资者在运用项目资金方面加以诸多的限制，融资成本相对较高，这会使得投资者感到很不方便。这是在项目融资中经常会遇到的重新融资问题。基于这一原因，在设计项目融资结构时，投资者需要明确选择项目融资方式的目的并对重新融资问题加以考虑，决定是否应把这一问题在结构设计时作为一个重点。不同的项目融资结构在重新融资时的难易程度是有所区别的，有些结构比较简单，有些结构会非常困难，例如以税务安排为基础的项目融资结构就属于后一种类型。

5. 税务筹划与融资成本

项目融资的金额较大，周期较长，如何最大限度地降低融资成本是项目投资者最为关心的问题之一。由于许多国家都对一些项目尤其是大型的基建项目的投资实行税收优惠，充分合理利用各种税收优惠，可以达到降低融资成本的目的，因此在设计项目融资模式时，经常还会涉及如何进行税务筹划的问题。

世界上多数国家的税法都对企业税务亏损的结转问题有规定（即税务亏损可以

转到以后若干年使用，以冲抵公司的所得税），但是这种税务亏损的结转不是无限期的(个别国家例外)，短则只有3~5年，长的也只有10年左右时间。同时，许多国家政府为了发展经济制定了一系列的投资鼓励政策，这些政策很多也是以税务结构为基础的(如加速折旧)。大型工程项目投资资本密集程度高，建设周期长，项目前期产生数量十分可观的税务亏损是很常见的。如何利用这些税务亏损降低项目的投资成本和融资成本，在具体设计项目融资模式时，应尽量从以下几方面入手：

(1) 完善项目投资结构设计，增强项目的经济强度，降低风险以获取较低的债务资金成本；

(2) 合理选择融资渠道，优化资金结构和融资渠道配置；

(3) 充分利用各种税收优惠，如加速折旧、税务亏损结转、利息冲抵所得税、减免预提税、费用抵税等。这一点在项目融资中非常重要，有的融资模式甚至是专门为了充分吸收税务亏损而设计，如杠杆租赁融资模式。

4.1.3　项目融资模式的基本结构特征

虽然任何一个具体的项目融资方案，由于时间、地理位置、项目性质、行业特点、投资者状况及其目标要求等存在差别，会具有各自不同的特点，但是项目融资模式一般都具有以下基本的结构特征。

1. 贷款形式

项目融资的贷款形式和传统企业融资贷款不尽相同，也更为灵活多变，但通常不外乎两种形式：

(1) 贷款方为借款方提供有限追索权或无追索权的贷款。贷款方以项目的现金流量为偿还债务的基础，直接为借款方提供项目贷款，这种形式和传统的企业融资中的贷款形式的主要区别在于，它是有限追索或无追索的。

(2) 通过签订"远期购买"或"产品支付"的协议，由贷款方预先支付一定的资金(预期销售收入的现值)来"购买"项目的产品或一定的资源储量，最终将转化为销售收入。采用这种形式的目的，无非是为了投资者实现负债的表外化。

2. 信用保证

无论采取任何一种项目融资模式，最重要的环节是建立结构严谨的担保体系。一般来说，项目融资模式的担保体系的构造具有如下特征：

(1) 贷款人要求对项目的资产拥有抵押权，对于项目的现金流量具有有效控制力。商业银行在与世界银行等多边金融机构共同对项目提供贷款时，往往愿意为后者的贷款提供担保，就是为了取得项目资产及现金流量的完全抵押控制权。

(2) 贷款人要求项目投资者(借款人)将其与项目有关的一切契约性权益转让出来。比如，项目公司根据"或取或付"(或"照付不议")合同取得项目收入的权利、工程公司向项目公司提供的各种担保的权益等，都必须转让给贷款人。

(3) 贷款人要求项目投资者成立一个单一业务的实体来经营项目，尽量把项目的经营活动与投资者的其他业务分开，限制该实体在项目融资安排之外筹措其他债务资金。这需要投资结构和融资结构两方面的合理安排。

（4）在项目的开发建设阶段就开始提供贷款时，贷款人要求项目投资者（或项目工程公司等）提供项目的完工担保即投资者保证提供任何超支金额，以确保项目实现"商业完工"，否则银行就收回全部贷款，或由项目工程公司用固定价格的交钥匙合同加上项目工程公司的担保银行提供的履约保函的形式来保证完工。

（5）在市场安排方面，除非对项目产品的市场状况充满信心，否则，贷款人一般会要求项目提供类似"或取或付"（或"照付不议"）或者"提货与付款"性质的合约以保证生产具有稳定的现金流量。

3. 贷款发放

一般的项目贷款方案，可以按照项目进程分为两个阶段：项目开发建设阶段和项目投产经营阶段。在这两个阶段，贷款人对项目的追索形式与程度、贷款的发放与回收都有所区别。

（1）项目开发建设阶段，贷款多是完全追索性的。由于基础设施项目开发建设期一般较长，这段时间内项目现金流量是有出无进的，如果项目建设延期或建设成本超预算，都会给还贷造成很大困难，给银行造成很大损失，所以银行一般要求项目投资者（或项目工程公司等）提供完工担保，并承担完全的追索责任。

在开发建设阶段，项目贷款随工程进度逐步发放到位。在这一阶段的贷款，可以把利息累积起来，等项目投产后有了现金流量再分期偿还，也可以从银行借新债还旧息。项目经审核达到"商业完工"标准后，根据各方事先在合同中规定的标准，贷款方对项目投资者的追索权可能会被撤销或降格，完全追索权才能转化为有限追索权或无追索权项目。检验完工，标志着项目投产经营阶段的开始，项目便开始产生了现金流入，即可以开始偿还贷款本息。

（2）项目投产经营阶段，贷款可能被安排成有限追索的或无追索性的。在项目的投产经营阶段，贷款人会进一步要求以项目产品销售收入和项目其他收入作担保。

在项目开始投产经营后，由于项目融资的项目一般都是基础设施或公用设施项目，或原材料型工业项目，它们的产品或服务一般都是国民经济发展所急需的，因而面对的市场比较稳定，项目通常能够产生稳定的现金流入、收益用以还贷，此时贷款可能被安排成有限追索的或无追索的。

在项目的投产经营阶段，在贷款人要求对项目产品的销售收入和其他收入进行控制作为信用保证的基础上，贷款还本付息的安排将和项目的预期产量、销售收入及其他收益联系起来，项目净现金流量的一个固定比例将会自动用于偿债。在贷款协议中一般还会规定，在产品的需求或产量明显低于预期，或贷款者有正当的理由认为项目的前景以及项目所在国的政治、经济环境发生了恶性逆转等特殊情况下，可以增加净现金流量用于偿还贷款的比例，甚至要求控制全部的项目现金流量，并要求提供进一步的信用保证。

4.2 项目融资基本模式

在项目融资实践中，融资模式随着项目的具体情况变化而变化，种类繁多，但任何一种具体的项目融资模式，一般都有以下两种基本的操作形式：即直接安排的项目融资模式和项目公司模式。

4.2.1　直接安排模式

1. 直接安排的项目融资模式及优缺点分析

(1) 直接安排的项目融资模式

直接安排的项目融资模式是由项目投资者以其自身的名义直接安排项目融资，并且直接承担融资安排中相应的责任和义务的融资模式。从理论上说，这种模式是在结构上最简单的一种项目融资模式。

在项目投资者本身公司财务结构不很复杂时，在投资者直接拥有项目资产并直接控制项目现金流量的投资结构中，采用投资者直接安排项目融资的模式比较适合。在绝大多数的非公司型合资结构中，都不允许以合资结构或管理公司的名义举债，所以投资者直接安排项目融资的模式几乎是为一个项目追加资本金的唯一可行方案，因而是非公司型合资结构中常用的操作模式。在公司型的合资结构中，项目投资者有时也可以为其股本金投入部分直接安排融资，但由于贷款人缺乏对项目现金流量的直接控制，因而很难实现有限追索的项目融资。

(2) 直接安排的项目融资模式的优点

直接融资的优点主要体现在：

1) 选择融资结构及融资方式比较灵活。发起人可以根据不同需要在多种融资模式、多种资金来源方案之间充分加以选择和合并。比如，资信较好的公司可以低成本融通到资金，而对于一些小公司却必须付出很高的融资成本。

2) 债务比例安排比较灵活。发起人可以根据项目的经济强度和本身资金状况较灵活地安排债务比例。

3) 可以灵活运用发起人在商业社会中的信誉。同样是有限追索的项目融资，信誉越好的发起人就可以得到越优惠的贷款条件。

(3) 直接安排的项目融资模式的缺点

任何一种融资模式在满足投资者某些方面需要的同时，难免会存在某些方面的缺憾。直接融资模式也是既有其优点，也有其不足。直接融资模式的不足之处，主要表现在将融资结构设计成有限追索时比较复杂：

1) 如果组成合资结构的投资者在信誉、财务状况、市场销售和生产管理能力等方面不一致，就会增加项目资产及现金流量作为融资担保抵押的难度，从而在融资追索的程度和范围上会显得比较复杂。

2) 在安排融资时，需要注意划清投资者在项目中所承担的融资责任和投资者其他业务之间的界限，这一点在操作上更为复杂。所以，在大多数项目融资中，由项目投资者成立一个专门公司来进行融资的做法比较受欢迎。

3) 通过投资者直接融资很难将融资安排成为非公司负债型的融资形式，也就是说在安排成有限追索的融资时难度很大。

2. 直接安排的项目融资模式的两种形式

（1）投资者统一安排融资并共同承担市场责任

在这种模式中，项目投资者直接安排融资，所有项目投资者面对同一个贷款银行（团）统一安排融资，并且通过项目公司统一代理项目产品销售，共同承担市场责任。这种融资模式的具体操作过程可归纳如下：

1）项目投资者通过签订合资协议组成非公司型合资结构，并按照投资比例合资组建一个项目管理公司。同时，项目投资者与项目管理公司签订项目的管理协议和销售代理协议。按照协议规定，项目管理公司负责项目的建设和生产经营，并作为项目投资者的代理人负责产品销售。

2）根据合资协议规定，投资者分别在项目中投入相应比例的自有资金，并统一面向同一贷款人（银团）安排融资。但是，每个投资者要独立地与贷款人签署融资协议，筹集协议规定份额的项目建设资金和项目流动资金。

3）在项目开发建设期间，项目管理公司代表投资者与项目工程公司签一份工程建设合同，监督项目的建设，并支付项目的建设费用；在项目生产经营期间，项目管理公司负责项目的生产管理，并作为投资者的代理人销售项目产品。

4）项目产品销售实现的收入，存入一个贷款银行监控下的账户，首先用于支付项目的生产费用和资本再投入，偿还贷款银行的到期债务，然后才能按照融资协议的规定将盈余资金返还给投资者。

投资者统一安排融资并共同承担市场责任的模式，以四个投资者为例，如图4-1所示。

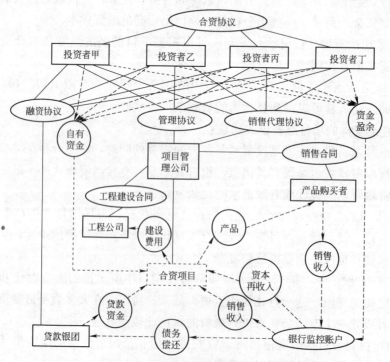

图 4-1　投资者统一安排融资并共同承担市场责任模式

(2) 投资者独立安排融资并各自承担市场责任

在这种模式中，仍然由项目投资者直接安排融资，但各个投资者根据自己的财务状况完全独立地面向各自的贷款人安排融资，并且由项目投资者(而不是项目管理公司)负责组织相应份额的产品销售和债务偿还。其具体操作过程可归纳如下：

1) 项目投资者根据合资协议组成非公司型合资结构，并按照出资比例组建一个项目管理公司。投资者委托项目管理公司负责项目的建设和生产管理。

2) 项目管理公司代表投资者安排项目建设和生产，组织原材料供应，但不负责产品的销售，只是根据投资比例将项目产品分配给项目投资者。

3) 项目投资者按照投资比例提供项目建设资金和流动资金，并且直接向合资项目支付建设费用和生产费用。各个投资者的融资安排根据自己的财务状况自行决定。

4) 项目投资者签署"无论取货与否均需付款"性质的产品购买协议，并按协议规定价格购买项目产品。按照投资者与贷款人之间的现金流量管理协议，产品销售收入进入贷款人的监控账户，按照资金使用优先序列进行分配。

投资者独立安排融资并各自承担市场责任的模式，以两个投资者为例，如图4-2所示。

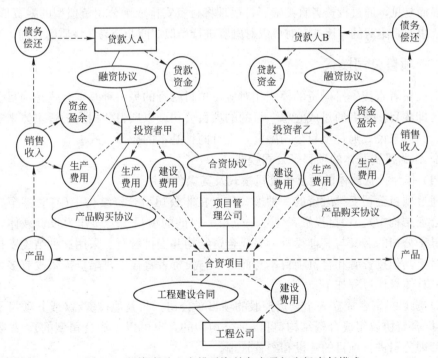

图 4-2　投资者独立安排融资并各自承担市场责任模式

3. 直接安排模式的特点

通过对以上两种典型操作模式的分析，不难发现，投资者直接安排的项目融资模式具有以下特点：

(1) 项目投资者可以根据其投资战略的需要，较灵活地安排融资结构。一方面，项目投资者可以根据不同需要在多种融资模式、多种资金来源方案之间充分加以选择和合并。另一方面，项目投资者可以根据项目的经济强度和本身的资金状况较灵活地安排债务比例。

（2）有利于投资者进行税务结构方面的安排，降低融资成本。在投资者直接安排项目融资的模式中，投资者通常能够直接拥有项目资产并控制项目的投资结构，因而可以比较充分地利用项目的税务亏损或优惠来降低融资成本。

（3）项目投资者的资信状况对融资条件的影响较大，信誉卓著的投资者往往能够得到较优惠的条件。对于大多数银行来说，资信良好的投资者的企业名称本身就是一种担保。由于直接安排融资模式是直接以投资者的名义融资，即使安排的是有限追索的项目融资，资信状况良好的投资者，仍然可以获得相对成本较低的贷款。

（4）融资结构的设计比较复杂，在法律结构中实现有限追索相对困难。通常，投资者在信誉、财务状况、市场销售和生产管理能力等方面不太相同，致使以项目资产及现金流量作为融资担保抵押的难度较大。同时，在安排融资时，划清投资者在项目中所承担的融资责任和投资者其他业务之间的界限，在操作上也较为复杂。因此，这种模式下对融资追索的程度和范围界定较为复杂。

（5）不易实现融资的表外化，会对投资者的其他融资活动和经营活动产生一定影响。显而易见，通过投资者直接融资，很难将融资安排成为公司负债型的融资形式。当然，也不是绝对的，比如有时可以对融资进行类似"商业交易"性质的处理。

4.2.2　项目公司模式

与投资者直接安排融资的模式相对应，项目融资的另一种基本模式是项目公司模式，即项目投资者通过成立单一目的项目公司，以项目公司为融资主体来安排融资。具体来说，通过项目公司融资，也有两种基本的操作模式。

1. 作为投资载体的项目子公司模式

（1）作为投资载体的项目子公司模式及其操作程序

通过项目公司安排融资的一种模式是，在非公司型合资结构中（有时甚至在公司型合资结构中），项目投资者建立一个单一目的的项目子公司作为投资载体，以该项母子公司的名义与其他投资者组成合资结构并安排融资。采用这种结构安排融资，对于其他投资者和合资项目本身而言，与投资者直接安排融资模式没有多大区别。其具体操作过程如下：

1）项目投资者成立一个全资控股的项目子公司，与其他投资者（或其项目子公司）根据合资协议组成合资结构（可以是公司型的，也可以是非公司型的），并委托项目管理公司进行项目的建设和经营管理。

2）在合资结构中，项目子公司作为投资者的代表，根据合资协议独立地或同其他投资者统一安排融资项目。子公司作为融资的主体，要承担债务偿还的责任（在投资者各自独立安排融资时还要承担市场销售的责任）。

3）项目投资者通常要为项目子公司的融资提供一定的信用支持和保证，比如为项目子公司提供完工担保、产品购买担保或其他意向性担保。

4）同投资者直接安排融资一样，项目产品销售收入及其他收入产生的现金流入首先要进入贷款人的监控账户，按照资金使用优先序列进行分配，即在支付项目的生产费用和资本再投入并偿还贷款人的到期债务后，才能将盈余资金返还给项目子公司。

作为投资载体的项目子公司的融资模式，如图 4-3 所示。

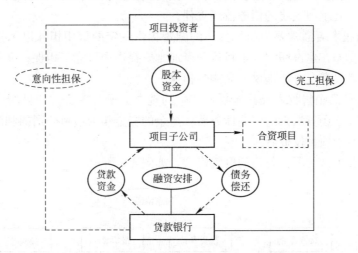

图 4-3   作为投资载体的项目子公司融资模式

(2) 作为投资载体的项目子公司模式的特点

通过以上分析，可以发现这种融资模式具有以下特点：

1) 项目子公司将作为项目投资者的代表，承担项目中全部的或主要的经济责任，投资者除提供必要的担保以外不承担任何直接的责任，因而对投资者而言容易实现表外融资。

2) 由于项目子公司是项目投资者为一个具体项目专门组建的，缺乏必要的信用和经营历史(有时也缺乏资金)，所以可能需要投资者提供一定的信用支持和保证。

3) 容易划清项目的债务责任，相对于投资者直接安排融资而言，融资结构要简单清晰一些。

4) 一些国家和地区的税法对母子公司之间的税务合并有较严格的规定，使得在税务结构安排上灵活性可能较差。

2. 作为经营主体的项目公司模式

(1) 作为经营主体的项目公司模式及其操作程序

通过项目公司安排融资的另一种最常见的模式是，在公司型合伙结构中，项目投资者共同出资组建一个项目公司，该公司作为项目的经营主体，代表所有投资者拥有、经营项目并安排项目融资。在这种模式下，项目融资由项目公司直接安排，债务的主要信用保证担保来自项目公司拥有的现金流量、项目资产以及项目发起人和其他参与者所提供的与融资有关的担保和商业协议。其基本操作过程如下：

1) 项目投资者根据股权协议、投入协议规定比例的股本资金，组建一个具有独立法人地位的合资项目公司。

2) 项目公司作为独立的法人实体，负责项目的开发建设和生产经营，并拥有和控制项目，可以与工程公司、产品购买者等相关各方签署一切与项目建设、生产和市场有关的合同。

3）项目公司作为独立的生产经营者，可以整体地使用项目资产和现金流量作为融资的抵押和信用保证，直接同贷款人签署贷款协议来安排项目融资，获取项目的贷款资金，并承担主要的债务偿还责任。

4）项目投资者通常要为项目公司的融资提供一定的信用担保以承担一定程度的项目责任。如在建设期间，项目投资者通常要提供项目完工担保；又如在生产经营期间，项目投资者可能提供产品购买担保。

5）项目产品销售收入及其他收入产生的现金流量，在支付项目的生产费用和资本再投入并偿还贷款人的到期债务后，盈余的资金作为项目公司的利润，将以红利的形式返回给项目投资者。

作为经营主体的项目公司的融资模式，如图4-4所示。

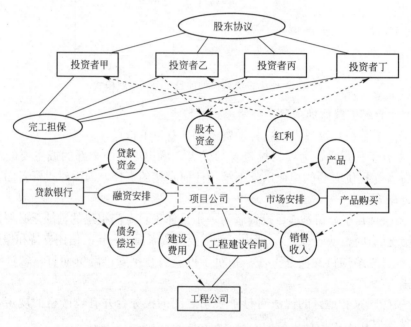

图 4-4 作为经营主体的项目公司融资模式

（2）作为经营主体的项目公司模式的特点

1）在融资过程中，项目投资者不直接安排融资，项目的融资风险和经营风险大部分限制在项目公司，这使得项目融资容易被安排在对投资者有限追索的基础上，也容易实现投资者的表外融资。在生产经营期间，如果项目的生产经营达到预期标准，项目现金流量达到债务覆盖比率要求，项目融资甚至可以被安排成为对项目投资者的无追索贷款。

2）项目投资者通过完工担保、意向性担保等间接的信用保证形式支持项目公司的融资。项目公司除了正在安排融资的项目之外没有任何其他资产和业务，也没有任何经营历史，因而项目投资者必须提供一定的信用担保以承担一定程度的项目责任(尤其是在项目的建设期)。

3) 项目公司统一负责项目的建设、生产、市场，并且拥有和控制项目资产和现金流量。以整体的项目资产和现金流量作为融资的抵押和信用保证，在概念上和融资结构上比较容易为贷款人接受，从而法律结构也相对简单。而且，通过项目公司共同融资也避免了投资者之间安排融资时的相互竞争。

4) 在公司型合资结构中，通过项目公司安排融资，可以充分利用大股东在管理、技术、市场和资信等方面的优点，为项目获得一些条件相对较弱的小股东所根本无法得到的优惠的贷款条件。

5) 这种融资模式在税务结构安排上缺乏灵活性。在公司型合资结构中，项目的税务优惠或亏损只能保留在项目公司中应用，容易形成税务优惠的浪费。

6) 债务形式选择上缺乏灵活性，很难满足不同投资者的各种融资要求。虽然投资者可以选择普通股、优先股、从属性贷款、零息债券、可转换债券等形式投入项目资本，但由于项目投资者不能直接控制项目现金流量，对于在资金安排上有特殊要求的投资者就会有一定困难。

4.2.3　项目融资基本模式的变体

由于项目融资的灵活性较强，在项目融资的实践中，除以上两种基本融资模式以外，还有与二者类似的或介于二者之间的一些变化模式。

利用信托基金结构为项目安排融资。其在融资结构和信用保证结构方面均与公司型合资结构中投资者通过项目公司安排融资非常类似，只是项目融资的主体不是项目公司，而是信托基金。其具体操作过程这里不再赘述。

利用合伙制项目资产和现金流量直接安排项目融资。这是种介于投资者直接安排融资和通过项目公司安排融资两者之间的项目融资模式。这种合伙制结构不是项目公司那样的独立法人，项目贷款的借款人不是项目公司，而是由独立的合伙人共同出面。项目融资安排的基本思路是：投资者以合伙制项目的资产共同安排项目融资，但债务的追索责任被限制在项目资产和项目的现金流量范围内，投资者只是提供"或取或付"(或"照付不议")性质的产品承购协议，作为项目融资的附加信用保证。采用这种结构，贷款银行将对项目的现金流量实施较为严格的控制。

4.3　项目融资经典模式

项目融资无论采用哪种融资模式，不外乎都是以前述基本模式为主要框架，因地制宜地进行灵活运用的结果。下面介绍的是一些国际上常见的具有代表性的项目融资模式，我们称之为项目融资的经典模式。

4.3.1　设施使用模式

1. 设施使用模式概念及适用范围

设施使用模式的全称是以"设施使用协议"(Tolling Agreement)为基础的项

目融资模式，是指围绕着一个工业设施或者服务性设施的使用协议作为主体安排项目融资。这种"设施使用协议"，在工业项目中也称"委托加工协议"，是指在某种工业设施或服务性设施的提供者和这种设施的使用者之间达成的一种具有"无论提货（使用）与否均需付款"性质的协议。

在项目融资过程中，这种无条件承诺的合约权益将转让给提供贷款的银行，并与项目投资者的完工担保共同构成了项目信用保证结构的主要组成部分。一般来讲，事先确定的项目设施的使用费在融资期间应足以支付项目的生产经营成本和项目债务的还本付息额。

2. 设施使用模式运作方式

在生产型工业项目中，设施使用协议又称为委托加工协议，其具体操作程序为：项目产品的购买者提供或组织生产所需要的原材料，通过项目的生产设施将其生产加工成为最终产品，然后由购买者在支付加工费后将产品取走。以委托加工协议为基础的项目融资在结构上与以设施使用协议为基础的项目融资安排是基本一致的。

下面通过一个模拟案例来说明如何利用"设施使用协议"来安排项目融资。

几个投资者准备以非公司型合资结构的形式在某国著名铁矿区投资兴建一个大型的铁矿开发项目。由于该地铁矿石质地优良，该项目与国外一些著名钢铁公司订有长期的铁矿石供应协议。但是，由于当地港口运输能力不够，严重影响了项目的生产和出口。于是，铁矿开发项目的几个投资者决定对港口进行扩建，以扩大港口的出口能力。但铁矿开发项目的投资者或者出于本身财务能力的限制，或者出于发展战略上的考虑，不愿意单独承担起港口的扩建工作。项目投资者希望铁矿石买方能够共同参与港口的扩建工作，然而，买方出于各种考虑也不愿意进行直接的港口项目投资。经过谈判，铁矿项目投资者与主要铁矿石客户等各方共同商定，利用"设施使用协议"作为基础安排项目融资来筹集资金扩建项目。其具体操作步骤如下：

(1) 签订"设施使用协议"

铁矿开发项目的投资者与作为项目铁矿石买方的国外钢铁公司谈判达成协议，由铁矿石买方联合提供一个具有"或取或付"（或"照付不议"）性质的港口设施使用协议。协议规定，一旦港口扩建成功，铁矿石买方就定期向港口的投资者支付规定数额的港口使用费作为项目融资的信用保证。由于签约方是实力雄厚的钢铁公司，这个协议能够为贷款银行所接受。对于实力较小的公司，则可能还需要银行的担保信用证。

(2) 组建项目管理公司

铁矿开发项目投资者在取得买方的港口设施使用协议及铁矿的长期销售合约后，投资组建一个港口运输管理公司，负责拥有、建设、经营整个铁矿运输港口系统。由于港口的未来吞吐量及其增长有协议保证，港口经营收入也相对稳定和有保障，所以铁矿开发项目的投资者可以将新组建的港口运输管理公司的股票发行上市，公开募集当地政府、机构投资者和公众的资金作为项目的主要股本资金。

(3) 公开招标选择项目工程公司

港口建设采用招标的形式进行，中标的公司必须具备一定标准的资信和经验，并且能够由银行提供履约担保。港口运输管理公司要与中标的工程公司签订交钥匙工程建设合同。

(4) 构建项目融资的信用保证框架

铁矿项目投资者将"港口的设施使用协议"转让给新组建的港口运输管理公司，港口运输管理公司以该协议和工程公司的承建合同以及银行提供的工程履约担保作为融资的主要信用保证向贷款人取得融资。

通过以下几个步骤，就组织起了一个以"设施使用协议"为基础的项目融资，如图 4-5 所示。

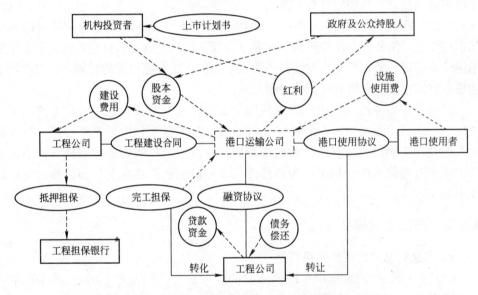

图 4-5　以"设施使用协议"为基础的项目融资模式

在上述案例中，对于作为铁矿石客户的国外钢铁公司而言，只需承诺正常使用港口设施和支付港口使用费的义务，比直接参与港口扩建投资节约了大量的资金，也避免了投资风险；对于铁矿项目的投资者来说，在完成了港口的扩建工作的同时，避免了大量的资金投入，有效地将港口项目的风险分散给了与项目有关的用户、工程公司以及其他投资者，更重要的是通过这一安排保证了铁矿项目的长期市场。通过这一案例，也可以进一步理解市场安排在项目融资中所起到的关键性作用。

3. 设施使用模式主要特点

采用以"设施使用协议"作为基础安排项目融资的融资模式时，需要注意其以下几个方面的特点：

(1)"或取或付"（或"照付不议"）性质。"或取或付"（或"照付不议"）性质的设施使用协议是项目融资的关键部分。项目设施的使用费在理论上要能够足以支付融资期间项目的生产经营成本和债务偿还，至少需要考虑以下三个方面的问题：①生产运营成本和资本再投入费用；②融资成本，即项目融资的本金和利息的偿还；③投资者的收益，在这方面的考虑较前两方面要灵活一些，可以根据投资者股本资金的投入数量和投入方式做出不同的结构安排。

（2）投资结构的选择比较灵活。项目投资者可以依据项目的性质、项目投资者和设施使用者的类型及融资成本、税务安排等方面的要求，灵活采用公司型合资结构、非公司型合资结构、合伙制结构或者信托基金结构。

（3）适用于基础设施项目。设施使用模式适用于资本密集型、收益相对较低但相对稳定的基础设施项目。对于资本密集且收益相对较低但相对稳定的项目，项目的投资者可以利用与项目利益有关的项目设施使用者（第三方）的信用来安排融资，分散投资风险，节约初始资金的投入。

（4）在税务结构处理上可能存在法律障碍。采用该种模式进行的项目融资活动，在税务结构处理上比较谨慎。这突出表现在虽然国际上有些项目将拥有设施使用协议的公司利润水平安排在损益平衡点上，以达到转移利润的目的，但有些国家的税务制度在这一方面有一定的规制要求。

以上是在服务性项目中，设施使用协议项目融资模式的运用。在生产型工业项目中，也可以采用这种融资模式。只不过在生产型项目中，设施使用协议又被称为委托加工协议，项目产品的购买者提供或组织生产所需要的原材料，通过项目的生产过程将其生产加工成为最终产品，然后由购买者在支付加工费后将产品取走。

4.3.2 产品支付模式

1. 产品支付的定义及适用范围

产品支付模式（Production Payment）的全称是以"产品支付协议"为基础的项目融资模式，是指建立在贷款人从项目中购买某一特定矿产资源储量的全部或部分未来销售权益的基础上的融资安排。根据"产品支付协议"，贷款人远期购买项目全部或一定比例的资源储量或未来生产的资源性产品产量，这部分储量或产量的收益将作为项目融资的主要偿债资金来源。

"产品支付"模式是项目融资的早期模式之一，起源于20世纪50年代美国的石油、天然气项目开发的融资安排，后被广泛运用到各种矿产资源开发项目中。一般来说，"产品支付"融资模式适用于资源储量已经探明并且项目生产的现金流量能够比较准确地计算出来的资源开发项目。

在美国石油、天然气和矿产品项目融资中，产品支付模式被证明和接受的无追索权或有限追索权融资方法，它完全以产品和这部分产品销售收益的所有权作为担保而不是采用转让或抵押方式进行融资。这种形式是针对项目贷款的还款方式而言的。借款方在项目投产后不以项目产品的销售收入来偿还债务，而是直接以项目产品来还本付息。在贷款得到偿还前，贷款方拥有项目部分或全部产品的所有权。当然，这并不意味着贷款银行真的要储存几亿桶石油或足以保证一座城市照明的电力，在绝大多数情况下，产品支付只是产权的转移而已，而非产品本身的转移。通常贷款方要求项目公司重新购回属于它们的产品或充当它们的代理人来销售这些产品。因此，销售的方式可以是市场出售，也可以是由项目公司签署购买合同，一次性统购统销。无论哪种情况，贷款方都用不着接受实际的项目产品。

2. 产品支付融资模式的特点

以产品支付为基础组织起来的项目融资，在具体操作上具有以下基本特征：

(1) 独特的信用保证结构。这种融资方式是建立在由贷款银行购买某一特定产品的全部或部分未来销售收入的权益的基础上的。这部分生产量的收益也就成为项目融资的主要偿债资金来源。因此，产品支付是通过直接拥有项目的产品，而不是通过抵押或权益转让的方式来实现融资的信用保证。对于那些资源属于国家所有的项目，项目投资者获得的只是资源开采权，这时，产品支付的信用保证是通过购买项目未来生产的现金流量，加上资源开采权和项目资产的抵押实现的。

(2) 贷款银行的融资容易被安排成为无追索或有限追索的形式。由于所购买的产品及其销售收益被用作产品支付融资的主要偿债资金来源，而产品支付融资的资金数量决定于产品支付所购买的那一部分产品的预期收益在一定利率条件下贴现出来的资产现值。所以，贷款的偿还非常可靠，从一开始贷款就可以被安排成无追索或有限追索的形式。因此，如何计算所购买的产品的现值就成为安排产品支付融资的一个关键性的问题。同时，也是实际工作中一个较为复杂的问题。为了计算产品收益现值，一般需要确定以下因素：第一，产品价格；第二，生产计划，包括年度生产计划和财务预算；第三，通货膨胀率、汇率、利率和其他一些经济因素；第四，销售过程中的税收和其他有关政府税收等。

(3) 产品支付的融资期限一般应短于项目预期的经济生命期。即如果一个资源性项目具有 20 年的开采期，产品支付融资的贷款期限将会大大短于 20 年。

(4) 产品支付中的贷款银行一般只为项目的建设和资本费用提供融资，而不承担项目生产费用的融资。并且要求项目发起人提供最低生产量、最低产品质量标准等方面的担保等。

(5) 产品支付融资过程中，一般成立一个融资中介机构，即所谓的专设公司用以专门负责从项目公司中购买一定比例的项目生产量。这样做的目的，可能是出于以下原因的考虑：其一，贷款人所属国家的银行法禁止银行参与非银行性质的商业交易，如果由银行直接与项目公司签订产品支付协议，则必须得到有关部门的授权才能从事此项贸易；其二，在由多家银行提供项目贷款时，希望由一家专设公司负责统一管理。

3. 产品支付项目融资的运作程序

通常情况下，以"产品支付协议"为基础的项目融资模式的基本运作程序可以归纳如下：

(1) 贷款人(有时是项目投资者)建立一个"融资的中介机构"，即一个特别目的公司(Special Purpose Vehicle，SPV)，由该机构与项目公司签订"产品支付协议"(有时还要签订"销售代理协议")，专门负责从项目公司购买一定比例项目资源的储量或未来生产的资源性产品产量，作为项目融资的基础，这个"融资的中介结构"一般由信托基金结构组成。

(2) 贷款银行把资金贷给该SPV公司，SPV公司再根据产品支付协议(或远期购买协议)将资金投入项目公司，以表示从项目公司那里购买一定数量的项目产品。项目公司同意把产品卖给金融公司，产品的定价要在产品本身价格的基础上考虑利息因素，也就是说，项目公司要多给SPV公司一些产品。

(3) SPV公司以对产品的所有权及其有关购买合同作为对贷款银行的还款保证。

(4) 项目公司从SPV公司那里得到购货款作为项目的建设和资本投资资金，开发建设项目。

(5) 当项目投产以后，产品销售的方法有两种选择：一是由SPV公司在市场上直接销售产品或销售给项目公司或其相关公司，用销售款来偿还其自身的贷款；二是由项目公司以SPV公司代理人的身份把产品卖给用户，然后把销售收入付给SPV公司，SPV公司再以这笔钱来偿还银行贷款。根据产品支付协议，贷款银行所取得的权利仅限于让与它的那一部分项目产品，产品所有权属于它。如果项目产品销售收入不足以偿还其贷款，贷款人也无权请求补偿。

产品支付融资模式的运作过程，如图4-6所示。

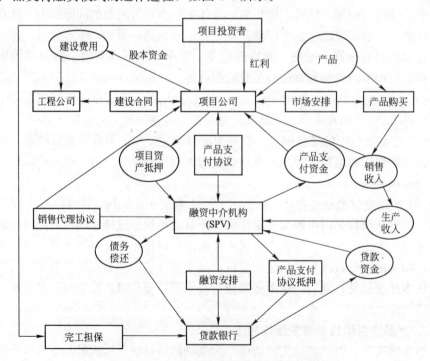

图 4-6 产品支付融资模式结构示意图

与产品支付融资相似的还有一种融资模式，即远期购买（Forward Purchase）模式，但比产品支付更为灵活。这是在产品支付的基础上发展起来的一种更为灵活的项目融资方式。

远期购买与产品支付的区别在于，在远期购买模式中，SPV 公司不仅可以购买事先商定的一定数量的远期产品，还可以直接购买这些产品未来的销售收入，项目公司将来支付给 SPV 公司的产品或收入正好可以用来偿还银行贷款。其他操作步骤都类似产品支付融资模式。

4.3.3   杠杆租赁模式

1. 杠杆租赁融资模式概念及应用范围

融资租赁（Financial Lease）又称金融租赁，是由出租方以融资为目的，对承租人选定的设备进行购买，然后以收取租金为条件提供给承租方使用的一种租赁交易，它具有融资和融物的双重职能，兼有商业信用和银行信用的两重性。根据出租人购置一项租赁设备时的出资比例，融资租赁又可以划分为直接租赁和杠杆租赁（这里详细阐述"杠杆租赁"模式，有关融资租赁的具体内容详见本书 5.6 部分）。直接租赁（Direct Lease）是指出租人独自承担全部设备购置成本的租赁交易。而在项目融资中，得到普遍应用的是杠杆租赁。杠杆租赁（Leverage Lease）是指在融资租赁中，出租人承担小部分设备购置成本，而银行等金融机构提供贷款补足大部分成本的业务。

项目融资中的"杠杆租赁"模式，是指以杠杆租赁结构为基础，通过资产出租人融资购买项目资产，然后租赁给承租人（项目投资者）的方式来安排融资的一种融资模式。一般项目融资模式将项目的税务结构和会计处理问题放在设计项目投资结构时加以考虑和解决，而杠杆租赁模式是在融资结构设计时将项目的税务结构作为一个重要的组成部分加以考虑，因此杠杆租赁融资模式也被称为"结构性融资模式"。

租赁在资产抵押性融资中使用得很普遍，特别是在购买轮船和飞机的融资中。在英国和美国，很多大型工业项目也采用融资租赁，因为融资租赁尤其是其中的杠杆租赁的设备技术水平先进，资金占用量大，它能享受到诸如投资减免税、加速折旧、低息贷款等多种优惠待遇，使得出租人和承租人双方都得到好处，从而获得一般租赁所不能获得的更多的经济效益。杠杆租赁应用范围比较广泛，既可以作为一项大型项目的项目融资安排，也可以为项目的一部分建设工程安排融资，例如用于购置项目的某一专项大型设备。

2. 杠杆租赁融资模式的特点

杠杆租赁融资模式在结构设计时不仅需要以项目本身经济强度，特别是现金流量状况作为主要的参考依据，而且还需要将项目的税务结构作为一个重要的组成部分加以考虑。杠杆租赁融资模式中的参与者比上述融资模式要多。它至少需要有资产出租者、提供资金的银行和其他金融机构、资产承租者（投资者）、投资银行（融资顾问）等参与。

杠杆租赁融资模式的特点主要体现在以下方面：

（1）融资模式比较复杂。由于杠杆租赁融资模式的参与者较多，资产抵押以及其他形式的信用保证在股本参加者与债务参加者之间的分配和优先顺序问题比一般项目融资模式复杂，再加上税务、资产管理与转让等方面的问题，造成组织这种融资模式所花费的时间要相对长一些，法律结构及文件的确定也相对复杂一些，但其特别适合大型项目的融资安排。

（2）债务偿还较为灵活。杠杆租赁充分利用了项目的税务好处，如税前偿租等作为股本参加者的投资收益，在一定程度上降低了融资成本，同时也增加了融资结构中债务偿还的灵活性。据统计，一般情况下，杠杆租赁融资中利用税务扣减一般可偿还项目全部融资总额的 30%～50%。

（3）融资应用范围比较广泛。杠杆租赁融资既可以为大型项目进行融资安排，也可以为项目的一部分建设工程进行融资安排。这种灵活性进一步增强了应用范围的广泛性。

（4）融资项目的税务结构以及税务减免的数量和有效性是杠杆租赁融资模式的关键。杠杆租赁模式的税务减免主要包括对设备折旧提取、贷款利息偿还和其他一些费用项目开支上的减免，这些减免与投资者可以从一个项目投资中获得的标准减免没有任何区别。但一些国家对于杠杆租赁的使用范围和税务减免有很多具体的规定和限制，使其在减免数量和幅度上较之其他标准减免要多。这就要求在设计融资结构时必须了解和掌握当地法律和具体的税务规定。

（5）受上述复杂因素的影响，杠杆租赁融资模式一经确定，重新安排融资的灵活性以及可供选择的重新融资余地变得很小，这也会给投资者带来一定的局限。

3. 杠杆租赁融资模式的优缺点分析

（1）杠杆租赁融资的优点分析

对项目发起人及项目公司来说，采用租赁融资解决项目所需资金，具有以下优点：

1）项目公司仍拥有对项目的控制权。根据融资租赁协议，作为承租人的项目公司拥有租赁资产的使用、经营、维护和维修权等。在多数情况下，融资租赁项下的资产甚至被看成是由项目发起人完全所有、由银行融资的资产。

2）可能实现完全融资。一般地，在项目融资中，项目发起人总是要提供一定比例的股本资金，以增强贷款人提供有限追索性贷款的信心。但在杠杆租赁融资模式中，由金融租赁公司的部分股本资金加上银行贷款，就可解决项目所需的全部资金或设备，由债务参加者和股本参加者所提供的资金构成了被出租的全部或大部分建设费用或者购买价格。因此，很可能全部解决项目所需资金或设备问题，而不需要项目投资者进行任何股本投资，即实现百分之百的融资。

3）融资成本较低。由于杆杠租赁融资通常能够得到税收和政策上的优惠，因而可以降低融资成本。在杆杠租赁融资结构中，出租人通常可以获得投资税务抵免、加速折旧等好处，这些税务可以作为补偿股本参加者的股本资金投资收益的一个重要组成部分，使项目投资者获得较低的融资成本。在许多情况下，项目公司通过杠杆租赁融资付出的融资成本低于银行贷款的融资成本，尤其是在项目公司自身不能充分利用税务优惠的情况下。因为在许多国家中，融资租赁可享受到政府的融资优惠和信用保险。一般地，如果租赁的设备为新技术、新设备，政府将对租赁公司提供低息贷款。如果租赁公司的业务符合政府产业政策的要求，政府可以提供40％～60％的融资等。同时，当承租人无法交付租金时，由政府开办的保险公司向租赁公司赔偿50％的租金，以分担风险和损失。这样，金融租赁公司就可以将这些优惠以较低租金的形式分配给承租人一部分。

4）可享受税前偿租的好处。在融资租赁结构中，项目公司支付的租金可以被当作是费用支出，这样，就可以直接计入项目成本，不需缴纳税收。这对项目公司而言，就起到了减少应纳税额的作用。

租赁在项目融资中得到广泛使用还有其他一些原因。如，在某些国家为某些资产进行融资时，如果该国缺乏充分和稳定的担保法律，租赁便显出了优越性，因为资产的所有权仍属于贷款方。再比如，在伊斯兰进行融资时，贷款不能有利息但投资又不能没有回报，租赁就提供了一个解决问题的方法。

(2) 杠杆租赁融资的缺点分析

与其他项目融资模式相比，杠杆租赁模式的主要缺陷是融资结构、法律关系和操作管理非常复杂，这种复杂性导致了以下两方面的问题：

1）由于杠杆租赁融资模式结构相当复杂，所以组织成功也相当困难，并不是任何人都可以组织起以杠杆租赁为基础的项目融资，项目资产承租人本身的资信状况是一个相当关键的评断指标。

2）同样，由于杠杆租赁融资结构的复杂性，导致不易对融资进行重新安排，因此，项目投资者在选择杠杆租赁项目融资模式时值得注意的一点是，杠杆租赁融资模式一经确定，重新安排融资的可能性以及重新融资的可选择余地就变得较小。

(3) 运用杠杆租赁模式应注意的问题

运用杠杆租赁模式时，应当注意以下两个关键问题：

1）税务结构资产出租人和贷款银行的收益以及信用保证主要来自结构中的税务好处、租赁费用、项目的资产以及对项目现金流量的控制，因此项目的税务结构以及税务扣减的数量和有效性是杠杆租赁融资模式的关键。一些国家对于杠杆租赁的使用范围和税务扣减有很具体的规定和限制，并且可能根据情况有所变化，在设计融资结构时需要掌握当地法律和具体的税务规定。如美国规定只有在"真实租赁"（True Lease）条件下，出租人才能享受税收优惠，并且曾对投资税收抵免、加速折旧等制度进行了多次修改。通常，融资结构中的贷款银行不承担任何税务政策变化的风险，并要求项目资产承租人补偿由此造成的税务损失。因此，资产承租人在融资结构最后确定之前，最好申报有关税务部门以获得批准。

2）合伙制金融租赁公司。通常，大型工程项目的资产和设备由许多租赁公司分别购置和出租，而大多数情况下是这些租赁公司组成一个新的合伙制结构来共同完成对某一项目的租赁业务。对于一些大的工程项目，任何一个租赁机构都很难有大到足以吸纳所有的税收好处的资产负债表。因此，在这类租赁业务中，只有合伙制结构能够真正完全获得融资租赁中的税务好处，成立合伙制结构的金融租赁公司是杠杆租赁融资模式的另一关键。

4. 杠杆租赁融资模式的运作程序

杠杆租赁融资模式对项目融资结构的管理比其他项目融资模式复杂。一般项目融资结构的运作包括两个阶段：项目建设阶段和经营阶段。但是杠杆租赁项目融资结构的运作需五个阶段，项目投资组建(合同)阶段、租赁阶段、开发建设阶段、生产经营阶段、中止租赁协议阶段。具体内容如下：

(1) 项目投资组建(合同)阶段

1) 项目投资者设立项目公司。项目的投资者出资设立一个单一目的的项目公司，负责项目的日常管理，并安排杠杆租赁的融资结构，为项目投资筹集资金。

2) 确定杠杆租赁经理人。杠杆租赁经理人相当于一般项目融资结构中的融资顾问，主要由投资银行担任。杠杆租赁的经理人根据项目的特点、项目投资者的要求设计项目融资结构，与各方谈判组织融资结构中的股本参加者和债务参加者，安排项目的信用保证结构。

3) 选择"股本参加者"。杠杆租赁融资需要两个或两个以上的"股本参加者"专门组成合伙制结构的金融租赁公司。该合伙制结构是项目资产的法律持有人和出租人，其参加者一般为专业租赁公司、银行和其他金融机构，有时也包括一些工业公司。

4) 选择"债务参加者"。债务参加者一般是普通的银行和金融机构，它们将为项目提供绝大部分的资金。

(2) 租赁阶段

1) 项目公司签订项目资产购置和建造合同，购买开发建设所需的厂房和设备，并在合同中说明厂房和设备的所有权都将转移给金融租赁公司。

2) 合伙制金融租赁公司作为项目资产法律上的持有者，从股本参加者和债务参加者处获得用以购买项目及资产的建设费用和流动资金。合伙制金融租赁公司提供项目建设费用或项目收购价格的 20%～40%作为股本资金投入；债务参加者对股本参加者以无追索贷款的形式为项目提供 60%～80%的资金。同时，金融租赁公司必须将其与项目公司签订的租赁协议和转让过来的资产抵押给贷款银行，以便贷款银行的债务享有优先取得租赁费的权利。

3) 合伙制金融租赁公司根据项目公司转让过来的资产购置合同购买相应的厂房和设备，然后把它们出租给项目公司。

4) 杠杆租赁经理人与股本参加者达成管理协议，融资安排成功后，杠杆租赁经理人负责管理融资结构的运作，收取一定的管理费用。

(3) 开发建设阶段

1) 合伙制金融租赁公司与项目工程公司签订交钥匙工程建设合同，并支付项目的建设费用。

2）根据租赁协议，项目公司从合伙制金融租赁公司手中取得项目资产的使用权，并代表租赁公司监督项目的开发建设。同时，项目公司开始向租赁公司支付租金，租金在数额上应该等于租赁公司购置项目资产的贷款部分所需支付的利息。

3）项目投资者一般要为融资安排提供完工担保，承担项目的全部责任。

（4）生产经营阶段

1）根据租赁协议，项目公司获得项目资产的使用权，在支付了相应生产费用和租赁费用之后，取得使用项目资产所生产出来的产品。然后，项目公司可根据产品承购协议将产品出售给项目的投资者或其他项目产品用户。

2）项目投资者通常要提供一个具有"或取或付"（或"照付不议"）性质的产品承购协议，作为项目公司长期的市场销售保证（有时还需要其他形式的信用担保）。此时，项目融资被安排成为对项目投资者有限追索的形式。

3）项目公司要以产品销售产生的现金流量向租赁公司补缴建设期还没有付清的租金，租赁公司再以其收到的租金支付银行贷款的本息。项目现金流量的分配和使用按照以下顺序进行：生产费用、项目的资本性开支、杠杆租赁经理人的管理费、债务参加者的债务偿还、股本参加者的投资收益、可作为投资者收益的盈余资金。

4）为监督资产承租人履行租赁合同，保护股本参加者和债务参加者的利益，通常股本参加者会委托杠杆租赁经理人监督或直接控制资产承租人的项目现金流量。

（5）中止租赁协议阶段

一般来说，在租赁期届满时，租赁公司的成本全部收回并且获得了相应的回报。此时，可以由项目投资者的一个相关公司将项目资产以事先商定的价格购买回去；也可以由项目公司以代理人的身份代理租赁公司把资产以其可以接受的价格卖掉，售价大部分会当作代销手续费由租赁公司返还给项目公司。租赁届满时由项目投资者的一个相关公司而不是投资者本人或项目公司购买项目资产。美国有关法律规定，非真实租赁不能享受税收优惠。非真实租赁的条件是：合同规定承租人有名义价格的购买选择权；租金的一部分被明确地列为利息；租金支付到一定金额，便可取得设备的所有权；在短期内所偿付的租金占设备购买价的绝大部分。

杠杆租赁融资结构与其他项目融资结构在运作上的区别主要体现在两个方面：①在投资者确定组建一个项目的投资之后，就需要将项目资产及其投资者在投资结构中的全部权益转让给由股本参加者组织起来的杠杆租赁融资机构，然后再从资产出租人手中将项目资产转租回来。②在融资期限届满或由于其他原因中止租赁协议时，项目投资者的一个相关公司需要以事先商定的价格将项目的资产购买回去。

杠杆租赁融资的基本结构如图 4-7 所示。

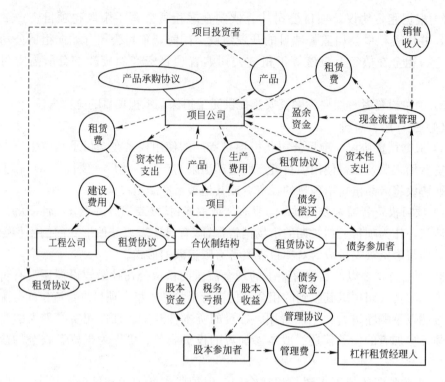

图 4-7　以"杠杆租赁"为基础的项目融资模式

4.3.4　ABS(资产支持证券化)模式

1. ABS 项目融资模式概念及应用范围

ABS(Asset-backed Securitization)模式的汉译全称为"资产支持证券化"融资模式,是以项目所属的资产为支撑的证券化融资方式。具体来说,它是以该项目资产的未来预期收益为保证,在资本市场上发行高级债券(资信评级为 AA 级或 AAA 级的债券)来筹集资金的一种项目融资方式。ABS 方式的目的在于,通过其特有的提高信用等级方式,使原本信用等级较低的项目照样可以进入高信用等级证券市场,利用该市场信用等级高、债券安全性和流动性高、债券利率低的特点大幅度降低发行债券筹集资金的成本。

ABS 模式最早可追溯到 20 世纪 60 年代末、70 年代初美国的住宅按揭融资。当时,美国战后出生人口步入购房年龄,对住房基金需求很大,而长期以来支撑美国住宅抵押贷款体系的储蓄金融机构由于通货膨胀和利率攀升的影响以及商业银行和共同基金的冲击,运营难以为继,美国政府为了解救房地产金融,决定启动并搞活住宅抵押贷款市场。于是华尔街金融机构尝试发放 MBS(Mortgage-backed Securities),即抵押支持证券筹资以弥补住房基金来源的不足,这是 ABS 模式的雏形。以 MBS 模式为借鉴,Unisys 公司于 1985 年 3 月率先发行了 192 亿美元的租赁款作为支持资产的 ABS,成为现代意义的 ABS 模式的发端。

起源于美国的 ABS 融资模式,在法国、德国、英国、日本等国家都得到了广泛的应用和发展。迄今为止，ABS 融资模式已被广泛运用到汽车贷款、信用卡贷款、应收账款、房产贷款、学生贷款、设备贷款、设备租赁、保险单、公共设施和公用事业收费、自然资源等资产的证券化融资中。国外的大量实践证明，尽管 ABS 融资模式发展历史较短，但这一创新性极强的融资模式具有了很大的发展潜力，是未来项目融资发展的一个主要趋势。

2. ABS 模式的基本要素

资产支持证券化融资的基本构成要素主要由以下几方面组成：

（1）标准化的合约。制订标准化合约必须审慎，因为该合约使所有的参与方确信：为满足契约规定的义务，该担保品的存在形式应能够提供界定明确而且在法律上可行的行为。

（2）资产价值的正确评估。在信贷资产证券化业务中，通过银行家的尽职调查，向感兴趣的各方提供关于该项目风险性质的描述和恰当的价值评估。

（3）具有历史统计资料的数据库。对于拟证券化的资产在过去不同情况下的表现，必须提供一份具有历史统计资料的数据，以使各参与方据此确定这些资产支持证券的风险程度。

（4）适用法律的标准化。证券化融资需要以标准的法律为前提。美国第一银行曾发行 AAA 级抵押支持转递证券，最后以失败而告终，其原因主要就是它未能满足美国所有各州所要求的法定投资标准。这一点也是决定 ABS 项目能否成功的重要一环。

（5）确定中介机构。这一点对于证券化融资也是非常关键的。不应因金融中介机构的破产或服务权的转让而造成投资者的损失。

（6）可靠的信用增级措施。证券化融资的重要特点是可以通过信用增级措施发行高档债券，以降低项目融资的成本。因此，如果没有可靠的资信较高的信用增级措施，资产支持证券化融资是很难操作的。

（7）用以跟踪现金流量和交易数据的计算机模型也是促进证券化交易增长的重要基础。

3. ABS 模式的主要当事人

（1）发起人或原始权益人

发起人或原始权益人是被证券化的项目相关资产的原始所有者，也是资金的最终使用者。对于项目收益资产证券化来说，发起人是指项目公司，它负责项目收益资产的出售、项目的开发建设和管理。而对于项目贷款资产证券化来说，发起人一般包括：①商业银行，其主要功能是吸收存款、管理贷款。②抵押银行，主要功能是发放抵押贷款并在二级市场销售。③政府机构，尽管提供的贷款少，但发挥的作用很大。

一般情况下，发起人的主要作用是：①收取贷款申请。②评审借款人申请抵押贷款的资格。③组织贷款。④从借款人手中收取还款。⑤将借款还款转交给抵押支持证券的投资者等。

发起人的收入来源主要是：①发起费，以贷款金额的一定比例表示。②申请费和处理费。③二级销售利润，即发起人售出抵押贷款时其售价和成本之间的差额。

发起人也可以是证券的出售人和承销商，因为对发起人来说，保留证券的承销业务可获得一定的费用收入。

发起人一般通过真实出售或所有权转让的形式把其资产转移到资产组合中。尽管发起人破产并不直接影响资产支持证券的信用，但发起人的信誉仍然是需要考虑的一个重要因素。因为如果发起人的信誉恶化，那么就会影响包括发起人的资产在内的担保品的服务质量。

(2) 服务人

服务人通常由发起人自身或指定的银行来承担。服务人的主要作用体现在两个方面：①负责归结权益资产到期的现金流，并催讨过期应收款。②代替发行人向投资者或投资者的代表受托人支付证券的本息。服务的内容包括收集原借款人的还款，以及其他一些为担保履行还款义务和保护投资者的权利所必需的步骤。因此，资产支持证券的大多数交易与服务人的信用风险存在着直接的关系，因为服务人持有要向投资者分配的资金。信用风险的高低是由服务人把从资产组合中得到的权益转交给投资者时的支付频率决定的。

(3) 发行人

作为发行人来说，它可以是中介公司，也可以是发起人的附属公司、参股公司或者投资银行。有时，受托管理人也承担这一责任，即在证券化资产没有卖给上述的公司或投资银行时，它常常被直接卖给受托管理人。该受托管理人是一个信托实体，其创立的唯一目的就是购买拟证券化的资产和发行资产支持证券。该信托实体控制着作为担保品的资产并负责管理现金流的收集和支付。信托实体通常就是发起人的一家子公司，或承销本次证券发行的投资银行的一家子公司。在某些情况下，由于单个发起人的资产不足以创造一个合格的资产组合，这时就要由几个发起人的资产共同组成一个资产的组合。当发行人从原始权益人手中购得权益资产在未来收取一定现金流的权利后，就要对其进行包装，然后以发行证券的方式在二级市场上将之出售给投资者。ABS 的主要类型之一就是住房抵押贷款，而在资产证券化最早出现的美国，充当住房抵押贷款支持证券发行人的主要机构有两类：一类是政府性质的机构，如：联邦国民抵押协会，通过购买无政府保险的住房抵押贷款并使之证券化；政府国民抵押协会，使有担保的住房抵押贷款证券化；联邦住房抵押公司，通过购买未经政府保险但经私人保险的常规抵押贷款，并以之为担保在资本市场上发售债券。二类是非政府性质的机构，如住房融资公司等，它们购买不符合联邦国民抵押协会等政府性质机构有关条件的住房抵押贷款并使之证券化。

(4) 证券商

ABS 由证券商承销。证券商或者向公众出售其包销的证券，或者私募债券。作为包销人，证券商从发行人处购买证券，再出售给公众。如果是私募债券，证券商并不购买证券，而只是作为发行人的代理人，为其成功发行提供服务。发行人和证券商必须共同合作，确保发行结构符合法律、财会、税务等方面的要求。

(5) 信用增级机构

在资产证券化过程中，一个尤为关键的环节就是信用增级，而信用增级主要由信用增级机构完成。从某种意义上说，资产支持证券投资者的投资利益能否得到有效的保护和实现，主要取决于证券化产生的信用保证。所谓信用增级，即信用等级的提高，经信用保证而得以提高等级的证券将不再按照原发行人的等级或原贷款抵押资产等级进行交易，而是按照担保机构的信用等级进行交易。

信用增级一般采取内部信用增级和外部信用增级两种方式：发行人提供的信用增级即内部信用增级，第三者提供的信用增级即外部信用增级。

(6) 信用评级机构

信用评级机构是依据各种条件评定 ABS 等级的专门机构。ABS 的投资人依赖信用评级机构为其评估资产支持证券的信用风险和再融资风险。世界上主要的评级机构有穆迪、标准普尔等公司，这些评级机构的历史记录和表现一直很好，特别是在资产支持证券领域口碑更佳。信用评级机构须持续监督资产支持证券的信用评级，根据情况变化对其等级进行相应调整。证券的发行人要为评级机构支付服务费用，因为如果没有评级机构的参与，这些结构复杂的资产支持证券可能就卖不出去。当有评级机构参与时，投资者就可以把投资决策的重点转移到市场风险和证券持续期的考虑上。所以，信用评级机构是证券化融资的重要参与者之一。

发行人需要评级机构的评级是因为他们希望所发行证券的流通性更强，其支付的利息成本更低。当投资者通过评级系统的评级而相信了证券的信用质量时，他们对投资的收益要求通常就会降低。许多受到管制的投资者未被允许购买那些级别较低的证券，更不能购买那些未经评级的证券。证券评级机构的存在拓宽了投资者的投资范围，创造了对证券的额外需求，对发行人来说，节省的成本将非常可观。

(7) 受托管理人

在资产证券化的操作中，受托管理人充当着服务人与投资者的中介，也充当着信用强化机构和投资者的中介。受托管理人的职责主要体现在三个方面：①作为发行人的代理人向投资者发行证券，并由此形成自己收益的主要来源。②将借款者归还的本息或权益资产的应收款转给投资者，并且在款项没有立即转给投资者时有责任对款项进行再投资。③对服务人提供的报告进行确认并转给投资者。当服务人不能履行其职责时，受托人应该并且能够起到取代服务人角色的作用。

4. ABS 模式的运行程序

ABS 是在资本市场通过发行债券筹集资金的。按照规范化的证券市场运作方式，在证券市场发行债券，必须对发债主体进行信用评级，以确定债券的投资风险和信用水平。债券的筹集成本和信用等级密切相关，信用等级越高，表明债券的安全性越高，债券的利率越低，从而使通过发行债券筹集资金的成本越低。因此利用证券市场筹集资金，一般都希望进入高档投资级证券市场。但是，对于不能获得权威性资信评估机构评定较高级别信用等级的企业或其他机构，将无法进入高档投资级证券市场。ABS 运作的独到之处就在于，通过信用增级计划，使得没有获得信用等级或信用等级较低的机构，照样可以进入高档投资机构市场，通过资产的证券化筹集资金。通常人们用图 4-8 描述 ABS 融资方式的运作过程。

ABS 融资方式的具体运作过程主要包括以下几个方面：

（1）组建 SPV。即组建一个特别目的公司 SPV（Special Purpose Vehicle）或 SPS。该机构可以是一个信托机构，如信托投资公司、信用担保公司、投资保险公司或其他独立法人。该机构应能够获得国际权威资信评估机构较高级别的信用等级（AAA 或 AA 级），由于 SPV 是进行 ABS 融资的载体，成功组建 SPV 是 ABS 能够成功运作的基本条件和关键因素。

（2）SPV 与项目结合。即 SPV 寻找可以进行资产证券化融资的对象。一般来说，投资项目所依附的资产只要在未来一定时期内能带来现金收入，则都可以进行 ABS 融资。它们可以是信用卡应收款、房地产的未来租金收入、飞机和汽车等未来运营的收入、项目产品出口贸易收入、港口及铁路的未来运费收入、收费公路及其他公用设施收费收入、税收及其他财政收入等。拥有这种未来现金流量所有权的企业（项目公司）成为原始权益人。这些未来现金流量所代表的资产，是 ABS 融资方式的物质基础。

在进行 ABS 融资时，一般应选择未来现金流量稳定、可靠，风险较小的项目资产。一般情况下，这些代表未来现金收入的资产，本身具有很高的投资价值，但由于各种投资条件的限制，它们自己无法获得权威资信评估机构授予的较高级别的资信等级，因此无法通过证券化的途径在资本市场筹集建设资金。而 SPV 与这些项目的结合，就是以合同、协议等方式将原始权益人所拥有的项目资产的未来现金收入的权利转让给 SPV，转让的目的在于将原始权益人本身的风险割断，这样 SPV 进行 ABS 方式融资时，其融资风险仅与项目资产未来现金收入有关，而与建设项目的原始权益人本身的风险无关。在实际操作中，为了确保与这种风险完全隔断，SPV 一般要求原始权益人或有关机构提供充分的担保。

（3）利用信用增级手段使该资产获得预期的信用等级。为此就要调整项目资产现有的财务结构，使项目融资债券达到投资级水平，达到 SPV 关于承保 ABS 债券的条件要求。SPV 通过提供专业化的信用担保进行信用升级。信用增级的渠道有：利用信用证、开设现金担保账户、直接进行金融担保。之后，委托资信评估机构，对即将发行的经过担保的 ABS 债券在还本付息能力、项目资产的财务结构、担保条件等方面进行信用评级，确定 ABS 债券的资信等级。

（4）SPV 发行债券阶段。SPV 直接在资本市场上发行债券募集资金，或者 SPV 通过信用担保，由其他机构组织债券发行，并将通过发行债券筹集的资金用于项目建设。由于 SPV 一般均获得国际权威性资信评估机构的 AAA 级或 AA 级信用等级，按照信用评级理论和惯例，由它发行的债券或通过它提供信用担保的债券，也自动具有相应的信用等级。这样 SPV 就可以借助于这一优点在国际高档投资级证券市场，以较低的资金成本发行债券，募集项目建设所需资金。

（5）SPV 的偿债阶段。由于项目原始收益人已将项目资产的未来现金收入权利让渡给 SPV，因此 SPV 就能利用项目资产的现金收入量，清偿它在国际高档投资级证券市场上所发行债券的本息。

以上过程以抵押贷款资产证券化为例可以用图 4-8 表示。

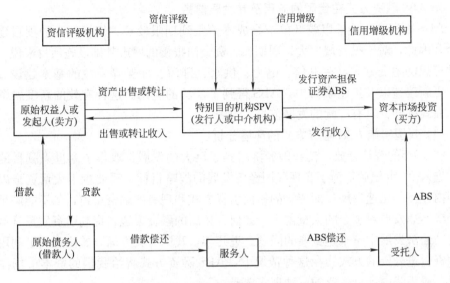

图 4-8   资产证券化运行过程示意图

5. ABS 模式的特点

ABS 模式的特点主要表现在:

(1) 通过证券市场发行债券筹集资金,是 ABS 不同于其他项目融资方式的一个显著特点,无论是产品的支付、融资租赁,还是 BOT 融资,都不是通过证券化进行融资的,而证券化融资则代表着项目融资的未来发展方向。

(2) 由于 ABS 方式隔断了项目原始权益人自身的风险和项目资产未来现金收入的风险,使其清偿债券本息的资金仅与项目资产的未来现金收入有关,加之在国际高档级证券市场发行的债券是由众多的投资者购买,从而分散了投资风险。

(3) 由于 ABS 是通过发行高档投资级债券募集资金,这种负债不反映在原始权益人自身的资产负债表上,从而避免了原始权益人资产质量的限制。同时利用成熟的项目融资改组技巧,将项目资产的未来现金流量包装成高质量的证券投资对象,充分显示了金融创新的优点。

(4) 作为证券化项目融资方式的 ABS,债券的信用风险得到了 SPV 的信用担保,是高档投资级证券,并且还能在二级市场进行转让,变现能力强,投资风险小,因而具有较大的吸引力,易于债券的发行和推销。同 BOT 方式相比,ABS 融资方式涉及的环节比较少,从而最大限度地减少佣金、手续费等中间费用,使融资费用降到较低水平。

(5) 由于 ABS 方式是在国际高档级证券市场筹资,其接触的多为国际一流的证券机构,要求必须抓住国际金融市场的最新动态,按国际上规范的操作规程行事。

(6) 由于这种融资方式是在国际高档级证券市场筹资,利息率一般比较低,从而降低了筹资成本。而且国际高档级证券市场容量大，资金来源渠道多样化，因此 ABS 方式特别适合大规模筹集资金。

6. ABS 融资方式在我国的应用及其发展前景

ABS 融资由于能够以较低的资金成本筹集到期限较长、规模较大的项目建设资金，因此，对于投资规模大、周期长、资金回报慢的城市基础设施项目来说，是一种理想的融资方式，在电信、电力、供水、排污、环保等领域的基本建设、维护、更新改造以及扩建项目中，ABS 得到了广泛的应用。这种有效的新型融资方式，在我国同样具有广阔的发展前景。

(1) 我国实施 ABS 融资方式的环境分析

20 多年的改革开放，使我国经济得到了巨大的发展，取得了令世人瞩目的成绩。进入 21 世纪后，为了实现我国经济发展的战略目标，需要投入大量资金以适应国内经济的迅速发展，而传统的招商引资方式和现有的融资渠道，都不能满足我国经济迅速发展对资金的大量需求。如何开拓新的融资渠道，提高引资质量日益成为我国经济发展中越来越重要的问题。近几年，我国有关方面开始注意到了利用项目融资引进外资的方式。在这种情况下，ABS 融资方式将给我国的资本市场注入活力，成为我国项目融资的一种现实选择。

1) 我国经济建设巨大的资金需求和大量优质的投资项目为 ABS 融资提供了广阔的应用空间和物质基础。高速度的经济增长使我国经济具有了比较强的投资价值。随着我国经济持续、快速、健康发展，收入稳定、回报率高的投资项目不断涌现，这些优质的投资项目是 ABS 融资对象的最理想选择。当前，国外一些较大的金融中介机构纷纷看好我国的 ABS 项目融资市场，主要就是受此吸引。

2) 我国已经初步具备了 ABS 融资的法律环境。长期以来，由于我国有关金融方面的法律不健全，国际资本市场上成熟的融资工具和融资模式在我国无法运作，因而丧失了许多利用国际资本的机会。据统计，日本、西欧和美国的巨额单位信托、互惠基金、退休福利、医疗保险等基金日益增长，已经达到了近万亿美元，但这些资金鉴于其低风险、无亏损的投资标准和规定，大都不愿意或不能进入我国市场。随着《担保法》、《票据法》、《保险法》、《信托法》、《证券法》等法律的相继出台，标志着我国的投资法律环境正不断得到改善，也为开展 ABS 融资构筑了必要的法律框架。

3) ABS 融资方式摆脱了信用评级限制，拓宽了现有的融资渠道。进入国际高档级证券投资市场，必须获得国际认可的几家评级机构的信用评级。而我国一直被西方国家认为存在较大的国家政治风险，再加上其他经济方面的原因，使得我国的国家主权信用评级一直不高，而企业的信用评级则更低，致使我国企业无法进入该市场进行融资。而 ABS 融资方式通过信用担保和信用增级计划，使我国的企业和项目进入该市场成为可能。同时，ABS 融资方式又是一种通过民间的、非政府的途径，按照市场经济的规则运作的融资方式，随着我国金融市场的不断成熟，ABS 方式会得到广泛认可，从而拓宽现有的融资渠道。

4) 利用 ABS 进行融资，有利于我国尽快进入高档次的项目融资领域。由于

ABS 融资方式是在国际高档融资市场上通过证券化进行的融资，从而使我国有机会直接参与国际高档融资市场，学习国外证券市场的运作及监管的经验，了解国际金融市场的最新动态。同时，通过资产证券化进行融资，也是项目融资的未来发展方向。开展 ABS 融资，将极大拓展我国项目融资的活动空间，加快我国的项目融资与国外资本市场融合的步伐，并促进我国外向型经济的发展。

(2) 我国利用 ABS 融资方式要解决的几个问题

ABS 作为一种新型的项目融资方式虽然开展的时间不长，但已被实践证明是有效的，它在美国、西欧和日本等国都获得了比较好的发展。从我国目前的实际看，开展 ABS 融资方式还存在一些限制因素。为了促进 ABS 融资活动的开展，应对以下问题加以重视并解决。

1) SPV 的组建问题。成功组建 SPV 是 ABS 能够成功运作的基本条件和关键因素。但组建的 SPV 只有在国家主权信用级别较高的国家，如在美国、日本和西欧等经济发达国家注册，并具有雄厚的经济实力和良好的资产质量，才能获得国际权威资信评估机构授予的较高资信等级。因此，我国应该选择一些有实力的金融机构、投资咨询机构，通过合资、合作等方式进入国外专门为开展 ABS 融资而设立的信用担保机构、投资保险公司、信托投资公司中，成为 SPV 的股东或发起人，为我国在国际市场上大规模开展 ABS 融资奠定良好的基础。

2) 法律、政策限制的问题。虽然我国形成了 ABS 融资的基本法律框架，但由于 ABS 属于高档投资级的证券融资，原始权益人、投资者和项目的其他参与者的权益和责任是通过法律合同详细规定的，因此现有法律法规远远不能适应 ABS 融资的要求。为此要根据我国的国情和国际惯例，加快相关立法，制定一套适合 ABS 融资的法律法规。同时，我国目前对资本项目还实行管制，国家对 ABS 债券融资方式不可能一下子放开，只能逐步试点，取得经验，再一点点普及，为我国经济发展提供较低成本的资金。

3) 税收问题。ABS 融资方式是以项目资产的未来收益偿还发行债券的本息的，而我国的增值税、营业税、印花税、所得税等税目、税率都与国际惯例有区别，从而影响到 ABS 融资在我国的发展，为此要按照国际惯例进行税制改革。

4) 人民币汇兑问题。把采用 ABS 方式所筹集的资金用于项目建设，但项目本身的产品却可能很少出口创汇，其所得收益主要表现为本国货币，而 SPV 为清偿债券的本息，必然要把本币兑换为外币汇出境外。但目前我国还没有实现人民币在资本项目下的自由兑换，这在一定程度上制约了 ABS 融资方式的开展。因此，要利用当前我国外汇储备充足的有利时机，保证 ABS 项目的外汇兑换，以增强外商对我国进行 ABS 方式投资的信心。

5) 人才培养问题。目前我国缺少负责 ABS 研究、管理的专门人员，也缺少这方面的法律人才。因此，必须加快有关 ABS 方面的人才培养，深入研究 ABS 融资方式的方法和经验，以便更好地利用这一方式，促进我国经济更快地发展。

4.4 公共项目融资模式

4.4.1 公共项目融资

在项目融资中，具有公用和公益性质的公共基础设施工程建设的项目融资占有相当大的比例和比较重要的地位，本节将专门介绍几种公共工程项目建设中具有代表性的项目融资模式。

1. 公共项目融资模式概念和特点

公共项目融资，主要是指政府或其他公共机构（为了简便起见，下面统称政府）发起、全部或部分由私人部门进行资本投入的公共基础设施工程建设项目的融资。公共工程项目融资与一般项目融资的主要区别在于以下几个方面：

（1）项目的发起人与实际投资者不同

公共事业工程项目的发起人通常是政府或其他公共机构，而项目的实际投资者往往是国内外的私人部门；而一般项目的发起人往往也就是项目的实际投资者。

（2）项目发起人和投资者的目标不同

政府部门拥有对项目的监督调控权，但没有直接控制权，几乎无法获得任何经营利润，其主要目标是通过项目的建设和运行获得间接的经济效益和社会效益；而私人投资者直接控制经营项目，以获得直接经济效益为首要目标。

（3）项目投融资以政府让渡一定的公共工程项目权利为基础。政府一般通过转让管理权、转让资产权和转让特许权三种形式让私人参与公共项目的投资运作，包括：

1）转让管理权是较有限的民营化，在这种方式中，政府仍拥有传统的所有权，仅让私人参与管理，像废物收集服务和机场服务就是一种管理责任的转让。政府转让管理权的目的主要是降低服务成本。

2）资产权转让则与此相反，是一种完全形式的民营化，私人实体向政府支付现金获得国家资产进行经营，例如英国国家电力或电信系统的民营化。如果政府在这种民营化中是要创造出一个自由的市场环境，那么从长远来看，监管和规则可能更为重要。

3）处于转让管理权和转让资产权之间的则是转让特许权，这是一种"妥协化"的民营化，以政府的某种权利转让某些服务，建设或运营某项特殊设施，这被称为"公共工程特许权"。以"特许权协议"为基础的融资是公共工程项目融资最主要的方式。特许权是政府与民间机构的纽带，一方面，没有特许权，私人资本不可能涉足公共基础设施等政府垄断专营的领域；另一方面，没有政府特许权的赋予，私人投资者也无法筹集到支撑项目运营所必需的足够的巨额资金。

2. 公共项目融资模式的应用及发展

利用私人资本进行公共基础设施项目建设，最早可以追溯到几个世纪以前。历史上，虽然国家的大多数公共基础设施由国家投资兴建和运营管理，但在西方国家的工业化过程中，由于私营经济的发展和壮大，在社会对公共基础设施巨大需求不断增长的情况下，私营机构也受国家委托进行了一些工程项目的建设和管理。

17 世纪，英国政府的领港公会利用私人投资建造灯塔的做法可算是现代公共项目融资的雏形。领港公会负责管理海上事务，包括建设和经营灯塔，并拥有建造灯塔和向船只收费的特权。但据考证，从 1610 年到 1675 年的 65 年间，领港公会一座灯塔也未建成过；而同期私人建成的灯塔至少有 10 座。私人首先向政府提出准许建造和经营灯塔的申请，申请中必须包括许多船主的签名以证明将要建造的灯塔对他们有利并且表示愿意支付过路费；在申请获得政府的批准以后，私人向政府租用建造灯塔必须占用的土地，在特许期内管理灯塔并向过往船只收取过路费；特许权期满以后由政府将灯塔收回并交给领港公会管理和继续收费。到 1820 年，在全部 46 座灯塔中，有 34 座是私人投资建造的。由此可见，利用私人资本投资，其效率远高于行政部门。

在法国历史上，公共当局在各种服务行业中也同私营机构发展了长期的合作关系。17 世纪初，英国的约翰舰队、荷兰的印度舰队横扫西班牙和葡萄牙的海上势力，称霸于海上。法国在 1660 年以后才开始参与海上争霸，从 1661—1674 年的 13 年间，法国建立了当时世界上最强大的海军舰队、军工厂和港口设施，到 1690 年，路易十四帝国已成为世界第一海上强国。法国在如此短的时间内建设出一支如此强大的海军力量，其主要经验就是动员了私营机构的力量，对军事工程设施进行了建设和运营管理。

在 18 世纪后期和 19 世纪，欧洲国家的政府已广泛利用私营机构的力量，进行公路、铁路和运河等公共基础设施的投资开发和运营管理，尤其是在欧洲城市供水设施的建设和运营中，私营机构起了重要作用，伦敦和巴黎的供水均由私营公司承担。如 1782 年巴黎部分地区的供水设施，以租用协议形式移交给了 Perier 兄弟；又如举世闻名的苏伊士运河，由一个法国国际财团投资并设计建造，1869 年从埃及政府取得租用权后投入商业运营。同时，欧洲的殖民主义势力也不断鼓励私营机构在世界各地进行基础设施建设，如在印度和非洲，有私营机构建造的铁路网。

19 世纪后期，在北美大陆的交通运输中，也曾经允许北方工业财阀投资建筑铁路和一级公路，建成后定期定点收取运营费用，投资收回并获得必要的利润后，以无偿或低于市价的价格转让给政府公共机构。后来，这一方式被逐渐推广应用于国内港口码头、桥梁隧道、电厂地铁等公共工程。

在第一次世界大战前，许多基础设施建设项目（如铁路、公路、桥梁、电站、港口）也在利用私人投资，这些私人投资者为了赚取巨额利润而甘愿承担所有风险。然而第一次世界大战后直至第二次世界大战后相当长的一段时间里，基础设施建设主要由政府机构来承担。这种模式给各国政府带来了许多负担，尤其是对那些普遍缺乏资金的发展中国家来说，在许多情况下，根本无法解决基础设施建设所需资金的筹集问题。

直到 20 世纪 70 年代末至 80 年代初，世界经济形势逐渐发生了变化。经济发展、人口增长、城市化等导致对交通、能源、供水等基础设施需求的急剧膨胀；经济危机和巨额赤字使政府投资能力大为减弱；债务危机使许多国家的借贷能力锐减，从而亟待减少投资项目的预算资金。赤字和债务负担迫使这些国家在编制财政预算时实行紧缩政策，转而寻求私人企业的投资。各国逐渐重视挖掘私营机构的能力和创造性，利用私营机构的资金进行基础设施建设。在这种背景下，利用私人资本进行大型公共项目的建设和运作的方式开始在一些国家得到更为广泛的运用和推广。

政府和其他公共机构让渡一定的权利，利用私人资本进行大型公共项目的建设和运作，是当今公共项目投融资的一个发展方向，不但在基础设施落后的发展中国家，而且在经济相对发达的国家，也得到了越来越广泛的运用。在各种公共项目投融资方式中，比较常见的有 BOT、PFI、PPP 等模式。需要说明的是，下面介绍的几种公共项目融资模式并非严格按某一标准进行的精确分类，在项目实务中，这些概念有时可能存在着交叉，但每一种模式又都有其代表性和特殊性，这一点也是不容忽视的。

4.4.2　BOT 模式

1. BOT 融资模式及其功能

(1) BOT 融资模式

BOT 是国际上近十几年来逐渐兴起的一种基础设施建设的融资模式，是一种利用外资和民营资本兴建基础设施的新兴融资模式。BOT 是 Build（建设）、Operate（经营）和 Transfer（移交）三个英文单词第一个字母的缩写，代表着一个完整的项目融资过程。20 世纪 80 年代初期到中期，是项目融资发展的一个低潮时期。在这一阶段，虽然有大量的资本密集型项目，特别是发展中国家的基础设施项目在寻找资金，但是，由于世界性的经济衰退和第三世界债务危机所造成的恶劣影响还远没有从人们心目中消除，所以如何增强项目抵御政治风险、金融风险、债务风险的能力，以及如何提高项目的投资收益和经营管理水平，成为银行、项目投资者、项目所在国政府在安排融资时所必须面对和解决的问题。

BOT 模式就是在这样的背景下发展起来的一种主要用于公共基础设施建设的项目融资模式。这种模式的基本思路是，由一国财团或投资人作为项目的发起人，从一个国家的政府或所属机构获得某些基础设施的建设特许权，然后由其独立或联合其他方组建的项目公司，负责项目的融资、设计、建造和运营，整个特许期内项目公司通过项目的运营来获得收益，并用此收益来偿还债务、支付运营成本和赚取利润。在特许期期满之时，整个项目由项目公司无偿或以极少的名义价格转交给东道国政府。BOT 模式一出现，就引起了国际政府、金融界和企业的广泛重视，被认为是代表国际项目融资发展趋势的一种新形式。

(2) BOT 融资模式的功能

BOT 是一种集融资、建设、经营和转让于一体的多功能投资方式。所以，BOT 融资方式是一个系统方式，它跨越独资、合资与合作之间的界限，可以运用各种各样的投资方式。而其最大的特点是可以以物引资，这一点特别适合发展中国家的国情。

1）融资功能。BOT 系列项目的投资主体是私营公司项目主体，是东道国政府的基础性项目。因此，出现了带资承包方式，由私营公司及财团进行融资承包建设项目，这种方式不仅可以解决发展中国家资金短缺的问题，更重要的是可使发展中国家摆脱债务危机的困扰，使项目风险分散或转移。从融资方式看，有汇集自有资金、银行贷款、出口信贷、银团联合贷款以及与有经济实力的外国公司合作承包等。

2）建设功能。BOT 系列方式建设功能是采取国际投标方式实现的，是通过多方投资完成的。因此，BOT 建设项目是一项系统工程。在这个大系统中，既有项目主体、咨询设计、工程实施，还有经营等组织系统，因此 BOT 系列投资方式与国际工程承包方式密切相连。

3）经营功能。BOT 系列的经营功能显示了国际工程承包"前伸后延"的发展趋向。项目合同前伸到投资机会和可行性研究等阶段，后延到投产和运营阶段，这种经营功能是通过东道国政府给予投资项目的特许权实现的。而项目经营管理方式涉及投资合作方式、投资回收方式以及风险承担问题。因此，BOT 系列的经营又与国际技术贸易、补偿贸易、租赁贸易等相互结合。

4）转让功能。投资者在政府允许的期限内，通过运营收回投资、运营与维修费用、服务费、租金及一定利润的特许权之后，转让给东道国政府。其转让的条件因投资合作方式和转让内容的不同而异，转让涉及技术转让、股权转让、经营权转让和项目移交等多种转让合同。

BOT 方式的功能特点决定了私营机构和公营机构都对它感兴趣。可以说，BOT 不失为政府要加快基础设施建设步伐和私营机构为大量资本求得长期稳定收益的一个好方法。

2. BOT 模式的优缺点分析

（1）BOT 模式的优点

BOT 模式实质上是一种债权与股权相混合的产权组合形式，整个项目公司对项目的设计、咨询、供货和施工实行一揽子总承包。与传统的承包模式相比，BOT 融资模式的特点主要体现在以下方面：

1）通常采用 BOT 模式的项目主要是基础设施建设项目，包括道路、桥梁、轻轨、隧道、铁路、地铁、水利、发电厂和水厂等。特许期内项目生产的产品或提供的服务可能销售给国有单位（如自来水厂、电厂等），或直接向最终使用者收取费用（如交纳通行费、服务费等）。

2）能减少政府的直接财政负担，减轻政府的借款负债义务。所有的项目融资负债责任都被转移给项目发起人，政府无须保证或承诺支付项目的借款，从而也不会影响东道国和发起人为其他项目融资的信用，避免政府的债务风险，政府可将原来这些方面的资金转用于其他项目的投资与开发。

3）有利于转移和降低风险。国有部门把项目风险全部转给项目发起人，BOT 模式通过将发起人的投资收益与他们履行合同的情况相联系，从而降低项目的超支预算风险。

4）有利于提高项目的运作效率。BOT 多被视为提高设计管理实效的一种方式。因为 BOT 项目一般有巨额资本、项目周期长等因素带来的风险，同时由于私营企业的参与，贷款机构对项目的要求会比政府更加严格。另一方面，私营企业为了减少风险，获得较多的收益，客观上促使其加强管理，控制造价。因此，尽管项目前期工作量较大，但是实施阶段，项目的设计、建设和运营效率会比较高，用户也可以得到较高质量的服务。

5）BOT 融资方式可以提前满足社会和公众的需求。采用此方式可使一些本来急需建设而政府目前又无力投资建设的基础设施项目得以实施。由于其他资金的介入，可以在政府有能力建设前建成基础设施项目并发挥作用，从而加速社会生产力的提高，促进经济的进一步发展。

6）BOT 项目通常许多都是由国外的公司进行承包，这会给项目所在国带来先进的技术和管理经验，既给本国的承包商带来较多的发展机会，也促进了国际经济的融合。

7）开发当地资本市场和吸引外资。采用 BOT 方式，可以通过鼓励当地机构和人士发展自己的基础设施而汇集本地资本；也可以通过吸引国外投资，来支持本地基础设施建设。采用 BOT 方式对于项目承包者或私人投资者来说，具有以下吸引力：①BOT 方式具有独特的定位优点和资源优点，这种优点确保了投资者获得稳定的市场份额和资金回报率。②BOT 方式具有独占性的市场地位，可以使项目承包者有机会涉足项目东道国的基础性领域，为将来的其他投资活动打下一个良好的基础。③BOT 方式通常可以带动投资人的产品特别是大型工业成套设备的出口，从而有助于开拓其产品市场。同时，在项目运营期满之后，投资人可以通过提供持续性服务，继续扩大技术设备的出口等。

(2) BOT 模式的缺点

当然，采用 BOT 方式，也存在潜在的负面效应，不容忽视。对东道国政府来说，主要表现在以下方面：

1）由于 BOT 方式是将基础设施项目在一定期限内全权交由承包商去建设运营，所以在特许权规定的期限内，政府将失去对项目所有权及经营权的控制。

2）由公营机构转移过来的某些风险将在私营机构较高的融资费用中得到反映。一般情况下，私营机构借款的费用高于国家借款的费用；同时，私人投资者在承担投资风险的同时，要求有较高的投资回报率(高于公营机构要求的回报)。

3）尽管采用 BOT 方式后项目建设进程加快了，设计也比较好，但项目投标的过程比较长，政府很容易失去对设计过程的控制。

4）如果承包商是外国的，而项目产品又基本上在本国市场销售，那么在项目完成后就会有大量的外汇流出。

3. BOT 模式的具体形式

世界银行在《1994 年世界发展报告》中指出，BOT 至少有三种基本形式，即 BOT、BOOT、BOO 等形式，除此之外，它还有一些变通形式。

(1) BOT 形式。一国政府在授予项目公司建设新项目的特许权协议时，通常采取此种方式，其具体运作程序我们将在后面专门分析。

（2）BOOT 形式。BOOT 是英文单词 Build（建设）、Own（拥有）、Operate（运营）、Transfer（移交）第一个字母的缩写，具体是指由私营部门融资建设基础设施项目，项目建成后在规定的期限内拥有项目的所有权并进行经营，经营期满后，将项目移交给政府部门的一种融资方式。BOOT 与 BOT 的区别主要有二：一是所有权的区别。BOT 方式的项目建成后，私人只拥有所建成项目的经营权，但 BOOT 方式在项目建成后，在规定的期限内既有经营权，又有所有权。二是时间上的差别。采取 BOT 方式，从项目建成到移交给政府的时间一般比采取 BOOT 方式短。

（3）BOO 形式。BOO 是英文单词 Build（建设）、Own（拥有）、Operate（运营）第一个字母的缩写，具体是指私营部门根据政府所赋予的特许权，建设并经营某项基础设施。但是，并不在一定时期后将该项目移交给政府部门。

此外还有如下的变化形式：

（1）BLT（Build-Lease-Transfer），即建设-租赁-移交。它是指工程完工后在一定期限内出租给第三者，以租赁分期付款方式收回工程投资和运营收益。在特定期限之后，再将所有权移交给政府机构。BTO（Build-Transfer-Operate），即建设-移交-经营。由于某些项目的公共性很强（如发电厂、机场、铁路等），不宜让私营机构在运营期间享有所有权，因而须采取 BTO 形式，项目完工后移交所有权，其后再由项目公司进行经营维护。

（2）BT（Build-Transfer），即项目建成后就移交给政府，政府按协议向项目发起人支付项目总投资加合理的回报率。此形式适合任何基础设施或开发项目，特别是出于安全和战略的需要必须由政府直接运营的关键设施。

BOL（Build-Operate-Lease），即建设-经营-租赁。也就是说项目公司以租赁形式继续经营项目。

（3）DBFO（Design-Build-Finance-Operate），即设计-建设-融资-经营。这种方式是从项目的设计开始就特许给某一私营机构进行，直到项目经营期收回投资，取得投资效益，但项目公司只有经营权，没有所有权。

（4）FBOOT（Finance-Build-Own-Operate-Transfer），即融资-建设-所有-经营-移交。类似于 BOOT，只是多了一个融资环节，也就是说，只有先融通到资金，政府才予以考虑是否授予特许经营权。

（5）DBOM（Design-Build-Operate-Maintain），即设计-建设-经营-维护。这种方式强调项目公司对项目按规定进行维护。

（6）DBOT（Design-Build-Operate-Transfer），即设计-建设-经营-移交。这是指特许终了时，项目要完好地移交给政府。

（7）IOT（Investment-Operate-Transfer），即投资-经营-移交。这种方式由私人收购现有的基础设施，然后再根据特许权协议经营，最后移交给公共机构。

（8）TOT（Transfer-Operate-Transfer），即移交-经营-移交。它是指东道国与私营机构签订特许权协议后，把已经投产运营的基础设施项目移交给私营机构经营，凭借该设施项目在未来若干年的收益，一次性地从私营机构手中融得一笔资金，用于建设新的基础设施项目。特许期满后，私营机构再把该设施无偿移交给东道国政府。

（9）BOOST（Build-Own-Operate-Subsidize-Transfer），即建设-拥有-经营-补贴-移交。

（10）BOOS（Build-Own-Operate-Sale），即建设-拥有-经营-出售。

（11）BOD（Build-Operate-Deliver），即建设-经营-转让。

（12）ROO（Rehabilitate-Operate-Own），即移交-经营-拥有。

（13）BRT（Build-Rent-Transfer），即建设-出租-移交。

在以上各形式中，依世界银行《1994年世界发展报告》对 BOT 的定义所理解，BOT 的通常形式至少包括前三种，即 BOT、BOOT、BOO。而在所有的形式中，虽然提法不同，具体操作上也存在一些差异，但它们在运作中与典型的 BOT 在基本原则和思路上并无实质差异，所以习惯上将上述所有形式都看作是 BOT 的具体形式。

4. BOT 项目的参与人

BOT 项目的参与人主要包括政府、项目承办人（即被授予特许权的私营部门）、投资者、贷款人、保险和担保人、总承包商（承担项目设计、建造）、运营开发商（承担项目建成后的运营和管理）等。此外，项目的用户也因投资、贷款或保证而成为 BOT 项目的参与者。各参与人之间的权利义务关系依各种合同、协议而确立。例如，政府与项目承办人之间订立特许权协议，各债权人与项目公司之间签订贷款协议等。

BOT 项目的全过程涉及项目发起与确立、项目资金的筹措、项目设计、建造、运营管理等诸多方面和环节。BOT 结构总的原则是使项目众多参与方的分工责任与风险分配明确合理，把风险分配给与该风险最为接近的一方。BOT 模式主要由三方组成：

（1）项目的最终所有者（项目发起人）

项目发起人通常是项目所在国政府、政府机构或政府指定的公司。从项目所在国政府的角度考虑，采用 BOT 融资模式的主要吸引力在于：第一，可以减少项目建设的初始投入。大型基础设施项目，如发电站、高速公路、铁路等公共设施的建设，资金用量大，投资回收期长，而资金紧缺和投资不足是发展中国家政府所面临的一个普遍性的问题。利用 BOT 模式，政府部门可以将有限的资金投入到更多的领域。第二，可以吸引外资，引进先进技术，改善和提高项目的管理水平。

在 BOT 模式中，项目发起人与其他几种项目融资模式中投资者的作用有一定程度的区别。在 BOT 融资期间，项目发起人在法律上既不拥有项目，也不经营项目，而是通过给予项目某些特许经营权和一定数额的从属性贷款或贷款担保作为项目建设开发和融资安排的支持。在融资期满结束后，项目发起人通常无偿地获得项目的所有权和经营权。由于特许权协议在 BOT 模式中处于核心地位，所以有时 BOT 模式也被称为特许权融资。

(2) 项目经营者

项目经营者利用项目所在国政府给予的建设和经营项目的特许权,负责组织项目的建设和生产经营,提供项目开发所必需的股本资金和技术,安排融资,承担风险,并从项目经营中获得收益。项目经营者的角色可由一个专门组织起来的项目公司承担。项目公司的组成以在这一领域具有技术能力的经营公司和工程承包公司作为主体,有时也吸收项目产品或服务的购买者和一些金融性投资者参与。因为在特许权协议结束时,项目要最终交还给项目发起人,所以从项目所在国政府的角度,选择项目经营者的标准和要求如下:

1) 项目经营者要有一定的资金、管理和技术能力,保证能够在特许权协议期间提供符合要求的服务。

2) 经营的项目要符合环境保护标准和安全标准。

3) 项目产品或服务的收费要合理。

4) 项目经营要保证做好设备的维修和保养工作,保证在特许权协议终止时,项目发起人接收的是一个运行正常、保养良好的项目,而不是一个过度运用的超期服役的项目。

(3) 产品购买商或接受服务者

在项目规划阶段,项目发起人或项目公司就应与产品购买商签订长期的产品购买合同。产品购买商必须有长期的盈利历史和良好的信誉保证,并且其购买产品的期限至少与 BOT 项目的贷款期限相同,产品的价格也应保证使项目公司足以回收股本、支付贷款本息和股息,并有利润可赚。

(4) 债权人

债权人应提供项目公司所需的所有贷款,并按照协议规定的时间、方式支付。当政府计划转让资产或进行资产抵押时,债权人拥有获取资产和抵押权的第一优先权;项目公司若想举新债必须征得债权人的同意;债权人应获得合理的利息。

(5) 保险公司

保险公司的责任是对项目中各个角色不愿承担的风险进行保险,包括建筑商风险、业务中断风险、整体责任风险、政治风险(战争、财产充公等)等。由于这些风险不可预见性很强,造成的损失巨大,所以对保险商的财力、信用要求很高,一般的中小保险公司是没有能力承做此类保险的。

(6) 建筑发起人

BOT 项目的建筑发起人必须拥有很强的建设队伍和先进的技术,按照协议规定的期限完成建设任务。为了充分保证建设进度,要求总发起人必须具有较好的工作业绩,并应有强有力的担保人提供担保。项目建设竣工后要进行验收和性能测试,以检测建设是否满足设计指标。一旦总发起人因本身原因未按照合同规定期限完成任务,或者完成任务未能通过竣工验收,项目公司将予以罚款。

(7) 政府

政府是 BOT 项目成功与否的最关键角色之一,政府对于 BOT 的态度以及在 BOT 项目实施过程中给予的支持将直接影响项目的成败。

作为一种项目融资模式，BOT项目融资模式在组织机构的设置上，具有明显的行政色彩，以BOT模式参与项目的公共部分和私人企业之间是以等级关系发生相互作用的，如图4-9所示。

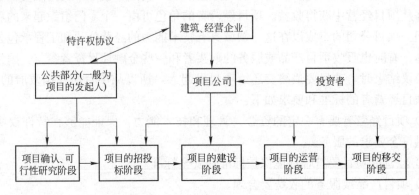

图4-9　BOT项目融资模式组织机构形式图

5. BOT模式的结构分析

在具体运作过程中，BOT融资结构由以下部分组成：

（1）由项目经营公司、工程公司、设备供应公司以及其他投资者共同组建一个项目公司，从项目所在国政府获得特许权协议作为项目建设开发和安排融资的基础。特许权协议通常包括三个方面的内容：①批准项目公司建设开发和经营项目，并给予使用土地、获得原材料等方面的便利条件。②政府按照固定价格购买项目或项目产品，或者政府担保项目可以获得最低收入。③在特许权协议终止时，政府可以根据协议商定的价格购买或无偿收回整个项目，项目公司保证政府所获得的是一个正常运转并保养良好的项目。为了保证项目公司获得特许权协议后有能力按计划开发项目，政府有时会要求项目公司或投资财团提供一定的担保。

（2）项目公司以特许权协议作为基础安排融资。外国政府机构的出口信贷是发展中国家BOT模式中贷款部分的重要组成部分，例如有些出口信贷机构会直接为本国的成套设备出口安排融资。为了减少贷款的风险，融资安排中一般要求项目公司将特许权协议的权益转让给贷款银行作为抵押，并且设计专门的机构控制项目的现金流量。在有些情况下，贷款银行也会要求项目所在国政府提供一定的从属性贷款和贷款担保作为融资的附加条件。

（3）在项目的建设阶段，工程承包集团往往以固定工期、固定总价的设计-施工（D&B）或EPC总承包合同形式建造项目。采用这种类型的工程承包合同，可以起到类似完工担保的作用，有利于安排融资。

（4）项目进入经营阶段之后，经营公司根据经营协议负责项目公司投资建造的公用设施的运行、保养和维修，支付项目贷款本息并使投资财团获得投资利润，并保证在BOT模式结束时将一个运转良好的项目移交给项目所在国政府或其他所属机构。

6. BOT模式的操作程序

BOT项目虽然不尽相同，但一般说来，每个项目都经过项目确定、准备、招标、各种协议和合同的谈判与签订，以及建设、运营和移交等过程。在此将其大致分为准备、实施和移交三个阶段。

（1）立项准备阶段

BOT 项目的立项阶段是 BOT 项目融资的前期准备阶段，这一阶段主要是选定 BOT 项目，通过资格预审与招标，选定项目承办人。项目承办人选择合作伙伴并取得他们的合作意向，提交项目融资与项目实施方案文件，项目参与各方草签合作合同，申请成立项目公司。政府依据项目发起人的申请，批准成立项目公司，并通过特许权协议，授予项目公司特许权。项目公司股东之间签订股东协议，项目公司与财团签订融资等主合同以后，项目公司另与 BOT 项目建设、运营等各参与方签订子合同，提出开工报告。包括以下几方面的内容：

1）确定项目。不是所有的项目都适合以 BOT 的方式进行，因此政府需要确定项目是否可采用 BOT 方式来建设。有时由于新技术的采用，存在一定的风险，金融机构不愿投入资金，或由于经济效益不佳，除非政府提供一定的补偿，私营企业不愿参与。还有些项目由于当地法律规定的原因，只有修订法律后项目才能实施。因此，政府必须对项目进行技术、经济及法律上的可行性研究，确定项目是否适合采用 BOT 方式进行建设。

2）项目招投标。确定采用 BOT 方式后，政府需要成立项目委员会或全权委托一家机构代表政府运作项目。代表机构将按基本建设程序制定建设计划，准备项目招标和要约文件，提出招标的有关条件，通过意向登记和资格预审，筛选出有兴趣和有实力参加投资建设的私人企业、金融机构或财团，邀请他们参与投标。受到投标邀请的投资者，通过投资前评估，调查项目的可行性，准备基础设计，并同各自的合作伙伴及贷款银行协商，组成承揽项目的集团，按照标书文件中规定的技术参数，提出项目建设经营及贷款等详细方案和建议。

3）方案评定。投标工作结束后，按照事先规定的评标标准对所得到的方案和建议等进行综合分析、评价，在此基础上，选择在经验和能力上具备承担此项工程资质条件的承建商以及信誉较好的贷款机构，以使项目达到最优目标。对项目的评标标准和主要目标（如最终消费者支付的价格最低、公共开支最低、对整个经济而言项目的资金费用最低等）应有一个清楚的定义并事先向投标者公布。

4）协议谈判。在评定项目方案，确定中标者后，政府机构将同被选定的中标者就有关该项目的特许权范围、投标联合体的权利和义务等合同内容进行谈判。如果政府与第一中标者不能达成协议，政府可以转向第二中标者并与其谈判，依此类推。双方谈判达成一致时，则签订以"特许权协议"为核心的所有法律文件。至此，项目立项和准备工作完成。

（2）融资建设阶段

BOT 项目融资的过程通常贯穿了项目建设和经营的全过程，融资建设阶段包括 BOT 项目建设与运营阶段。在建设阶段，项目公司通过顾问咨询机构，对项目组织设计与施工，安排进度计划与资金营运，控制工程质量与成本，监督工程承包商，并保证财团按计划投入资金，确保工程按预算、按时完工。在项目运营阶段，项目公司的主要任务是要求运营公司尽可能边建设、边运营，争取早投入、早收益，特别要注意外汇资产的风险管理及现金流量的安排，以保证按时还本付息，并最终使股东获得一定的利润。同时在运营过程中要注意项目的维修与保养，以期项目最大效益地运营以及最后顺利地移交。一般包括以下步骤：

1) 组建项目公司。以"特许权协议"为核心的法律文件得到政府批准后，将向中标投标人发出中标通知，并向中标人授予项目，中标人接受项目，在规定的时间内提交履约保证金，并在特许权协议生效后，开始组建项目公司。成立项目公司的主要目的是为了能有一个责任主体来具体承担该项目的建设与经营。BOT 项目公司成立后，该项目的融资、建设和经营管理则全权由该公司负责。

2) 安排融资。项目公司成立后，将以特许权协议为基础安排项目融资。融资是 BOT 项目实施的关键环节。BOT 项目融资的主要途径是商业银行、国际金融机构等组成的贷款银团。对发展中国家而言，国外政府机构的出口信贷也可能成为 BOT 项目贷款的重要来源，一些出口信贷机构会直接为本国的成套设备出口安排融资。有时，贷款人还会要求项目所在国政府提供一定的从属性贷款或贷款担保作为融资的附加条件。项目直接投资者和经营者在 BOT 模式中所做出的融资安排没有一定的规定，可以是有限追索的项目融资，也可以是传统的公司融资。但是，多数情况下，由于采用 BOT 模式融资的项目涉及巨额资金，又有政府的特许权协议作为支持，投资者都愿意将其融资安排成为有限追索的形式。在融资安排中，一般要求项目公司将特许权协议的权益转让给贷款银团作为抵押，并且要求控制项目的现金流量。甚至贷款人还会要求公司股本所有者以其全部股票作为贷款的担保。

3) 融资实施。项目融资实施的过程也是项目建设与经营的过程。项目公司根据特许权协议或合同规定的技术和时间等要求，组织项目的设计、施工和采购等项工作。在项目的建设阶段，承包人以承包合同的形式(如"交钥匙"合同，工程造价总额承包合同等)建造项目。采用这种类型的工程承包合同，可以起到类似完工担保的作用，有利于安排融资。而项目公司和投资者本身也必须对于工程的完工向贷款人做出必要的信用保证。项目进入经营阶段之后，经营公司根据经营协议负责项目公司投资建造的公用设施的运行、保养和维修，支付项目贷款本息并为投资财团获得投资利润。项目发起人(政府)对项目没有直接的控制权，在融资期间也无法获得任何经营利润，只能通过项目的建设和运行获得间接的经济效益和社会效益。相应地，项目发起人所承担的也只是类似"或取或付"(或"照付不议")或"提货与付款"性质的经济责任和一定的贷款担保责任，因而 BOT 项目融资是有限追索甚至无追索的。项目的建设资金、流动资金、项目的经营管理和财务安排，以及各种项目风险均由项目直接的投资者与经营者组织起来的项目公司承担。

(3) 项目移交阶段

特许经营期届满时，项目投资主办者通常已经收回投资并偿还清贷款人的借款本息，BOT 项目融资过程也就会随之终止。此时，项目公司必须按特许权协议中规定的项目质量标准和资产完好程度等，将项目的资产、经营期预留的维护基金和经营管理权全部移交给东道国政府。项目移交包括资产评估、利润分红、债务清偿、纠纷仲裁等。

项目移交也是采用 BOT 方式与采用其他项目投资方式的一个关键区别。有时，项目移交的日期也可以灵活规定，如果项目公司超过了预期并提前实现其全部的股本收益，移交的日期就可提前；如果由于非股本投资者和非项目公司所能控制的因素作用，其预期的收益到期没有达到，那么特许期也可推后。移交可以是无偿的，也可以是有偿的。当然，这些灵活的办法必须在原特许权协议中有所规定，或在项目经营期间通过谈判，获得双方的认可。项目移交政府后，项目公司还可继续经营，但这时的经营只是作为受政府委托代为经营，项目公司本身已不再享有原特许权协议中授予的各项权力。政府是否继续委托原项目公司经营，由东道国政府自己决定。项目移交标志着 BOT 项目的结束。

7. BOT 的特许权协议

BOT 项目融资的参与方众多，既有核心参与方，如项目发起人、项目公司、贷款银行和东道国政府，又有承包商、设备和原材料供应商、项目运营维护商、项目产品服务的购买者，还有工程的咨询、财务、法律、技术、经济顾问等。为了明确他们各自所处的地位，拥有的权利，应承担的责任义务以及应分担的风险，就必须通过签署一系列合同或协议把他们联系在一起，其中最能代表 BOT 项目的协议，就是特许权协议。

所谓特许权是指政府机构授予个人从事某种事务的权力，如耕耘土地、经营工业、提炼矿物等。由于基础设施的建设和经营直接关系到东道国的国民经济和全民利益，私营机构要从事基础设施项目的融资、建设和经营，一个重要的前提条件就是得到东道国政府的许可，以及在政治风险和法律风险等方面的支持，为此必须签订特许权协议。特许权协议既是 BOT 项目的最高法律文件，又是整个项目得以融资、建设和经营的基础和核心，同时还是 BOT 项目框架的中心，它决定了 BOT 项目的基本结构。从合同法的意义上讲，特许权协议是 BOT 项目融资中的主合同，其他合同均为子合同。

(1) BOT 特许权协议的主要内容

BOT 特许权协议的内容分为一般条款和权利义务条款两部分。其中一般条款主要包括以下六方面内容：①特许权协议的双方当事人。②授权目的。③授权方式。④特许权范围。即政府授予项目公司对 BOT 项目的设计、资金筹措、建设、运营、维护和转让的权力，或其中的部分权力，有时还授予该主办者从事和经营其他事务的权力作为补偿或优惠措施。⑤特许期限。即东道国政府许可项目主办者在项目建成后，运营该项目设施的期限。在实践中特许权期限的确定还缺乏科学的依据，这也是项目融资理论领域中尚待解决的问题之一。⑥特许权协议生效的条件。以上内容与东道国政府及其项目公司等方面的利益有着密切的关系，因而特许权的一般条款是核心条款。

关于权利义务条款，特许权协议规定了项目公司和政府在 BOT 项目建设、运营以及最后移交过程中的权利与责任。政府授予项目公司在特许期内建设和运营基础设施的权利，而项目公司则同意为项目进行融资、建设、运营和维护。特许权协议确定了在协议各方中分担风险的方式和范围，以及一旦项目遇到政治风险或法律障碍时，东道国政府须提供的支持和各方应采取的行动。当然，BOT 项目特许权协议条款会因融资结构、项目所在地的投资环境及其法律体系等因素而有所不同。

常见的特许权协议可分为三种方式：①政府通过立法性文件确立授权关系。②以合同或协议的形式确定，即政府或政府授权部门与项目主办人或项目公司签订特许权合同或协议。③同时并用上述两种方式，即先由政府单方面公布立法性文件，然后由政府或政府授权部门与项目主办人或项目公司签订特许权合同或协议。

我国部分地区主要采取政府就某特定项目制订公开立法性文件来确立授权关系，如上海市关于两桥一隧道、延安东路隧道、徐浦大桥、沪宁高速公路等项目专营办法。有时还通过有政府背景的某一领域主管部门的国有公司出面与项目公司或项目主办人签订专营合同，其实质是该国有公司代表政府直接向项目主办人授予专营权，如大场水厂、闸北电厂项目的专营合同。相比之下，较为简便的做法是在具有 BOT 项目立法的前提下，由政府或政府授权部门与项目主办人或项目公司直接签订特许权合同或协议，使政府与项目主办人在项目利益上的权利和义务关系直接化、明确化。

特许权协议的内容反映了东道国政府对特许项目授权内容的基本原则与立场，项目其他合同诸如设计建筑合同、运营维护或委托管理合同、供应合同等，都是在遵循特许权协议确定原则的基础上派生的，是对特许权协议具体条款的细化。因此，一份完备的特许权协议必须授权明确，能够规范整个 BOT 项目的建设、运营与移交过程。

(2) BOT 特许权协议的基本条款

特许权协议涉及 BOT 项目的产品性能和质量、建设期、特许期、项目公司结构、资本结构、备用资金、原料和燃料供应、项目收费和价格调整方式、最低收入担保、外汇安排、贷款人的权利、不可抗力、项目建设规定、维修计划、移交条件、奖惩以及仲裁等内容。其中基本的条款包括：

1）项目建设的规定。此条款主要是规定项目的主办者或其承包商从事 BOT 项目建设的方式，包括项目用地如何解决、项目的设计要求、承包商的具体义务、工程如何施工及采用的施工技术、工程建设质量的保证、工程的进度及工期延误的处理等方面的规定等。

2）土地征收和使用的规定。此条款规定土地征收是由项目公司还是由政府部门承担。如由政府部门承担，将土地修整到什么程度，项目公司才介入。在一般情况下，土地征收、居民迁徙等事项由政府或政府部门委托的公共机构来承担，外国公司是不直接介入的。在明确了征地事项后，还应明确项目公司对土地的使用方式、使用年限、征地费用的承担及偿还事项等。

3）项目的融资及其方式。此条款主要是规定一个 BOT 项目将如何进行融资、融资的利率水平、资金来源、双方同意将采用什么样的方式融资等。此外，还包括收益的分配、支付方式、外汇兑换、经济担保及税收等内容。

4）项目的经营及维护。即规定项目公司运营和维护合同设施的方式和措施，项目公司、政府等各方的权利和义务，服务标准、收费标准、收费记录的检验，运营维护商的选择和责任等。

5) 能源物资供应。例如在燃煤电站 BOT 项目的特许权协议中，规定东道国政府应保证按时、按质地向项目公司供应燃煤或其他能源物资，以及规定所供能源的价格等。

6) 项目的成本计划、收费标准的计算方式。本条款的确定直接关系到整个 BOT 项目成功与否。主要包括双方在分析确定项目成本计划的基础上，确定项目公司对项目设施的收费标准及其计算方式，项目公司将如何向项目设施的用户收取服务费，以及计价货币币种等内容，如果遇到特殊情况需对收费标准作出调整的可能性及其程序等。

7) 项目的移交。本条款主要规定项目移交的范围、运营者对设施进行最后的检修的方式、项目设施风险转移的时间、项目设施移交的方式及其费用的负担、移交的程序如何商定等。BOT 项目向政府移交，是政府方面最终的，也是最为重要的权益。尽管移交的条件在特许权协议中往往因为距授权结束时间很长而难以准确说明，但必须确定原则性条款，以便日后详细制订移交规则时有章可循。

8) 协议双方的一般义务。东道国政府的一般义务，比如保证纳税优惠、进出口、入境、就业许可等其他优惠政策，确保第三方不予干涉等。项目公司的一般义务，如遵守法律法规、安全和环境标准的义务，保护考古地质和历史文物的义务，以及保险、纳税、利用东道国劳动力等义务。

9) 违约责任。出现违约情况后的处理和补救措施，包括协议终止及各种类型的赔偿责任。

10) 协议的转让。协议的权利和义务能否转让，在何种情况下可以由哪一方进行转让及转让或处置，包括抵押、征收的限制条件，如对设置财产抵押权的限制等。

11) 争议解决和法律适用条款。争议解决方式一般选择协商或仲裁，如选择仲裁则必须明确仲裁机构、地点、仲裁规则、适用法律、语言、费用的承担等。

12) 不可抗力。不可抗力情况的范围，发生不可抗力情况后的通知程序，风险与费用的分配与承担，终止协议后双方的义务，如文件的归属、保密等。

总的说来，BOT 模式迄今为止还没有任何一个项目足以证明它是一种十分完善、成功的模式。国际金融界较为一致的看法是，BOT 模式在项目融资中表现出无限的发展潜力，但是还需要做大量的工作才能将它真正移植到不同的项目中去。BOT 模式涉及的方面多，结构复杂，项目融资前期成本高，且对于不同国家的不同项目没有固定的模式可循。BOT 模式已经在我国引起了广泛的重视，并且在若干大型基础设施项目融资中获得了应用。然而，BOT 模式能否在我国的基础设施项目建设中大规模地加以利用以及如何进行结构创新，还是一个有待探讨的问题。但是，在当前改革开放的形势下，BOT 模式是加快我国的经济建设，解决大型基础设施建设资金不足的一种创新途径。另一方面，我国可以通过出口大型成套设备，进行项目施工和提供管理技术，在其他发展中国家利用 BOT 模式建设公共基础设施，这也是该模式带给我们的最好启迪。

8. ABS 与 BOT 项目融资模式的比较

ABS 与 BOT 项目融资模式都适用于基础设施建设，但两者在运作过程中的特点及对经济的影响等方面存在很大差异。

(1) 运作难度和融资成本方面

ABS 融资的方式运作相对简单，牵涉到原始受益人、特殊目的公司 SPV、投资者、证券承销商等几个主体，无须政府的特许及外汇担保，是一种主要通过民间的非政府的途径运作的融资方式。既实现了操作的简单化，又可通过资产结构重组、超额担保、准备金账户和第三方担保等一系列信用证及方式提高信用等级，并通过信用评级制度，发行高档债券，使融资成本大大降低。

BOT 模式的操作则较为复杂、难度大，特别是前期准备阶段，必须经过项目确定、项目准备、招标、谈判、签署有关文件合同、维护和移交等阶段，涉及到政府的许可、审批，以及外汇担保等诸多环节，牵扯的范围广，不易实施，而其前期融资成本也因中间环节的增加而增加。

(2) 投资风险方面

ABS 项目的投资者一般为国际资本市场上的债券购买者，其数量众多，这就极大地分散了投资的风险，使每一个投资者承担的风险相对较小，而且，这种债券还可以在二级市场上转让，具有较高的资信等级，这使得其在资本市场上风险较小，对投资者具有较大的吸引力。

BOT 项目投资人一般都为企业或金融机构，其投资是不能随便放弃和转让的，每一个投资者承担的风险相对较大。同时由于其投资大、周期长，在其建设运营过程中易受政府政策、市场环境等非金融因素的影响，有较大风险。

(3) 项目运营方面

ABS 模式中，项目资产的所有权根据双方签订的买卖合同由原始权益人即项目公司转至特殊目的公司 SPV。在债券的发行期内，项目资产的所有权属于 SPV，而项目的运营、决策权属于原始权益人，原始权益人有义务把项目的现金收入支付给 SPV。待债券到期，由资产产生的收入还本付息，支付各项服务费之后，资产的所有权又复归原始权益人。

BOT 的所有权、运营权在特许期内属于项目公司，特许期届满，所有权移交给政府。因此，通过外资 BOT 进行基础设计项目融资可以带来国外先进的技术和管理，但会使外商掌握项目控制权。

(4) 项目融资的对象方面

ABS 融资中项目资产虽然和 BOT 一样，也必须具有稳定的、长期的未来收益，但这些项目资产还可以是许多已建成的良性资产的组合，政府部门可以运用 ABS 方式以这些良性资产的未来收益作为担保，为其他基础设施项目融资。因此，用 ABS 方式融资不仅可以筹集大量资金，还有助于盘活许多具有良好收益的固定资产。BOT 融资对象主要是一些具有未来收益能力的单个新建项目，如公路、桥梁等，而且该项目在融资时尚未建成，政府部门主要是通过 BOT 方式为该项目的建设筹集资金。

(5) 适用范围方面

ABS 模式在债券的发行期内，项目的资产所有权虽然归 SPV 所有，但项目资产的运营和决策权依然归原始权益人所有。SPV 拥有项目资产的所有权，只是为了实现"资产隔离"，实质上 ABS 项目资产只是以出售为名，而行担保之实。因此，在运用 ABS 方式时，不必担心项目是关系国计民生的基础设施而被外商控制，凡有可预见的稳定的未来收益的基础设施资产，经过一定的结构重组都可以证券化。相比较而言，在基础设施领域，ABS 方式的适用范围要比 BOT 方式广泛。

BOT 方式一般适用于那些竞争性不强的行业，在基础设施领域内，只有那些通过对用户收费获得收益的设施或服务项目才适合 BOT 方式。其实质是特许期内的民营化，因此，对那些关系国计民生的重要部门，是不宜采用这种方式的。

4.4.3　PFI 模式

1. PFI 的概念与应用

PFI(Private Finance Initiative)，意为"私人融资启动"或"民间主动融资"，是英国政府于 1992 年提出的，在一些西方发达国家逐步兴起的一种新的基础设施投资、建设和运营管理模式。具体是指政府部门根据社会对基础设施的需求，提出需要建设的项目，通过招投标，由获得特许权的私营部门进行公共基础设施项目的建设与运营，并在特许期(通常为 30 年左右)结束时将所经营的项目完好地、无债务地归还政府，而私营部门则从政府部门或接受服务方收取费用以回收成本的项目融资方式。

PFI 模式的适应条件如图 4-10 所示。

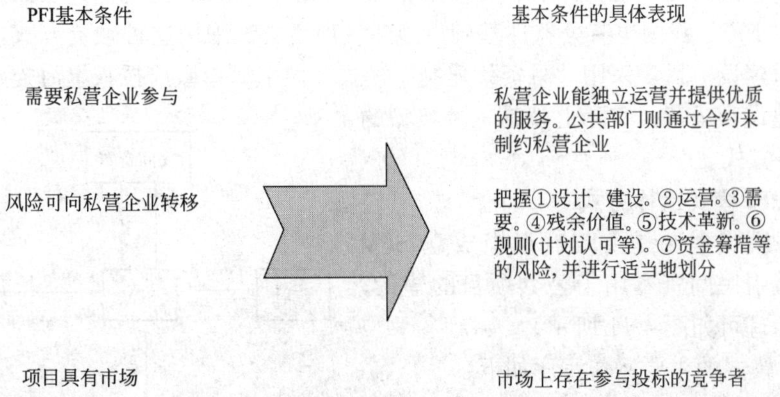

图 4-10　PFI 模式适应条件图

根据资金回收方式的不同，PFI 项目通常可以划分为如下三类。

(1) 向公共部门提供服务型(Services Sold to the Public Sector)

私营部门结成企业联合体，进行项目的设计、建设、资金筹措和运营，而政府部门则在私营部门对基础设施的运营期间，根据基础设施的使用情况或影子价格向私营部门支付费用。

(2) 收取费用的自立型(Financially Free-Standing Projects)

私营企业进行设施的设计、建设、资金筹措和运营，向设施使用者收取费用，以回收成本，在合同期满后，将设施完好地、无债务地转交给公共部门。这种方式与 BOT 的运作模式基本相同。

(3) 合营企业型(Joint Ventures)

对于特殊项目的开发，由政府进行部分投资，而项目的建设仍由私营部门进行，资金回收方式以及其他有关事项由双方在合同中规定，这类项目在日本也被称为"官民协同项目"。

在实践中，应针对不同类型的项目，采用不同类型的 PFI。交通基础设施项目按建设的目的可以分为三类：一是为解决拥挤问题而建设；二是为解决发展问题而建设；三是为解决社会公益问题而建设。对于第一类交通基础设施项目，费用应全部向使用者收取，采用收取费用自立型的 PFI；对于第二类交通基础设施项目，既具有一定的公共产品性质，又具有一定的开发性，所以，应采用合营企业型的 PFI；而对于第三类交通基础设施项目，由于其公益性，是一种比较典型的公共产品，所以，应采用向公共部门提供服务型的 PFI。

国外的实践证明，运用 PFI 是解决基础设施建设资金不足问题的一种很好的方式。PFI 在一些发达国家历经了多年的发展，广泛使用于市政道路、桥梁、医院、学校、监狱等公益性基础设施建设项目。自 1992 年英国政府提出 PFI 的概念以来，PFI 在英国基础设施领域的建设项目中迅速得到了广泛的应用，到目前为止，在英国已经有资本总成本超过 100 多亿美元的约 250 个项目采用这种方式融资，PFI 在很大程度上已成为英国政府治国的理念。在欧洲其他国家，例如芬兰的收费公路、瑞典的轻轨铁路、葡萄牙的桥梁、西班牙和以色列的高速公路等，也广泛应用了 PFI。我国也有公益性基础设施建设项目尝试采用这种融资方式，如上海外环隧道建设项目，采用"融资代建制"模式，由上海市政府授权上海爱建信托投资公司建设和运营，实际上就是一种典型的 PFI 融资方式。

2. PFI 模式运作方式

PFI 模式主要是由政府组织成立 SPV 公司，吸引民间资本用于公共项目的建设，其运作原理可如图 4-11 所示。

PFI 模式的主要运作程序如下：

(1) 项目招标

对于一些急需发展的公益性基础设施建设项目，通过民营化可行性研究，进行成本费用概算、外部效应分析和国民经济评价，政府面向非政府部门（Private Sector）进行

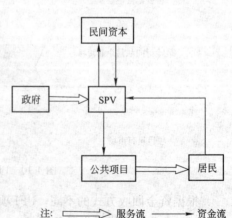

注： ⟹ 服务流   → 资金流

图 4-11 PFI 项目模式的运作原理

"项目招标"以确定项目投资主体。PFI 项目的投资主体可以是多种类型的主体，主要是非政府(包括企业和个人)的具有独立的投资决策权的经济主体，包括国有企业、股份公司、私人资本和外国公司等；也可以是多种经济主体组合的组织，如几个投资主体为某一公共项目而成立的项目公司，该组织必须有足够的资金来源进行投资，它可以设计各种融资方案吸引各方资金，对投资形成的资产享有所有权和支配权，同时也要承担风险责任。

(2) 协议谈判

政府部门在审查参加公开招标的所有竞标者的相关资质和能力后，确定项目开发投资主体并与之签订相关协议。政府与项目投资主体通过一系列谈判达成特许权协议，授权该投资主体或其设立的项目公司，负责项目的建设、管理、融资和运行、维护工作。同时，双方还将确定项目的建设规划、施工标准、运营方案等具体事项。项目投资主体在与政府达成协议后即可成立 PFI 项目公司，以履行相关协议。

(3) 安排融资

PFI 项目投资主体在取得项目建设经营的特许权后，可以自主选择融资方式投资建设该项目。项目建设资金少部分来自国家和地方政府给予的补助金，其余则向银行借款或发行债券，一般情况下资本金占 10%，银行借款占 90%。在 PFI 项目进行资金筹措时，贷款人会对投资主体的信誉、还款能力进行审查；在有费用增加风险的场合，贷款人会要求较高报酬。为了防止私营企业项目运营失败，贷款人通常会与公共部门签订有关介入项目的合约，以便在必要时介入项目。另外，贷款人一般要求将项目的日常收支作为贷款担保，有时也将私营企业获取的 PFI 项目的土地作为担保。

(4) 项目建设

在取得相应的建设资金后，项目投资主体或其项目公司可以独立自主(或委托相关代理机构)地进行工程报建、勘察设计发包、施工发包、各项合同的签订和履行、竣工验收。公共工程建设项目属于非营利性公共产品领域，具有服务全社会、建设周期长、耗资大、风险大的特点，所以需要政府的监督管理。无论资金是社会(民间)的还是政府的，公共工程的公益性质是不变的，最终的业主还是政府，政府需要履行对项目建设规模和技术标准以及对项目运营的制度和规范的监督管理职责。

(5) 项目运营

作为对非政府投资主体的回报，或作为项目的租赁费或使用费，政府以正式发文的方式承诺在授权期限内每年从财政性资金(一般不是全部财政收入，而仅限于预算内基本建设资金和专项建设基金等)中向该投资主体支付一定的报酬或租赁费。

(6) 转移中止

在授权经营期限过后，非政府投资主体将项目无偿转让给政府。PFI 模式通常还可以在前期合同谈判中明确规定，如果项目投资主体通过正常经营未达到合同规定的收益，还可以继续拥有或通过续租的方式获得运营权，从而保证其投资收益。

PFI 模式的具体运作程序以英国的工程项目 PFI 融资方式为例，可以用表说明，如表 4-1 所示。

PFI 模式的具体运作程序   表 4-1

阶　段	主要程序	具　体　程　序
1	Establish business need	确定商业需要
2	Appraise the options	可选择方案的研讨。代替方案的评价。考虑控制预算
3	Business case and Reference Project，Market Sounding	适用 PFI 的场合。介绍项目的概况和类型。进行市场调查。财政部对策委员会的参与
4	Creating the project team	办理正式手续、成立项目小组、充分利用社会的技术和资金
5	Publiction of official Journal of the European Coummity notice	在欧洲共同体官方报纸刊登公告
6	Deciding tacties	公共部门公告中标者的选拔程序
7	Prequalification	投标者的事前审查，编制一览表
8	Shortlist	最终投标者的选拔，重新编制一览表(包括价格等具体事项)
9	Revise and refine the original apprisal	进一步深入研讨，和公共部门独立实施的费用 PSC 进行比较
10	The Invitation to Negotiate	和投标者进行交涉，明确要求提供的服务、期限、支付方法等合约条款和竞标评价基准，这个过程一般需要 3～4 个月
11	Negotiation with Bidders	合约条款的进一步研讨，投标者提供最终方案
12	Selection of Preferred Bidder, Negotiation to Financial Close	选拔最终中标者并进行财务条款的交涉。查验风险是否转移，VFM 是否最大化
13	Award contract	签定合约后，在欧洲共同体官方报纸上对此进行公告
14	Contract Management	项目的合同管理

3. PFI 与 BOT 的比较

实际上，PFI 是对 BOT 项目融资的优化，即 PFI 来源于 BOT，也涉及项目的"建设-经营-转让"问题。但是，作为一种独立的融资方式，PFI 与 BOT 在以下方面存在差异。

(1) 适用项目

PFI 适用于没有经营性收入或不具备收费条件的公益性基础设施项目，而 BOT 只适用于经营性或具备收费条件的基础设施项目，如发电厂、城市供水和污水处理项目、收费公路、桥梁等。

(2) 项目主体

PFI 的项目主体通常为本国民营企业的组合，体现出民营资金的力量。而 BOT 模式的项目主体则为非政府机构，既可以是本国私营企业，也可以是外国公司，所以，PFI 模式的项目主体与 BOT 模式相比，项目主体较单一。

(3) 项目管理方式

PFI 模式对项目实施开放式管理。首先，对于项目建设方案，政府部门仅根据社会需求提出若干备选方案，最终方案则在谈判过程中通过与私人企业协商确定；BOT 模式则事先由政府确定方案，再进行招标谈判。其次，对于项目所在地的土地提供方式及以后的运营收益分配或政府补贴额度等，都要综合当时政府和私人企业的财力、预计的项目效益及合同期限等多种因素而定，不同于 BOT 模式对这些问题事先都有框架性的文件规定，如：土地在 BOT 模式中是由政府无偿提供的，无需谈判，而且在 BOT 模式中，一般都需要政府对最低收益等做出实质性的担保。所以，PFI 模式比 BOT 模式有更大的灵活性。

(4) 项目代理关系

PFI 模式实行全面的代理制，这也是与 BOT 模式的不同之处。作为项目开发主体，BOT 公司通常自身就具有开发能力，仅把调查和设计等前期工作和建设、运营中的部分工作委托给有关的专业机构。而 PFI 公司通常自身并不具有开发能力，在项目开发过程中，广泛的运用各种代理关系，而且这些代理关系通常在投标书和合同中即加以明确，以确保项目开发的安全、可靠。

(5) 合同期满后项目运营权的处理方式

PFI 模式在合同期满后，如果私人企业通过正常经营未达到合同规定的收益，则可以继续拥有或通过续租的方式获得运营权，这是在前期合同谈判中需要明确的；而 BOT 模式则明确规定，在特许权期满后，所建项目资产将无偿地交给政府，由政府拥有和管理。

(6) 政府承担的责任

在 PFI 方式中，最终要由政府支付项目建设、维护费用和承担项目还贷责任，而 BOT 方式中，项目投资主体以及债务资金的提供者(如贷款银行、债券购买者等)对政府并没有追索权或只有有限追索权。

4. PFI 模式的优缺点分析

(1) PFI 模式的优点

PFI 模式的优点是显而易见的，主要表现在：

1) 可以弥补财政预算的不足。PFI 方式可以在不增加政府财政支出的情况下，增加交通基础设施项目的建设和维护资金，政府只需在授权期限内相对比较均衡地支付报酬或租赁费，这使得政府易于平衡财政预算。同时，由于政府不参与项目的建设和运营管理，还可以减少政府机构的人数，节省政府支出。

2) 可以有效转移政府财政风险。由于 PFI 项目的建设费用完全由投资方负责，也无须为支付项目投资费用负债或为项目提供担保，所以运用 PFI 方式则可以将项目的超支风险转移到民营领域，政府不必直接承担项目建设期的各种风险。

3) 可以提高公共项目的投资效率。PFI 项目投资方的收益是根据该项目的使用情况来确定的，所以，项目建设的工期和质量与私营部门的收益有直接的关系。项目完工越早，其获得收益越早；工程质量越高，其运营期所需要的维护成本越低，收益越高。因此，私营部门承担着设施使用率的风险，这就迫使他们必须准时完工，并按一定标准来经营和维护所承建的设施，可以有效避免由政府部门直接进行项目建设时常出现的工期拖延、工程质量低下等问题。

4) 可以增加私营部门的投资机会。对私营部门的投资主体而言，PFI 项目的"收入"直接来自于政府，比较有保障，在当前缺乏良好投资机会的情形下，这种投融资方式对稳健型非政府投资主体具有较大吸引力。

(2) PFI 模式的缺点

在 PFI 投融资方式中，政府除需要支付公益性项目正常的运行、维护费用外，还需每年向非政府投资主体支付必要的投资回报(尽管在国内外实践中，该投资回报率一般较低，大约与贷款利率相当)，故相比政府直接投资该公益性项目而言，政府在授权期限内对项目的财政总支出将会增加不少，这是民间主动投资的不足之处。

5. PFI 模式关键步骤

(1) 是否采用 PFI 的判别标准

PFI 是以提供良好的公共服务为目的，充分利用公共部门和私营企业各自的优点，在职责明确的基础上谋求项目的高效率。对一项公共工程项目是否采用 PFI，应针对不同的情况做具体的分析。判断一个项目是否适合 PFI 的常用标准是资金价值(Value for Money，VFM)是否最大化。VFM 最大化，是指在支付资金一定的情况下，获取最高价值的服务。为了确定是由公共部门直接投资还是采用 PFI 方式，往往要对这两种方式的 VFM 值进行比较。例如，为了确定一座桥梁是否采用 PFI 方式，首先要计算出公共部门自行建设、运营桥梁的全寿命费用 PSC(Public Sector Comparator)，然后将 PSC 和基于 PFI 模式的费用进行比较，最后根据比较结果选择费用较低的方式。如果项目决定采用 PFI 方式，还要经过投标人之间的竞争，以实现 PFI 的 VFM 值的最大化。

(2) 政府必须提供必要的服务

国有资本投资基础领域时，由于政资不分，一些需要由政府出面解决的问题，企业也能顺利解决。但民间资本没有这种便利条件，必须由政府出面提供必要的服务。例如，交通设施一般都要占用大量土地，如果把征地工作交给民营企业去做，必然会大大增加征地的难度，大大提高投资成本。

(3) 地方政府的财政风险分析

采用 PFI 为公共工程项目融资，实际上都建立在政府财政信用的基础上，最终由政府所提供的收益来还贷。因此，项目建设资金的提供者，无论是贷款银行还是 PFI 中的非政府投资主体，都应注意分析地方政府的财政风险，特别是其对基础设施建设资金的支付能力。民间资本要投向基础设施，按商业化的要求来运作，首先就要求各级政府必须有诚信。

(4) 项目风险的合理分配

对客观的非受 PFI 项目投资主体主观因素影响的风险，应主要由政府负担；而对 PFI 项目投资主体可以通过主观因素影响的风险，应主要由 PFI 项目主体负担。在目前情况下，即便是发达国家也无法制定准确的、通用的分配比率。因此，只能根据具体情况的不同，灵活确定一个大概的标准。

4.4.4 PPP 模式

1. PPP 模式的概念

PPP(Public-Private Partnership)，即公共部门与私人企业合作模式，是公共工程项目融资的一种模式。在该模式下，政府、营利性企业和非营利性企业基于某个项目而形成相互合作关系。通过这种合作形式，合作各方可以达到与预期单独行动相比更为有利的结果。合作各方参与某个项目时，政府并不是把项目的责任全部转移给私人企业，而是由参与合作的各方共同承担责任和融资风险。PPP 代表的是一个完整的项目融资的概念。

PPP 模式的组织形式非常复杂，既可能包括营利性企业、私人非营利性组织，同时还可能有公共非营利性组织（如政府）。合作各方之间不可避免会产生不同层次、不同类型的利益和责任分歧。只有政府与私人企业形成相互合作的机制，才能使得合作各方的分歧模糊化，在求同存异的前提下，完成项目的目标。PPP 方式并不是对项目全局的改头换面，而是对项目生命周期过程中组织机构的设置提出了一个新的模型。

一般来说，私人企业的长期投资方有两类：

（1）一些基金，只对项目进行长期投资，不参与项目的建设和运营；

（2）建筑或经营企业，既对项目进行长期投资，又参与项目的建设和经营管理。

这种模式的一个最显著的特点就是项目所在国政府或者所属机构与项目的投资者和经营者之间的相互协调及其在项目建设中发挥的作用。其中政府的公共部门与私人参与者以特许权协议为基础，进行合作。与以往私人企业参与公共工程项目建设的方式不同，他们的合作始于项目的确认和可行性研究阶段，并贯穿于项目的全过程，双方共同对项目的整个周期负责。在项目的早期论证阶段，双方共同参与项目的确认、技术设计和可行性研究工作；对项目采用项目融资的可能性进行评估确认；采取有效的风险分配方案，把风险分配给最有能力的参与方来承担。

在我国基本设施项目建设的过程中，采用 PPP 模式运作，对不同的项目可以采用不同的具体运作方式，如表 4-2 所示。

PPP 在我国基本设施建设中的主要运作方式　　　　　　　　　　　表 4-2

设施类型	实用的方式
已有公共设施	服务外包（Service Contract）
	运营和维护的外包或租赁（Operations& Maintence Contract or Leace）
已有公共设施的扩建	租赁-建设-经营（Lease-Build-Operate，LBO）
	购买-建设-经营（Buy-Build-Operate，BBO）
	外围建设（Wrap around Addition）
新公共设施	建设-转让-经营（Build-Transfer-Operate，BTO）
	建设-经营-转让（Build-Operate-Transfer，BOT）
	建设-拥有-经营-转让（Build-Own-Operate-Transfer，BOOT）
	建设-拥有-经营（Build-Own-Operate，BOO）
公共服务	合同承包

在表 4-2 中，PPP 模式运作时所采用的具体方式，与 BOT 模式似乎相同，但两种项目融资模式在具体运作模式上有很大的差别，如图 4-12、图 4-13 所示。

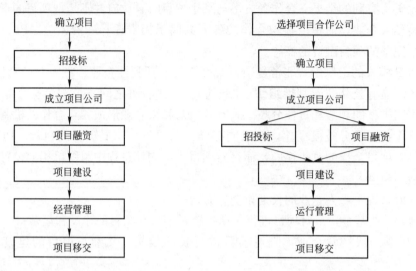

图 4-12　BOT 模式运作程序　　　　图 4-13　PPP 模式运作程序

2. PPP 融资方式产生的背景

随着政府财政在公共基础设施建设中地位的下降，私人企业在公共基础设施建设中开始发挥越来越重要的作用。在公共基础设施的建设中，采取了多种多样的私人企业参与公共基础设施建设的方式，比如 BOT 方式。但是这些方式存在着诸多问题。

（1）在公共基础设施建设中引入私人企业参与，采用招投标体制时经常会使得投标价格过高。这是由招投标双方的一些特点导致的。

1）参与投标的私人企业或私人企业的联合体为了保证为项目所在国政府或者所属机构提供最高的资金价值，为了给投资者和贷款者一个合理的回报，同时为了自己能够获得盈利，不得不把投标的价格定得高一些。他们不仅要考虑项目所在国政府或者所属机构在项目建设中的目标，也要考虑投资者和他们自己的利益。

2）参与投标的私人企业或私人企业的联合体在与项目所在国政府或者所属机构以及项目的投资者进行谈判时，磋商所需要的时间过长，参与各方花费的人力、物力都很大，准备工作很烦琐等也会导致投标的价格过高。

项目所在国政府或者所属机构需要对投标方承担风险的能力及其从银行、政府、各类世界组织或金融市场筹集资金的能力进行评估。在招投标过程中，双方都需要准备大量的文件，搜集信息，这个准备过程有可能持续几年。

（2）吸引私人企业参与公共基础设施建设的一个目的就是利用私人企业的资金、先进的技术和管理经验来更好地进行公共基础设施的建设，并提供服务。但是，在现行的项目融资模式中这个目标没有完全达到。

在项目的初始阶段，项目的确认、设计和可行性研究等前期工作基本上都是由项目所在国政府或者所属机构进行并报政府审批。这个阶段基本上没有私人企业参与，而恰恰就是在这个阶段对项目进行过程中所采用的技术等进行了一个基本定位。这就使得在私人企业参与项目的建设和运营工作时，所采用的技术必须是已经经过政府审批的技术，从而对私人企业的技术创新有了很大的限制。假如私人企业对项目中所采用的技术进行了创新，就需要面临再次的审批过程，而通过与否还是个变数，无形中给私人企业增加了风险。因此，私人企业在项目进行过程中所做的技术改进工作就仅限于对技术细节的设计和使用哪种原材料的决定。

在引入私人企业参与公共基础设施建设的项目中，影响项目实施的一个基础因素就是项目的组织机构的设置和项目参与各方之间的相互影响和作用。在目前的组织机构中，参与项目的公共部门和私人企业之间都是以等级的方式发生相互影响的。项目的组织机构的设置是金字塔式的：在金字塔的顶部是项目所在国的政府，是引入私人企业参与公共基础设施建设项目的有关政策的制定者，项目所在国政府对公共基础设施建设项目有一个整体的政策框架、目标和实施策略，对项目的建设和运营过程的参与各方进行指导和约束；在金字塔的中部是项目所在国政府的有关机构，负责对项目所在国政府制定的指导性的政策框架进行具体的解释和运用，并把政策框架概括形成具体的目标，同时根据这些政策框架制定本机构的目标；金字塔的底部是项目的私人参与者，通过与项目的所在国政府的有关机构签署一个长期的协议或合同，对本机构的目标、项目所在国政府的政策目标和项目所在国政府的有关机构的具体目标进行协调，尽可能使项目参与各方在项目进行中达到预定的目标。

在这个金字塔式的组织机构内部，有两个层次的相互影响和作用：①机构内部的相互影响和作用是指同一机构内部受相同的规范指导的各部门之间的相互作用；②机构之间的相互影响和作用是指不同机构之间受不同的规范指导的各部门之间的相互作用。项目的参与各方都有自己的一系列组织目标和特性，从而导致其参与项目的目的也不同，这就决定了其在项目组织机构中所扮演的角色的不同。正是由于参与各方的不同目标导致了他们之间的利益冲突。项目所在国政府或有关机构参与项目的目标总的来说可以分为两类：一类是低层次的目标，是指特定项目的短期目标，也就是改善公用设施的服务；另一类是高层次的目标，是指引入私人企业参与公共基础设施建设的综合的长期目标，也就是使政府的支出体现为资金的价值。如果风险与报酬达到平衡的话，那么引入私人企业可以使短期目标得到有效的实现。

私人企业参与者的短期目标是获得利润，长期目标是在公共基础设施建设的市场中保持竞争优势，增加市场份额。

项目组织机构总的目标就是建设公共基础设施，提供有效、高质量的服务。既然项目参与各方的目标各不相同，那么就要研究如何设置组织机构才能协调各方，以达到项目组织机构的总的目标。

3. PPP 融资方式的运作过程

下面通过一个模拟的案例来说明 PPP 融资模式的操作步骤。

(1) 项目提出

N 市的水资源与卫生系统急需进行彻底改造，否则对当地居民的日常生活和工业发展都会产生严重的负面影响。这项建设需要大量的资金投入，当地政府无力解决。同时，由于当地的水资源和卫生系统的设施使用费偏低，使得项目建成后的回报率可能较低。于是，该市经过多方咨询后，决定采用 PPP 融资模式进行该项公共设施的建设。

（2）特许权协议

在决定采用 PPP 融资模式进行该项公共设施的建设后，由当地政府决策机构批准与私有企业 G 公司签署了一项长达 30 年的特许权协议，由 G 公司承担建设、经营、维护和管理工作。

协议规定，在特许权期间，没有当地政府决策机构的批准，G 公司不得擅自买卖固定资产；特许权期届满后，所有的固定资产全部归当地政府所有。协议还规定，G 公司每年将向该市缴纳一定的特许权费用，这些费用是有限的，并不是按照项目回报的一定比例计算的。

如何设定项目的回报率是颇有争议的一个问题。以该市的观点，设定的回报率应足以促使 G 公司发挥它的专业优点，更好地提供设施的使用。协议中还特别强调政府的批准，这也是一个至关重要的细节。

（3）项目的组织机构的设立

1）项目公司的成立。G 公司负责成立项目公司，作为特许权人承担合同规定的责任和义务。

2）当地政府的作用。当地政府利用特许权费用成立了一个"合同执行事务所"，根据协议和有关法律的规定，对项目公司的建设和运作进行监督。

3）长期投资方与当地政府的关系。长期投资方与当地政府达成一项协议，如果 G 公司不履行对投资人的偿债义务，当地政府必须终止合同。而且，如果合同在特许权期内终止，当地政府必须承担对投资人的偿债义务。

这项措施的运用，使得当地政府必须与投资人合作，合同在特许权期内终止时，努力寻找一个可替代 G 公司的公司来承担 G 公司在合同中的责任和义务。这对双方都形成了一种牵制，以尽可能保证合同的有效执行。

PPP 融资方式的机构设置，如图 4-14 所示。

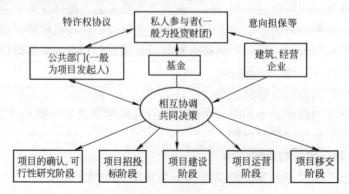

图 4-14 PPP 融资方式的机构设置图

4. PPP 融资方式的优点

PPP 融资方案与以往私人企业参与公共基础设施建设的项目融资方案相比，虽然并不是全局上的改变，但带来的影响却是巨大的。

（1）这种组织机构的设置形式可以尽早确定哪些项目可以进行项目融资，并可以在项目的初始阶段更好地解决项目整个生命周期中的风险分配。

（2）PPP 融资模式可以使得参与公共基础设施项目融资的私人企业在项目的前期就参与进来，有利于利用私人企业的先进的技术和管理经验。PPP 方案尤其适用于道路建设。在道路建设中，由于在项目的早期计划阶段对于建设所采用的技术设计方案已经确定，从而使得在项目建设过程中进一步技术创新受到限制。如果采用 PPP 方案，可以使有意向参与项目建设的私人企业与项目所在国政府或有关机构在项目的论证阶段共同商讨项目建设过程中所采用的技术方案，从而有可能采用较新的研究成果。

（3）在 PPP 方式下，公共部门和私人企业共同参与公共基础设施的建设和运营，双方可以形成互利的长期目标，更好地为社会和公众提供服务。而且，PPP 模式下有可能增加项目的资本金数量，进而降低较高的资产负债率。

（4）通过 PPP 融资模式，使得项目的参与各方重新整合，形成战略联盟，对协调各方不同的目标起到了关键性作用。

（5）在 PPP 融资模式下，有意向参与公共基础设施项目的私人企业可以尽早和项目所在国政府或有关机构接触，可以节约投标费用，节省准备时间，从而减少最后的投标价格。

PPP 方式突破了目前的引入私人企业参与公共基础设施项目组织机构的多种限制，尤其适用于大型、一次性的项目，如监狱、道路、铁路、医院、地铁以及学校等，应用范围十分广泛。

5. PPP 融资方式应用中应注意的问题

虽然 PPP 融资模式在国内外已有很多成功的案例，如在我国的鸟巢国家体育场、北京 4 号地铁线及很多供水/污水处理等项目都是采用 PPP 融资方式，但 PPP 模式在具体应用中应注意以下几点：

（1）公共基础设施一直以来都是由政府财政支持投资建设，但突出的问题是越来越不能满足日益增长的社会、经济发展的需要；而且政府在公共基础设施建设中存在诸如效率低下等弊病，因而政府在公共基础设施建设中所扮演的角色迫切需要改变。政府应由过去在公共基础设施建设中的主导角色，改变为与私人企业合作，扮演提供公共服务中的监督、指导以及合作者的角色。在这个过程中，政府应对公共基础设施建设的投融资体制进行改革，对管理制度进行创新，以便更好地发挥其监督、指导以及合作者的作用。

（2）PPP 模式是国际上比较通行的建设公共基础设施的方式之一，尤其是在美国已经发展得较为成熟，但该模式在我国还没有起步。中国加入 WTO 后，国外的一些大型企业必然会以 PPP 模式更多地参与中国的基础设施建设。因而政府应该认真研究 PPP 模式及其在中国的应用前景，以国外的一些应用实例为基础，在我国的公共基础设施建设中进行推广和规范。在这个过程中，政府应在国家政策上给予鼓励，支持 PPP 模式在中国的应用。

（3）在 PPP 模式下的项目融资中，参与的私人企业一般都是国际上大型的企业和财团。政府在与他们的谈判与合作中，不仅要遵循国内的法律和法规，同时也要遵循国际惯例。中国加入 WTO 后，会有越来越多的国际企业参与到我国的基础设施建设中来。在这一过程中，政府应该行动起来，在立法制度上有所突破，迅速完善我国的投资法律和法规，使其适应这一新形势发展的要求。

（4）在公共基础设施的建设中，参与的私人企业不仅可以是国际大型的企业和财团，国内的一些有实力的企业同样也可以参与进来，抓住机遇，积极与政府合作，参与公共基础设施项目建设。

总而言之，PPP 方式在我国有广阔的应用前景。通过 PPP 方式的推行，有利于加快我国公共基础设施建设的步伐。

复习思考题

1. 设计项目融资模式的基本影响因素有哪些？如何选择项目的融资模式？
2. 在货款发放形式上，项目融资具有哪些基本特征？
3. 说明由项目发起人直接安排项目融资的操作方法及特点？
4. 在非公司型合资结构中，如何通过项目公司安排项目融资？
5. 简述通过项目公司安排项目融资的特点。
6. 什么是产品支付融资？这种操作方式的主要特点有哪些？
7. 产品支付融资与远期购买融资有何区别？
8. 试分析杠杆租赁在项目融资中的作用。
9. 杠杆租赁项目融资中的主要当事人与其他融资方式有何不同？
10. 项目租赁融资模式的操作步骤有哪些？
11. ABS 融资主要经历哪几个阶段？ABS 和 BOT 项目融资模式有什么区别？
12. PFI 融资模式的含义是什么？试分析 PFI 融资与 BOT 融资的异同。
13. PFI 融资模式的操作方式有哪几种？
14. PPP 融资模式的含义是什么？试分析 PPP 融资与 BOT 融资的异同。
15. PPP 融资模式的组织机构与运作程序有何特点？

5.1 项目资金结构

项目资金结构是指项目资金的来源及其比例构成。对它的选择是项目融资决策的关键环节，涉及到项目资金成本和财务风险的高低。项目融资的资金构成一般包括债务资金和权益资金。这两部分在一个项目中的构成受到项目的投资结构、融资模式和项目的信用保证结构等的限制，同时它们之间的比例又是确定项目资金结构和资金形式的一个非常重要的指标。

5.1.1 资金成本

资金成本是公司筹资管理的主要依据，也是公司投资管理的重要标准。本章主要是从企业长期资本的角度，阐述资金成本的概念、构成、意义及计算方法。

1. 资金成本概述

（1）资金成本概念

资金成本是指企业为筹集和使用资金而付出的代价。广义的讲，企业筹集和使用任何资金，不论是短期的，还是长期的都要付出代价。狭义的资金成本仅指筹集和使用长期资金（包括借入长期资金和自有资本）的成本。由于长期资金也被称为资本，所以，长期的资金成本也称为资本成本。

市场经济条件下，资本是一种特殊的商品，企业不论通过何种渠道筹资，不论以什么形式取得资本，都是有偿的，需要承担一定的成本，资本成本就表现为资本的价格。从筹资人的角度看，它表示公司为取得资金必须支付的价格。从投资人的角度看，它表示与投资机会成本和投资风险相适应的回报率。

(2) 资金成本构成

资金成本从绝对量的构成来看，包括资金筹集费和资金占用费。

资金筹集费是指在筹集资本过程中支付的各项费用，如发行股票、债券支付的印刷费、发行手续费、律师费、资信评估费、公证费、担保费、广告费等。它一般是一次性发生的，所以在计算资本成本时可以作为筹资金额的抵减项予以扣除。

资金占用费是指企业在生产经营和对外投资活动中，因占用资金而支付的费用，如股票的股息、银行借款和债券利息等。它一般是陆续发生的，并随资本数量的多少和占用时间的长短而变动，是构成资金成本的主要内容。

(3) 资金成本计量形式

在企业筹资实务中，通常运用资本成本的相对数，即资本成本率。资本成本率是指企业实际的资金占用费与实际有效筹资额之间的比率，即年资本成本率，通常用百分比来表示。具体计量形式有：

1) 个别资本成本率。个别资本成本率是指企业某种个别的长期资本成本的比率。包括：普通股成本率、留存收益成本率、长期借款成本率、债券成本率。它往往在比较各种筹资方式时使用。

2) 加权平均资本成本率。加权平均资本成本率也叫综合资本成本率，是在个别资本成本率的基础上，根据各种资本在总资本中所占的比重，采用加权平均的方法计算的企业全部长期资本的成本率。它往往在进行资本结构决策时使用，在多个筹资方案中选择综合资本成本最低的。

3) 边际资本成本率：边际资本成本率是指资本每增加一个单位而增加的成本，是企业追加长期资本的成本率。它也是按加权平均的方法计算出来的，在进行追加筹资决策时使用。

(4) 资金成本意义

资金成本的概念广泛用于企业财务管理的许多方面，在国际上将其视为一项"财务指标"。其作用体现在：

1) 在筹资方面，资金成本系选择资金来源、确定筹资方案的重要依据，企业力求选择资金成本最低的筹资方式。

2) 在投资方面，资金成本是评价投资项目，决定投资取舍的重要标准。

3) 资金成本还可用作衡量企业经营成果的尺度，即经营利润率应高于资金成本，否则说明企业经营业绩不好。

2. 资金成本率的计算

资金成本率是企业资本占用费与有效筹资额的比率，基本公式为：

$$K=\frac{D}{P-F} \tag{5-1}$$

或

$$K=\frac{D}{P(1-f)}$$

式中　K——资金成本率，以百分率表示；

　　　D——资金占用费；

P——筹资总额；

F——资本筹集费用额；

f——筹资费用率，即资本筹集费占筹资总额的比率。

为了满足企业进行长期筹资决策的需要，应区别各种来源测算其资金成本，主要包括：长期借款成本、债券成本、优先股成本、普通股成本、留存收益成本。

(1) 长期借款资金成本率

企业长期借款的资金成本是由借款利息和筹资费用构成的，借款利息计入税前成本费用，可以起到抵税的作用，因此，一次还本、分期付息借款的资金成本率为：

$$K_1 = \frac{I_1(1-T)}{L(1-f_1)} \tag{5-2}$$

式中 K_1——长期借款资金成本率；

I_1——长期借款年利息额；

L——长期借款筹资总额；

f_1——长期借款筹资费用率；

T——所得税率。

上式也可以改为以下形式：

$$K_1 = \frac{i(1-T)}{1-f_1}$$

式中 i——长期借款的利率。

若长期借款的筹措费用(主要是借款的手续费)很少时，也可以忽略不计。

忽略手续费时，长期借款的资金成本率为：$K_1 = i(1-T)$

【例 5-1】 某企业取得 5 年长期借款 200 万元，年利率 5%，每年付息一次，到期一次还本，筹资费用率 0.5%，企业所得税率 33%。该项长期借款的资金成本率为：

$$K_1 = \frac{200 \times 5\% \times (1-33\%)}{200 \times (1-0.5\%)} = 3.37\%$$

或 $$K_1 = \frac{5\% \times (1-33\%)}{1-0.5\%} = 3.37\%$$

如果银行要求借款企业在银行中经常保持一定的存款余额作为抵押，即合同中附加补偿性余额条款时，计算长期借款成本率应该将存款保留余额从长期借款总额中扣除，因为企业未真正使用。此时，借款的实际利率和资金成本率将会上升。

【例 5-2】 某企业按年利率 5%向银行借款 100 万元，银行要求保持 10%的补偿性余额，所得税率为 33%。这笔借款的资金成本率为：

$$K_1 = \frac{100 \times 5\% \times (1-33\%)}{100 \times (1-10\%)} = 3.72\%$$

(2) 长期债券资金成本率

发行债券的成本，主要指债券利息和筹资费用。债券利息是事先根据资本市场上的利率情况确定的。按规定发行债券的企业定期支付的债券利息是在税前支付的，因此，企业实际上少缴了一部分所得税，那么企业实际负担的债券利息只为：债券利息×(1－所得税率)。债券的筹措费即发行费用，包括申请费、注册费、印刷费、上市费和推销费等。所以，长期债券的资金成本率为：

$$K_b = \frac{I_b(1-T)}{B(1-f_b)} \tag{5-3}$$

式中　K_b——债券资金成本率；

　　　B——债券筹资总额，按发行价确定；

　　　f_b——债券筹资费用率。

【例5-3】　某公司发行面值总额为500万元的10年期债券，票面利率为6％，发行费用率为5％，按面值发行，公司所得税率为33％，该债券的资金成本率为：

$$K_b = \frac{500 \times 6\% \times (1-33\%)}{500 \times (1-5\%)} = 4.23\%$$

根据上例资料，若溢价发行，发行总额为600万元，其债券成本率为：

$$K_b = \frac{500 \times 6\% \times (1-33\%)}{600 \times (1-5\%)} = 3.53\%$$

若折价发行，发行总额为400万元，则债券成本率为：

$$K_b = \frac{500 \times 6\% \times (1-33\%)}{400 \times (1-5\%)} = 5.29\%$$

(3) 优先股资金成本率

企业发行优先股股票，同发行债券和长期借款一样，需要支付筹措费，如注册费、代销费等，其股息也要定期支付。但由于股息是税后支付的，没有享受所得税优惠，所以其资金成本率的计算与债券和长期借款不同，公式如下：

$$K_p = \frac{D}{P(1-f_p)} \tag{5-4}$$

式中　K_p——优先股资金成本率；

　　　D——优先股每股年股利；

　　　P——优先股发行价格；

　　　f_p——优先股筹措费率。

【例5-4】　某公司发行面值每股100元的优先股100000股，年股利率为6％，发行费用为股金总额的2％，则优先股的资金成本率为：

$$K_p = \frac{100 \times 100000 \times 6\%}{100 \times 100000 \times (1-2\%)} = 6.12\%$$

当企业资不抵债时，优先股股东的索偿权，次于长期贷款的债权人和长期债券的持有人，所以优先股的投资风险比长期贷款和长期债券的投资风险高，因而优先股的股息率一般高于借款的利率和债券的利率。同时优先股股票不仅筹措费较高，而且支付的优先股股息不会减少企业应缴的所得税，所以优先股的成本率明显高于债券的成本率。但是，发行优先股筹集的资金是自有资金，可以被企业长期占用，因此在一定条件下，企业仍乐于采用这种筹资方式。

(4) 普通股资金成本率

由于普通股的股利率是不固定的，需要根据每年的盈利情况而定，这就使得普通股的资金成本率与优先股有所不同。按照资金成本实质是投资者要求的收益率的思路，计算普通股资金成本率的方法相当于计算普通股要求收益率的方法。计算方法主要有：股息率加增长率法、资本资产定价法和债券收益率加风险溢价法。

下面仅以股息率加增长率方法为例，介绍普通股资金成本率的计算。如果公司采用固定增长股利的政策，股利固定增长率为 G，则普通股的资金成本率为：

$$K_c = \frac{D}{P(1-f_c)} + G \tag{5-5}$$

式中　K_c——普通股资金成本率；

　　　D——普通股每股年股利；

　　　P——普通股发行价格；

　　　f_c——普通股筹措费率；

　　　G——股利年固定增长率。

【例 5-5】 某公司普通股目前市价为 10 元，估计年增长率为 5%，预计第一年发放股利 0.6 元，筹资费率为股票市价的 4%，则发行普通股的资金成本率为：

$$K_c = \frac{0.6}{10 \times (1-4\%)} + 5\% = 11.25\%$$

(5) 留存收益的资金成本率

留存收益也叫留用利润，包括盈余公积金和未分配利润。盈余公积金是企业按照国家有关规定从利润中提取的公积金，包括法定盈余公积金、任意盈余公积金和公益金。

国家为维护债权人的利益、企业职工的利益，避免"吃光分净"，保证企业健康稳定发展，规定企业要从税后利润中按比例提取盈余公积金。可用于弥补亏损，转增资本金和职工福利事业支出等。

未分配利润是企业历年累积的，留待企业以后年度分配的利润。实际上，留存收益在使用期内是不需要支付成本的，但由于股东放弃了现金股利，便承受一定的机会成本。所以我们假设它是一种投资，此时，股东希望这部分留用利润能获得与普通股相同的报酬。因此，留用利润资金成本率的计算与普通股的资金成本率基本相同，只是不考虑筹资费用。

当股利每年有一个稳定增长率时，留存收益的资金成本率为：

$$K_e = \frac{D}{P} + G \tag{5-6}$$

式中　K_e——留存收益资金成本率；

　　　D——第一年普通股股利；

　　　G——股利每年的增长率。

由于留存收益不需支付筹措费用，所以其资金成本略低于普通股的成本率。

企业在选择融资方式时，要考虑不同筹资方式的资金成本水平。一般地，按资金成本率从低到高的顺序排列，以上五种筹资方式依次为：

长期借款＜长期债券＜优先股＜留存收益＜普通股

（6）综合资金成本

前述五种资金成本由于是按照不同的筹资方式分别计算的，所以通常称之为个别资金成本。由于受多种因素的制约，企业不可能只是用某种单一的筹资方式，往往需要通过多种方式筹集所需资金。为进行筹资决策，就要计算确定企业全部长期资本的总成本，即综合资金成本，也叫加权平均资金成本。加权平均资金成本一般是以各种资本占全部资本的比重为权数，对个别资金成本进行加权平均确定的，其计算公式为：

$$K_w = \sum_{j=1}^{n} K_j W_j \tag{5-7}$$

式中　K_w——综合资金成本；

　　　K_j——第 j 种筹资方式的个别资金成本；

　　　W_j——第 j 种筹资方式的个别资金成本占全部资本的比重（权数）。

【例5-6】　某企业账面反映的长期资本共 500 万元，其中长期借款 100 万元，应付长期债券 50 万元，普通股 250 万元，留存收益 100 万元，其个别资金成本分别为：5.7％、7.17％、10.26％、9％。则该企业的综合资金成本率为：

$$K_w = \frac{100}{500} \times 5.7\% + \frac{50}{500} \times 7.17\% + \frac{250}{500} \times 10.26\% + \frac{100}{500} \times 9\% = 8.787\%$$

上述计算中的个别资金成本占全部资本的比重，是按账面价值确定的，其资料容易取得。但当资本的账面价值与市场价值差别较大时，比如股票、债券的市场价格发生较大变动，计算结果会与实际有较大的差距，从而贻误筹资决策。为了克服这一缺陷，个别资本占全部资本的比重的确定还可以按市场价值或目标价值确定，分别称为市场价值权数、目标价值权数。市场价值权数指债券、股票以市场价格确定权数。这样计算的加权平均资本成本能反映企业目前的实际状况。同时为弥补证券市场价格变动频繁的不便，也可选用平均价格。

目标价值权数是指债券、股票以未来预计的目标市场价值确定权数。这种权数能体现期望的资本结构，而不是像账面价值权数和市场价值权数那样只反映过去和现在的资本结构，所以按目标价值权数计算的加权平均资本成本更适用于企业筹措新资金。然而，企业很难客观合理地确定正确的目标价值，又使这种计算方法不易推广。

5.1.2　债务资金

1. 债务资金概述

债务资金是指以支付利息和偿还本金为代价而取得的资金。对于一个具体项目来说，债务资金成本要低于权益资金的成本。因此，理论上如果一个项目使用的资金全部是债务资金，那么该项目的资金成本就会降至最低，但是它的财务风险会加大；相反，如果一个项目使用的全是权益资金，它的财务风险降低了，但是它的资金成本却会变得很高。因而绝大多数的项目都不会选择这两个极端的资金结构，而是通过资金成本与财务风险的合理均衡进行最优的资金结构决策。不同的项目、不同的行业、企业所处的不同阶段均适合不同的资金结构。而与制造业、商品流通业的公司融资相比较，项目融资可以获得较高的债务资金比例。

如何安排项目的债务资金是项目资金结构决策的一项重要内容。一个项目投资者所面临的债务资金市场可以分为两类，即本国资金市场和外国资金市场。本国资金市场又可以分为货币市场、债券市场和融资租赁市场三部分；外国资金市场又可分为外国金融市场、国际金融市场和外国政府出口信贷、世界银行以及地区开发银行的政策性信贷等。

2. 债务资金的结构

(1) 债务期限

债务期限是指债务资金从取得到偿还的有效期间。一般地，一年期以下的债务称为流动负债，超过一年的债务则称为非流动负债，即长期债务。

项目融资结构中的债务资金基本上是长期性的资金，即便是项目的流动资金，多数情况下也是在长期资金框架内的短期资金安排。

(2) 债务偿还

债务人对本金的偿还根据项目不同阶段的具体特点而有所不同。一般来说，至少两个不同的项目阶段反映在贷款协议中：建造或开发阶段、运营阶段。

1) 建造或开发阶段。建造阶段对贷款人来说是高风险期，因此这一阶段的融资，常常通过获得项目发起人的有法律约束力的担保来使融资具有完全追索权。或者在建造阶段，贷款人要求比项目其他阶段较高的利率。另外，也可以通过建造合同和相关的履约保函作为担保来减少风险。在这一阶段中，贷款被发放之后，偿债可能通过两种方式被推迟——在产生现金流量的运营阶段到来之前采用利息转本，或者在运营阶段之前，允许用新发放的贷款来支付利息。

2) 项目运营阶段。当项目按照预先决定的、项目文件中的所有各方同意并经独立的专家审核了的标准被认为是圆满竣工时，对发起人的追索权将不再存在，或者较高的利率将被降低。项目的竣工将是运营阶段的开始，这时项目应产生现金流入，并开始偿债、分期还款。

在运营阶段，贷款人将用销售收益或项目产生的其他收益作为担保品。偿债的速度通常取决于项目预期产量和应收账款。现金流量的上交部分将自动支付给贷款人。如果项目产量或市场对产品的需求比预期低，或贷款人担心项目前景、项目发起人、有关的经济环境或政治环境时，贷款的条款经常写明上交份额将增加，直至 100%。

运营阶段中，经常计算的是税后的现金流量。有时，由于一些原因项目发起人希望计算税前现金净流量。因为与按照税后现金流量计算相比，他们将得到更多的贷款；这时，因为可能发生税后现金流量不足以偿还贷款的情况，贷款人常常要求保留对借款人或担保人的一定程度的追索权。

（3）债务序列

无论是公司融资还是项目融资，债务安排都可以根据其依赖于公司(或项目)资产抵押的程度或者依赖于有关外部信用担保的程度而划分为由高到低不同等级的序列。所谓高级债务，是指由全部公司(或项目)资产作为抵押的债务或者是得到相应强有力信用保证的债务；所谓低级债务，是相对于高级债务而言的，一般是指无担保的债务。低级债务也称为初级债务和从属性债务。项目融资中的准股本资金就属于这一类型。在公司(或项目)出现违约的情况下，公司(或项目)资产和其他抵押、担保权益的分割将严格地按照债务序列进行。从属性债权人的位置排在有抵押权和担保权的高级债权人之后，只有在这些债务获得清偿之后，才有权从公司(或项目)资产和其他来源获得补偿。

项目融资中的银团贷款(或类似性质的债务资金)是最高级的债务资金形式，这是因为有限追索的性质决定了贷款银团在项目融资中要求拥有最高的债权保证。投资者在项目中的贷款或其他类似性质的贷款是项目公司的从属性债务，对于贷款银团来说具有股本资金的性质。因此，已经安排了项目融资的项目，基本上是不可能再以该项目资产为基础从其他渠道获得相似性质的融资了。

（4）债权保证

在项目融资中，只要资产所在地的法律允许，贷款人经常将项目资产作为担保。但是，可能由于一些原因，用这样的方式获得担保是不妥当的。因为，在这种情况下，贷款人必须依赖于消极保证条款。消极保证条款要求借款人保证不使任何第三方对借款人资产有优先权。消极保证是一种有法律约束力的保证，它不同于担保受益权。在借款人破产或清算时，也不会给贷款人带来任何优先权。借款人如果违反消极保证条款，以第三方为担保受益人将其资产作为担保品，按照绝大多数法律，这种担保是无效的。虽然借款人因违反合同而负有责任，但由于借款人的资产被作为还款来源，这对贷款人来说仍然是很不利的。如果该第三方知道或应该知道存在消极保证条款，贷款人也许能指控任何使借款人违约的担保的有效性，但这取决于当时的环境和有关的法律系统。

（5）利率结构

较为普遍使用的债务资金利率形式有三种，即浮动利率、固定利率以及浮动/固定利率。辛迪加银团贷款采用的多为浮动利率，计算利率的基础(以美元贷款为例)一般为 LIBOR(伦敦同业银行拆放利率)、美国银行的优惠利率，有时也使用美国财政部发行的证券收益率，然后根据项目的风险情况、金融市场上的资金供应状况等因素，在这个基础上加一个百分点，形成借款人的实际利息率。浮动利率债务一般的利率变动期间为 3 个月和 6 个月，在此期间内利率是固定的。

采用固定利率机制的债务资金有两种可能性：一种可能性是贷款银团所提供的资金本身就具有固定利率的结构，如一些长期债券和财务租赁；另一种可能性是通过在金融掉期市场上将浮动利率转换成为固定利率而获得的，利率被固定的期间可以是整个融资期，也可以是其中的一部分。

近几年在上述两种利率机制上派生出几种具有固定利率特征的浮动利率机制，

以满足借款人的不同需要。这种浮动利率机制是相对浮动利率加以封顶，对于借款人来说，在某个固定利率水平之下，利率可以自由变化，但是，利率如果超过该固定水平，借款人只按照该固定利率支付利息。因此，这种利率安排同样是需要成本的。

3. 债务资金的形式

债务资金形式主要有：同业拆借、商业银行贷款、国际辛迪加银团贷款和融资租赁等。在以后的几节中，将重点介绍几种常见的债务资金形式。

5.1.3 权益资金

权益资金主要包括股本资金和准股本资金。股本资金包括优先股和普通股，其中优先股主要包括固定红利优先股和浮动红利优先股。准股本资金主要包括无担保贷款、零息债券和可转换债券。股本资金和准股本资金最大的区别就在于，准股本资金相对于股本资金来说，在安排上具有较高的灵活性，并在资金序列上享有较为优先的地位。

1. 股本资金

股本投入是项目中的风险资金，它是项目融资的基础。在资金偿还序列中股本资金排在最后一位，因此贷款人将项目投资者的股本资金视为其融资的安全保障。然而，作为项目投资者，股本资金更重要的是项目具有良好的发展前景，能够为其带来相应的投资收益。增加股本资金并不能改变或提高项目的经济效益，却可以提高项目的风险承受能力。股本资金在项目融资中所起的作用可以归纳为以下几个方面：

（1）投资者在项目中投入资金的多少与其对项目管理和前途的关心程度是成正比的。因此贷款人总是要求投资者在项目中投入相当数量的资金。如果投资者在项目中只承担很少的责任，则他们就会在对其自身伤害很少的情况下从项目中脱身。

（2）投资者在项目中的股本资金代表着投资者对项目的承诺和对项目未来发展前景的信心，对于组织项目融资可以起到很好的心理鼓励作用。

（3）项目预期的现金流量（在偿还债务之前）在某种意义上讲是固定的。项目承受的债务越高，现金流量中用于偿还债务的资金占用比例就越大，贷款人所面对的潜在风险也就越大；相反，在项目中股本资金投入越多，项目的抗风险能力就越强，贷款人的风险也就越小。

（4）股本资金也可以增加项目的抗风险能力，从而增强项目对贷款人的吸引力，使得贷款人可以以比较低的利率放款，在一定程度上降低项目的债务成本。

在项目融资的结构中，应用最普遍的股本资金形式是认购项目公司的普通股和优先股。过去项目公司股本资金的来源基本上来自投资者直接资金投入，近年来有一些项目在安排项目融资的同时，直接安排项目公司上市，通过发行项目公司股票和债券的方式来筹集项目融资所需要的股本资金和准股本资金。

除此之外，有时与某个项目开发有关的一些政府机构和公司出于其政治利益或经济利益等方面的考虑，也会为项目提供类似股本资金和准股本资金的资金。这些机构包括愿意购买项目产品的公司、愿意为项目提供原材料的公司、工程承包公司、政府机构，以及世界银行和地区开发银行等。这些机构为了促使项目的开发，有可能提供一定的股本资金、软贷款或贷款担保等。

2. 准股本资金

准股本资金是相对股本资金而言的，它是指项目投资者或者与项目利益有关的第三方所提供的一种从属性债务。准股本资金需要具备以下性质：

(1) 债务本金的偿还需要具有灵活性，不能规定在某一特定期间强制性地要求项目公司偿还从属性债务；

(2) 从属性债务在项目资金优先序列中要低于其他的债务资金，但是高于股本资金；

(3) 当项目公司破产时，在偿还所有的项目融资贷款和其他的高级债务之前，从属性债务将不能被偿还。因此，从项目融资贷款人的角度，准股本资金将被视为股本资金的一部分。

从资金的从属性质出发，又可以把准股本资金分为一般从属性债务和特殊从属性债务两大类。所谓一般从属性债务是指该种资金在项目资金序列中低于一切其他债务资金形式；而所谓特殊从属性债务将在其从属性定义中明确规定出该种资金相对于某种其他形式债务(典型的是项目融资中的长期债务)的从属性，但是针对另外的一些项目债务，则具有平等的性质。

对于项目投资者，为项目提供从属性债务与提供股本资金相比，前者具有以下优点：

(1) 从属性债务为投资者设计项目的法律结构提供了较大的灵活性。首先，作为债务，利息的支付是可以抵税的；其次，债务资金的偿还可以不用考虑项目的税务结构，而股本资金的偿还则会受到项目投资结构和税务结构的种种限制，其法律程序要复杂得多。

(2) 投资者在安排资金时具有较大的灵活性。作为一个投资者，任何资金的使用都是有成本的，特别是，如果在项目中投入的股本资金是投资者通过其他渠道安排的债务资金，投资者就会希望利用项目的收入承担部分或全部的融资成本。从属性债务一般包含了比较具体的利息和本金的偿还计划，而股本资金的红利分配则带有较大的随机性和不确定性。

(3) 在项目融资安排中，对于项目公司的红利分配通常有着十分严格的限制，但是可以通过谈判减少对从属性债务在这方面的限制，尤其是对债务利息支付的限制。然而，为了保护贷款人的利益，一般要求投资者在从属性债务协议中加上有关债务和股本资金转换的条款，用以减轻在项目经济状况不佳时的债务负担。

(4) 准股本资金的操作相对于股本资金来说也要简便一些。

3. 准股本资金的种类

(1) 无担保贷款。又称为信用贷款，是贷款中最简单的一种形式。这种贷款在形式上与商业贷款相似，但是贷款没有任何项目资产作为抵押和担保，本息的支付也通常带有一定的附加限制条件。

　　(2) 可转换债券。它是从属性债务的另一种形式，是一种附有专门规定，允许持有人在一定时间内以一定价格向举债公司换取公司发行的其他证券的公司债券。也就是说，它是一种可以转换成其他证券的公司债券，可转换成该公司的普通股股票，可转换成该公司的优先股，也可转换成该公司的其他债券，实际工作中经常会转换成普通股股票。这种公司债券实际上是一种混合型金融产品，是普通公司债券和期权的组合体。可转换公司债券的期权属性赋予其持有人一定的选择权，即持有人可在发债后的一段时间内，依据本身的自由意志，选择是否依约定的条件将持有的债券转换为发行公司发行的其他证券。也就是说，可转换债券的持有人可以选择将债券持有至到期，要求公司还本付息，也可以选择在约定时间内将债券转换成其他证券(如股票)，享有股利分配或资本增值。如果债券持有人不执行期权，则公司需要在债券到期日兑现本金。可转换债券的发行没有任何公司资产或项目资产作为担保，债券利息一般也比同类贷款利息要略低一点。这种形式对债券持有人的吸引力在于：如果公司或项目经营良好，公司股票价格或项目资产价值高于现已规定的转换价格，则债券持有人通过转换可以获得资本增值；相反，如果公司或项目经营结果较预期的差，债券持有人仍可以在债券到期日收回债券面值。国外一些项目融资结构中的投资者，出于法律上或税务上的考虑，希望推迟在法律上拥有项目的时间，常常采用可转换债券形式安排项目的股本资金。

　　(3) 零息债券。零息债券也是项目融资中常用的一种从属性债务形式。零息债券计算利息，但是不支付利息。在债券发行时，根据债券的面值、贴现率(即利率)和到期日贴现计算出发行价格，债券持有人按发行价格认购债券。因而，零息债券持有人的收益来自于债券购买价格与面值的差额，而不是利息收入。深贴现债券是零息债券的一种变通形式。深贴现债券需要定期支付很低的利息，同时在发行时也采用贴现的方法计算价格，因而这种债券的收益也主要是来自贴现而不是来自利息收入。零息债券作为一种准股本资金形式在项目融资结构中获得较为普遍的应用，其主要原因是这种资金安排既带有一定的债务资金特点，同时又不需要实际支付利息，减轻了对项目现金流量的压力。因而，如果由于种种原因项目投资者没有在项目中投入足够的股本资金，贷款人则通常会要求投资者以零息债券或深贴现债券形式为项目提供一定数额的从属性债务，作为投资者在项目中的股本资金。债券的期限原则上等于或略长于项目融资期限。

5.2　货币市场融资

　　银行(包括各类银行，例如本国商业银行、世界银行、亚洲开发银行等)对工程项目及其公司的各种贷款，是我国目前各类工程项目最为重要的资金来源。我国银行分为商业性银行和政策性银行两种。商业银行是以营利为目的，从事信贷资金投放的金融机构，它主要为企业提供各种商业贷款。政策性银行是为特定的企业提供政策性贷款的金融机构。

5.2.1 同业拆借

同业拆借是金融机构之间的短期资金融通，主要用于支持日常性资金周转，是商业银行为解决短期资金余缺、调整准备金头寸而相互融通资金的重要方式，通过买卖在中央银行存款户上存款的方式进行。对同业拆借进行管理，应遵循如下规则：

（1）合理控制同业拆借的规模。根据人民银行制定的商业银行资产负债比例管理监控、监测指标的规定，商业银行拆入资金金额与各项存款余额之比不得超过4%；拆出资金余额与各项存款余额之比不得超过8%。

（2）确定适宜的拆借资金期限结构。如果拆借资金的期限结构不合适，集中拆入要集中归还，容易发生到期来不及组织足够资金以供还款的问题。

（3）根据需要确定拆入资金量，加强对拆入资金的管理，减少资金闲置。一般拆借资金是由资金计划部门负责，拆入资金的运用是由信贷部门或会计部门使用的，有关部门要配合好。

同业拆借一般仅指银行之间的信贷，该种贷款完全凭银行间同业信用商借，不用签订贷款协议。银行可通过电话、电传达成交易，事后以书面确认。同业拆放期限以1天到6个月为多，超过6个月的少。每笔交易额在10亿美元以下。典型的国际银行间的交易为每笔1000万美元左右。

5.2.2 银行信贷

银行信贷指由企业以自身信用作担保，根据借款合同从有关银行或非银行金融机构借入所需资金的筹资方式。

1. 贷款协议

贷款协议的主要内容有：

（1）贷款目的。

（2）贷款金额。

（3）贷款期限和还款计划表。

（4）贷款利率。

（5）提款程序和提款先决条件。

（6）借款人在提款时的保证，包括：①贷款资金的正确使用；②借款人的财务状况；③公司资产所有权；④无重大法律纠纷；⑤无不可预见的债务责任；⑥借款人具有的法律地位和签署贷款协议的授权。

（7）保证性契约，包括：①借款人依照所在国法律从事商业活动，缴纳税款；②保证一切项目设备设施正常运行，保持项目资产保险；③获得必要的政府批准；④定期向贷款人提供公司财务报告；⑤保证不利用借款人资产做其他抵押；⑥对借款人的资产兼并、资产出售或改变公司经营方向的限制；⑦对利润分配政策的限制。

（8）财务性契约，包括：①对借款人进一步举债的限制；②规定借款人必须保持的最低财务指标，包括总资产/总债务比率、流动资产/流动债务比率、债务覆盖比率等。

（9）利息预提税的责任。

（10）贷款成本、贷款建立费和贷款承诺费（针对未使用贷款额度收取的费用）。

（11）违约和对违约情况的处理，包括：①违约情况：技术性违约、一般性违约和交叉违约；②违约情况下的补救措施；③在违约条件下贷款人可行使的权利。

2. 银行信贷的程序

企业利用银行借款筹集资金，要按特定程序办理，这一程序大致分为以下几个步骤。

（1）企业提出借款申请

企业需要向银行借入资金，必须向银行提出申请，填写包括借款金额、借款用途、偿还能力以及还款方式等主要内容的《借款申请书》，并提供以下资料：①借款人及保证人的基本情况；②财政部门或会计师事务所核准的上年度财务报告；③原有的不合理借款的纠正情况；④抵押物清单及同意抵押的证明，保证人拟同意保证的有关证明文件；⑤项目建议书和可行性报告；⑥贷款银行认为需要提交的其他资料。

（2）银行审查借款申请

银行接到企业的申请后，要对企业的申请进行审查，以决定是否对企业提供贷款。这一般包括如下几个方面：①对借款人的信用等级进行评估。银行根据借款企业的领导素质、经济实力、资金结构、履约情况、经济效益和发展前景等因素，评定借款企业的信用等级。评级可由贷款银行独立进行，内部掌握，也可委托独立的信用评估机构进行评估；②对贷款进行调查。贷款人受理借款人的申请后，应当对借款的合法性、安全性和盈利性等情况进行调查，核实抵押物、保证人情况，测定贷款的风险；③贷款审批。贷款银行一般都建立了审贷分离、分级审批的贷款管理制度。审查人员要对调查人员提供的资料进行核实、评定，预测贷款风险，提出意见，按规定权限报批，决定是否提供贷款。

（3）签订借款合同

为了维护借贷双方的合法权益，保证资金的合理使用，企业向银行借入资金时，双方签订借款合同。借款合同主要包括如下四方面内容：①基本条款。这是借款合同的基本内容，主要规定双方的权利和义务。具体包括借款数额、借款方式、款项发放的时间、还款期限、还款方式、利息支付方式、利息率的高低等；②保证条款。这是保证款项能顺利归还的一系列条款，包括借款按规定的用途使用、有关的物资保证、抵押财产、担保人及其责任等内容；③违约条款。这是对双方若有违约行为时应如何处理的条款，主要载明对企业逾期不还或挪用贷款等如何处理和银行不按期发放贷款的处理等内容；④其他附属条款。这是与借贷双方有关的其他条款，如双方经办人、合同生效日期等条款。

（4）企业取得借款

双方签订借款合同后，贷款银行要按合同的规定按期发放贷款，企业便可取得相应的资金。贷款人不按合同约定按期发放贷款的，应偿付违约金。借款人不按合同的约定用款的，也应偿付违约金。

（5）借款的归还

企业应按借款合同的规定按时足额归还借款本息。一般而言，贷款银行会在短期贷款到期一个星期之前，中长期贷款到期一个月之前，向借款的企业发送还本付息通知单。企业在接到还本付息通知单后，要及时筹备资金，按期还本付息。

如果企业不能按期归还借款，应在借款到期之前，向银行申请贷款展期，但是否展期，由贷款银行根据具体情况决定。

3. 银行信贷的信用条件

按照国际惯例，银行发放贷款时，往往带有一些信用条件，主要有以下几种。

（1）信贷额度

信贷额度亦即贷款限额，是贷款人与银行在协议中规定的允许借款人借款的最高限额。如借款人超过规定限额继续向银行借款，银行则停止办理。此外，如果企业信誉恶化，即使银行曾经同意按信贷限额提供贷款，企业也可能得不到借款。这时，银行不会承担法律责任。

（2）周转信贷协定

周转信贷协定是银行从法律上承诺提供不超过某一最高限额的贷款协定。在协定的有效期内，只要企业借款总额未超过最高限额，银行必须满足企业任何时候提出的借款要求。周转贷款协定与信贷额度的主要区别在于：①贷款时间不同。信用额度贷款的有效期一般为一年；而周转信贷协定期限却可超过一年，在实际应用中很多是无限期的，因为只要银行与企业双方照协议执行，贷款可一再延长；②法律约束力不同。信贷额度贷款一般不具有法律约束力，不构成银行必须给予贷款的法定责任，而周转信贷协定具有法律约束力，银行有正式承担在限额内贷款的义务，如果银行拒绝贷款，则可视为违法；③支付费用不同。企业采用周转信贷协定，除支付利息以外，还要支付协议费。协议费是对周转借款限额中未使用部分收取的费用。正是由于银行对未使用部分收取了协议费，才构成为借款人提供资金的法定义务。协议费的收费率与利息率有关，但一般收取周转贷款限额内未使用部分的 0.5%。

（3）补偿性余额

补偿性余额是银行要求借款人在银行中保持按贷款限额或实际借用额的一定百分比（通常为 $10\%\sim20\%$）计算的最低存款余额。补偿性余额有助于银行降低贷款风险，补偿其可能遭受的风险；但对借款企业来说，补偿性余额则提高了借款的实际利率，加重了企业的利息负担。

（4）以实际交易为贷款条件

当企业发生经营性临时资金需求，向银行申请贷款以求解决时，银行则以企业将要进行的实际交易为贷款基础，单独立项，单独审批，最后做出决定并确定贷款的相应条件和信用保证。

除了上述所说的信用条件外，银行有时还要求企业为取得借款而做出其他承诺，如及时提供财务报表，保持适当资产流动性等。如企业违背做出的承诺，银行可要求企业立即偿还全部贷款。

4. 借款利息的支付方式

(1) 利随本清法

利随本清法，又称收款法，是在借款到期时向银行支付利息的方法。采用这种方法，借款的名义利率(亦即约定利率)等于其实际利率(亦即有效利率)。

(2) 贴现法

贴现法是银行向企业发放贷款时，先从本金中扣除利息部分，而到期时借款企业再偿还全部本金的一种计息方法。采用这种方法，企业可利用的贷款额只有本金扣除利息后的差额部分，因此，其实际利率高于名义利率。

【例5-7】 某企业从银行取得借款400万元，期限1年，名义利率10％，利息40万元。按照贴现法付息，企业实际可动用的贷款为360万元(400万元－40万元)，该项贷款的实际利率为：

$$贴现货款实际利率＝利息/(贷款金额－利息)×100％$$
$$＝40/(400－40)×100％$$
$$≈11.1％$$

或
$$＝名义利率/(1－名义利率)×100％$$
$$＝10％/(1－10％)×100％$$
$$≈11.11％$$

5. 国际银行信贷

国际银行信贷是指借款人为支持某一项目，在国际金融市场上向外国银行借入资金。其主要特点是：

(1) 贷款利率按国际金融市场利率计算，利率水平较高

例如，欧洲货币市场的伦敦银行间同业拆放利率是市场利率，其利率水平是通过借贷资本的供需状况自发竞争形成的。

伦敦银行同业拆放利率可以用以下几种方法确定：

1) 借贷双方以伦敦市场主要银行的报价协商确定。

2) 按指定两家或三家不参与此项贷款的主要银行的同业拆放利率的平均利率计算。

3) 按贷款银行与不是这项贷款的参与者的另一家主要银行报价的平均数计算。

4) 由贷款银行(牵头行)确定。

(2) 贷款可以自由使用，一般不受贷款银行的限制

政府贷款有时对采购的商品加以限制；出口信贷必须把贷款与购买出口设备项目紧密地结合在一起；项目借款与特定的项目相联系；国际金融机构贷款有专款专用的限制。国际银行贷款不受银行的任何限制，可由借款人根据自己的需要自由使用。

(3) 贷款方式灵活，手续简便

政府贷款不仅手续相当烦琐，而且每笔贷款金额有限；国际金融机构贷款，由于贷款多与工程项目相联系，借款手续也相当烦琐；出口信贷受许多条件限制。相比之下，国际银行贷款比较灵活，每笔贷款可多可少，借款手续相对简便。

(4) 资金供应充沛，允许借款人选用各种货币

在国际市场上有大量的闲散资金可供运用，只要借款人资信可靠，就可以筹措到自己所需要的大量资金。不像世界银行贷款和政府贷款那样只能满足工程项目的部分资金的需要。

在国际金融市场上筹措资金，按贷款期限长短可分为短期信贷、中期信贷和长期信贷三种。

(1) 短期信贷

短期信贷通常指借贷期限在1年以下的资金。短期资金市场一般称为货币市场。借贷期限最短为1天，称为日贷。还有7天、1个月、2个月、3个月、6个月、1年等几种。短期贷款多为1～7天及1～3个月，少数为6个月或1年。这种信贷可分为银行与银行间的信贷和银行对非银行客户（公司企业、政府机构等）的信贷。

(2) 中期信贷

中期信贷是指1年以上、5年以下的贷款。这种贷款是由借贷双方银行签订贷款协议。由于这种贷款期限长、金额大，有时贷款银行要求借款人所属国家的政府提供担保。中期贷款利率比短期贷款利率高。一般要在市场利率的基础上再加一定的附加利率。

(3) 长期信贷

长期信贷是指5年以上的贷款，这种贷款通常由数家银行组成银团共同贷款给某一客户。银团贷款的当事人，一方面是借款人（如银行、政府、公司、企业等）；另一方面是参加银团的各家银行（包括牵头行、经理行、代理行等）。

5.2.3　抵押贷款

抵押贷款是相对于信用贷款而言的，指必须有担保品作担保的贷款。对信用不好，财务状况较差的企业进行贷款时，银行都要求企业配有担保品作担保。企业要准备价值多少的担保品，取决于企业的信用情况和担保品的变现能力。信用状况较好，担保品变现能力较强的企业，担保价值可以小一些，否则，担保价值要大些。假如企业到期不能履行付款义务，那么银行可出售企业担保品，以担保品的销售收入归还贷款。如果担保品的销售额超过贷款额和应计利息，那么超过部分应退回企业；如果少于贷款额和应计利息，则不足部分变为一般的无抵押贷款。借款的抵押品通常是借款企业的应收账款、存货、股票、债券以及房屋产权证明等。

1. 抵押的类型

抵押是指借款人或第三人在不转移财产占有权的情况下，将财产作为债券的担保。当借款人不履行借款合同时，银行有权以该财产折价或者以拍卖、变卖该财产的价款优先受偿。充当抵押物的财产应保证其具有极高的流动性。

质押是指借款人或者第三人将其动产或权利移交银行占有，将该动产或权利作为债券的担保。当借款人不履行债务时，银行有权将该动产或权利折价出售来收回借款，或者以拍卖、变卖该动产或权利的价款优先受偿。质押分为动产质押和权利质押。

保证是指银行、借款人和第三方签订一个保证协议，当借款人违约或无力归还贷款时，由保证人按照约定发行债务或者承担相应的责任。

附属合同是指由借款人的其他债权人签署的同意对银行贷款负第二责任的协议，其作用是为银行提供对其他债权人的债务清偿优先权。

2. 抵押贷款的类型

抵押贷款是项目融资中最普遍和最主要的融资来源。就贷款形式而言，在公共设施项目融资中，抵押贷款有三种形式。

(1) 项目长期贷款

即由商业银行提供与项目现金流量相匹配的长期贷款支持，还款期限和每年还款金额，将根据项目的实际还款能力来进行安排。

(2) 项目流动资金贷款

除了项目建设所需要的长期贷款需求以外，项目公司一般还有流动资金贷款需求，主要用于满足生产运营所需的日常资金需求。为此，除了提供长期项目贷款以外，银行还提供流动资金贷款，一般以授信额度的方式，由项目公司根据需要灵活进行提款和还款。一般地，流动资金贷款与长期贷款由同一家银行提供，这样避免了贷款法律地位、监管等纠纷。

(3) 过桥贷款

由于项目长期贷款有一个长期的谈判过程，并且长期贷款合同一般附加许多提款前提条件，所以在长期贷款过程中，或者长期贷款合同提款前提条件未能满足之前，为了项目建设合理需要，投资者或者项目公司会寻求过桥贷款支持。有时出于谈判策略考虑，项目投资者贷款还款来源一般为项目长期贷款的正式提款，或者投资者的股本金等资金来源。

在美国，商业银行是开发商短期建设贷款(Construction Loan)和中短期贷款的主要资金来源。它们一般偏好于不超过 3 年的短期贷款，覆盖建设期和初始租赁期，之后长期贷款机构介入，将其替换出来(即用长期贷款偿还短期贷款)。对于规模较大、信誉较好的开发商，商业银行有时也把贷款时限延长到 5 年。一般来说，这种建设期贷款的额度能达到 70%～80% 的贷款价值比(Loan-to-Value Ratio)。当然，对于非常看好的项目，商业银行有时也愿意贷出 100%，但这种情况很少。在资金短缺的市场环境下，60% 的比例是开发商所能拿到的最好条件。

一般来说，刚刚起步的小开发商很难获得全国性大银行的资金支持，他们会寻找本地的小银行作为合作伙伴。实际上，大部分建设期贷款也的确是由本地银行和区域性银行来提供的，因为他们对当地的房地产市场更加熟悉(注意：房地产市场也是很典型的区域性市场)，有利于监测和管理项目进展状况及资金使用情况。商业银行很少直接作为开发商的合资者，但有时会提供参与式贷款(Participating Mortgage)，提供更为优惠的贷款价值比，但条件是除了固定还款额的要求外，还要参与项目收益现金流的分成。

美国的储蓄与贷款机构(Savings and Loan Institutions，S&Ls)也是房地产项目融资的重要渠道。在 20 世纪 80 年代，S&Ls 是刚起步的开发商最基本的融资来源，他们通常作为开发商的合资方，从项目最初就开始介入。但自从 80 年代后期 S&Ls 危机之后，其作用就被大大削弱，目前 S&Ls 在开发商融资市场上所占份额已很小。新的法规已经不再允许 S&Ls 与开发商合资，其业务主要集中在住房贷款方面。

此外，退休基金(Pension Fund)在其分散化的投资战略中，越来越偏好于房地产投资项目，既有建设期贷款，又有长期贷款，贷款利率通常是固定的。退休基金所提供的大规模贷款非常吸引开发商，不过他们一般只为经验丰富的开发商所开发的大型项目提供贷款。

退休基金一般会雇用一个投资咨询公司来分析项目的盈利能力。分析工作非常深入，包括项目的区位、市场供给和需求、现金流预测等。对于开发商而言，获得退休基金的支持通常需要较长的时间和复杂的过程，因为其决策非常慎重，程序也较为繁复，需要得到一个委员会的认可(而并非一个或几个投资人)。

5.2.4 特殊贷款

1. 委托贷款

委托贷款是指企业按照委托贷款协议，把闲置资金交给银行，由银行向约定的贷款人提供资金的一种贷款方式。

早在 2000 年，中央银行就已经允许企业提供资金，由商业银行代为发放贷款。贷款对象由企业自行确定。这种贷款方式解决了企业间直接融通资金的难题。只不过由于利率限制等种种原因，贷款规模始终很小，到 2007 年上半年，贷款余额仅为 1969 亿元，占全部金融机构各项贷款余额的 1.3%。委托贷款具有如下的优点：

首先，企业可以通过它，进行定向筹资，等同于向特定群体发债，且不需要领取"债券配额"，不需要审批，可以避开政府对债权融资的控制。

其次，资金供给者，即委托人可以通过它，避开政府对利率的控制，可以获得更高的投资收益。按照一年期商业贷款利率 5.31%，再上浮 30% 计算，委托人最高可以获得 6.903%，远远高于同期存款利率 1.98% 的水平，甚至比信托产品的预期收益率还要高 1～2 个百分点。而对借款人来说，6.903% 的利息负担是远低于 20% 的民间借贷利率水平的。

最后，对商业银行来说，存贷差逐渐扩大的压力，已经迫使银行寻求其他途径，既要保证收益，又要防范风险。由于商业银行不需要承担委托贷款的风险，鼓励和引导存贷款向委托贷款转移，无疑是解决上述矛盾的一个办法。

2. 信托贷款

按照《信托法》的规定，信托是指委托人基于对受托人的信任，将其财产权委托给受托人，由受托人按委托人的意愿以自己的名义，为受益人的利益或者特定目的，进行管理或者处分的行为。可见，信托的含义中已经包含了企业可以作为委托人以信托贷款的方式实现借贷给另一企业。

但是，信托贷款与委托贷款不同。信托贷款的贷款对象是由受托人确定的，而委托贷款的贷款对象则是委托人确定的。所以从这个意义上说，信托贷款并不是完全意义上的企业间借贷关系，因为委托人在乎的是收益，而不是借款给谁。

3. 私募基金

私募基金是一种特殊的企业间借贷，这种借贷关系因其投资于证券领域而具有特殊的性质。

2006 年 5 月，当时的中央银行发表了一份题为"中国私募基金报告"的文章。报告以 2005 年京、沪、深三地冠以"投资咨询"、"投资顾问"、"投资管理"、"财务管理"和"财务顾问"字样的 5 类企业为样本进行调查，估计国内已经存在约 7000 亿元规模的私募基金，占当时股市流通总市值的 1/2 左右。

4. 夹层贷款(Mezzanine Debt)

这类贷款自 20 世纪 80 年代起在美国出现，作为权益投资和抵押贷款的补充，来降低开发商所需要投入的自有资金比例。此类项目的资金结构一般是：抵押贷款占 70％，夹层贷款占 5％～25％，剩下的是开发商的自有资金。夹层贷款一般是短期的，贷款费用较高，利率也较高(通常高于银行基准利率 3～5 个百分点)，但能够为开发商节约自有资金投入，或者为开发商降低所需筹集的更为昂贵的权益资金额度。同时，夹层贷款有类似于合伙投资人的性质。

5.3　债券市场融资

5.3.1　债券的含义与种类

1. 债券的概念

债券是指社会各类经济主体为了筹集资金而向债券的购买者出具的、承诺按一定利率到期支付利息和偿还本金的一种书面凭证。对筹集资金者来讲表明对债券购买者所负担的债务，对债券购买者来讲表明拥有对发行债券主体的债权，债券表明一种债权债务关系。

2. 债券的基本要素

作为一种债权债务凭证，债券具备下面几个基本要素：

(1) 债券的票面价值。它包含两个方面：一是票面价值的币种方面，即以何种货币作为债券票面价值的计量单位。选择币种时主要依发行对象和实际需要来决定。一般来讲，如果发行对象是国内各类投资者，就选择国内货币作为债券票面价值的计量单位，如果发行对象是国外投资者，就选择债券发行地国家货币或国际通用货币作为债券价值的计量单位。二是债券的票面金额。债券票面金额的大小直接影响债券的发行成本及发行数量，从而影响筹资的效果。一般来说，票面金额较小，有利于债券发行，但发行费用较大；相反，票面金额较大，则发行费用较小，但不利于债券的发行。在美国债券的票面金额一般是 1000 美元。

(2) 债券的利率。即债券持有者定期获取的利息与债券票面价值的比率。例如，某投资者持有某公司债券面额 100 元，每年可从该公司获取利息 15 元，说明该投资者持有该债券的票面收益率是 15%。债券利率的高低是由发行债券的主体来决定的，但受银行利率、发行者的资信级别、偿还期限、利息的偿还方式以及资本市场资金的供求关系等因素的影响。

(3) 债券的到期日。债券有固定的偿还期限。所谓偿还期限是指债券自发行日开始至还本付息日为止的这段时间。偿还期限的长短确定主要受发行者将来一段时间可调配的资金规模、市场利率的状况、证券市场的完善程度、投资者的投资行为等因素的影响。一般来讲，偿还期限在 1 年以内的为短期，1 年以上 10 年以下的为中期，10 年以上的为长期。

(4) 债券的价格。这里指的是债券的发行价格。债券的票面价值是其发行价格的基础，但债券发行价格的确定还取决于资金市场供求状况、利息率的变化等因素。债券的发行有三种方式，即平价发行、溢价发行和折价发行。平价发行即是以票面价值对外发行；溢价发行是指高于票面价值对外发行；折价发行是指低于票面价值对外发行。

3. 债券的特征

(1) 偿还性。一般来讲，债券都规定了偿还期限。到期时，债务人必须向债权人支付利息和偿还本金。

(2) 收益性。表现在两个方面，一是债权人凭借债券根据票面利率从债务人那里定期取得利息收入，二是在资本市场上通过债券的买卖获得的收入。

(3) 安全性。投资于债券相对来说风险小一些，比较安全。因为：①债券在发行时利率已确定；②债券的还本付息有法律保障并且具有优先分配权；③发行债券的企业要接受银行和有关部门监督，以便保障债权人的利益。由于债券投资风险小，因此相对来讲收益也低一些。

(4) 流动性。债券随时都可在金融市场上流通、转让，因此流动性也较强，而且还能够以债券作抵押，取得银行等金融机构的贷款。

一般来讲，债券的这几个特征很难同时兼顾，比如要保证债券安全性，可能收益就低些；要使债券流动性强，收益可能就差一些。因此作为筹资者应充分考虑它们相互之间的关系，兼顾收益性、安全性与流动性，以吸引更多投资者购买，从而达到筹集资金的目的。

4. 债券的种类

债券的种类很多，而且在不同国家、不同地区分类方法也不一样。下面介绍按基本分类方法分类的债券种类。

(1) 按发行主体分类

按债券的发行主体不同，债券可以分为公众债券、金融债券、企业债券和国际债券几大类。

1) 公众债券，也称政府债券，包括国家债券和地方债券。是指国家和地方为了筹集资金而向购买者发出的一种有价证券；

2）金融债券。是指银行或非银行的金融机构发行的债权债务凭证。如日本的附息金融债券、贴现金融债券、美国的国民银行从属债券等，在我国，发行过普通金融债券、累进利息金融债券和贴现金融债券；

3）企业债券。是指企业为筹集资金而发行的债券。企业债券一般风险较大，因此利率也较高，通常国家为了保护投资者的利益，对企业债券的发行数量、时间、期限、利率等方面都有严格的规定。在我国明文规定，债券的发行主体仅限于我国境内的全民所有制企业。我国的企业债券目前主要有三种，即：重点企业债券、地方企业债券和企业短期融资债券；

4）国际债券。是指本国政府、大公司以及国际机构在本国以外的国际金融市场上发行的债券。国际债券的发行面额以外币计价。比如我国在日本发行的日元债券就属于国际债券。

(2) 按债券的偿还期限分类

1）短期债券。是指债券到期偿还本金的期限在 1 年以内的债券；

2）中期债券。是指债券到期偿还本金的期限在 1 年以上 10 年以内的债券；

3）长期债券。是指债券到期偿还本金的期限在 10 年以上的债券。

(3) 按债券利息的支付方式分类

1）一般付息债券。是指债券利息按债券面值计算，到期一次支付本息的债券。在我国，一般付息债券是常见的债券形式；

2）附息票债务。是指债券上附有每期如一年或半年领取利息凭证的债券。每次利息到期时，凭息票领取利息；

3）贴现债券。是指债券发行价格低于其面值，而到期时按面额偿还，债券票面值与发行价格的差额即为债券购买者的利息。此种债券利息是预先支付的，也就是以贴现的方式先行扣除，因而叫做贴现债券。

(4) 按债券本金的偿还方式分类

1）一次性偿还债券。是指债券发行单位在债券到期时一次性还本付息的债券；

2）分期偿还债券。是指债券发行单位在债券的偿还期内分期还本付息的债券。此种债券可减轻发行单位到期一次还本付息的财务负担；

3）通知偿还债券。是指债券发行单位在发行债券时附有条款，条款规定发行单位可随时提前还本付息的债券；

4）延期偿还债券。这种债券分两种情况：一是债券发行单位延长偿还期限的债券，二是债券购买者有权要求给予延期还本付息的债券。前一种情况是由债券发行单位根据自身的目的决定的，后一种情况是由债券购买者根据自身的利益决定的；

5）偿债基金债券。是指债券发行单位，按照债券合同的要求，从每年的盈余中按发行总额的一定比例提取一定数量的基金存入信托机构，以满足将来还本付息需要的债券。建立偿债基金的目的是债券发行单位可根据自身的需要在金融市场上或债券持有者手中收回债券；

6）可转换债券。是指债券发行单位在发行债券时规定，在特定条件下，根据债券购买者的选择，可继续拥有到期收回本息，也可转换成普通股的债券。

(5) 按债券有无担保分类

1) 无担保债券，也叫信用债券。是指债券发行单位凭借其自身的信用而发行的没有抵押品作担保的债券。企业发行无担保债券时，银行对发行者的行为有一些约束限制，以保障投资者的利益。

2) 担保债券。是指债券发行单位在发行债券时以发行者的资产作为抵押或者有担保人作保证到期还本付息的债券。它又可分为抵押债券、抵押信托债券和保证债券。①抵押债券。是指以发行单位的土地、设备、房屋等不动产作为抵押品而发行的债券。债券到期时如发行债券单位不能还本付息，则债券购买者有权要求处理抵押品来支付；②抵押信托债券。是指以发行单位的有价证券作为抵押而发行的债券，通常是指以发行单位的其他债券和股票作为抵押，一般来讲，在以有价证券作为抵押品发行债券时，需将有价证券抵押品交给发行单位委托的信托机构抵押，如到期企业不能还本付息，信托机构有权处理抵押的有价证券，以保证投资者的利益；③保证债券。是指发行单位以第三者作担保发行的债券。担保人一般来讲是政府、银行、金融机构及信誉较好的大公司(企业)等。

(6) 按债券购买者的收益分类

1) 固定利率债券。是指债券发行单位在发行债券时就规定了利率的债券。这种规定的利率不受市场利率的影响，债券购买者凭借利率到期获取固定利息。

2) 浮动利率债券。是指债券发行单位在发行债券时没有固定利率，利率随市场利率的波动而变化的债券。发行浮动利率债券可使债券购买者在市场利率上下波动情况下避免其收益受通货膨胀的影响。

3) 收益债券。是指债券发行单位在发行债券时指出债券到期是否还本付息要依赖企业的盈余状况来决定的债券。发行单位具有到期还本付息的义务，但能否履行，则要看发行单位的盈余状况，如果有盈余就支付本息，如果亏本，就不支付本息。收益债券的风险较大，但对发行单位来讲不会导致企业破产。

4) 免税债券。是指发行单位在发行债券时所支付的利息政府不征收发行单位税金的债券。但这类债券的利息比较低。

5) 附新股认购权债券。是指债券发行单位规定，购买此种债券者即可拥有发行单位新股认购权利的债券。

(7) 按债券是否记名分类

1) 记名债券。是指债券发行单位在发行债券时在债券票面上需要记载购买者姓名的债券。这种债券购买者需要在发行单位登记注册，并需经背书才能流通转让。

2) 不记名债券。是指债券发行单位在发行债券时在债券票面上不需记载购买者姓名的债券。此种债券不需在发行单位登记注册，不需背书就能流通转让，流动性较好。

5.3.2　债券价格与收益率

1. 债券的价格

债券的价格指的是债券的发行价格，是债券实际发行时收到的资金。它的高低取决于债券的价值，同时还与资金的供求状况、利息率的变化等因素有关。债券的发行价格有三种方式，即平价发行、溢价发行和折价发行。平价发行即是以票面价值对外发行；溢价发行是指高于票面价值对外发行；折价发行是指低于票面价值对外发行。

债券的价值也叫内在价值，是指债券预计未来可能发生的现金流量按照一定的折现率折现的价值，是估计的价值，因此它是理论价值。

(1) 债券价值的基本模型

一般来讲，购买债券都能够按债券的票面利率定期获取利息并到期收回本金，因此，债券的价值可以看作在债券持有期间，本金和利息的现值之和。将定期支付的利息视为年金，本金的偿付看作是一次性付款项目，那么债券的价值是年金现值和复利现值之和，表示为：

$$V_0 = \sum_{t=1}^{n} \frac{I}{(1+r)^t} + \frac{M}{(1+r)^n} \tag{5-8}$$

或：
$$V_0 = I \cdot (P/A, r, n) + M \cdot (P/F, r, n)$$

式中　V_0——债券的价值；

　　　I——每年支付的债券利息额，即票面利率×面值；

　　　M——债券到期偿还的价值，通常是债券的票面面额；

　　　r——投资者要求的投资报酬率，通常用市场利率表示；

　　　n——债券到期的年限。

(2) 例题

【例 5-8】　某公司发行一种债券，面额为 1000 元，偿还期限为 10 年，该债券的票面利率为 15%。

分三种情况讨论债券的内在价值。

1) 在其他条件不变时，假设资本市场利率为 15% 时，债券价值为：

$$\begin{aligned}
V_0 &= I \cdot (P/A, r, n) + M \cdot (P/F, r, n) \\
&= 1000 \times 15\% \times (P/A, 15\%, 10) + 1000 \times (P/F, 15\%, 10) \\
&= 150 \times 5.0188 + 1000 \times 0.2472 = 1000
\end{aligned}$$

这是债券在第 0 年时即上市时的价值，债券上市 1 年后的价值为：

$$\begin{aligned}
V_1 &= I \cdot (P/A, r, n) + M \cdot (P/F, r, n) \\
&= 1000 \times 15\% \times (P/A, 15\%, 9) + 1000 \times (P/F, 15\%, 9) \\
&= 150 \times 4.7716 + 1000 \times 0.2843 = 1000
\end{aligned}$$

如果我们继续计算债券上市后第 2、3 年的价值，会得出同样的一个结论，因此，在债券的票面利率与市场利率一致时，债券的价值在任何时候与其面值都是相等的。

上面我们讨论了债券票面利率与市场利率一致时债券的价值，但实际上，债券的票面利率与市场利率经常有差别。

2) 在其他条件不变时，假设资本市场利率为 10%，即低于债券的票面利率，则债券的价值为：

$$\begin{aligned}
V_0 &= I \cdot (P/A, r, n) + M \cdot (P/F, r, n) \\
&= 1000 \times 15\% \times (P/A, 10\%, 10) + 1000 \times (P/F, 10\%, 10) \\
&= 150 \times 6.1446 + 1000 \times 0.3855 = 1307.19
\end{aligned}$$

由上述计算可知，在市场利率为 10% 时，债券上市的价值为 1307.19，高于其面值。

债券持有 1 年后，其价值为：

$$V_1 = I \cdot (P/A, r, n) + M \cdot (P/F, r, n)$$
$$= 1000 \times 15\% \times (P/A, 10\%, 9) + 1000 \times (P/F, 10\%, 9)$$
$$= 150 \times 5.7590 + 1000 \times 0.4241 = 1287.95$$

上述结果表明债券持有 1 年后的价值低于债券发行时的价值。如果继续计算债券在持有第 2 年、第 3 年的价值，其价值还会降低，到第 10 年时，其价值刚好等于 1000 元。因此，当市场利率小于债券票面利率时，债券的价值会逐年下降，直至到期时，债券的价值刚好等于其面值。

3）在其他条件不变时，假设资本市场利率为 20%，即大于债券票面利率，这时，债券的价值为：

$$V_0 = I \cdot (P/A, r, n) + M \cdot (P/F, r, n)$$
$$= 1000 \times 15\% \times (P/A, 20\%, 10) + 1000 \times (P/F, 20\%, 10)$$
$$= 150 \times 4.1925 + 1000 \times 0.1615 = 790.375$$

持有该债券 1 年以后，该债券的价值为：

$$V_1 = I \cdot (P/A, r, n) + M \cdot (P/F, r, n)$$
$$= 1000 \times 15\% \times (P/A, 20\%, 9) + 1000 \times (P/F, 20\%, 9)$$
$$= 150 \times 4.0310 + 1000 \times 0.1938 = 798.45$$

上述结果说明，当市场利率大于票面利率时，债券的价值会上升，如果计算第 2 年、第 3 年的债券价值，其价值也会上升，直至 10 年到期时其价值刚好等于其面值为止。

以上计算结果可以通过图 5-1 来分析。

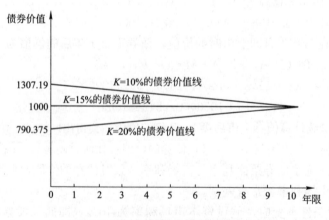

图 5-1 债券价值与市场利率的关系

根据图形，我们能得出以下几个结论：①当市场利率与债券票面利率一致时，债券的价值等于其面值；②当市场利率低于债券票面利率时，债券的价值高于其面值；③当市场利率高于债券票面利率时，债券的价值低于其面值；④市场利率提高会使市场上债券价格下跌，而市场利率降低会使市场上债券价格上涨；⑤随着债券偿还期限的临近，债券的价值会越来越接近其面额。

2. 债券的到期收益率

所谓到期收益率是指以市场价格购进某种债券至到期日止的投资利润率是多少。假设某投资者以 1307.19 的价格购买 10 年期、票面利率为 15％、面值为 1000 元的债券，持有该债券至到期日，其收益率为：

$$V=\sum_{t=1}^{10} \frac{150}{(1+r)^t}+\frac{1000}{(1+r)^{10}}=1307.19(元)$$

通过计算可得到期收益率 $r=10％$。债券票面利率的高低直接影响到期收益的多少。

3. 债券的利率风险

债券利率风险是指利率变化给投资者带来的收益风险，由于市场利率发生变化，债券的价值也会相应的发生变化。一般地，债券持有的期限越长，承受的利率风险就越大；反之，期限越短，承受的风险就越小。

例如，有两种债券，面值均为 1000 元，票面利率均为 12％，期限分别为 1 年和 10 年，当市场利率不同时，它们的价值也发生变化。计算结果见表 5-1。

不同期限债券价值同利率关系比较   表 5-1

市场利率 r	债券价值	债券价值
	1 年期债券	10 年期债券
5％	1066.67	1540.50
10％	1018.18	1122.85
12％	1000	1000
15％	973.92	924.26
20％	933.33	664.6

计算结果可以通过图 5-2 表示：

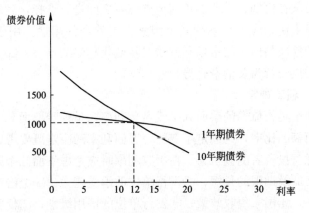

图 5-2   不同期限债券价值同利率关系

从图 5-2 可知，长期债券的价值受市场利率影响较大，而短期债券的价值受市场利率影响较小。

5.3.3　债券的发行与偿还

债券是项目融资的渠道之一，怎么样才能通过发行债券筹集资金？作为债券发行者必须做出有关债券发行方式、发行数量、发行种类、发行期限、发行价格等方面的决策。

1. 债券发行方式

债券的发行方式可分为私募发行和公募发行两大类。

（1）私募发行。是指向与发行者有密切关系的投资者进行的发行，如企业内部职工、金融机构等。私募发行节省时间、费用，一般都是企业直接销售，但私募发行债券数量一般较少。

（2）公募发行。是指向社会进行的发行。此种发行范围较广，筹资潜力较大，但发行手续复杂、发行费用较高，而且一般来讲，公募发行债券者必须具备一定条件。

2. 债券发行数量

债券的发行数量必须有一个合理界限，既要保证生产企业对资金的需要、达到筹集资金的目的，而又不能影响资金使用效果、增加发行单位的负担。发行数量的确定首先考虑其发行成本，比较几种不同筹资方式的资金成本，选择最经济最方便的资金来源；其次是考虑企业将来的盈利能力和偿还能力，否则具有破产的风险；最后考虑通货膨胀的风险。

3. 债券的发行种类

在确定了发行数量之后，发行单位要决策债券发行的种类。债券的种类很多，发行单位必须考虑发行什么种类的债券才能吸引投资者购买。因此在债券发行种类方面必须考虑利率的高低、通货膨胀的影响、各种附加条件等。

4. 债券的偿还期限

发行单位必须在短期、中期、长期债券三者之间进行选择，到底应发行什么期限的债券，一般来讲，应考虑下列几个因素：①筹资的用途。用于什么项目的投资、投资项目的性质如何；②市场利率状况及变化趋势的预测；③金融市场的完善程度；④居民的投资行为及消费趋势。

5. 债券发行利率确定

债券发行利率是指债券的票面利率或名义利率，是债券票面载明的利率，是债券利率与债券面额的比率，是固定不变的。票面利率的决定既要考虑发行单位的承受力，又要考虑对投资者的吸引力。在决定利率时应考虑下面几个因素：①银行同期利率水平的高低及期限的长短；②发行单位的承受能力；③金融市场上其他类别债券的利率水平；④国家税收政策；⑤发行单位的信用级别；⑥债券发行有无附加条件等。

6. 债券的发行程序

在不同国家债券的发行程序有所区别，但都必须按照政府的有关法律和规则进行。一般来讲，主要经过下列程序：

（1）制定发行方案，内容包括债券发行金额、期限、利率、范围、方式、资金用途、现有资产、经济效益预测、偿付资金来源等；

（2）发行单位决策者审议；

（3）申请国家及主管部门批准。发行单位在申报时必须按有关规定报送材料；

（4）确定募集方式、签立协议。公募方式有三种：代销、金额包销、余额包销。每一种公募方式都要明确规定销售的责任、义务、报酬及数量等；

（5）向社会发出募集公告。债券发行单位发行债券前要以公告形式公布自身的经营管理概况、财务状况、发行计划、发行债券目的、金额、还本付息的方式、偿还期限等；

（6）正式募集。购买者认购、交割；

（7）发行完毕。

5.3.4 债券的收回与偿还

债券的收回与偿还有多种方法，可在到期日按面值一次偿还，也可分批收回或分批偿还。

1. 收回条款

如果企业发行债券的契约中规定有收回条款，那么，企业可按特定的价格在到期日之前收回债券。债券的收回价格一般比面值要高，并随到期日的接近而逐渐减少。具有收回条款的债券可使企业融资有较大的弹性。当企业资金有结余时，可收回债券。当预测利率下降时，也可收回债券，而后以较低的利率来发行新债券。

2. 偿债基金

偿债基金是一种帮助企业有条理地偿还所发行的债券的一种准备金。一般来说，如果发行债券的契约中规定有偿债基金，则要求企业每年都提取偿债基金以便顺利偿还债券。提取的偿债基金有的每年金额固定，有的根据每年的销售额或盈利计算确定。

3. 分批偿还

一个企业在发行同一种债券的当时就订有不同的到期日，这种债券为分批偿还债券。由于各批的到期日不同，因而发行价格和规定的利率也不尽相同，这样，如果公开发行，会花费较多的发行费，但这种债券便于投资人挑选最合适的到期日，因而便于发行。

4. 以新债券换旧债券

发行新的债券来调换一次或多次发行的旧债券叫"债券的调换"。企业之所以要进行债券的调换，一般有以下几个原因：①原有债券的契约中订有较多的限制条款，不利于企业的发展；②把多次发行、尚未彻底偿清的债券进行合并，以减少管理费；③有的债券到期，但企业现金不足。

5. 转换成普通股

如果企业发行的是可转换债券，那么，可通过转换变成普通股来收回债券。

6. 到期一次以现金方式偿还

我国发行的债券目前多数采用此种方式。《企业债券发行与转让管理办法》对债券的偿还做出了明确的规定。面向社会公开发行的企业债券，在债券到期兑付之前，应由发行人或代理兑付机构于兑付日的 15 天以前，通过广播、电视、报纸等宣传工具向投资人公布债券的兑付办法，其主要内容应包括：①兑付债券的发行人及债券名称；②代理兑付机构的名称及地址；③债券兑付的起止日期；④逾期兑付债券的处理；⑤兑付办法的公布单位及公章；⑥其他需要公布的事项。

5.3.5 国际债券融资

国际债券是指国际金融机构和一国政府的金融机构、企业事业单位，在国际市场上以外国货币为面值发行的债券。发行国际债券，对借款者来讲，可筹到长期资金，同时由于发行债券对资信要求较高，能够发行债务也是信誉的一种象征。对投资者来说，可获得资金收益，同时拥有债券较强的流动性。所以，20 世纪 80 年代以来，国际债券业务发展极快，这就是所谓的国际金融证券化趋势。

国际债券分为传统的国际债务——外国债券（Foreign Bond）和新型的国际债务——欧洲债券（Eurobond）两种。外国债券早在 19 世纪就已经存在，是指国际债券发行人通过外国金融市场所在地国家的银行或其他金融机构，发行的以该国货币为面值的债券，其特点是债券发行人属一个国家，而债券的面值货币和发行市场则属于另一个国家。例如我国在日本发行的日元债券，为外国债券。欧洲债券是指国际债券发行人通过银行或其他金融机构在债券面值货币所属国以外的另一个国家发行并推销的债券。其特点是债券发行人属于一个国家，债券发行地在另一个或另几个国家金融市场上发行，债券面值用非发行地所在国货币表示。例如，我国在日本发行美元债券则属欧洲美元债券。

1. 国际债券市场概况

国际债券市场是指由国际债券的发行人和投资人所形成的一种金融市场。相应于外国债券和欧洲债券，国际债券市场也分为外国债券市场和欧洲债券市场。

(1) 外国债券市场

外国债券市场是一种传统的国际债券市场。当前，世界上主要的外国债券市场有美国的纽约、日本的东京、瑞士、英国的伦敦、德国的法兰克福。

1）纽约外国债券市场。外国借款者在美国发行的以美元计价，并主要由美国国内包销团经办的债券称扬基债券（Yan Kee Bonds）。扬基债券须经美国证券交易委员会批准才允许出售给美国公众。债券期限以中期为主，一般是 6～8 年。借款者一般为国际机构、外国政府或其机构，也有一些公司借款人。

2）日本的外国债券市场。外国借款者在日本资本市场上发行的日元债券通常称为武士债券（Samurai Bonds）。武士债券的期限一般为 5～20 年。借款人多为国际性机构、评级较高的外国政府机构，另有一些私人企业。武士债券的发行和召募要事先向大藏省申报，发行时须以某家日本主要证券机构为牵头经理人。

3）瑞士的外国债券市场。瑞士的外国债券市场是目前世界上最大的外国债券市场。瑞士法郎外国债券业务的经营权限于瑞士本国的银行与金融公司，如果外国债券是公募发行，则一律由固定的包销团包销，且分配比例通常是固定的。发行公募债券须经瑞士银行批准，期限为 8～15 年。

4）英国的外国债券市场。英国是老牌的外国债券市场。在英国发行的外国债券称为猛犬债券（Bultdog Bonds），期限为 5～40 年。外国政府与企业皆可发行。公募的由伦敦市场的银行组织包销团。

5）德国的外国债券市场。德国的外国债券市场主要在法兰克福，是仅次于瑞士和纽约的市场。该市场的特点是德国 6 家主要银行组成外国债券小组委员会，以自我调节方式调整债券的发行。该委员会每月开会一次，决定和公布发行债务的时间安排和发行量等，债券期限一般为 5～10 年。

（2）欧洲债券市场

欧洲债券市场是新型的债券市场。导致欧洲债券市场产生的因素很多，最重要的三项因素如下：

1）较少的管理性干涉

大多数国家的国内债券市场是使国内储蓄转换为国内投资的场所，由于国内储蓄是一种稀少性的资源，各国政府并不希望外国人可完全自由地在该市场发行债券，其主要原因是担心资金外流，国内国民储蓄被外国人所利用，于是采取一些措施来限制外国人到国内发行及销售外国债券。由于这些限制，导致欧洲债券市场的产生。管理外国债券的各种规定是由债券发行地政府制定的，这些规定一般包括：①限制发行债券的类型，例如无担保债券、零息债券或可转换债券。②限制每次发行的最低及最高发行额，或者限制发行者在某一期间内进入市场的等候时间。③对发行者或发行债券规定最低的品质标准（信用评级）。④定期提出报告的需要。⑤限制何种金融机构能承销新债券。一般来说，对以外国货币计价的债券在其国内销售给持有外币的国人，政府较少给予严格限制。事实上，欧洲债券的销售通常是同时在多个国家进行。

2）规定披露事项较宽

比起美国证券及交易委员会（SEC）对美国国内销售债券，欧洲债券对披露事项的要求较少。美国公司发现，通常欧洲债券发行所需的登记成本比在国内发行低，而且新债券发行所需的时间也较短。非美国公司也比较喜欢发行欧洲债券而不愿意在美国发行外国债券，因为不愿增加发行成本。需要披露事项，要向 SEC 登记，例如，国外公司的高层管理人员非常反感公开他们的薪水，以及对自己公司股票的交易必须呈报。依据美国会计原则所编制的外国财务报表相当费钱，对经营情况也需要较详细的披露。然而，最近 SEC 已放宽私人直接销售方式所需披露的事项，期望能增强美国债券市场的吸引力。

3）优惠的租税地位

欧洲债券的利息一般免除所得税扣缴。1984 年 6 月以前，美国公司发行欧洲债券在支付给外国人利息时，需扣缴至多 30% 的利息所得税，交给美国国税局，扣缴税率的高低视外国人居住地国家是否和美国签订双边租税协议而定。美国公司为规避此所得税扣缴，一般都到荷属安的列斯(The Netherlands Antilles)去设立子公司，再以子公司的名义发行欧洲债券。1984 年美国税法修订，免除外国人拥有美国公司所发行的债券的利息所得税，美国公司因而发觉直接向外国人销售欧洲债券相当可行。美国扣缴所得税的取消也促使其他国家如法国、德国及日本相继取消类似所得税的扣缴，以避免资金从国内债券市场流出。

欧洲债券通常是无记名式的，债券所有人的姓名及其所属国家不登记在债券上。领息时，债券持有者只要将附于债券的息票撕下，交给银行即可。欧洲投资者习惯于无记名式债券所提供的隐私权，他们不太愿意购买记名式债券，以免领息时泄露自己的身份。

上述三项是导致欧洲债券市场产生的主要因素，但这并不意味着欧洲债券市场是一个缺少监管的市场。由于欧洲债券买卖后，金钱的交付必须经过债券计价货币发行国的银行体系，当地政府(特别是中央银行)通常对新发行市场颇具影响力。例如 1985 年以前，马克欧洲债券的总发行额及发行时间受联邦德国中央资本市场委员会辖下的外国发行次委员会所管理，此次委员会成员为六家联邦德国银行，另外联邦德国中央银行为观察员。这六家银行自行设立发行限额，然后把配额分配给自己，此种卡特尔式的安排，目的在于控制国内资金成本。1985 年废除发行配额制度，国外投资银行的联邦德国子公司被允许为新债券发行的主要经理人。但马克欧洲债券可在联邦德国境外发行，却必须在联邦德国股票交易所挂牌，债券成交后，要由法兰克福的清算系统来清算。日本在 1984 年以前，在大藏省的指导下，日本证券公司每年只能发行 4～6 次的国际债券，每次发行额最高不能超出 150 亿日元，最长期限为 10 年。借款人如为国际性机构，必须有过去至少发行 1 次武士债券的记录，才具有发行日元欧洲债券的资格。借款人如为外国政府，则过去要有发行 2 次武士债券的记录，以上 2 个借款人同时也要由美国评级机构评定为 AAA 级以上。新债券发行必须由一个日本证券商为主要经理人。由于此种规定，1977 至 1984 年间只有 11 个政府及国际性金融机构进入日元欧洲债券市场。1984 年 5 月，日本政府宣布放宽欧洲日元融通的限制，日元欧洲债券市场开始允许日本及非日本公司进入，外国银行也被允许成为主要经理人。1985 年，外国银行也可进入日元欧洲债券市场，成为日元借款人。另外，瑞士法郎欧洲债券于 1963 年首次由 Copenhagen 市发行，随后，瑞士政府禁止发行，故从 1963 年起至 1982 年止，瑞士法郎欧洲债券市场近乎关闭。

大多数欧洲债券在卢森堡或伦敦股票交易所挂牌，申请挂牌时，两交易所皆要求提供一些必要文件。例如，卢森堡要求提供：①20 份初步及 50 份最终公开说明书，另外，还需一份由发行者、保证人及会计师签章的最终公开说明书。②3 份发行者及保证人最近 5 年的年报。③4 份发行者及保证人验证过的法人文件。④包销、销售、支付代理及财务代理合同各 3 份。⑤4 份债券样本。⑥3 份董事会授权发行者及保证人发行债券的决议录、需政府许可的证明文件 3 份及 3 份发行者对股票交易所的承诺函。⑦2份其他的法律合同。若前往伦敦股票交易所挂牌，也需提供类似的必要文件。

相对于初级市场，次级市场完全免除政府的管制。然而，初级市场及次级市场皆有各自的自律组织，由业者组成职业商会负责管理，以保证提供有效率及开放性的市场。次级市场是由国际证券市场协会来管理，初级市场则由国际初级市场协会来管理。关于债券的法律问题，公开说明书中，会明示管制法律的适用，而依据法律一般为英国法律或发行者国家的法律。

2. 国际债券的发行

(1) 国际债券评级

在国际债券市场发行公募债券，一般通过专门的评级机构对发行者的偿还能力做出估价，对债券发行进行信誉评级，以作为机构投资者或个人投资家购买债券的参考，保证债券购买者的利益。

国际债券评级一般由国际债信评级机构进行。很多国家对债券设有评级机构，目前世界上最有名的评级机构是美国的标准普尔公司(Standard&Poor's)和穆迪公司(Moody's)。这两家评级机构对借款人评定的级别不仅为美国市场所承认，通常也为包括欧洲和日本在内的国际市场承认。需要注意的是，对发行者的信誉评级是对发行者发行该项债券的还本付息能力的评定，不一定就代表发行者总的资信情况。

各国评估机构对债券评价分类方法略有不同，但分级基本原则大体相似，即按公司对其发行债券的本金和利息支付能力及风险程度来划分。目前，国际上债券评级一般分9个级别：AAA(最高级)、AA(高级)、A(中高级)、BBB(中级)、BB(较低级)、B(投机性)、CCC(投机性大)、CC(投机性很大)、C(可能违约)。按国际惯例，借款人每发行一次债券，都要重新评定债券级别。对信誉评级的掌握，外国债券要严于欧洲债券。

(2) 发行国际债券的基本条件

确定国际债券的发行额、选用货币、期限、利息、发行价格等，统一称为发行条件。

1) 发行额(Amount of Issue)。发行额是发行债券的总值，是一笔债券所筹集的资本总额，应根据发行人的资金需要和市场销售的可能性确定，发行额必须适当，过少会影响发行者资金利用，过多则会造成销售困难，影响以后继续筹资。

2) 票面额(Face Amount)。应根据发行货币的货币体系和市场流通情况确定。

3) 票面利率(Face Rate)。票面利率的高低随发行市场、发行时期、发行时的国际经济金融形势和发行者的信誉等级不同而变化。债券票面利率取决于当时的银行存款利率和资金市场情况。

4) 发行价格(Issue Price)。债券的发行价格以债券出售价格与票面金额的百分比来表示，以票面价格发行的叫平价发行(At Par)，以低于票面价格发行的叫低价发行(Under Par)，以超过票面价格发行的叫溢价发行(Over Par)。

5) 债券期限(Maturity)。债券期限的确定，要考虑到发行者对资金使用期限的要求，也要考虑市场的传统做法，以及投资者的选择。目前，国际债券的偿还年限一般为 5～20 年。

6）费用(Fee)。发行债券的费用，包括债券印刷费、广告费、承购费、登记代理费、受托费、支付代理费以及律师费等。

7）偿还方式(Redemption)。国际债券的偿还方式主要有两种。一是债券期满一次偿还；二是债券在中途开始偿还。这又分三种：定期偿还，即经过一定宽限期后，每过半年或一年偿还一定金额，到期满时还清余额；任意偿还，即宽限期后，发行者可任意偿还其债务的全部或一部分；购回注销，即由发行人在规定期限从市场购回债券予以注销。

(3) 国际债券的发行程序

各个市场发行国际债券的程序以及当事人等略有不同，但发行步骤基本相似。

1）准备阶段。商议决定选择牵头经理人，并由牵头经理人向发行地国家政府表明发行债券的意向，征得该国政府的许可。

2）牵头经理人协助发行人完成资信评级事宜。

3）牵头经理人组织承购集团，并商讨债券发行的基本条件和条款。

4）发行人按一定格式向发行地国家政府递交发行债券申请文件，并与承购集团及其他代理机构签订各种协议。

5）承购集团代表(一般是牵头经理人)收取承购集团成员承购债券的款项，承购集团成员得以在市场上推销。

(4) 我国有关国际债券发行的规定

为了加强境外发债的管理工作，中国人民银行于 1987 年 9 月正式发出了《关于中国境内机构在境外发行债券的管理规定》。规定中明确，中国人民银行总行是境内机构在境外发行债券的审批机关，国家外汇管理局及其分局是境内机构在境外发行债券的管理机关，负责审查、协调和监督债券的发行及所筹资金的使用和偿还，发行境外债券逐步向法律化、制度化、规范化迈进，不断开辟新的国际资本市场，为中国经济建设筹措更多、成本更低的国际资金。

1）中国发行国际债券的申报、审批程序

中国境内机构如需在境外发行债券，要以书面形式向当地外汇管理部门申请，并提交以下文件资料：发行单位最近连续 3 年内的业务、财务及外汇收支情况的报告；发行债券的市场对象、发行方式和发行条件计划草案，包括：债券期限、总金额、币种、利率、费用、价格估算等情况；牵头经理人(主干事)和主受托银行选定设想；所筹资金的管理，对汇率、利率风险的管理措施意见；债券发行单位偿还债券本息的意见和计划。

2）期中资料上报

境外发行债券若经批准，发行单位要从批准后到债券上市阶段中，向管理部门提供期中资料报告，包括：发行单位在发行债券当天，将发行情况报告管理部门；在发行完成后 20 天内，发行单位要将发行的有关文件、资料及发行总结向外汇管理部门报告并备案；债券发行后若需在债券发行地以外的金融市场上市，要事先报管汇部门备案；上市后的情况，如交易量、交易价格的变化等情况，要随时向管汇部门报告。

3）中国国际债券的发行申请

在中国申请发行国际债券，尤其是债券筹资是用于项目投资的，需准备以下资料：用于投资项目的可行性分析报告；投资项目的配套人民币来源及物资保证的证明文件；投资项目纳入国家或地方固定资产投资计划的证明文件；发行债券所筹资金的使用计划。

对所筹资金计划转贷给国内企业的，申请时还要附以下资料：借款企业的业务、财务经营情况和外汇收支情况；企业借款的主要用途、配套资金及物资保证情况；纳入国家固定资产计划情况；资金的使用和偿还计划；项目的可行性研究报告；发行单位与借款企业签订的借款合同。

对接受国内机构委托发行债券的，申请时还要附以下文件和资料：委托双方的发债协议书；受托机构根据规定应提交的文件资料；委托和受托机构双方的所在地管汇部门，对申请分别提出有关发行境外债券的审查报告。

4）发行国际债券的评级申请

发行债券如确需经评级机构评级，必须先向国内管汇部门提出申请，并附拟由哪一评级机构评级的名单；用于评级的材料；评级程序等计划资料。

申请经国内管汇部门批准后，向国外评级机构提出评级申请。经过评级，发行单位要在 3 日内向管汇部门报告评级结果。中国人民银行总行根据评级的结果，决定是否批准其在国外发行债券。对需再次评级的机构，若结论与前次不同，要在 3 日内向管汇部门报告结果及原因。

5）资金运用与本息偿还

对资金用于自身建设或经营的发行债券机构，所筹资金要按批准使用并负责偿还；对受地方政府委托发行债券的，筹来的资金用于地方政府计划的项目，则由地方政府按外汇收支计划偿还本金和利息；对受国家委托发行境外债券的，筹来的资金由国家安排使用，本息偿还纳入国家外汇支出计划，由国家负责偿还。

3. 欧洲债券

欧洲债券是一国的政府、金融机构、工商企业或国际组织在国外债券市场上以第三国货币为面值发行的债券。例如，法国一家机构在英国债券市场上发行的以美元为面值的债券即是欧洲债券。欧洲债券的发行人、发行地以及面值货币分别属于三个不同的国家。

(1) 欧洲债券的种类

欧洲债券的种类有很多，按照不同的标准可以划分为不同的种类。

1）按照债务资金的期限划分

按照债务资金的期限，欧洲债券可以进一步划分为长期债券市场上的欧洲债券和中短期债券市场上的欧洲债券。

① 长期债券市场上的欧洲债券。欧洲债券是长期债券市场的主要资金形式。欧洲债券的期限一般在 5 年以上，最长期限可达几十年。

② 中短期债券市场上的欧洲债券。中短期债券市场上的欧洲债券有两种主要资金形式：欧洲期票和欧洲商业票据。两者均始于 20 世纪 70 年代。中短期债券期限一般为 30～180 天，但有时也有期限为 1～2 年的债券在市场上发行。

长期债券和中短期债券都可以作为项目融资的债务资金来源，所不同的是，由于项目融资安排的是长期债务，在使用中短期债券市场时，必须要引入债券的循环机制。

2) 按照所采用的利率划分

按照所采用的利率的不同，欧洲债券又可以分为固定利率、变动利率和浮动利率三种基本债券类型。

① 固定利率债券

固定利率债券一般有三种形式：简单形式债券、零息债券和可转换债券。

简单形式债券是欧洲债券中最简单、最常用的一种形式，占市场发行比例的 70%，这种债券具有固定的利率和兑现日期，通常为每年支付一次利息，兑现日偿还本金。

零息债券是简单形式债券的一种创新。这种债券不支付利息，而是以比其面值低得多的实际发行价格发行。债券持有人的收益来自债券承兑时的资本增值。

可转换债券是一种比较高级的债券创新。可转换债券是附上转换权的公司债券，可以按照一定条件，在特定时间转换为股票的债券，因而，同时具有了债券和股票的属性。其持有人不仅能享有债券带来的收益，还能享有股票带来的收益。

② 变动利率债券

变动利率债券的利率可以按照事先规定的条件调整，但是无论变动的频率还是变动的幅度均小于浮动利率债券。这类债券有分期利率债券和最低/最高利率债券两种形式。

分期利率债券在一定的年限内支付一种利率，在债券的剩余时间内支付另一种利率。

最低/最高利率债券确定利率的方法与浮动利率债券相似，也是以 LIBOR 作为基础，但是规定利率变动的上、下限。早期的最低/最高利率债券是作为浮动利率债券发行的，但是由于这类债券利率上、下限变化范围非常小，所以现在被归类为变动利率债券。

③浮动利率债券

20 世纪 70 年代以来，国际金融市场上利率变化趋于激烈，造成一些固定利率债券持有人的实际资产价值受到损失，因而一些带有资本保值性质，使债券持有人的实际收益高于现金存款收益的浮动利率债券应运而生。浮动利率债券按照预先规定的定价公式和定价周期，决定债券的利率。浮动利率债券的定价周期一般为 3～6 个月，利息也按照这个周期支付。利率通常以 LIBOR 或者美国财政部债券利率作为定价基础再加上一个贴水。

(2) 欧洲债券的特点

欧洲债券的特点如下：

1) 它是一个境外市场，不受各国金融政策、法令的约束。债券发行自由，无需得到有关国家政府的批准。债券持有人所获利息，无需缴纳所得税。

2) 发行债券的种类较多。

3) 对发行债券的审批手续、资料提供、评级条件的掌握，不如其他债券市场严格。

4) 债券发行者在债券发行前要进行一定的宣传，促进投资者对发行者及其债券的了解。

5) 债券票面使用的是多种货币，主要有美元、德国马克、日元、瑞士法郎、加拿大元等。

6) 欧洲债券市场在地理范围上并不仅限于欧洲，还包括亚洲、中东等地区的国际债券市场。

(3) 欧洲债券的发行

发行欧洲债券首先要由几家大的国际性银行牵头组织一个国际辛迪加承保所有债券的主要部分，而承保辛迪加往往还组织一个更大的认购集团。认购集团一般都由 50 家以上的代理机构组成，即首先由认购集团认购，然后再由它们转到二级市场上去销售。在进入二级市场以前，欧洲债券的发行不公开进行而是在认购集团内部分配。一般在进入二级市场时才进行宣传，其宣传方式是在金融报纸上刊登广告。

欧洲债券最初主要以美元为计值货币，发行地以欧洲为主。70 年代后，随着美元汇率波动幅度增大，以德国马克、瑞士法郎和日元为计值货币的欧洲债券的比重逐渐增加。同时，发行地开始突破欧洲地域限制，在亚太、北美以及拉丁美洲等地发行的欧洲债券日渐增多。欧洲债券自产生以来，发展十分迅速。1992 年债券发行量为 2761 亿美元，1996 年的发行量增至 5916 亿美元，在国际债券市场上，欧洲债券所占比重远远超过了外国债券。欧洲债券之所以对投资者和发行者有如此巨大的魅力，主要有以下几方面的原因：

第一，欧洲债券市场是一个完全自由的市场，债券发行较为自由灵活，既不需要向任何监督机关登记注册，又无利率管制和发行数额限制，还可以选择多种计值货币。而且，通过发行欧洲债券，可以接触到范围非常广泛的投资者，这是其他债务资金形式所无法比拟的。

第二，发行欧洲债券筹集的资金数额大、期限长，而且对财务公开的要求不高，方便筹资者筹集资金。

第三，欧洲债券通常由几家大的跨国金融机构办理发行，发行面广，手续简便，发行费用较低，集资时间比较短。一旦发行系统建立起来，每次发行债券所需要的时间就非常短，这样可以有效地抓住机会，迅速进入市场。在还款日期安排上比辛迪加银团贷款灵活。

第四，欧洲债券的利息收入通常免缴所得税。在一些国家，采用欧洲债券方式融资，还可以获得不用支付利息预提税的优惠。

第五，欧洲债券以不记名方式发行，并可以保存在国外，适合一些希望保密的投资者的需要。

第六，欧洲债券安全性和收益率高。欧洲债券发行者多为大公司、各国政府和国际组织，一般都有很高的信誉，对投资者来说是比较可靠的。同时，欧洲债券的收益率也较高。

当然，欧洲债券也有它的不足之处：

第一，由于欧洲债券市场上的投资者组成非常分散，所以投资者很难掌握一个复杂的项目融资结构和愿意购买与之有关的债券。这个问题是利用欧洲债券市场为项目融资筹集债务资金的主要障碍。只有很少一部分已经被这个市场所接受的借款人可以比较容易地利用该市场筹资，对于多数的项目融资(特别是在发展中国家的项目)，都需要有类似辛迪加银团贷款那样的银团组织作为发行债券的后盾(由该银团承担项目的风险)，例如，作为债券发行的担保人或者直接以银团名义发行。该银团收取一定的费用作为提供项目信用保证的代价，然而，这样一来也就相对减少了利用欧洲债券市场融资的成本优点。

第二，组织欧洲债券发行的程序比较复杂，因而要求具有一定的发行金额才能具备规模经济效益。对于长期债券，一般要求至少不低于 5000 万美元的价值。对于中短期债券，一般也要求不能低于 2000 万美元的价值。

5.4 股票市场融资

5.4.1 股票的基本理论

股票属于股份公司为筹集自有资金而发行的有价证券，是公司签发的证明股东所持股份的凭证，它代表了股东对股份制公司的所有权。发行普通股是股份有限公司筹集权益资金最常见的方式。

1. 股票的分类

根据不同标准，可以对股票进行不同的分类，现介绍几种主要分类方式。

(1) 按股东享受权利和承担义务的大小为标准，可把股票分成普通股票和优先股票

普通股票简称普通股，是股份公司依法发行的具有管理权、股利不固定的股票。普通股具备股票的最一般特征，是股份公司资本的最基本部分。

优先股票简称优先股，是股份公司依法发行的具有一定优先权的股票。从法律上讲，企业对优先股不承担法定的还本义务，是企业自有资金的一部分。

(2) 按股票票面是否记名分类

以股票票面上有无记名为标准，可把股票分成记名股票与无记名股票。

记名股票是在股票上载有股东姓名或名称并将其记入公司股东名册的一种股票。记名股票要同时附有股权手册，只有同时具备股票和股权手册，才能领取股息和红利。记名股票的转让、继承都要办理过户手续。

无记名股票是指在股票上不记载股东姓名或名称的股票。凡持有无记名股票，都可成为公司股东。无记名股票的转让、继承不用办理过户手续，只要将股票交给受让人，就可发生转让效力，移交股权。

公司向发行人、国家授权投资的机构和法人发行的股票，应当为记名股票。

对社会公众发行的股票，可以为记名股票，也可以为无记名股票。

(3) 按股票票面有无金额分类

以股票票面上有无金额为标准，可把股票分为面值股票和无面值股票。面值股票是指在股票的票面上记载每股金额的股票。股票面值的主要功能是确定每股股票在公司所占有的份额，另外，还表明在有限公司中股东对每股股票所负有限责任的最高限额。

无面值股票是指股票票面不记载每股金额的股票。无面值股票仅表示每一股在公司全部股票中所占有的比例。也就是说，这种股票只在票面上注明每股占公司全部资产的比例，其价值随公司财产价值的增减而增减。

(4) 按发行对象和上市地区分类

以发行对象和上市地区为标准，可将股票分为 A 股、B 股、H 股和 N 股等。

在我国内地，有 A 股、B 股。A 股是以人民币标明票面金额，B 股是以外币认购和交易的股票。另外，还有 H 股和 N 股，H 股为在香港上市的股票，N 股是在纽约上市的股票。

2. 股东的权利

(1) 普通股股东的权利

普通股股票的持有人叫普通股股东，普通股股东一般具有如下权利。

1) 公司管理权

普通股股东具有对公司的管理权。对大公司来说，普通股股东成千上万，不可能每个人都直接对公司进行管理。普通股股东的管理权主要体现为在董事会选举中有选举权和被选举权。通过选出的董事会代表所有股东对企业进行控制和管理。具体来说，普通股股东的管理权主要表现为：

① 投票权。普通股股东有权投票选举公司董事会成员并有权对修改公司章程、改变公司资本结构、批准出售公司重要资产、吸收或兼并其他公司等重大问题进行投票表决。

② 查账权。从原则上来讲，普通股股东具有查账权。但由于保密的原因，这种权利常常受到限制。因此，并不是每个股东都可自由查账，但股东可以委托会计师事务所代表他去查账。

③ 阻止越权的权利。当公司的管理当局越权进行经营时，股东有权阻止。

2) 分享盈余权

分享盈余也是普通股股东的一项基本权利。盈余的分配方案由股东大会决定，每一个会计年度由董事会根据企业的盈利数额和财务状况来决定分发股利的多少并经股东大会批准通过。

3) 出让股份权

股东有权出售或转让股票，这也是普通股股东的一项基本权利。股东出让股票的原因可能有：

① 对公司的选择。有的股东由于与管理当局的意见不一致，又没有足够的力量对管理当局进行控制，便出售其股票而购买其他公司的股票。

② 对报酬的考虑。有的股东认为现有股票的报酬低于所期望的报酬，便出售现有的股票，寻求更有利的投资机会。

③对资金的需求。有的股东由于一些原因需要大量现金，不得不出售其股票。

4) 优先认股权

当公司增发普通股票时，原有股东有权按持有公司股票的比例，优先认购新股票。这主要是为了使现有股东保持其在公司股份中原来所占的百分比，以保证他们的控制权。

5) 剩余财产要求权

当公司解散、清算时，普通股股东对剩余财产有要求权。但是，公司破产清算时，财产的变价收入，首先要用来清偿债务，然后支付优先股股东，最后才能分配给普通股股东。所以，在破产清算时，普通股股东实际上很少能分到剩余财产。

(2) 优先股股东的权利

优先股的"优先"是相对普通股而言的，这种优先权主要表现在以下几个方面。

1) 优先分配股利权

优先分配股利的权利，是优先股的最主要特征。优先股通常有固定股利，一般按面值的一定百分比来计算。另外，优先股的股利除数额固定外，还必须在支付普通股股利之前予以支付。对于累积优先股来说，这种优先权就更为突出。

2) 优先分配剩余资产权

在企业破产清算时，出售资产所得的收入，优先股位于债权人的求偿之后，但先于普通股。其金额只限于优先股的票面价值，加上累积未支付的股利。

3) 部分管理权

优先股股东的管理权限是有严格限制的。通常，在公司的股东大会上，优先股股东没有表决权，但是，当公司研究与优先股有关的问题时有权参加表决。例如，如果讨论把一般优先股改为可转换优先股时，或推迟优先股股利的支付时，优先股股东都有权参加股东大会并有权表决。

3. 股票的发行

股票的发行是利用股票筹集资金的一个最重要问题，现简介如下：

(1) 股票发行的目的

明确股票发行的目的，是股份公司决定发行方式、发行程序、发行条件的前提。股份公司发行股票，总的来说是为了筹集资金，但具体来说，有不同原因，主要有：

1) 设立新的股份公司。股份公司成立时，通常以发行股票的方式来筹集资金并进行经营。

2) 扩大经营规模。已设立的股份公司为不断扩大生产规模，也需通过发行股票来筹集所需资金。通常，人们称此类发行为增资发行。如果拟发行的股票在核定资本的额度内，只需经董事会批准；如果超过了核定资本额度，则需召开股东大会重新核定资本额。在核定的资本额度内增资发行，董事会通过之后，还要呈报政府有关机构，办理各种规定的手续。

3）其他目的。其他目的的股票发行通常与集资没有直接联系，如发放股票股利。

（2）股票发行的条件

虽然股份公司和股票市场是商品经济条件下极为普遍的现象，而且也是商品经济发达程度的重要标志，但股票的发行必须遵循一定的法律和规定。按国际惯例，股份公司发行股票必须具备一定的发行条件，取得发行资格，并在办理必要手续后才能发行。现对我国股票发行的条件做适当说明。

1）新设立的股份有限公司申请公开发行股票，应当符合下列条件：

① 生产经营符合国家产业政策。

② 发行普通股限于一种，同股同权，同股同利。

③ 在募集方式下，发起人认购的股份不少于公司拟发行股份总数的 35%。

④ 发起人在近 3 年内没有重大违法行为。

⑤ 证监会规定的其他条件。

2）国有企业改组设立股份有限公司申请公开发行股票，除应当符合上述情况下的各种条件外，还应当符合下列条件：

① 发行前一年末，净资产在总资产中所占比例不低于 30%，无形资产在净资产中所占比例不高于 20%，但证监会另有规定的除外。

② 近三年连续盈利。

③ 国有企业改组设立股份有限公司公开发行股票的，国家拥有的股份在公司拟发行股本总额中所占的比例，由国务院或国务院授权的部门规定。

④ 必须采取募集方式。

3）股份有限公司增资申请发行股票，必须具备下列条件：

① 前一次发行的股份已募足，并间隔 1 年以上。

② 公司在最近 3 年内连续盈利，并可向股东支付股利。

③ 公司在最近 3 年内财务会计文件无虚假记载。

④ 公司预期利润率可达同期银行存款利率。

（3）股票发行的基本程序

根据国际惯例，各国股票的发行都有严格的法律规定程序，任何未经法定程序发行的股票都不发生效力。这里介绍公开发行股票的最基本程序。

1）公司做出新股发行决议；

2）公司做好发行新股的准备工作，编写必备的文件资料和获取有关的证明材料；

3）提出发行股票的申请；

4）有关机构进行审核；

5）签署承销协议；

6）公布招股说明书；

7）按规定程序招股；

8）认股人缴纳股款；

9）向认股人交割股票；

10）改选董事、监事。

4. 股票上市

股票上市指股份有限公司公开发行的股票经批准在证券交易所进行挂牌交易。经批准在交易所上市交易的股票称为上市股票。股票获准上市交易的股份有限公司简称为上市公司。

我国《公司法》规定，股东转让其股份，即股票流通必须在依法设立的证券交易场所进行。

(1) 股票上市应考虑的因素

股票上市作为一种有效的筹资方式，对公司的成长起着重要的作用。发达国家中绝大部分发展迅速的公司都选择了上市。然而，股票上市也会给公司带来一些负面效果，因此，在做出股票上市的决定前，公司管理者应该非常慎重地考虑，并且应该尽可能向专家或有过类似经历的企业家进行咨询，以便做出的决策能够达到预期目的。

1）股票上市可为公司带来的益处

① 有助于改善财务状况。公司公开发行股票可以筹得自有资金，能迅速改善公司财务状况，并有条件得到利率更低的贷款。同时，公司一旦上市，就可以在今后有更多的机会从证券市场上筹集资金。

② 利用股票收购其他公司。一些公司常用出让股票而不是付现金的方式去对其他企业进行收购。被收购企业也乐意接受上市公司的股票。因为上市的股票具有良好的流通性，持股人可以很容易将股票出手而得到资金。

③ 利用股票市场客观评价企业。对于已上市的公司来说，每时每日的股市，都是对企业客观的市场估价。

④ 利用股票可激励职员。上市公司利用股票作为激励关键人员的手段是卓有成效的。公开的股票市场提供了股票的准确价值，也可使职员的股票得以兑现。

⑤ 提高公司知名度，吸引更多顾客。股票上市公司为社会所知，并被认为经营优良，这会给公司带来良好的声誉，从而吸引更多的顾客，扩大公司的销售。

2）股票上市可能对公司产生的不利影响

① 使公司失去隐私权。一家公司转为上市公司，其最大的变化是公司隐私权的消失。国家证券管理机构要求上市公司将关键的经营情况向社会公众公开。

② 限制经理人员操作的自由度。公司上市后其所有重要决策都需要经董事会讨论通过，有些对企业事关重大的决策则需全体股东投票决定。股东们通常以公司盈利、分红、股价等来判断经理人员的业绩，这些压力往往使得企业经理人员注重短期效益而忽略长期效益。

③ 公开上市需要很高的费用。这些费用包括：资产评估费用、股票承销佣金、

律师费、注册会计师费、材料印刷费、登记费等。这些费用的具体数额取决于每一个企业的具体情况、整个上市过程的难易程度和上市数额等因素。公司上市后尚需花费一些费用为证券交易所、股东等提供资料，聘请注册会计师、律师等。

(2) 股票上市的条件

公司公开发行的股票进入证券交易所交易必须受严格的条件限制。我国《公司法》规定，股份有限公司申请股票上市，必须符合下列条件：

1）股票经国务院证券管理部门批准已向社会公开发行。

2）公司股本总额不少于人民币 5000 万元。

3）开业时间在 3 年以上，最近 3 年连续盈利；原国有企业依法改建而设立的，或者在《公司法》实施后新组建成立，其主要发起人为国有大中型企业的股份有限公司，可连续计算。

4）持有股票面值人民币 1000 元以上的股东不少于 1000 人，向社会公开发行的股份达股份总数的 25％以上；公司股本总额超过人民币 4 亿元的，其向社会公开发行股份的比例为 15％以上。

5）公司在最近 3 年内无重大违法行为，财务会计报告无虚假记载。

6）国务院规定的其他条件。

具备上述条件的股份有限公司经申请，由国务院或国务院授权的证券管理部门批准，其股票方可上市。股票上市公司必须公告其上市报告，并将其申请文件存放在指定的地点供公众查阅。股票上市公司还必须定期公布其财务状况和经营状况，每年定期公布财务会计报告。

(3) 股票上市的暂停与终止

股票上市公司有下列情形之一的，由国务院证券管理部门决定暂停其股票上市：

1）公司股本总额、股权分布等发生变化不再具备上市条件；

2）公司不按规定公开其财务状况，或者对财务会计报告作虚假记载；

3）公司有重大违法行为；

4）公司最近 3 年连续亏损。

5.4.2 股票定价

1. 普通股价值的基本概念

要研究普通股的价值，必须了解与之相关的一些基本概念。下面介绍几个有关的基本概念。

（1）票面价值。票面价值又称股票的票面额，是指股票票面上标出的金额。股票的发行价格一般都不等于其面值，所以许多企业不再在股票票面上标明金额。

（2）发行价格。股票的发行价格是股票在发行时的价格。股票的发行价格既可以按股票的面值发行，也可以按超过股票的面值发行即溢价发行，还可以按低于股票的面值发行即折价发行。我国目前规定股票不得折价发行。溢价发行股票获得的价差，计入资本公积金。

（3）设定价值。在发行无票面价值的股票时，根据设定股本和发行股数所确定的价值，叫设定价值。例如，某公司章程规定设定股本为 1000000 元，授权发行 200000 股，则每股普通股设定价值为：

$$1000000/200000 = 5 \ 元$$

普通股不载明票面的价值，但具有设定价值，会使股票更有灵活性和弹性。

（4）账面价值。账面价值是指按账面计算的每一普通股份的资产价值，是股东实际拥有的资产权益。股票的账面价值往往与股票的票面价值相差很远，它随着企业资产的增值而上升，随着企业资产的减少而下降，其计算公式为：

$$股票的账面价值 = \frac{资产的净值 - 优先股的总面值}{普通股的总股数} \tag{5-9}$$

（5）清算价值。是指企业清算时，每股所代表的实际价值。从理论上讲，账面价值与其清算价值应当一致，实际上并非如此。因为清算时企业资产的销售金额很难与财务报表上的账面价值一致，大多数情况下，每股清算价值都小于账面价值。

（6）内在价值。内在价值是筹资者或投资者对某种股票预期未来的现金流量进行折现的价值。它是一种估计价值。

2. 普通股的定价

由于普通股的价值是对预期的现金流量按照预期的收益率或市场平均收益率折现而成的价值，是估计的价值，所以，股票定价也可以叫做股票的估价。

（1）零成长的股票的价值

零成长的股票就是指预计未来每年的股利都相同的股票。既然假设未来股利不变，因此其支付过程是一个永续年金，则股票的价值应为永续年金的现值，即：

$$V_0 = \frac{D}{R_S} \tag{5-10}$$

式中 $D =$ 每股红利；

R_S——股票投资的预期报酬率。

（2）固定成长股票的价值

固定成长股票指的是股利按固定比例增长的股票。上面计算股票价值时，是假设公司股利每年是固定的，但是通常情况下股利是不固定的，并且是逐年增长的。所以，股票价值判断应考虑股利每年递增率 g（假定 g 每年不变）。假设当前每股股利为 D_0，则股票价值应为每年股利的现值之和，即：

$$V_0 = \sum_{t=1}^{\infty} \frac{D_0 \times (1+g)^t}{(1+R_S)^t} \tag{5-11}$$

由于 g 是固定的，所以根据等比级数公式，可简化为：

$$V_0 = \frac{D_0 \times (1+g)}{R_S - g} = \frac{D_1}{R_S - g} \tag{5-12}$$

则：

$$R_S = \frac{D_1}{V_0} + g$$

(3) 非固定成长股票的价值

其实，任何企业的股利都不可能是绝对固定的，而可能在一段时间内成长较快，而在另一段时间内成长较慢，甚至固定不变。在这种情况下，计算股票内在价值，只能分段计算。

【例 5-9】 如果股票投资的期望报酬率为 16%，估计前 3 年是高速成长期，年增长率为 30%，以后进入慢速增长，年增长率为 10%，基期股利为 1.82 元，要求计算目前股票的内在价值。

1）首先计算前 3 年的股利现值：

年份	现值系数（16%）	现值
1	$1.82 \times (1+30\%)^1 \times 0.8621$	$= 2.040$
2	$1.82 \times (1+30\%)^2 \times 0.7432$	$= 2.286$
3	$1.82 \times (1+30\%)^3 \times 0.6407$	$= 2.562$
	前 3 年的股利现值之和	$= 6.888$ 元

2）计算第 3 年底的股票内在价值

$$V_3 = \frac{D_3 \times (1+g)}{R_s - g} = \frac{1.82 \times (1+30\%)^3 \times (1+10\%)}{16\% - 10\%} = 73.31 \text{ 元}$$

3）求第 3 年底股票价值的现值（即复利现值）

$$73.31 \times (P/F, 16\%, 3) = 73.31 \times 0.6407 = 46.97 \text{ 元}$$

4）计算目前该股票的内在价值

$$V_0 = 6.89 + 46.97 = 53.86 \text{ 元}$$

5.4.3 融资收益分配

1. 影响收益分配的因素

收益分配政策是指管理当局对收益分配有关事项所做出的方针与决策。影响收益分配政策的因素有很多，基本上有以下几个方面。

(1) 法律方面的因素

为了保护债权人和股东的利益，国家有关法规对企业收益的分配予以一定的硬性限制。这些限制主要体现为以下几个方面：

1）资本保全约束。资本保全是财务管理的一项重要原则。它要求企业发放的股利或投资分红不得来源于原始投资（或股本），而只能来源于企业当前的利润或留存收益。其目的是为了防止企业任意减少资本结构中所有者权益（股东权益）的比例，以维护债权人利益。

2）资本积累约束。它要求企业在分配收益时，必须按 定的比例和基数提取各种公积金。另外，它要求企业在具体的分配政策上，贯彻"无利不分"的原则，即当企业出现亏损时，一般不分配利润。

3）偿债能力约束。偿债能力是指企业按时足额偿付各种到期债务的能力，对股份公司而言，当其支付现金股利后会影响公司偿债能力和正常经营时，公司发放现金股利的数额就要受到限制。

4）超额积累利润约束。对于股份公司而言，由于投资者接受股利缴纳的所得税要高于进行股票交易的资本利得所缴纳的税金，因此许多公司可以通过积累利润使股价上涨方式来帮助股东避税。西方许多国家都注意到了这一点，并在法律上明确规定公司不得超额累计利润，一旦公司留存收益超过法律认可的水平，将被加征额外税款。我国法律目前对此尚未做出规定。

（2）股东方面的因素

股东出于自身考虑，对公司的收益分配也会产生一些影响。

1）控制权考虑。公司股利支付率高，必然导致保留盈余减少，这又意味着将来发行新股的可能性加大，而发行新股会稀释公司的控制权。因此，这些公司的股东往往限制股利的支付，而愿意较多的保留盈余，以防止控制权的分散。

2）避税考虑。一些高收入的股东出于避税考虑（股利收入的所得税高于股票交易的资本利得税），往往要求限制股利的支付，而较多地保留盈余，以便从股价上涨中获利。

3）稳定收入考虑。某些股东往往靠定期的福利维持生活，他们要求公司支付稳定的股利，反对公司留存较多的利润。

4）规避风险考虑。在某些股东看来，通过增加留存收益引起股价上涨而获得的资本利得是有风险的，而目前所得的股利是确定的，即便是现在获得较少的股利，也强于未来较多的资本利得，因此他们希望能发放较多的股利。

（3）公司方面的因素

公司出于长期发展与短期经营考虑，需要综合考虑以下因素，并最终制定出切实可行的分配政策。这些因素主要有：

1）公司举债能力。如果一个公司举债能力强，能够及时地从资金市场筹措到所需要的资金，则有可能采取较为宽松的收益分配政策，保留较少的留存收益；反之，对于举债能力较弱的公司，往往采取较保守的分配政策，留有较多的盈余。

2）未来的投资机会。收益分配政策受企业未来投资机会的影响。主要表现在：当企业预期未来有较好的投资机会，且投资收益率大于投资者期望的收益率时，公司应首先考虑将应分配的收益用于再投资的可能性，减少分红的数额，这样做既有利于公司的长远发展，又能被广大投资者所理解。相反，如果企业缺乏良好的投资机会，保留大量盈余会造成资金的闲置，可适当增大分红数额。正因为如此，处于成长中的企业多采取少分多留的政策，而陷于经营萎缩的企业多采用多分少留的政策。

3）盈余稳定情况。企业盈余是否稳定，也将直接影响其收益。盈余稳定的企业能够较好的把握自己，因此有可能支付比盈余不稳定的企业更高的股利；盈余不稳定的企业由于对未来盈余的把握较小，因而多采取低股利的分配政策。

4）资产流动状况。较多地支付现金股利，会减少企业现金持有量，使资产的流动性降低，而保持一定的流动性是企业经营的基础和必备条件，因此，若企业的资产流动性差，不易分配过多的现金股利。

5）筹资成本。一般而言，将税后的收益用于再投资，有利于降低筹资的外在成本，包括再筹资费用和资本实际支出成本。因此，许多债务资金较多、资金结构欠佳的企业，多将企业的盈余作为筹资的首选渠道。

2. 常用的收益分配政策

在实务中不同的企业，可能采取不同的收益分配政策，即使是同一企业，在不同时期也可能采取不同的分配政策。在实践中，股份公司经常采用的股利分配政策主要有以下几种。

(1) 剩余股利政策

股利分配政策直接影响公司的资本结构，奉行这种政策的公司在进行股利分配时，较多的考虑将净利润用于增加股东权益，只有当增加的权益资本能够满足目标资本结构的需要时，才将剩余的利润用于股利分配。

采用剩余股利政策时，应遵循以下四个步骤：

1）设定目标资本结构，即确定权益资本与债务资本的比例，在此资本结构下加权平均资金成本应最低。

2）确定目标资本结构下投资所需的权益资本数额。

3）最大限度地使用保留盈余来满足投资方案所需的权益资本。

4）投资方案所需的权益资本满足后若还有剩余的盈余，再将其作为股利发放给股东。

可见，在这种股利分配政策下，股利分配成为新的投资机会的函数，随着投资需求的变化而变化，只要存在良好的投资机会，就应首先考虑其资金的需要，最后考虑股利的分配。这种政策的优点是能够充分利用筹资成本的资金来源，保持理想的资本结构，使加权平均资金成本最低。

(2) 固定或稳定增长的股利政策

固定股利政策是将每年发放的股利固定在一个特定的水平上，并在较长时期内保持不变，只有公司认为未来的盈余将会显著地、不可逆转地增长时，才提高股利。但是，在通货膨胀的情况下，大多数公司的盈余会随之增长，且多数股东也希望能够获得足以抵消通货膨胀不利影响的股利，因此，在长期通货膨胀时期，公司应不断提高股利发放额，使股利每年有一个稳定的增长率，即采用稳定增长的股利政策。

这种股利政策的优点是：①稳定的股利可以给投资者（包括潜在的投资者）一种公司经营较稳定的印象，这对树立公司良好的形象、增强投资者对公司的信心及稳定股票市价都有一定的作用；②稳定的股利有利于投资者安排收入与支出，特别是对那些对股利有着较强依赖性的股东更是如此。

这种股利政策的缺点是：股利支付与公司的盈利能力相脱节，当盈利能力较差时仍要支付较高的股利，容易引起公司的资金短缺，导致财务状况恶化。

(3) 固定股利支付率政策

股利支付率是每年支付的股利与净利润的比率。固定股利支付率政策要求公司每年按固定的股利支付比例从净利润中支付股利。由于公司的盈利能力是经常变动的，因此，每年支付的股利也随之变动，这种政策体现了风险与收益的对等。其缺点是：由于股利的波动使外界产生公司经营不稳定的印象，不利于股票市价的稳定与上涨。

（4）正常的低股利加额外股利政策

这种股利分配政策的做法是：公司在一般情况下，每年只支付固定的、数额较低的股利；在盈利状况较好的年份，再根据实际情况向股东发放额外的股利。

这种股利政策的优点是：具有较大的灵活性，可给公司较大的弹性。由于平常股利发放水平较低，在公司净利较少或要保持较多的留存收益时，公司仍可以维持稳定的股利发放水平，避免股价下跌；而当公司的盈利水平较高时，可以通过发放额外股利的方式，将其分配给股东，也有利于股价的提高。

3. 收益分配形式

（1）现金股利

现金股利，是指用现金支付股利的形式。这是支付股利的最主要形式。这种形式能满足大多数股东希望得到现金收益的要求，但这种形式增加了公司的现金流出量，增加了公司支付的压力，因此，采用这种股利支付形式要求公司必须有足够的现金支付能力。

（2）股票股利

股票股利，是指以股票的形式支付股利。通常做法是按现有股东持有股份的比例来配股，并且采用增发股票的形式，分发给普通股东，如：某公司发放 6％的股票股利，则现有股东每持有 100 股，就可以获得 6 股额外的普通股。用这种形式发放股利，既不影响公司的资产和负债，也不增加股东权益的总额。因为，留存收益和股本都是股东权益。但是股票股利增加了流通在外的普通股的数量，每股普通股的权益将被稀释，从而可能会影响公司股票的市价。股票股利是公司将留存收益的一部分予以股本化的一种做法，它既不减少公司的现金，又可以使股东分享利润；保留下来的现金，可以用于追加投资，扩大经营规模。因此，这种股利支付形式较为普遍。

（3）财产股利

财产股利，是指以现金以外资产作为股利发放给股东的股利支付形式。具体有：①实物股利。发给股东实物资产或实物产品。这种形式不增加货币资金支出，多用于现金支付能力不足的情况，减少公司的资产净值，这种形式不经常采用；②证券股利。最常见的证券股利是以其他公司的证券代替货币资金发放给股东。由于证券的流动性即安全性比较好，仅次于货币资金，投资者愿意接受。对企业来说，把证券作为股利发给股东，既发放了股利，又保留了对其他公司的控制权，可谓一举两得。

（4）债权股利

债权股利，是指公司以自己的债权作为股利发放给股东的股利支付形式。以这种形式发放股利，对股东来说，他们又成为了公司的债权人。对公司来说，资产总额不变，负债增加，资产净值减少。具体有发行的公司债券和本公司开出的应付票据两种办法，都是带息的票据，并有固定的到期日，对股东来说，到期还本收到现金股利的时间要很长，但可以获得额外的利息收入。对公司来说，增加了支付利息的财务压力。所以，一般在公司已宣布并必须立即发放股利，而货币资金又不足的情况下，才采取这种股利支付方式。

5.4.4　国际股权融资

国际股权融资指的是一个国家的工商企业或大型项目在另一个国家发行股票筹集所需资金的融资形式。由于股票不可退股，只能转让，因此，国际股权融资筹集的是长期性资本，国际股权融资活动属于世界资本市场上的活动。随着 20 世纪 80 年代融资证券化趋势的出现，国际股权融资在国际融资中的地位逐渐上升。

1. 国际股权融资应具备的条件

下面以我国内地企业或大型项目到香港地区和美国直接上市为例介绍境外上市融资的特点和操作。

(1) 公司在香港上市须满足的条件

1) 营业记录和管理层的持续性。公司有连续 3 年的营业记录，且这 3 年营业必须由同一管理层完成；最近 1 年的利润不低于 2000 万美元，前 2 年的利润不少于 3000 万美元。这条规定既可以从某种程度说明公司管理层有一定的经营水平和管理经验，公司达到一定的规模，又可以保证公司上市后业务的稳定性。

香港联交所上市规则第 8 条要求在香港第一上市的发行人必须在香港拥有一定数量的关联人员，一般来说发行人至少要有两名执行董事定居香港。但由于目前内地企业到香港上市，其业务仍集中在大陆，联交所采取弹性做法，对内地企业豁免上述要求，但内地上市公司必须有专门电话、传真、持续的保荐人和常驻香港的公司秘书，以保证上市公司与境外投资者的有效联系和沟通。

2) 社会公众持股的最低比例。如果公司未发行 A 股，社会公众持有的 H 股应不低于公司总股本的 25%；如果公司已发行 A 股，上市的 H 股应由社会公众持有，A 股和 H 股的总和不低于公司总股本的 20%，H 股不低于公司总股本的 10%。

3) 股票上市后市值和最少股东的规定。H 股上市时预计二级市场流通量不能低于 1 亿港元，其中一半以上的股票要在香港发行。公司至少有 100 名股东，且每发行 100 万港元市值的股票，获配发股份的股东不少于 3 名。

4) 由独立会计师根据香港或国际会计准则审计的 3 年财务报告，最近一份报告与上市报告书的刊登时间不能超过 6 个月。

5) 关联交易的规定。关联交易是指上市公司与相关人员之间的任何交易。在这里，相关人员指公司的董事、发行人、监管人、控股股东(拥有公司 10% 或以上的股份)、公司的分公司或公司的附属机构。附属机构包括由主要控股股东控制了其股东会上 35% 或更多的投票权或能控制其董事会组成的所有公司。

如果申请人存在关联交易，为确保一般股东的利益，联交所可能认为该公司不适合上市。我国国内企业普遍会碰到关联交易，要获得联交所的上市批准，一方面要对关联交易的信息公开；另一方面应聘请独立董事对上述交易做出决定，以保证一般股东的利益不受损害，并向联交所申请放弃对这方面的要求，只有这样，发行人才有可能被获准在香港上市。

6）独立董事的规定。公司须委任两名独立于控股股东（持有公司股份35%或以上的）的董事，以代表一般股东的利益。

（2）公司在美国上市的条件要求

美国共有8家证券交易所，其中，全国性的证券交易所有3家，即纽约证券交易所、美国证券交易所和纳斯达克（NASDAQ）系统，大多数非美国公司的股票都在上述3家证券交易所挂牌上市。以下说明纽约证券交易所对非美国公司的上市要求。

1）股权分布。在全世界拥有5000名股东和250万股股票由社会公众持有。

2）社会公众拥有股票的总市值。全世界达1亿美元。

3）会计准则和财务报告记录。以美国会计准则或与美国会计准则一致的会计准则编写的3年财务报告；上市前有3年以上的盈利，最近3年税前收入累计值达1亿美元，其中每年最少为2500万美元。

4）资产净额。全世界1亿美元。纽约证券交易所对上市公司的每股最低价格没有具体要求。

（3）我国有关企业境外上市条件的规定

《国务院关于股份有限公司境外募集股份上市的特别规定》以及其他一些外资政策法规也对企业进行国际股权融资限定了一定的条件。

1）符合国家产业政策。企业首先应属于国家允许外商投资的行业；其次属于能源、交通、原材料等基础设施、基础产业和高新技术产业的大中型企业及国家支持的重点技改项目，也可适当考虑其他行业。

2）企业有发展潜力，急需资金。企业境外发行所募资金投向明确，主要用于企业生产发展，符合向集约化经营转变的要求；部分资金可用于调整资产负债结构、补充流动资金等。投资基建、技改项目建设的，应符合国家关于固定资产投资、技术改造立项的规定；经国务院批准急需外汇的重大技术引进项目的企业，可优先考虑允许境外上市。

3）企业具有一定规模和良好经济效益。企业改组后投入上市公司部分的净资产一般不少于4亿元人民币，经评估或估算后的净资产税后利润率达到10%，税后净利润达到6000万以上，有连续3年的盈利业绩；对国家支持发展的基础设施建设项目，境外证券交易所对业绩有豁免的，可以不需要3年连续盈利业绩。公开发行后国有股一般应占控股地位，对于国家政策要求绝对控股的行业或企业，募股后国有股的比例应超过51%。

4）企业境外上市筹资额预计可达4亿元人民币（约折合5000万美元）以上。

5）企业有一定的创汇能力。为保证上市后分红派息有可靠的外汇来源，企业创汇水平需达到净利润额的10%，属于基础设施等行业的这一比例可适当放宽，但要征得有关外汇管理部门的同意。

6) 对国务院确定的现代企业制度试点的企业，试点取得明显进展的，同等条件下适当优先考虑。

7) 企业有一定的知名度和经营管理水平。企业连续 3 年产品市场占有率在国内同行业中名列前茅；企业主要管理人员具有较好的专业水平和管理经验，上市后能保持基本稳定。

符合上述条件且需申请境外上市的企业，要向所在地的省级人民政府和向所属国务院有关企业主管部门(直属机构)提出申请。有关政府部门接到企业申请文件后以正式文件向中国证监会推荐，推荐文件同时抄送国家发改委、国家经贸委、国家体改委。国务院证券委与其他部委初步确定预选企业，并报国务院批准。国务院同意后，由中国证监会发文通知省级人民政府和国务院主管部门(直属机构)，企业方可准备境外发行上市工作。

2. 国际股权融资的程序

(1) 发行前的准备

这个阶段包括选择中介服务机构、决定公司重组方案、确定发行的基本结构(如上市地点的选择)和建立初步的时间表。至于公司选择上市地点则要充分考虑世界上各证券市场的特点和上市交易所对上市公司的要求。H 股发行上市，香港证交所的审批时间约需 40 天；在美国公开发行上市，整个过程约需 90~180 天。若有公司重组、国内政府部门或财务资料等方面的原因，则需要更长时间。

(2) 起草招股说明书和进行核实

招股说明书是公司发行上市的最重要文件。概括地说，它有三方面职能。第一，招股说明书是一份法律文件。不同市场对其内容、格式的要求不一样，但有一点是相同的，即招股说明书必须对有关发行人的信息做出充分、真实的披露，使投资者能充分了解发行人并做出投资决策，招股说明书中任何不真实的披露和隐瞒重大事项的行为都是违法的。第二，招股说明书同时是一份销售文件。投资者根据招股说明书提供的价格、时间，认购发行人的股份，发行人或承销商不得以招股说明书规定销售条件以外的条件发售股票。第三，招股说明书也是发行人公开亮相的综合性"舞台"。招股说明书的内容包括发行人的发展历史、主要产品和服务、原材料供应、生产、营销、竞争、新产品开发、员工、管理、主要资产和财务报表等，潜在投资者、竞争对手、未来合作伙伴和其他社会大众都可能利用招股说明书了解发行人某方面信息并对其进行评价。因此，招股说明书编制质量不但影响发行人的股票发行，同时关系到公司在国际市场的形象。

由于招股说明书是一份法律文件，其内容的不真实或误导性陈述以及存在重大遗漏，发行人的董事及有关中介服务机构要负法律责任，因此，招股说明书在向有关证券管理部门递交前，应由公司及律师对招股说明书涉及的每一细节内容(包括每一个数字)作详细、严格的审查和核对。

(3) 香港联交所或美国证券交易管理委员会(SEC)的审查和批准过程

香港联交所的审查和批准过程中，涉及的主要步骤有：初步接触以讨论过去的营业记录和关联交易等有关组织上的问题；提交初步的上市申请，该申请应在上市委员会听证会之前 35 天或更早的时间提出，并附有草拟的招股说明书和财务资料；上市委员会听证会上审核和批准公司的招股说明书和上市申请；招股说明书的最后批准和公开发布。

美国证券交易管理委员会对招股说明书的审查和批准过程中，涉及的主要步骤有：初步接触；提交上市登记表和招股说明书初稿；根据 SEC 的修改意见，提交一份或多份修改后的上市登记表；SEC 宣布上市登记表有效，这意味着公司可以发售股票；提交招股说明书的最后文本。

（4）股票发行

在美国和中国香港市场，发行的股票基本上采用承销团余额包销的承销形式。发行方式上，美国和中国香港有一定的差异。在中国香港市场，招股说明书一般在上市委员会听证会批准几天后公布，公司根据招股说明书披露的信息向社会公众按固定价格发行固定数目的新股票。投资者认购并预付认购款，如果认购量超过公司的发行量，投资者所购得的股份将按比例减少，剩余的认购款退还给投资者；如果认购量小于发行量，投资者将获得全额认购，剩下的股份由承销团包销。而在美国，在向美国证券交易管理委员会提交上市登记表后，由主承销商向投资者分发招股说明书初稿，以确定公司股票的市场反应。SEC 审查结束后，再由公司和主承销商根据市场调查结果确定发行价格。发行价格的制定往往在正式发行前一天晚上进行，也只有在这时，承销商才与公司签订承销协议，开始负有法律上的承销股票的责任。不管发行 H 股，还是 N 股，发行人股票初次境外发行时都须进行国际巡回推介，以让更多的投资者了解和熟悉发行人，这对新股的认购及上市后二级市场的表现都有重要意义。

3. 国际股权融资的优缺点

随着企业国际化经营的发展，国际间经济联系越来越密切，各国企业利用发行国际股票形式在国际资本市场上吸引外资将成为必然的趋势。

（1）国际股权融资的优点

1）为企业提供一条源源不断的融资渠道

国际股票市场为那些处于成熟发展阶段的公司提供重要资金来源。1993 年马鞍山钢铁股份有限公司利用香港和美国两地市场共募集 40 亿港元资金，成为当年国内企业境外发行上市募集资金最多的公司，为马钢公司的生产发展提供了大量资金。公司上市后，可不时通过向老股东配股、发行可转换债券和认股权证等其他与股权相关或股权的派生形式从国际资本市场上直接筹资。

2）有利于上市公司在海外树立形象

境外上市为公司提供许多宣传的机会。如新股发行时的推荐宣传、交易所的挂牌、每年年度的业绩报告、重大事项的披露等，境外交易所将公司的名字展现在境外投资者天天都要关注的股票行情显示屏上，这是对企业一种最有效、最持久的宣传和推介，使公司获得广泛的宣传和影响，大大提高公司在海外市场的知名度。这对于公司在国际市场上的产品销售、原材料采购和寻找新的合作伙伴有很大的帮助。

3）改善公司的资产负债结构

境外上市可使公司改善内部资产结构，降低负债率，这样，公司在利用银行贷款、发行债券等融资途径时可以处于更有利的地位。

4）便于收购其他公司

很多发展中的公司都是通过收购其他公司来扩展业务的，上市公司可以利用公司股份来收购别的企业，而无需花费大量的现金。

(2) 企业境外上市的不足

1）上市公司须向公众公布很多信息

公司发行上市时公布的招股说明书内容涉及历史背景、经营现状和发展前景等有关公司的详细资料，公司上市后还要定期披露公司的经营业绩和财务报告以及公司重大的收购和资产清理行为。

2）筹备上市时须投入大量的时间、人力并增加费用开支

公司境外上市是一项复杂的工作，公司领导层既要准备一系列文件，与有关的政府部门联系并取得后者的批准，又要回答中介服务机构提出的各种各样问题，这是一个既费时又费力的过程。同时，境外发行上市须支付一定的费用，这些费用用于支付给有关的中介服务机构如承销商、会计师、律师、收款银行等，以及付给上市场所。公司上市后，每年的审计费用和律师费用将会增加，主要用来向股东提供年度财务报告、散发股东投票说明以及维持同股东之间的联系等。

3）上市公司的管理将受到一定限制

公司上市后，其管理层的行为要对广大的股东负责，且公司的重大事情还须经股东大会投票决定，管理层的决策不像上市前那样方便。有时，公司管理层为了维持公司股票二级市场的形象和自身的利益，在一些投资项目上的决策会侧重短期利益，不利于公司的长远发展。

5.5 国际辛迪加银团贷款

国际辛迪加贷款（简称国际银团贷款），是由获准经营贷款业务的一家或数家银行牵头，多家银行与非银行金融机构参加而组成的银行集团采用同一贷款协议，按商定的期限和条件向同一借款人提供融资的贷款方式。它是国际商业银行贷款的一种特殊形式，是商业银行贷款概念在国际融资实践中的合理延伸，并且在目前的国际金融市场上得到越来越广泛的运用。许多项目，特别是发展中国家的项目，是由多边金融机构共同融资的。国际上很多大型项目融资，因其资金需求规模大、结构复杂，只有大型跨国银行和金融机构联合组织起来才能承担得起融资的任务。

5.5.1 国际辛迪加银团贷款的特点

辛迪加银团贷款 20 世纪 60 年代后期开始在欧洲货币市场出现，70 年代迅速发展，到了 80 年代仍然是国际商业银行贷款中的一种主要形式。辛迪加银团贷款最早出现于 1967 年的纽约，尤以 1968 年由银行家信托公司和利曼兄弟银行为经理银行，联合其他 10 家银行组成的银团对奥地利的 1 亿美元贷款影响为大。辛迪加

贷款占国际资本市场借贷的一半以上，占发展中国家长期借款的 85％以上。

辛迪加贷款是当前国际市场上筹措中长期资金的主要途径。中国银行作为牵头银行或联合牵头银行之一在欧洲货币市场上也参加了一些银团贷款。银团贷款具有如下特点：

（1）金额较大，专款专用。银团贷款金额最多可达几亿、几十亿美元，款项用途明确，以确保专款专用。

（2）借款者多为各国政府或跨国公司。如在香港地区，借款者大多为地产商或大财团。外国银行亦将银团贷款分为对政府机构贷款和对私人机构贷款，在最高贷款额度、条件及收取费用等方面订出不同标准。

（3）银团贷款期限短则 2～3 年，长则 15 年左右，一般期限在 5～10 年。

（4）银团贷款方式简便，手续没有发行债券那样复杂。

（5）银团贷款在宽限期内，借款人可以按工程的进度编制季度用款计划，随用随支，这正适合大型工程项目的周转特点。

在项目融资中，使用辛迪加银团贷款有以下主要优点：

（1）参与辛迪加银团贷款的银行通常是国际上具有一定声望和经验的银行，具有理解和参与复杂项目融资结构和承担其中信用风险的能力。

（2）有能力筹集到数额很大的资金。辛迪加银团贷款市场是国际金融市场中规模最大、竞争最激烈的一个组成部分。在同样的项目风险条件下，在这个市场上可以筹集到数量较大、成本相对较低的资金。

（3）贷款货币的选择余地大，对贷款人的选择范围同样也比较大，这一点为借款人提供了很大的方便。借款人可以根据项目的性质、现金流量的来源和货币种类，来组织最适当的资金结构；并能很好地规避汇率风险。

（4）提款方式灵活，还款方式也比较灵活。

（5）对于贷款人来说，采用银团贷款可以降低单个银行承担的违约风险。

5.5.2 国际辛迪加银团的成员组成

参加银团贷款的银行，按各自的作用不同，通常包括牵头银行（Lead Manager）、代理银行（Agent Bank）和参与银行（Participating Bank）。

1. 牵头银行

银团贷款一般都由一家或几家银行牵头。一家银行牵头，称牵头银行。多家银行牵头，则分牵头银行、经理银行（Manager）和副经理银行（Comanager），三者共同组成经理集团，分清各自职责，提供占总额 50％～70％的贷款。

（1）牵头银行。由一家或两家以上的牵头银行包销全部贷款，接受借款人的委托，负责组织这笔贷款并同借款人商讨贷款协议的各项条款。具体包括：组织银团，邀请对本项贷款有兴趣的银行参与银团；确定被邀请银行参加贷款的数额及在银团中的地位；安排贷款协议文件；对外宣传；安排贷款签字仪式。

选择一家好的牵头银行对借款者来说非常重要，因为牵头行本身在组织银团方面的业绩、信誉所产生的影响及牵头行提供的资料备忘录将吸引其他银行参与贷款,如果没有选择恰当的牵头行,很可能导致借款失败。

(2)经理银行。其地位仅亚于牵头银行。多数情况下,经理银行在推销阶段参与贷款,有时也包销部分贷款。

(3)副经理银行。其职能是荣誉性的,不承担组织银团的责任,大多是出于利用其威望进行宣传而设立。

2. 代理银行

代理银行一般由牵头银行兼任,亦可由经理银行指定一家银行担任。代理银行在整个贷款期限内是贷款银行与借款人联系的纽带,作为银团贷款的代理人,负责监督管理这笔贷款的具体工作,包括同借款者的日常联系以及通知全体贷款银行及时按规定拨款,由其汇集后供借款人提用;负责计算收取利息和偿还的本金;按各贷款银行提供的贷款数额进行分配等。

3. 参与银行

参与银行由牵头银行或代理银行出面邀请,家数多少亦由经理集团视具体情况而定。参与银行分担的贷款金额一般较少,少则几百万美元,贷款手续费收入也较低,在宣传方面起不了多少作用。但是对参与银行来讲,参加银团贷款能与世界一流银行合作,风险较小;而且通过参与银团贷款,得到了在海外的贷款机会,能够改善资产结构,赚取一定收益。

5.5.3 国际银团贷款的种类

1. 直接银团贷款

直接银团贷款是指银团内各参加贷款银行直接向某国家的借款人放贷,但必须经参贷银行共同协商,在贷款总协议中指定代理行办理具体贷款事宜。

2. 间接银团贷款

间接银团贷款是指由牵头银行先向借款人贷款,然后由该行再将总贷款权分银行转售给其他参加银行。放贷后的管理工作由牵头银行长期负责,直至贷款全部偿还。

3. 一次性贷款

一次性贷款是指在贷款期间不用偿还,全部本金在到期日偿还,利息则按协议分期支付。

4. 期限贷款

期限贷款是指在贷款签约后,一次提款,分期偿还。即从宽限期末开始,按协议开始偿还本金和利息。

5. 循环信用贷款

循环信用贷款是指银团给借款人一方借用额度,借款人可以随时提用。可分批偿还或最后一次还清,但对信用额度未使用部分要支付一定费用。

6. 期限贷款和循环信用贷款

期限贷款和循环信用贷款是指先确定贷款期限,再给予贷款额度。在额度用完后再恢复原贷款额度,循环使用直至贷款期终止。循环贷款费用较高,但借款人使用灵活。

5.5.4 获取银团贷款的程序及利息费用

1. 获取银团贷款的程序

不同的银团贷款有不同的程序。就我国而言，企业单位寻求国际商业银行银团贷款时，需要委托国内银行代为筹资，因此国内银行成为其受托银行。我国企业对外筹措银团贷款有以下程序：

（1）先完成国内程序。中国银行作为受委托行要根据国家发改委的规定，对贷款项目进行立项和项目可行性研究。中国银行在此基础上，了解项目的基本概况；向国内主管部门和项目单位提供国际金融市场上有关货币的汇率、利率和获得国际贷款的可能程度信息；进行项目的内部评估；代企业设计筹资方案；帮助进行借款的成本分析；初步确定国际银行对该项目及借款规模、条件的兴趣程度。经国内主管部门及国家发改委批准，才能由国内受委托银行推向国际。

（2）受委托银行（即牵头银行）向国外银行提出贷款要求。这时国内受委托银行既是牵头银行，又是借款人。这是我国的特点，有利于取得国外银行对借款人的信任。国内受托行要向国外银行提交一系列文件：借款人的申请书，本国政府的批准文件，借款人法律地位的证明文件，律师意见书以及银行认为有必要的文件。

（3）组织银团贷款管理小组。由牵头银行邀请国外资信高的大银行作为经理行，组成管理小组。由我国国内受委托银行（也是牵头银行）向国外贷款银行发出"贷款意向书"，包括贷款规模、基本结构和借款主要条件等内容。这些内容要在管理小组经过充分的协商。

（4）确认贷款条件。国外贷款银行对"贷款意向书"提出反馈意见，管理小组提出"贷款条件建议书"，再次征询外国银行和项目单位的意见，如取得一致，则由管理小组或牵头银行要求有兴趣参与贷款的外国银行向牵头银行发出贷款条件的确认证明；然后由国内受托行向项目单位发出"贷款条件确认书"。若受托行对外作为借款人的方式，则受托行可直接向外国银行询价，外国银行可向受托行报价。经受托行分析、择优选用后确认报价。

（5）组织银团。在完成以上工作后，管理小组可以根据各外国银行的报价和表态结果组成银团，同时分配各经理行的承担金额，协商经理行之间的分工。

（6）由牵头银行或管理小组准备贷款文件。贷款文件主要是贷款协议，贷款协议中包括若干条款。如前所述、明确规定贷款条件、具体手续，各有关当事人的权利、义务等。

（7）签署贷款合同。管理小组与借款人（国内受托行）就贷款合同进行谈判、修改、协商直至双方同意达成协议后，正式签署合同。签署合同仪式要有全体参加贷款的银行参加，有担保时，担保人也要参加，并指定负责交付资金和还本付息的代理行。

（8）贷款项目通告。签署合同后，如经借款人同意，可以在《金融时报》等一流的国际报纸上刊登广告，以表明借款人的筹资能力及良好的声誉。

（9）借款人可通过代理行提取资金。银行按贷款协议规定的项目开支内容、双方同意的货物清单等分项目进行贷款。
借款人向各贷款行提取每笔贷款时，
均需提出提款申请，并附有关凭证。

（10）还本付息。借款人按贷款协
议规定，通过代理行按期还本付息。

上述程序可以通过图 5-3 来表示。

2. 利息费用

利息和费用两部分组成了银团贷
款的价格。

（1）利息

对于人民币银团贷款利率，按照
人民银行的有关规定执行（目前除利息
外不得收取其他任何费用）。

外币银团贷款利率主要分为固定
利率和浮动利率两种：

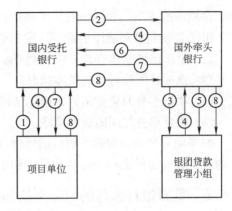

图 5-3 国际银团贷款程序图

说明：①委托；②提出贷款要求；③组织银团贷款管理
小组；④确认贷款条件；⑤分配贷款承担额度；
⑥签署贷款合同；⑦履行贷款；⑧还款付息

1）固定利率。是借贷双方商定选用的一个利率，一般在签订贷款协议时利率
就固定下来，在整个贷款期限内不变。固定利率一般要由借贷双方谈判确定。

2）浮动利率。是以伦敦银行同业拆放利率 LIBOR 为基本利率，再加上一定的
利差作为银团贷款的风险费用。LIBOR 有 1 个月、3 个月和 6 个月之分，绝大多数
银团贷款均使用 6 个月浮动的 LIBOR 作为基本利率。

（2）费用

在外币银团贷款中，借款人除了支付贷款利息以外，还要承担一些费用，如承
诺费、管理费、代理费、安排费及杂费等。

1）承诺费（也称承担费）。借款人在用款期间，对已用金额要支付利息，未提
用部分因为银行要准备出一定的资金以备借款人的提款，所以借款人应按未提贷款
金额向贷款人支付承诺费，作为贷款人承担贷款责任而受到利息损失的补偿。承诺
费通常按未提款金额的 0.125% ~ 0.5% 计收。

2）管理费。此项费用是借款人向组织银团的牵头行支付的。由于牵头行负责
组织银团、起草文件、与借款人谈判等，所以要额外收取一笔贷款管理费，作为提
供附加服务的补偿，此项费用一般在 0.25% ~ 0.5% 之间，由借贷双方协商确定。
该费用通常在签订贷款协议后的 30 天内支付。

3）参加费。参加费按出贷份额在各参加行中按比例分配，参加费一般为
0.25%。参加贷款金额较大的银行的管理费和参加费可稍高于参加贷款较少的
银行。

4）代理费。是借款人向代理行支付的报酬，作为对代理行在整个贷款期间管
理贷款、计算利息、调拨款项等工作的补偿。代理费的收费标准一般在 0.25% ~
0.5% 之间，具体根据代理行的工作量大小确定。

5）杂费。是借款人向牵头行支付的费用，用于其在组织银团、安排签字仪式

等工作期间的支出，如通信费、印刷费、律师费等。

银团贷款利息和费用的确定，主要受以下因素的影响：

(1) 贷款市场整体资金供应和利率水平；

(2) 该项目所处行业的风险状况；

(3) 项目本身的贷款结构、担保结构的风险状况；

(4) 银企双方之间的谈判策略。

如果项目公司非常熟悉银行的惯例和银团贷款业务；或者，项目公司聘请了专业的融资顾问协助进行贷款结构设计和银企贷款，其贷款的综合成本会有所降低。

5.5.5　世界银行参与的国际辛迪加贷款

世界银行(World Bank)是与国际货币基金组织(International Monetary Fund)同时成立的国际金融机构，两者相互配合。国际货币基金组织主要负责国际货币事务方面的问题，向会员国提供解决国际收支不平衡的短期外汇资金，以消除外汇管制，促进汇率稳定和国际贸易的扩大。世界银行则主要负责经济的复兴和发展，向会员国提供发展经济的中长期贷款。世界银行是由国际复兴开发银行(International Bank for Reconstruction and Development)、国际开发协会(International Development Association)和国际金融公司(International Finance Corporation)组成的世界银行集团的简称，成立于1945年，从1947年起成为联合国机构，总部设在美国首都华盛顿。世界银行长期以来的业务活动主要由国际复兴开发银行进行，重点是向发展中国家提供长期贷款；国际开发协会专门向低收入会员国提供长期免息优惠贷款；国际金融公司则负责向会员国的私人企业提供贷款或直接投资。世界银行贷款的主要特点是：

(1) 贷款期限较长，短则数年，最长可达30年之久。

(2) 贷款利率参照资本市场利率，但一般低于市场利率，且在签订一项贷款协议后，从签约日起到贷款全部偿还为止，利率固定不变。对贷款收取的杂费很少，只对签约后未支付的贷款额收取0.75%的承诺费用。

(3) 贷款一般须与特定的工程项目联系，用于基础设施和直接生产活动中。但近20年来，世界银行增加了对农业和农村发展的贷款及教育、人口、保健、城市发展方面的贷款。

(4) 借款方要承担汇价变动的风险。世界银行的贷款以美元计值，须以同样的货币还本付息，从而要承担汇价变动的风险。

(5) 贷款必须如期归还，不得拖欠或改变还款日期。

世界银行对它本身的贷款通常不要求担保，但要求借款人接受严格的消极保证条款，并且世界银行将分享任何商业银行享有的担保权益。如果商业银行享有担保权益，该权益只有在得到世界银行批准后才能实施。

由世界银行参与的国际辛迪加贷款所支持的公共部门项目，如果项目发起人事实上不是政府，世界银行将要求政府担保。可见，世界银行或它的私有企业贷款机构——国际金融公司(IFC)的参与将减少项目发起人对所在国政治风险等的一些担心。

5.6 融资租赁

5.6.1 融资租赁概述

融资租赁，是指财务公司作为出租人用自筹或借入资金，购进或租入承租人所需的设备，供承租人在约定的期限内使用，承租人分期向出租人支付一定的租赁费的业务经营活动。融资租赁主要包括直接租赁、转租赁、回租租赁、杠杆租赁和综合租赁等形式。

融资租赁是以资产为基础的融资，轮船和飞机船舶融资租赁最普遍。在美国和英国，相当数量的大型项目是通过融资租赁方式来筹措资金的。与一般的融资方式相比，项目发起人能通过融资租赁方式利用这些国家对工厂和机器的资本性投资的减税政策，从而降低成本。

除了税收方面的好处外，还有其他原因使项目发起人和贷款人采用租赁方式来融资。例如，在没有可靠的担保法的国家对资产兼并提供资金时，租赁方式因其资产所有权归贷款人所有而具有很大的优点。项目融资中，当项目公司仅在项目建设或开发的一个特定阶段需要使用特定的资产时，也可以使用短期经营租赁。

5.6.2 融资性租赁与经营性租赁

1. 融资性租赁（Financial Lease）

(1) 融资性租赁的概念与特点

融资性租赁，又称金融性租赁，或称完全支付租赁（Full Payout Lease）。这种租赁方式是目前国际租赁业务中使用最多、最基本的方式之一。融资性租赁，就同其名词本身的含义一样，是对购置一项资产的资金融通方法，即由出租人向承租人提供信贷。

融资性租赁是由承租人自行向制造厂商或其他供货人选定需要的设备，确定其品种、规格、型号、交货条件等，然后由租赁公司在与承租人签订租赁合约后，向该制造厂商或其他供货人按已商洽好的条件，订购上述设备。这一租赁方式，由于由租赁公司支付设备的全部价款，等于向承租人提供了百分之百的长期信贷，所以称为融资租赁。又因在租赁期间，租赁公司通过收取租金的形式收回购买设备时投入的全部资金，包括成本、利息和利润，所以又称完全支付租赁。

由此可见，融资租赁的主要特征可归纳为：

1) 融资性租赁的承租人，对租赁物件的租用是长期的。但租期届满时，租赁资产仍须留剩 些经济寿命。

2) 租赁公司保留设备的所有权。承租人在按期缴付租金，并履行租赁其他条件的情况下，在租赁合同有效期间，享受独家使用设备的权利。

3) 由于设备是承租人自行选定的，租赁公司对出租设备的性能、生产效率和它的适用性，包括设备型号老化陈旧的风险，概不负责。

4) 租赁公司在设备租赁期内，只能租给一个租户使用。

5) 对租赁设备的管理、维修保养和保险，在租赁合同期间，由承租人负责。

6) 租赁合同期满时，承租人有权选择减低租金继续租用，或将设备退还给租赁公司，或按不低于资产公平市价的价格购进。但例外的是在英国，由于英国对租赁的基本概念是承租人在建立租赁协议时，就无权在将来取得设备的所有权，因而期满后必须将租赁物件退还给租赁公司。

(2) 融资性租赁的优点

融资性租赁在租赁行业中是最普通的，也是被承租人所乐于采用的一种方式，它的主要优点是：承租人可以根据自己的需要和意图（甚至附有特殊要求），去选定最适合的生产设施或其他租赁物件；承租人可以从租赁公司得到信贷，包括对企业所使用的全部资本设备，而且偿还期限较长，可以解决企业在筹建或扩大生产时资金上的困难；租赁满期后，如果承租人需继续租用或想拥有这项设备，可以订立续租合同或按资产的公平市价（实际是残值，甚至是小额的名义价格）买下这项设备。

2. 经营性租赁（Operation Lease）

(1) 经营性租赁的概念与特征

经营性租赁又称服务性租赁（Service or Maintenance Lease），也称非完全支付租赁（Non-full Payout Lease）。这一租赁方式，通常适用于一些需要专门技术进行保养和技术更新较快的设备。所有维修保养和管理等工作，都由租赁公司负责，而且承租人在经过一定的预告时间后，可以中途解约，因而租期一般比设备的预期使用寿命短。这样，出租者租金的收入就不足以摊销设备的成本、利息和利润，所以又叫作非完全支付租赁。租赁公司除了要承担设备陈旧过时的风险外，还要承担租约到期以后，承租人不愿继续租用或承购设备，或甚至中途解约，以致要另找租户或出售设备的风险，因而租金通常要较融资性租赁高。但是上述出租人要承担的这些风险，反过来对承租人来说，也正是乐于采用这种租赁方式的重要原因。因承租人租用这一租赁方式的设备，大都技术更新期较短，当有性能更优的新产品问世时，就可以去旧换新，以便租用更理想的设备。因此，租赁公司在租期内，在租金收入上只能收入其投入设备的部分投资，未收回的那一部分，势必要通过此项设备的再次或多次出租所得的租金来补足。正由于这一原因，使用经营性租赁的设备一般属于泛用的品种，如电脑、汽车、海轮、工程建筑设备等。这样，使租赁公司在租户退租后，容易找到另一个承租人，或随时可在二手资本商品市场上，处理这些使用过的旧设备。

经营性租赁的主要特征是：

1) 租赁公司既提供租赁物件，同时又提供必要的服务，包括对设备的维修保养、保险以及各种专门的技术服务等。

2) 同租赁物件的经济寿命相比，经营性租赁的每次租期一般较短。

3) 经营性租赁适用于大批通用性的设备，如计算机、电脑、电视机等，都属于广泛使用的租赁物件。

4) 在合理的条件范围内，经营性租赁是允许解约的，以便承租人租用更先进的设备。租赁公司承担设备老化的风险。

5) 租赁公司始终拥有租赁物件的所有权，并承担有关的一切利益和风险。

(2) 经营性租赁的优点

经营性租赁给面临需要做出租赁还是购买决策的承租人提供一些特别的好处：

1) 承租人通过这种短期租赁的方式，等于获得一个试用设备的机会。利用经营性租赁的方式租用一项设备，如果它能高效率地执行某种预期的职能，那么承租人通过对这项设备所得到的实践经验，就可决定进行购买或选择一种长期租赁的方式。如果设备试用的情况不符合预期的要求，那么承租人只是花费了很小的代价而取得了一种宝贵的经验，他就不至于冒失地去购置这种不符合要求的设备。

在某些情况下，租赁公司为了诱使承租人进行一种长期租赁，仅收取一种名义费用就向承租人提供设备，供其短期使用。承租人如使用满意，就会长期租赁这项设备。

2) 经营性租赁能使承租人减少设备陈旧过时的风险。由于这一方式的租赁不是全额偿付的，根据承租人的及时通知可以解约，所以设备陈旧过时的风险由出租人承担。虽然为了补偿出租人所承担的风险，承租人要支付一笔高于一般租赁收益率的租赁费，但比起花钱先买进，再去处理掉这种陈旧过时的设备要合算多了。

3) 承租人可以利用租赁公司提供的某些低费用服务。由于租赁公司在它所经租的设备方面是专业性质的，而且业务量大，因此它可以向承租人提供两种重要服务，其费用远远低于承租人得到同样服务所需要负担的费用。第一种是设备的维修和保养，由于租赁公司自己拥有和可以使用训练有素的修理技术人员、专有的修理工具和大量的配件，所以可以有效地进行维修和保养设备。第二种情况是，如果租赁设备损坏严重，在短期内无法修好，必须作全面检修，租赁公司接到通知就可以调换所需的设备。这样，不仅可减少承租人的生产停工时间，且可为承租人节省一笔可观的费用。

5.6.3 融资租赁的基本程序

融资租赁业务关系复杂，涉及多方当事人，虽然不同的融资形式有其不同的业务操作程序，但其基本程序大致如下。

1. 由承租人选定供货商和设备

承租人为了达到最有效的融资目的，选择最佳供货人和最适合的设备是关键一步。承租人有能力自行选择的，可自行选择，如果承租人没有自行选择能力或能力不足以胜任，可以委托租赁机构代理选择，租赁机构代理选择结果被承租人认可后生效。

2. 承租人向租赁机构提出书面申请

申请时要填写"设备租赁申请书"，同时提交相关资料。

3. 初步协商

承租人与租赁公司就租期、租金、费率等进行初步协商。

4. 签订供货合同

出租人依据承租人选定的设备与供货商协商签订供货合同。如果是直接租赁，承租人和供货商签订租赁合同。

5. 签订租赁合同

承租人与出租人就租赁合同的具体内容进行平等协商，达成统一，签订租赁合同。租赁合同内容主要包括租金、租金支付的方式、手续费率、租期、利息率等双方的权利和义务。

6. 交货

交货是出租人的主要义务。但交货方不一定是出租人，一般都是由供货商直接将承租人选定的设备交给承租人，设备的检验验收由承租人负责，并在检验验收后向出租人开立收据，出租人凭收据向供货商支付设备价款。

交货是出租人的主要义务，但质量检验仍由承租人负责，把好这一关是设备及时投入运转的关键。

7. 保险

设备的投保是出租人的义务。对保险费额，出租人可计入租金中一并计算，也可由承租人直接向保险公司投保，保费计入成本。

8. 支付租金

支付租金是承租人的义务。承租人应按合同约定的方式、数额、时间向出租人支付租金，如不按期支付则承担违约责任。

9. 租期届满出租物的处理

租期届满，对出租物一般采用"退租、续租、留购"三种方式之一来处置，比较而言，双方大多采用"留购"方式，由承租人支付一定价款，取得出租物的所有权，作为固定资产投资。

据《世界租赁年报》统计，2003 年，全球租赁总额达 4618 亿美元，美国、日本、德国分别以 2040 亿美元、621 亿美元、398 亿美元位居前 3 名，而中国的租赁额只有 22 亿美元；从租赁业市场渗透率（租赁在设备工器具固定资产投资中所占比例）来看，美国达 31.1%，加拿大 20.2%，英国 15.3%，德国 9.8%，日本 9.3%，东欧的罗马尼亚、匈牙利、捷克也分别达到 30.8%、19%、18.6%，而中国只有 1%左右。随着政策环境的改善，我国的融资租赁业在近几年取得较快发展，按照国家统计局公布的"设备工器具累计固定资产投资额"、"租赁和商务服务业固定资产累计额"等指标估算，2005 年我国租赁业市场渗透率为 3.59%，2006 年达到 4.35%，租赁业开始稳步发展。

5.6.4　国际融资租赁

1. 概念及特点

国际融资租赁是指跨越国境的租赁业务，即在一定时期内，一个国家的出租人把租赁物件租给另一个国家的承租人使用，承租人分期支付相当于租赁物件总价值（指价款、运输费、保险费等项合计）加利息、利润的租金。租赁期满后，租金支付完毕，租赁物件原则上归出租人所有，由其收回后继续向别的承租人出租，但也可以在承租人支付物件的象征性价格后，转归承租人所有。

国际租赁如同其他形式的租赁业务一样，实质上也是以出租实物的形式代替对承租人直接发放贷款。不同之处是在国际租赁中，或者是承租人与出租人分居于两个不同的国家或地区，或者是租赁物件涉及进出口问题。在形式上租赁物件除有形物以外，与有形物相联系的无形资产，如技术专利、诀窍等也可以一并作为租赁对象参加交易。目前，国际租赁有以下几个特点。

（1）租赁物件的多样化。国际租赁业务起始于单项设备（如：电视机、飞机、巨轮）的出租，现在已扩大到海上石油生产基地、工厂设备、发电机、铁道用车辆等多种成套设备以至于整个工厂，无所不包。目前则以各种产业机械、运输工具及电子计算机占多数。

（2）合同形式的多样化。国际租赁交易所采用的合同的具体形式，除了一般性的租赁合同外，常见的还有买卖交易的分期付款销售合同。在后一种合同形式中，有的规定合同期内的租赁物件所有权归出租人，有的则规定交易正式成立后即刻将所有权交给采用分期付款形式的购买者。即便在正常的租赁合同中，对租赁期满时物件所有权的处理，也同样是多种多样的，有的合同规定承购人有购买权，有的则以承租人的购买为条件。

（3）承租人的多样化。随着租赁物件的多样化，现在外国政府、中央银行或外国政府所属的公司、企业和一般民间私人企业也加入了承租人的行列。

（4）出租人的多样化。现在的国际租赁，其出租人不仅局限于单个租赁公司，也常常采取由若干个租赁公司一同参加的银团租赁（也称辛迪加租赁）方式，来解决筹措资金或信用、风险分担等方面的问题，促成巨额租赁交易的发生。

2. 国际融资租赁的利弊分析

国际租赁融资对承租人的有利之处主要包括：

（1）能充分利用外资。同出口信贷相比，利用租赁形式引进设备实际上是得到全额融资，用较少的资金可以达到更多利用外资的目的。

（2）有利于企业的技术改造。与企业自身购买设备相比，其好处在于除了可以少投入资金外，还可以使企业经常更换租赁设备，保持技术的先进性，维持产品的市场竞争力。

（3）不受国际通货膨胀的影响。租赁合同一经双方许可，租赁金额在正式书面合同文件写成后就固定下来了，在整个租赁期内不会变动，不会因国际通货膨胀或国际贷款利率上浮而改变。

（4）效率较高。与传统的一般信贷相比，可以发挥银行和进出口贸易公司的双重作用，既可解决资金借款，又可以直接向外国订货并办理出口手续，方便、快速、灵活，减少了许多中间环节。

（5）有利于适应暂时性和季节性需要。

对承租人的不利之处主要包括：

（1）租赁费用较高。

（2）由于承租人对租赁的设备只有使用权而无所有权，也不能作为借款的抵押品。所以不利于对租赁设备进行技术改造。

（3）出租人为本身利益着想，往往不肯轻易将先进设备或机器租给承租人。

（4）在租赁期限内，原则上不允许解除合同。

5.6.5 其他租赁方式

除了融资性租赁、经营性租赁以及第 4 章所讲的杠杆租赁之外，国际范围内的项目融资还有其他形式的租赁。

1. 售出与返租式租赁（Sale and Lease Back Lease）

这一租赁方式，也称售后租回。如果一家企业一方面需继续使用自己原来拥有的设备或厂房，另一方面又急需现金周转，在这种情况下，可以将其资产，如设备或厂房出售给租赁公司；然后又向租赁公司原封不动地租回，按租赁合约规定分期交付租金。这样，承租人就能把固定资产转变为现金，但又不影响原有生产的进行。所以很多资产流动性差的企业，通过这一租赁方式，可以得到额外的现金。有时该项资产，特别是土地和建筑物的市价高于其账面价值时，出售还可获得盈利。如果该项资产已全部折旧完毕，租赁公司收买以后，又可重新折旧；而承租人支付租金时，可使该企业获得第二次折旧的好处。

这种租赁方式的特点，实际上也正是它的优点：对缺乏流动资金而又告贷无门的生产企业，通过这一租赁方式，把企业设施的所有权卖给租赁公司，然后再租回。这样，不仅使原有规模的生产活动得以继续进行，而且还有机会去扩大生产，获取更多的利润。因为任何一个企业，它获得的利润并不是由于它拥有生产设施的所有权，而是从它的经营活动中取得。所以重要的不是对企业的各种设施拥有所有权，而是运用它们的使用权。

2. 综合性租赁（Comprehensive Lease）

综合性租赁是租赁与贸易相结合的租赁方式。由于结合的方式不同，大体有下列几种。

（1）租赁与补偿贸易相结合的租赁方式。这一方式是由租赁公司向承租人出租生产设备，承租人不以现金支付租金，而是以该设备投入生产后所生产的直接产品来抵付租金。

（2）租赁与加工装配贸易相结合的租赁方式。这一方式是租赁公司向承租人提供设备，同时又提供原料或零部件，由承租人进行加工装配后，将成品交付租赁公司或它所指定的第三者，以加工装配的产品作为向租赁公司缴付的租金。

（3）租赁与包销相结合的租赁方式。这一方式是由租赁公司出租设备给承租人，承租人利用该设备所生产的全部产品，由租赁公司包销，并从包销价款中扣取租金。发达国家的垄断组织常常利用这一方式来压低包销产品的价格，以谋取高额利润。

上述综合性租赁的几种方式，其特点是把租赁与贸易结合起来，出租人和承租人可以根据其具体条件选择采用哪一种方式。其优点是使缺乏外汇的承租人，通过这种形式引进国外各种先进设备，既可解决引进设备外汇资金的不足，又可扩大产品的出口，一举两得。

3. 总租赁（Master Lease）

这一租赁方式，又称主租赁。总租是一种开放型或无限制型（Open-ended Contract）的租赁方式，承租人在整个租期内除租用目前所需设备外，还可根据今后的需要，按同样的租赁条件和规定（租金除外）租用新的设备，而无须另签订新约；租赁公司在整个租期内有责任提供最先进的设备。租赁公司提供的设备数量可以根据季节或承租人的要求而有所不同。租赁的期限通常与设备的使用年限差不多。这种形式的租赁，实际上等于租赁公司给予承租人的一个信贷额度。总租通常用于卡车、计算机及其附属设备的租赁。

4. 转租赁（Sub-lease）

这是在国际租赁中常采用的一种租赁方式。由甲国的租赁公司向本国（或他国）的出租人承租设备，然后将其转租给乙国（或本国）的承租人使用，原租约与转租租约同时并存有效。这前后两个租约虽都是单独存在的，但彼此又有内在的联系。在订立转租租约的时候，应充分注意到原租约的一些主要规定，使两者能协调一致，以免发生矛盾，陷于被动。

这一租赁方式的特点是租赁公司一方面可扩大它的业务规模，如：可把国内租赁业务扩展成为国际租赁交易；另一方面它承租设备后转租出去，又可从中得益。

5.7 发达国家公共项目融资

5.7.1 发达国家公共项目融资概况

公共项目是相对私人项目而言的，是指满足社会公共需要并通过公共投资形成的固定资产投资项目，包括交通运输、通信、电力、水利、教育卫生设施及市政基础设施等方面内容。显然公共项目属于公共产品范畴，也具有非排他性和消费的非竞争性。根据项目本身和提供方的性质，公共项目可分为经营性公共项目、准经营性公共项目和非经营性公共项目等三类。

发达国家在 20 世纪 70 年代政府固定资产投资达到了鼎盛时期，日本政府固定资产投资占国内生产总值的比重甚至达到过 8%～9%，美国也接近 4%，此后 20 多年固定资产投资虽然有所下降，但总体来说幅度并不大，维持在一个适宜水平。然而，随着时间推移和科技的日新月异，这些国家的许多公共设施日益老化和落后，亟待更新和改造。如 2003 年 8 月美国、加拿大两国大面积断电事件就是因为电力供应网"古老而陈旧"引发的。此外各国的新城镇建设、能源开发、国防装备、堤坝修缮等公共项目建设也刻不容缓。2005 年美国民用工程协会公布，美国在 2010 年以前，至少需要追加 1.6 万亿美元用来改造和维护现有的一些基础设施，包括桥梁、公路、船闸、港口、堤坝、废水排放设施、飞机场、铁路等。但无论是老项目的更新改造还是新项目的开发建设，都离不开对项目进行融资，所以这些国家对公共项目的融资除了使用传统的筹资方式，还在不断探索新的融资渠道。

5.7.2　发达国家项目融资渠道

1. 税收和设施使用费

公共产品存在所导致的市场失灵，使得价格机制不能为公共产品融资，政府通常选择税收为公共产品筹集资金的通常做法。1956 年，美国通过了《联邦资助公路法案》，根据这一法案，美国州际高速公路由联邦政府和州政府按照 9：1 的比例出资。其中联邦资金由"联邦公路信托基金"提供。这个基金的资金 87.6% 来自机动车燃油税。由于这种合理的税收较好地解决了资金的来源，美国高速公路建设资金的需要才得以保证。到 20 世纪 80 年代末期，美国的高速公路网基本建成，并占全球高速公路总里程的一半。而美国的机场航空信托基金则是通过向乘客收取使用费，使机场改造工程获得可持续的资金来源，见表 5-2。

2001～2003 年度美国机场改造工程融资渠道　　　　　　　表 5-2

资金来源	比　例	资金来源	比　例
机场债券	59%	州和地方政府投入	3%
机场改造工程基金	21%	机场收入	4%
乘客设施使用费	13%		

2. 政府债券

政府债券的利息享受免税待遇。其中由中央政府发行的债券也称公债或国库券，其发行债券的目的是为了弥补财政赤字或投资于大型建设项目；而由各级地方政府机构发行的债券就称为地方政府债券，其发行目的主要是为地方建设筹集资金。地方政府债券的种类及用途如表 5-3，在政府债券中还有一类称为政府保证债券的，它主要是为一些市政项目及公共设施的建设筹集资金而由一些与政府有直接关系的企业、公司或金融机构发行的债券，但不享受中央和地方政府债券的利息免税待遇，如投保债券、银行担保市政债券、再融资债券等。以美国为例，2001 年底美国政府系统发行的债券是 6.5 万亿美元，占所有未偿付债券的 36.7%，而市政债券则在美国整个政府债务体系中的比重为 20% 左右，2001 年和 2002 年美国市政债券余额分别是 1.6 万亿美元和 1.76 万亿美元。

地方政府债券种类一览表　　　　　　　表 5-3

种类	发行机构	发行目的	课税
公共目的债券	直接由地方政府发行	如新学校建设、高速公路改善以及其他要由政府负责承建的传统建设项目	免税
私人项目债券	由地方政府或代理机构发行	如体育场地、购物中心、城市中心建设等	征收所得税，但可能免地方政府所得税
非政府目的债券	由地方政府发行	如住宅与学生贷款项目	免税

3. 公共项目投资基金

各种形式投资于公共项目的基金既包括专门投资于项目和项目建设维护的基金，如美国的高速公路信托基金、内河航道信托投资基金等；也包括那些把项目投资作为其资产组合一部分的投资范围广泛的其他类型基金，如澳大利亚的麦格理基础设施集团基金、各类保险基金和欧美养老基金，这类基金主要是投向私有化程度高、法制成熟的市场，或以股权方式或以债权方式参与项目的建设。从各国的实践看，基金在项目建设中的作用是非常巨大的。1973 年，韩国设立的国民投资基金，就有效地把民间资本用于基础设施建设。1983 年国民投资基金约 1.6 万亿韩元，1991 年尚有 2000 多亿韩元。2006 年，凯雷投资集团设立 10 亿美元美国基础设施建设基金，该基金的投资范围包括铁路、机场、水务资产、学校、医院和公私合作投资项目。目前美国的各种基金已达到 4 万亿美元左右，其中相当一部分投入基础设施，以获得长期稳定的收益。

4. 民间资本

包括企业和个人投资者，或以股权形式或以债权形式参与公共项目。近些年来，由于政府财政普遍困窘，民间资金却相对充沛，因此，如何有效运用民间资源，实现公共建设的目标，是各国政府部门和公共机构极为关注的重要课题。民间资本参与的公共项目主要有：交通建设及管道、环境污染防治、污水处理及自来水设施、游乐重大设施、电力气体燃料设施、公园绿化、新城镇开发等。比如美国私人投资近 80 亿美元修建的阿拉斯加石油管道，被认为是世界上规模最大的一项私人资本投资的基础设施工程。

复习思考题

1. 什么是资本成本？其内容和作用是什么？

2. 什么是准股本资金？它的种类有哪些？

3. 银行信贷的信用条件有哪些？委托贷款与信托贷款的异同？

4. 如何理解债券的利率风险？

5. 什么是欧洲债券市场？其产生的背景因素有哪些？

6. 试分析国际辛迪加贷款中债权人与债务人各自的利弊？

7. 如何理解股票的定价？普通股的定价基本模型是什么？非固定成长股票的内在价值如何计算？

8. 经营性租赁与融资性租赁有何异同？对国际融资租赁进行利弊分析。

6.1 担保概述

6.1.1 担保的定义

对于采用项目融资的项目来说，风险的合理分配和严格管理是项目成功的关键因素，也是项目各参与方谈判的核心问题。担保是项目风险分配和管理的主要手段之一，是在风险管理的基础上将风险分析结果落实到书面上的行为。

担保在民法上是指以确保债务或其他经济合同项下的履行或清偿为目的的保证行为，它是债务人对债权人提供履行债务的特殊保证，是保证债权实现的一种法律手段。按照各国法律，担保可以分为两大类：一类是物的担保，指借款人或担保人以自己的有形资产或权益财产为履行债务设定的物权担保，如抵押权、质押权、留置权等；另一类是人的信用担保，即担保人以自己的资信向债权人保证对债务人履行债务承担责任，有担保(保证书)、安慰信等形式。

项目融资担保是指借款方或第三方以自己的信用或资产向境内外贷款人作出的还款保证。

鉴于项目融资的最大特点是"无追索权或有限追索权"，因此，项目融资中的担保和一般商业贷款的担保有着明显的不同，不能混为一谈。项目融资的贷款方关注的重点是项目的成功与否，而不是项目的现有资产价值。因此，他们要求担保能够确保项目按期、按质完工，正常经营，获取足够的现金流来收回贷款。而一般商业贷款人要求担保人应有足够的资产弥补借款人不能按期还款时可能带来的损失。

担保在项目融资中有其特殊的作用，它能把项目融资的某些风险转嫁给本来不想直接参与经营或直接为项目提供资金的有关方面。通常的情况是，第三方担保人如果愿意出力，帮助建成项目，但是不想在自己的资产负债表上有所反映的话，可以不贷款或出资，而以提供担保承担商业风险的方式为项目作出贡献。

6.1.2 担保的分类

按照不同的标准，对担保可作如下的分类：

（1）按照担保方式的特性划分可以分为保证、质押、抵押、留置、定金五种。

（2）根据担保产生的依据和原因不同划分可以分为约定担保和法定担保。

（3）根据担保标的的划分可分为信用担保和财产担保。

信用担保也称人的担保，是以第三人的信用为保证，担保债务人履行债务。它主要是指保证的担保方式。财产担保也称物的担保，是指债务人或第三人以其自身的特定财产作为债务履行的保障。主要方式有抵押、质押、留置、定金等。

这三种分类之间关系密切，如图 6-1 所示。

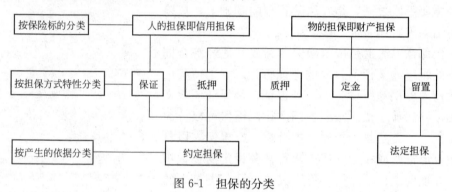

图 6-1 担保的分类

6.1.3 担保在项目融资中的功能和作用

1. 担保一般意义上的功能

（1）基本功能

它的基本功能在于通过提供信用增级服务，保证债权的实现。现代市场经济可以说是一种信用经济，信用的使用可以促成交易，减少成本。当一个经济主体要进行某种经济活动，但由于其资信不被承认或接受而导致交易不能顺利进行时，运用担保，即以抵押、质押、留置等方式提供信用增级服务，可以降低信息不对称所导致的额外成本，进而达到一定的经济目的。

（2）补偿功能

当债务人不履行债务或不完全履行时，债权人可以获得补偿。

2. 担保在项目融资中的作用

实现风险分担的一个重要途径就是构造严谨的项目担保体系，以强化项目的信用等级。出于对超出项目本身承受能力的风险因素的考虑，贷款方会要求项目的投资者或第三方提供担保。项目担保正是实现这种风险分担的一个关键所在。通过风险的合理分配和严格管理，项目融资可以实现项目风险的分担。

担保在项目融资中会在两个方面起到重要作用：一方面，项目投资者自身风险的锁定，即其责任可限制在一定的项目发展阶段之内和有限的金额之内，从而可以避免承担全部的和直接的项目债务责任。另一方面，项目投资者可以将一部分风险转移给相关第三方。很多时候，存在一些对项目感兴趣，但由于某些商业原因或政治原因不能或不愿直接参与项目投资、项目经营的机构，将这些机构组织起来为项目提供担保，或者利用商业担保人的担保，都可以实现项目风险的分散承担，为项目成功作出贡献。

6.1.4 项目担保人

项目担保人包括三个方面：项目的投资者、与项目利益相关的第三方以及商业担保人。

1. 项目投资者

项目投资者，即项目主办人作为担保人，是项目融资中最主要和最常见的一种担保，如图 6-2 所示。

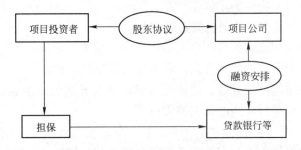

图 6-2　项目投资者作为担保人

一般来说，项目投资者会组建一个专门的项目公司来经营项目并以此为主体安排融资。但就项目公司本身来说，在资金、经营历史、资信水平等方面并不足以支持大规模融资，很多情况下贷款方会要求借款人(项目投资者)提供来自项目公司之外的担保作为附加的债权保证。因此，除非项目投资者能提供其他可被贷款银行认同、接受的担保人，否则投资者自己必须作为项目的担保人。

项目投资者对项目公司提供的担保，可以是直接担保(即直接担保项目公司的一部分债务)，也可以是非直接的形式或以预防不可预见风险的方式出现。在前一种方式下，这种担保需要作为一种债务形式出现在项目投资者的资产负债表中，至少需要作为一种或有负债在资产负债表的注释中加以披露。后一种方式则对项目投资者的资产负债表影响较小。这种对资产负债表结构影响的考虑，是任何一个企业开展经营活动时必须考虑的一个因素。因为如果某一项目的债务并入公司的资产负债表导致其结构恶化，如资产负债率过高，会导致一系列问题，包括降低公司信用、提高其融资成本、削弱其抵抗财务风险的能力。

2. 与项目利益相关的第三方

所谓利用第三方作为担保人，是指在项目的直接投资者之外，寻找其他与项目有直接或间接利益关系的机构，为项目的建设或项目的生产经营提供担保，如图 6-3 所示。

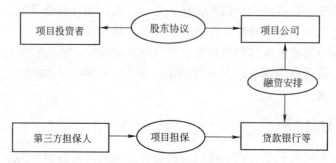

图 6 3　与项目利益相关的第三方作为担保人

项目担保过程是双赢的，对项目投资者而言，这些机构的参与在一定程度上分担了项目的部分风险，为项目融资设计一个强有力的信誉保证机构提供了支持，从而吸引更多的贷款方。就第三方担保人而言，他们同样能够在担保交易中获利。

能够提高第三方担保的主体主要有：

(1) 与项目开发有直接利益关系的商业机构

这类机构作为担保人的目的主要是通过项目融资提供担保为自己换取长期的商业利益，如：获得项目的建设合同、获得项目设备的供应安装合同，使担保人自身产品获得长期稳定的市场环境，使担保人可以获得长期稳定的原材料和能源供应，保证担保人具有对项目实施的长期使用权等。

1）承包商。为了在激烈的竞争中获得大型工程项目建设的承包权，很多情况下，大型工程公司作为承包商，愿意为项目提供项目担保，如完工担保；或承包商接受固定造价合同，这种形式也相当于为项目提供了担保。

2）供应商。供应商主要是指项目设备和原材料的供应者。有的供应商需要扩大自身产品的市场，愿意为使用其产品的建设项目提供担保。卖方信贷、出口信贷和项目设备质量（运营）担保等是项目设备供应商通常提供的担保形式。原材料供应商则主要以长期、稳定、优惠的价格供应协议作为对项目的支持，一般来说，这种协议带有"无货亦付款"合同的性质，一般以"提货或付款"合同的形式出现。

3）产品（或设施）用户。对某种产品和服务有需求的客户愿意为生产该种产品或提供该种服务的建设项目提供担保。这种类型的担保多集中在能源、原材料和基础设施项目中，如英国的北海石油项目。一般来说，产品用户采用长期"无货亦付款"合同或"产量合同"合同形式。这两类合同相当于保证书，可以作为从金融机构获得贷款的依据。所以，这种担保是项目的潜在用户从保障市场的角度为项目融资提供的担保或财务支持。

(2) 政府机构

政府机构作为担保人在项目融资中是相当普遍的。出于改善基础设施建设，完善投资环境进而发展本国经济、增加就业、促进出口等方面的考虑，政府愿意为大型工程项目提供担保，如高速公路、铁路、机场、医院等。

由于政府在一国经济中的特殊地位，它提供的担保是不可替代的。政府的介入可以减少政治风险和经济政策风险，稳定投资者的预期，增强其投资信心。BOT可以作为一个很好的例证。在 BOT 模式中，政府以特许权协议形式提供担保，是关键性的一个环节，否则投资财团不可能利用 BOT 模式组织起项目融资。

政府作为项目融资担保人的另外一个目的在于：通过提供贷款担保或项目产品长期购买协议等担保形式间接参与项目，避免了政府直接持有股份，同时又达到了参与项目投资的目的。

（3）国际性金融机构

国际性金融机构主要是指国际货币基金组织、世界银行、地区开发银行等机构，它们虽然与项目没有直接的利益关系，但是为促进发展中国家的经济建设，对于一些重大项目，则会提供一些担保。这种担保类似于政府机构提供的担保，可以减少项目的政治风险、商业风险，增强金融机构等贷款人的信心。

3. 商业担保人

商业担保人以提供担保为赢利手段，收取担保服务费并承担项目风险。可以看出，商业担保人在性质上和前两种是不一样的。商业担保人通过分散化经营来降低自己的风险，主要有银行、保险公司和其他一些专营商业担保的金融机构。商业担保人提供的担保服务主要有：

（1）银行信用或银行担保

担保项目投资者（商业银行、投资公司和一些专业化的金融机构）以银行信用或银行担保的形式，在项目中或项目投资中所必须承担的义务。

这种担保的第一个作用是担保一个资金不足或资产不足的项目公司对其贷款所承担的义务，如在国际房地产项目融资中较为普遍的"卖出期权"安排。近年来，在国外安排房地产项目融资时，如果贷款银行认为房地产价值以及贷款期内的现金流量不足以支持一个有限追索的融资结构时，借款人可以从专业化的金融机构手中以远低于房地产市场价值的契约价格购入一个卖出期权作为项目融资的附加担保。在贷款期间，一旦借款人违约，如果贷款银行认为需要的话可以通过执行该期权，将房地产以契约价格出售给期权合约的另一方，行使贷款银行的权利。例如，某公司为了购买一座办公大楼需要安排 4000 万美元的项目融资，但是贷款银行认为根据项目的经济强度（办公楼价值加上租金收入）只能安排 3000 万美元的有限追索权。最后借款人通过买入一个契约价格为 1500 万美元（实际房产价格 4000 万美元）的卖出期权作为附加担保完成融资安排。在期权有效期内，借款人每年需要支付契约价格的 1%给期权合约的另一方作为商业担保费。在这个例子中，担保费与契约价格成正比关系，契约价格越高，越接近房产的市场价值，担保费也就越高，因为出售这个期权的一方所承受的房产价值波动的风险也就越大。

这种担保的第二个作用是担保项目公司在项目中对其他投资者所承担的义务。这种担保在有两个以上的投资者参加的非公司型合资结构中较为常见。如某公司在非公司型合资结构矿山结构项目中投资 30%，并且信用成立了一个项目子公司负责资金的安排和项目的管理。该公司为项目投资安排了有限追索的项目融资，除有限的资金支持外，项目公司的经营和财务与母公司分离。虽然这个融资安排为贷款银行所接受，但是其他项目投资者却提出不同意见，要求该公司提供由国际银行开出的备用信用证作为对项目所承担义务的担保。因为项目公司本身资金有限，而有限追索的融资结构又限制了对母公司追索的能力，对于其他项目投资者来说，这种安排面临着一个潜在的风险，一旦国际市场该种矿产品价格长期下跌，这家项目公司就有可能出现经营困难、资金周转不灵等一系列问题。根据项目合资协议一般都包括的"交叉担保"条款的规定，为了保证项目的正常运行，在一方表示无力支付项目生产费用或资本开支时，其余各方需要承担该违约方应支付的费用，直至违约时间被改正或违约方资产被出售为止。但是，这是项目各方都不希望看到的情况，因为在一方由于市场等问题出现困难时，其他各方也面临着同样的问题，只是程度不同而已。基于这样的考虑，在非公司型项目结构中，资本不足的公司往往会被要求有国际性银行提供备用信用证(信用证额度一般为 3～9 个月的项目生产费用)作为项目担保。

这种担保的第三个作用是在担保人和担保受益人之间起到一个中介作用，这种作用类似于国际贸易中银行信用证的作用。

(2) 为了防止项目意外时间的发生而提供的担保

这类担保人一般为各类保险公司。项目保险是项目担保组合中一个重要和关键的组成部分。保险公司为项目保险的内容比较广泛，险种涉及项目的商业风险以及政治风险等。

6.1.5 项目融资担保文件

项目融资担保文件可分为三种：基本文件、融资文件和专家文件。广义上可以认为几乎所有文件都是对贷款方的保证。

1. 基本文件

基本文件主要包括七个文件：政府的项目特许经营协议和其他许可证；承包商和分包商的担保以及预付款保函；原材料供应合同；能源供应合同；产品购买协议；项目投保合同；项目经营协议。

2. 融资文件

融资文件主要包括贷款协议、担保文件、支持性文件等。

(1) 贷款协议

包括消极保证、担保的执行。

(2) 担保文件和抵押文件

包括以下内容：

1) 对土地、房屋等不动产抵押的享有权。

2) 对动产、债务以及在建生产线抵押的享有权。

3) 对项目基本文件赋予的权力的享有权。

4) 对项目保险的享有权。

5) 对销售合同、照付不议合同、产量或分次支付协议以及营业收入的享有权。

(3) 支持性文件

包括以下内容:

1) 项目发起方的直接支持

偿还担保、完工担保、运营资金保证协议、超支协议和安慰信。

2) 项目发起方的间接支持

无货亦付款合同、产量合同、无条件的运输合同、供应保证协议。

3) 东道国政府支持

经营许可、项目批准、特许权利、不收归国有的保证、外汇许可等。

4) 项目保险

商业保险、出口信贷担保和多边机构的担保。

6.2   项目担保范围

项目担保的范围是项目融资实施过程中的各种风险,但项目融资不可能解决所有的风险,只能有重点地解决贷款银行最为关心的那部分风险。

6.2.1   商业风险

商业风险是项目融资的主要风险,大多数风险属于可控风险,即核心风险。对于这类可控风险,作为贷款方的金融机构一般会要求项目投资者或与项目有利益关系的第三方提供不同程度的担保,尤其是在项目完工、生产成本控制、产品市场等三方面。

1. 项目完工风险

完工风险存在于项目建设阶段和试生产阶段。其主要表现形式为:项目建设延期;项目建设成本超支;由于种种原因,项目迟迟达不到设计规定的技术经济指标;在特殊情况下,由于技术和其他方面的问题,项目完全停工放弃。

完工风险是项目融资的主要核心风险之一,因为如果项目不能按照预定计划建设投产,项目融资所赖以依存的基础就受到了根本的破坏。完工风险对项目造成的综合性的负面影响是项目建设成本增加,项目贷款利息负担增加,项目现金流量不能按计划获得。项目建设期出现完工风险的概率是比较高的。根据已有统计资料,无论是在发展中国家还是在发达国家,均有大量的项目不能按照规定的时间或者预算建成投产,导致项目融资成本大幅度上升乃至失败。

项目的"商业完工"标准是贷款银行检验项目是否达到完工条件的依据。商业完工标准包括一系列经专家确定的技术经济指标。根据贷款银行对具体项目的完工风险的评价,项目融资中实际采用的"商业完工"标准可以有很大的差别。总的原则是,对于完工风险越大的项目,贷款银行会要求项目投资者承担更大的"商业完工"责任。一些典型的"商业完工"标准包括:

（1）完工和运行标准。项目需要在规定的时间内达到商业完工的标准，并且在一定时期内（通常为3个月至6个月）保持在这个水平上运行。

（2）技术完工标准。这一标准比完工和运行标准约束性要差一些，因为在条件中没有规定对项目运行时间的检验。采用这一标准，贷款银行实际上承担了一部分项目生产的技术风险。

（3）现金流量完工标准。这是另一种类型的完工标准，贷款银行不考虑项目的技术完工和实际运行情况，只要求项目在一定时期内（一般为3个月至6个月）达到预期的最低现金流量水平，即认为项目通过了完工检验。

（4）其他形式的完工标准。有些项目，由于时间关系在项目融资还没有完全安排好就需要进行提款。在这种情况下，贷款银行为了减少项目风险，往往会要求确定一些特殊的完工标准。例如，如果产品销售合同在提款前还未能最后确定下来，贷款银行就有可能规定以某种价格条件销售最低数量的产品作为项目完工标准的一部分；又如，如果在提款前矿山的最终储量还不能最后确定下来，则最小证实储量会被包括在项目的完工标准中。

为了限制及转移项目的完工风险，贷款银行通常要求投资者或工程公司等其他项目参与者提供相应的"完工担保"作为保证。常用的完工保证形式包括：

（1）无条件完工保证。投资者提供无条件的资金支持，以确保项目可以达到项目融资规定的"商业完工"条件。

（2）债务承购保证。如果项目的完工条件最终不能达到，则由投资者将项目债务收购下来或将其转化为公司债务，即由项目融资变为公司融资。

（3）单纯的技术完工保证。按照这种形式，保证人（作为项目生产技术的提供者）只承诺实现项目的技术生产条件，但不承担任何项目的债务责任。

（4）完工保证基金。要求项目投资者提供一笔固定数额的资金作为保证基金，投资者不承担任何超出保证基金的项目建设费用。

（5）最佳努力承诺。这种保证形式在法律概念上比较模糊，内涵上可以包括从单纯技术管理承诺到技术、管理和资金全面承诺等各种方式。

2. 生产风险

项目的生产风险是对项目在试生产阶段和生产运行阶段存在的技术、资源储量、能源和原材料供应、生产经营、劳动力状况等风险因素的总称，是项目融资的另一个主要的核心风险。项目的生产风险直接关系着项目是否能够按照预定的计划正常运转，是否具有足够的现金流量支付生产费用和偿还债务。然而，在"风险分担"形式上，与完工风险通常被要求由项目投资者全部或大部分承担不同，贷款银行愿意更多地依靠项目现金流量作为偿还债务的主要来源，即在项目风险分析的假设前提下与投资者共同分担一部分生产风险。项目生产风险的主要表现形式包括：

（1）技术风险。它是指存在于项目生产技术及生产过程中的一些问题，如技术工艺是否在项目建设期结束后仍然能够保持先进，厂址选择与配套是否合理等。作为贷款银行，项目融资不是风险投资，因而银行的原则是只为采用经市场证实的成熟生产技术的项目安排有限追索性质的项目融资，对于任何采用新技术的项目，如果不能获得投资者强有力的技术保证和资金支持，是不可能得到项目融资的。贷款银行对项目技术风险的估价与银行是否曾经参加过类似项目的融资很有关系。然而，有时尽管银行曾经参加过该类项目的融资，但是由于新的被融资项目在设备规模上或在技术上有较大的改进，银行将仍然认为项目的技术风险是较高的。

（2）资源风险。它是指对于依赖某种自然资源（如石油、天然气、煤矿、金属矿等）的生产型项目，在项目的生产阶段有无足够的资源保证。对于这类项目的融资，贷款银行在提供贷款时，一个先决条件是要求项目的可供开采的已证实资源总储量与项目融资期间内所计划采掘或消耗的资源量之比要保持在风险警戒线之下。

（3）能源和原材料供应风险。能源和原材料供应由两个要素构成：能源和原材料的价格及供应的可靠性。一些重工业部门（如电解铝厂和铜冶炼厂）和能源工业部门（如火力发电站）对能源和原材料的稳定供应依赖性很大，能源和原材料成本在整个生产成本中占有很大的比重，价格波动和供应可靠性成为影响项目经济强度的一个主要因素。对于这类项目，没有能源和原材料供应的恰当安排，项目融资基本上是不可能的。

长期的能源和原材料供应协议是减少项目能源和原材料供应风险的一种有效方法。这种安排可以保证项目按照一定的价格稳定地得到重要能源和原材料供应，在一些特殊情况下（例如原材料市场不景气），甚至有可能进一步将供应协议设计成"供货或付款"类型的合同，这样，项目的经济强度就能够得到更强有力的支持。近十几年来，面对变化莫测的国际原材料和能源市场，投资者们把如何降低能源和原材料风险作为一个重要的课题加以研究，其中一种值得重视的发展趋势是能源和原材料价格指数化，将能源和原材料的供应价格与项目产出品的国际市场价格直接挂钩，并随着项目产出品价格的变化浮动。这种做法对项目各方都有一定的好处。作为项目投资者，可以降低项目风险，在国际市场不景气时降低项目的能源和原材料成本，在产出品国际市场上升时仍可获得较大的利润；作为能源和原材料供应商，既保证了稳定的市场，又可以享受到最终产品价格上涨的好处；作为贷款银行，由于这种做法增强了项目的经济强度，保证了项目的偿债能力，因此，特别受到项目融资安排者的欢迎。

（4）经营管理风险。管理风险主要用来评价项目投资者对于所开发项目的经营管理能力，而这种能力是决定项目的质量控制、成本控制和生产效率的一个重要因素。

项目的投资者以往在同一领域是否具有成功的经验是贷款银行衡量项目经营管理风险的一项重要指标。经验证明，在一个由多个投资者组成的合资项目中，如果项目经理（即负责项目日常生产管理）是由一个在这一领域具有良好资信的投资者承担，那么无论是整个项目进行融资，还是其中个别投资者单独进行融资，这一因素都会成为项目很好的信用支持。

评价项目的经营管理风险主要从三个方面考虑：第一，项目经理（无论是否为项目投资者）在同一领域的工作经验和资信。第二，项目经理是否为项目投资者之一；如果是投资者，则要看在项目中占有多大比例，一般经验是项目经理同时又是项目最大投资者之一(40％以上),对于项目融资是很有帮助的。第三,除项目经理的直接投资外,项目经理是否具有利润分成或成本控制奖励等激励机制。如果这些措施使用恰当,则可以有效地降低项目风险。

3. 产品市场风险

市场风险是指产品在市场上的销路和其他方面的不确定性。项目产品在市场上的销售情况和其他表现直接决定项目投产后的效益和整个项目的成败。因此,降低市场风险同样是项目担保所必须面对的一个主要问题。像"无货亦付款"合同、"提货与付款"合同都是担保解决产品市场风险的具体做法。

当然,市场风险包括价格风险、竞争风险和需求风险。不同的项目面临的风险不一样(有些产品,如黄金、白银等,被认为只有价格风险而需求风险不予考虑,因为存在这些商品交易的标准市场,如伦敦有色金属市场。但对于多数产品来说,三种形式的市场风险并存),贷款银行在处理各种风险因素时侧重点也不一样。对于初级能源和资源性产品项目,如煤炭、石油、金属矿产等,需求风险和价格风险比较大,所以如果没有一方肯承担需求风险和市场风险,安排项目融资就非常困难;对于加工制造业,如机械制造,产品种类繁多,销售市场也很复杂,贷款银行更重视控制生产成本和现金流量,会要求项目投资者承担更多的成本风险;对于居于二者之间的项目,如纸浆、钢铁等,原材料成本和产品市场在项目中均处于重要地位,贷款银行可能要求两个方面都提供一定的项目担保。

6.2.2　政治风险

凡是投资者与所投资项目不在同一个国家或者贷款银行与所贷款项目不在同一个国家的都有可能面临由于项目所在国家的政治条件发生变化而导致项目失败、项目信用结构改变、项目债务偿还能力改变等方面的风险,这类风险统称为项目的政治风险。项目的政治风险可分为两大类:一类表现为国家风险,即项目所在国政府由于某种政治原因或外交政策上的原因,对项目实行征用、没收,或者对项目产品实行禁运、联合抵制,中止债务偿还的潜在可能性;另一类表现为国家政治、经济、法律稳定性风险,即项目所在国在外汇管理、法律制度、税收制度、劳资关系、环境保护、资源主权等与项目有关的敏感性问题方面的立法是否健全,管理是否完善,是否经常变动。项目的政治风险可以涉及到项目的各个方面和各个阶段。

项目政治风险的影响包括以下几个方面:

(1) 通常项目本身必须具有政府的批准、特许或同意,特别当项目是电站、交通基础设施和国家自然资源的开发项目时,一般都需要政府的经营特许,否则任何有关政策上的负面变化都有可能造成项目的损失。

(2) 所建项目本身可能对于国家的基础设施或安全有重要影响。例如,能源、机场、海港、公路、铁路、桥梁、隧道等方面的项目,这类项目出现政治风险的机率会比一般项目高。

(3) 由于项目所在国的原因,如所在国政府的经济政策,或者由于外部原因,如遵守石油输出国组织份额,所在国政府可能采取控制措施来限制生产速度或项目蕴藏量的消耗速度。

（4）项目所在国有可能改变进出口政策，增加关税或限制项目设备、原材料的进口，增加关税或限制项目产品的出口。对于国外投资者利用该国优势从事来料加工一类的项目投资，这种变化将会造成较大的影响。

（5）改变或增加对项目利润汇出或国外债务偿还的税收限制。

（6）对项目生产可能增收附加税。典型的例子是英国政府对北海油田项目的收入增收附加税。

（7）在项目经济生命期中引入更严厉的环境保护立法，增加项目的生产成本或影响项目的生产计划。

在投资或安排项目融资时，尽力寻求项目所在国政府、中央银行、税收部门或其他有关政府机构的书面保证也是行之有效的办法，这里包括政府对一些特许项目权力或许可证的有效性及可转移性的保证，对外汇管制的承诺，对特殊税收结构的批准认可等一系列措施。另外，在一些外汇短缺或管制严格的国家，如果项目本身的收入是国际流通货币，贷款银行愿意通过项目融资结构在海外控制和保留相当部分的外汇，用以偿还债务，达到减少项目政治风险以及外汇管制风险的目的。

政治风险不同于商业风险，后者是可控的，一般项目投资者自身很难解决政治风险问题，因而需要第三方参与，为贷款银行提供政治风险担保。这种担保通常由项目所在国政府和中央银行提供，有时还需要世界银行、地区开发银行以及一些工业国家的出口信贷和海外投资机构等提供担保。

此外，商业担保公司逐渐参与到政治风险担保中是最近的发展趋势，因为有些项目不具备政府出口信贷或保险机构提供政治风险担保的条件，或者风险价值超过政府机构进行政治风险担保的限额，或者项目投资者不满意政治风险担保的条件。

6.2.3　金融风险

项目的金融风险表现在利率风险和外汇风险两个主要方面。

利率风险是指在经营过程中，由于利率变动直接或间接地造成项目价值降低或收益损失。实际利率是项目借贷款人的机会成本的参照系数。如果投资方利用浮动利率融资，一旦利率上升，项目的融资成本就上升；如果采用固定利率融资，一旦市场利率下降便会造成机会成本的提高。

外汇风险涉及到东道国通货的自由兑换、经营收益的自由汇出以及汇率波动所造成的货币贬值问题。境外的项目发起人一般希望将项目产生的利润以本国货币或者硬通货汇往本国，以避免因为东道国的通货膨胀而蒙受损失。而资金投入与利润汇出两个时点上汇率的波动可能对项目发起方的投资收益产生较大的影响。

6.2.4　或有风险

或有风险，也称不可预见风险，主要是指地震、火灾等由不可抗力带来的不确定性。避免这类风险主要是采用商业保险。

不论项目担保的形式和性质如何，贷款银行总是坚持作为担保的第一受益人。

而且，对于期限较长的项目融资，贷款银行会在基本的项目担保的基础上增加一些特殊规定，以避免自身利益因外部环境变化受到损害。

安排项目担保的步骤如下：

（1）贷款银行向项目投资者或第三方担保人提出项目担保的要求。

（2）项目投资者或第三方担保人考虑提供公司担保，如果公司不被接受，则要考虑提供银行担保。

（3）在银行提供担保的情况下，项目担保成为担保银行与担保受益人之间的一种合约关系。

（4）如果项目所在国与提供担保的银行不在同一国家，有时担保受益人会要求担保银行安排一个当地银行作为其代理人，承担担保义务，而担保银行则承诺偿付其代理人的全部费用。

6.3 项目融资物权担保

物的担保比较直接，法律界定也比较清楚。在项目融资中，物的担保在性质和形式上与传统的公司融资等融资结构中的担保没有太大区别，因为都体现在相关方对资产抵押和控制上。

在项目融资中，物的担保主要是指项目公司以项目资产或第三方以自身资产为履行贷款债务提供的担保。通过提供物权担保来约束项目有关参与方，使其认真履行合同，保证项目顺利建成和运营。在对项目资产设定物权担保时，项目的资产是作为一个单独完整的整体出现的，即这部分资产与借款人的自身资产之间有一道"防火墙"。必要时贷款银行可以实行对项目资产的管理权，即：在借款人违约时，取得对在担保条件下的资产的直接占有，或者为贷款人自身的利益经营这些资产，或出售担保物及其与之相关的权益，从出售所得中优先于其他债权人得到补偿。

项目融资中的物权担保按担保标的物的性质不同，可分为动产物权担保和不动产物权担保；按担保方式不同，分为固定设押和浮动设押。

6.3.1 不动产物权担保和动产物权担保

1. 不动产物权担保

不动产是指土地以及房屋、林木等地上定着物。在项目融资中，项目公司一般以项目资产作为不动产担保。用于提供担保的不动产仅限于项目公司的不动产，而不包括或仅包括部分项目发起人的不动产，这是项目融资中的风险隔离安排机制，对项目发起人是有利的。

如果借款人违约或项目失败，贷款人往往接管项目公司，或重新经营，或拍卖项目资产，以弥补其贷款损失。不过，这种弥补对于巨额的贷款来说，往往是杯水车薪。因为，项目的失败往往会带来项目资产，尤其是不动产本身价值的下降，难以弥补最初的贷款额。如，石油管道项目，如果管道流量很少，管道设施本身就是废铁一堆。

2. 动产物权担保

动产物权担保是指借款人以自己或第三方的动产作为债务偿还的保证。动产可分为有形动产和无形动产两种，有形动产如船舶、设备、商品等；无形动产如合同、特许权、股份、应收账款、保险单、银行账户等。由于处理动产物权担保在技术上比不动产物权担保方便，所以在项目融资中使用较多。

（1）无形动产物权担保

无形动产物权担保主要包括以下 6 种：

1）项目发起人取得的各种协议和合同，如经营和维护合同、购买合同、供应合同、运输合同和收费合同等。

2）特许权协议。项目公司得到的特许权协议对贷款人来说是一个非常重要的物权担保，在 BOT 项目融资模式中尤为关键，因为如果没有特许权协议作为担保，其他担保功能将十分有限。当然，如果东道国政府不允许将本国企业拥有的特许权转让给外国投资者，此时的特许权协议就不能作为关键的无形动产物权担保了。

3）保险单。将项目保险单的受益人转让给贷款人作为一种担保时，保险的覆盖期限应与项目贷款的有限生命期相吻合。

4）项目发起人持有的股份。项目发起人将其拥有的项目公司的股份作为担保资产抵押给贷款人，也是一种项目担保的操作思路。

5）各种保函。如项目承包商从其贷款银行处开出的完工保函，就可以作为对银行的担保财产。这种完工保函由承包商的往来银行签发，是一种即期付款凭证，金额相当于承包价款的 2%～20% 不等。提供担保后，贷款人即享有该种凭证的收款权利，且当出具票据要求银行付款时，不需提供承包商违约的任何证明。

6）银行账户。项目融资一般至少有两个银行账户，即支出账户和收入账户（支出账户负责项目的支出费用，即经常性支出、资本性支出和银行利息支出等。收入账户负责管理项目的收入，如产品销售收入、保险理赔收入等）。项目融资必须使贷款人相信，他们能完全控制项目公司的银行账户，从而贷款人认为任何时候他们都能控制项目的现金流量。很显然，项目公司从这两个账户中提取资金将受到贷款人的监督和管理。

（2）有形动产物权担保

1）项目中的厂房、仪器设备等动产。这种动产担保会受到东道国法律的影响，如法国法律规定：只有是该贷款人贷款购买的机器设备才能作为对该贷款人的权益担保，任何第三人提供的机器设备都不能充当担保资产抵押给贷款人支配。

2）项目产品。这种方式操作起来比较复杂，项目的不同性质决定了项目公司对项目产品支配权的大小不同。如，许多国家规定，对于煤炭或矿产品只有在开采出来以后才能作为担保财产，任何未开采出来的煤炭和矿产资源都是国家财产，属于政府所有，不能抵押给任何企业和个人。

一般认为，在项目融资中，无形动产的担保意义更大。一方面有形动产的价值往往因为项目的失败而价值大减，另一方面也因为无形动产涉及多个项目参与方，其权利具有可追溯性，而且这种追溯是有合同等文件作为书面保证的。可以说，项目融资中的许多信用担保最后都作为无形动产担保而成为对贷款人的一种可靠担保。因此，无形动产担保和信用担保往往具有同等的作用。例如，"无货亦付款"本身是一种信用担保，但当该合同作为无形资产掌握在贷款人手中时，贷款人就享有了该合同中的权利，此时，合同就成为无形动产担保了。

6.3.2 固定设押和浮动设押

设押这种担保形式不需要资产和权益占有的专营或所有权的转移，而是债权人与债务人签署一项协议，根据该协议债权人有权使用该担保条件下资产的收入来清偿债务人对其承担的责任，并且相对于无担保权益的债权人和有此担保权益的债权人而言，设押担保形式中的债权人对这项收入有优先的请求权。这种担保又进一步分为固定设押和浮动设押。

1. 固定设押

固定设押是指与担保人的某一特定资产相关联的一种担保。在这种担保形式下，担保人在没有解除担保责任或得到担保受益人的同意之前不能出售或以其他形式处置该项资产。置于固定设押下的资产如果属于生产性资产，则担保人只能根据担保协议的规定对该项资产进行正常的生产性使用；如果设押资产是不动产或银行存款，则担保人原则上是无权使用该项资产的。动产和不动产物权担保都是固定的物权担保，即借款方作为还款保证的资产是确定的，如特定的土地、厂房或特定的股份、特许权、商品等。当借款方违约或项目失败时，贷款方一般只能以这些担保物受偿。

2. 浮动设押

浮动设押产生于 19 世纪的英国，后来在其他很多国家得到普及。它一般不与担保人的某一特定资产相关联。在正常情况下，浮动设押处于一种"沉睡"状态，直到违约事件发生促使担保受益人行使担保权时，担保才变得具体化，置于浮动设押下的资产才被置于担保受益人的控制之下。在担保变得具体化之前，担保人可以自主地运用该项资产，包括将其出售。由于这种担保方式在某特定事件发生时从最后确定受偿资产，所以被形象地称为"浮动设押"。

在项目融资中，浮动设押方式较受欢迎。借款方以充分的项目资产作为浮动设押担保物，不必担心项目资产会被一个贷款人独占。因为项目贷款人有多个，但贷款人之间事先已签有平等受偿的协议。而且，当借款方违约时，贷款方可以任命财产管理人和经理人接管整个项目，以保证自己的利益不受损失，这是其他担保方式所无法比拟的。同时，浮动设押下项目公司拥有对担保资产进行加工和处置的权利，包括对原材料、营业用具、现金和其他动产的处置等，而不必为新获得的资产签订担保合同，或为每一次资产处置请求许可。

6.3.3 项目融资中物权担保的局限性

在多数情况下，项目融资所设定的物权担保，其作用更多地体现为消极、防御性的，而不是积极的、进攻性的，即它的主要作用是贷款人防止借款人的其他债权人在项目的资产上取得不对称的利益，使自己处于不利的地位。但在实际操作中，物权担保在项目融资中存在诸多局限性，往往使贷款人不能单纯地从物权担保中获取保障。

1. 项目资产一般很难出售

如很少人愿意购买离岸石油管道设施。

2. 强制执行的救济办法受到法律限制

尤其是在大陆法系国家，强制执行的救济办法受到法律限制，如法律要求必须以公开拍卖的方式强制执行担保物权。

3. 贷款人在项目公司违约时的处理

即使在项目公司违约时，依照某些国家法律，贷款人也仍然有继续经营该项目的权利，但由于主办人已经宣告失败，贷款人很难取得成功。

4. 浮动设押在不同国家设定担保物权时就受到限制

有些国家法律（如英国担保法）承认浮动设押，但有些国家却不予承认，在这些国家，贷款人在设定担保物权时就受到限制，比如他们无法在项目公司的库存、设备以及项目所必需的动产上设定担保物权。

5. 难以强制执行东道国的项目资产

由于政治上的原因，要强制执行东道国的项目资产或出售东道国政府的特许协议，一般很难办到。

6.4　项目融资信用担保

项目融资中的信用担保，即通常所说的项目担保。人的担保在项目融资结构中的基本表现形式是项目担保，即以法律协议方式向债权人作出的承诺并由此承担一定的义务。按照项目担保所作出的法律承诺的不同，可以分为两种情况：一是担保人承担第二位的法律责任，只有在被担保人（主债务人）不履行其对债务人（担保受益人）所承担义务的情况下，担保人才承担起被担保人的合约义务。显然，这种担保义务具有附属性质，是附属或依存于债务人和债权人之间的合约的。二是担保人承担第一位的法律责任。在这种担保条件下，担保人承诺根据融资文件或担保文件中的有关条款，只要担保受益人提出要求，担保人将立即支付给受益人规定数量的资金，而不管债务人是否真正违约。因此，这种担保是相对独立于债务人与债权人之间的合约的，也称即期担保，如项目的完工担保就属于此类担保。

项目担保是在贷款银行认为项目自身的物权担保不够充分时而要求借款人（项目投资者）提供的一种担保。它为项目的正常运作提供了一种附加的保障，降低了贷款银行在项目融资中的风险。项目担保是项目融资结构中的一个重要组成部分，在一定程度上可以说是项目融资结构的生命线，它是实现项目融资风险分担的关键所在。

根据项目担保在项目融资中承担的经济责任不同，可以将其划分为四种基本类型：直接担保、间接担保、或有担保、意向性担保。不论何种形式的担保，其经济责任都是有限的，这是项目融资结构和传统公司融资结构的一个主要区别。

6.4.1　直接担保

作为一种传统的担保方式，直接担保是指担保人以直接的财务担保形式为借款人按期还本付息而向贷款银行提供的担保，具有直接性和无条件性，是所融资项目必需的最低信用保证结构。直接担保的担保责任主要体现在两方面：在时间上加以限制和在金额上加以限制。

1. 在时间上加以限制

项目在建设期和试生产期的完工担保是最典型的在时间上加以限制的直接担保。它所针对的项目风险主要是成本超支风险，即项目不能按规定时间和预算计划完工和经营的风险。由于在项目的建设期和试生产期，贷款银行所承受的风险最大，项目能否按期建成并按照其设计指标进行生产经营是以项目现金流量为融资基础的项目融资的核心，因此，完工担保就成为项目融资结构中的一个最主要的担保种类。根据提供担保的当事人不同，完工担保可分为两类：由项目发起人提供的完工担保和由项目工程承包公司提供的完工担保。对于项目投资者，提供或组织这类担保的最大利益在于：通过有限时间内的无限责任担保来避免或减少长期的直接项目担保。

2. 在金额上加以限制

项目融资中经常使用的资金缺额担保是一种典型的在金额上加以限制的直接担保，主要是为项目完工后收益不足的风险提供担保，其目的在于保证项目具有正常运行所必需的最低现金流量，即具有至少能支付生产成本和偿还到期债务的能力。其主要特点是在完成融资结构时已事先规定了最大担保金额，因而在实际经营中，不管项目出现何种意外情况，担保的最大经济责任均被限制在这个金额之内。这种担保的担保人往往是由项目发起人承担。

确保担保金额通常需要花费借贷双方大量的时间。具体可分为两种情况：一是对防止生产成本超支或项目现金流量不足的有限担保，通常的做法是根据项目的现金流量模型计算出维持项目允许的最低资金需要，以此作为决定担保金额的基础；二是对用于防止建设成本超支的有限担保，相比之下会困难一些，因为多数贷款银行更倾向于接受只有时间限制而没有金额限制的完工担保。在实际操作中，一般是以该类项目的行业通行做法为依据。

项目发起人在履行资金缺额担保义务时，一般有三种具体操作方法。

（1）担保存款或备用信用证

即由项目发起人在指定银行存入一笔事先确定的资金（一般为该项目正常运行费用总额的 $25\% \sim 75\%$）作为担保存款，或由指定银行以贷款银行为受益人开出一张备用信用证。这种方法一般在为新建项目安排融资时采用，与提供完工担保的方法相类似。当项目出现现金流量不足以支付生产成本、资本开支或偿还到期债务时，贷款银行就可以从担保存款或备用信用证中提取相应资金。

（2）建立留置资金

即建立一个备用的留置基金账户，该账户中主要是项目的年收入扣除全部的生产费用、资本开支以及到期债务本息和税收之后的净现金流量，主要在项目出现不可预见的问题时使用。项目投资者一般不得使用该基金，只有当项目实际可支配资金总额大于项目最小资金缺额担保时，项目发起人才能够从项目中以分红或其他形式提走资金，取得利润。

（3）由项目发起人提供项目最小净现金流量担保

即保证项目能有一个最低净收益，作为对贷款银行在项目融资中可能承担风险的一种担保。

6.4.2　间接担保

间接担保，也称非直接担保，是指项目担保人不以直接的财务担保形式为项目提供的一种财务支持。间接担保多以商业合同或政府特许协议形式出现。就贷款银行而言，这种类型的担保同样构成了一种确定性的、无条件的财务责任。

任何一笔项目融资交易都需要采用一系列的合同将借款人、贷款人、主办者以及项目的其他参与者联结起来，借以确定他们彼此之间的权利义务，并为资金提供者提供一种担保。在项目融资中，可以作为项目担保的主要合同或协议有：产品销售协议、项目建设合同、项目经营和维护合同、项目供应合同等。

1. 以产品销售协议提供的间接担保

由于销售协议的种类不同，其担保功能也有较大差别。

（1）以"或取或付"合同提供的间接担保

由于"或取或付"协议是指买卖双方达成协议，买方承担按期根据规定的价格向卖方支付最低数量项目产品销售金额的义务，而不管事实上买方是否收到合同项下的产品，所以，这里的买方可以是项目发起人，也可以是其他与项目利益有关的第三方担保人，卖方则是项目公司。但是，多数情况下，在项目产品的购买者中，应至少有一个是项目发起人。该合同的特点是：

1）它是一种长期销售合同，即该协议的期限应至少不短于项目融资的贷款期限（这个期限可以长达十几年）；

2）买方在合同项下的支付义务，具有明显的强制性；

3）数量和价格方面：协议的价格以市场价格为基础，但一般都规定有最低限价，此外，购买的数量不低于项目达到设计生产指标时的产量。

对于工业性项目，即类似矿山、油田、冶炼厂、发电厂等有实体产品被生产出来的项目，这种长期销售合同就是购买项目产品的一种特殊协议；对于服务性项目，类似输油管道、码头、高速公路等没有实体产品被生产出来的项目，这种长期销售合同就是购买项目设施所提供服务的一种协议。

可以看出，这种无货亦付款合同的基本原则是项目产品的购买者所承诺支付的最低金额应不少于该项目生产经营费用和债务偿还费用的总和。它实际上也就成为了项目产品买方为项目公司所提供的一种财务担保，项目公司便可以利用其担保的绝对性和无条件性进行项目融资。因为尽管这种协议是项目公司与项目产品购买方签订的产品出售协议，但项目公司一般都将该协议下无条件地取得货款的权利转让给贷款银行。

（2）以"提货与付款"合同提供的间接担保

它是指买方在取得货物后，即在项目产品交付或项目劳务实际提供后，买方才支付某一最低数量的产品或劳务的金额给卖方。在这种合同结构中，货款的支付是有条件的，即只有当项目公司实际生产出产品或提供服务时买方才履行这种义务。

这种合同在具体操作上与"或取或付"十分类似。但在担保作用上，"提货与付款"合同不如"或取或付"合同，主要区别在于：一是在"提货与付款"合同中，项目产品购买者承担的付款责任不是无条件的、绝对的，如果产品或设施不符合合同规定要求的话，项目买方可以不付款；二是在合同产品的价格规定上，"或取或付"合同没有最低限价的规定，一旦出现产品价格长期过低的情况时，就有导致现金流量不足以支付项目的生产费用和偿还到期债务的可能。显然，对贷款银行来说，这种协议比"无货亦付款"合同所提供担保的分量要轻得多。所以，在操作时，贷款银行一般会要求项目投资者提供一份资金缺额担保作为对"提货与付款"合同担保的一种补充。

（3）以"通过协议"提供的间接担保

这种合同结构中，合同期内项目公司所发生的成本全部或部分转让给项目产品的买方。这是电力项目融资中通常采用的一种合同模式。它涉及的条款主要是合同费用、固定成本、经营环境变化等。

（4）以"长期销售协议"提供的间接担保

它是项目公司和项目买方就一定数量的项目产品签订的销售合同。通常，这种合同的期限从1年到5年不等。在这种合同结构中，一方面只有当项目产品生产出来并转移给买方且符合一定质量要求时，买方才承担付款义务。另一方面，如果项目买方不购买指定的项目产品，则应向项目公司赔偿损失。但是，买方没有义务为了项目公司的债务支付而进行最小数量的付款。

2. 以项目建设合同提供的间接担保

建设合同是项目合同的关键组成部分，因而也是项目间接担保的一个重要手段，尤其是在一些工程项目中，贷款者可能在承担部分或全部项目建设或完工风险的情况下，更是如此。理论上，建设合同很简单，就是一个人（承建商）同意为另一人（项目公司）建设工程或安装设备以收取劳务报酬。但在实际操作中是相当复杂和困难的，而且还存在着许多标准化的合同形式。在国际工程建设合同中，最为普遍的可能是FIDIC模式。

典型的建设合同一般包括以下条款和内容：项目规划设计的负责人条款、价格支付条款、完工条款、不可预见风险条款、保证条款、保险条款、纠纷处理条款等。

建设合同在国际上一般有以下两类：

(1) 一揽子承包合同(Package Contracts)

在这类合同中，存在一个"单一"的承建商，该承建商必须保证在满足规定标准的前提下承担按时完成项目的所有风险。通常由项目公司规定项目的所有完工标准和承建商的责任标准，承建商保证承担包括规划设计和建设在内的全部工作，甚至对于子承建商的选择、项目设备的选定都由其负责，而且项目公司通常要求承建商提供全面的完工担保。所以，在这种合同结构中，承建商的风险最大。

(2) EPC 合同(Engineering-Procurement-Construction)

在这种合同结构中，工程承包商负责工程项目的规划，然后转包给分包商来具体建设项目，并监督分包商以使项目按照项目公司指定的标准建设。在这里，工程承包商只是充当一个中间商的角色，有时，甚至由项目公司指定设备和项目分包商，因此，承建商风险最小。有时，EPC 合同也指定建设工期和项目完工标准，但对于项目失败的责任并不因此而降临到一般承建商的头上，因为一般承建商并未承担规划设计的责任，并未选择设备，而且通常也无权选择项目子承建商。

而如果项目出现问题，作为一揽子承包合同的承建商将承担更多、更大的责任。因此，一揽子承包合同自然比 EPC 合同成本更高。而一些项目发起人认为自己很有经验，他们相信其监督能降低 EPC 合同的风险，因此，认为没有必要付出一揽子承包合同额以外的成本。但是，贷款者要求项目必须完全覆盖延期完工和不能按规定标准完工的风险。所以，他们更偏好一揽子承包合同，并且经常要求项目发起人承担选择 EPC 合同而不选择一揽子承包合同的责任。

贷款者之所以更偏好一揽子承包合同，是因为该合同减少了贷款者必须面对的当事人。更重要的是，它减少了由于不同的承建商之间发生纠纷和互相推卸责任的风险。如果不用一揽子承包合同，则贷款者将要耗费相当的时间去分析建设合同，而且项目管理者的作用将变得非常关键，这意味着贷款者又要承担管理者的违约风险。

3. 以经营和维护合同提供的间接担保

经营和维护合同(Operation and Maintenance Contracts)，在保证项目经营期的现金流量充足方面起着非常重要的作用，因而也是项目担保的一个重要组成部分。

在项目融资实务中，项目发起人对于项目的经营有两种选择：一是自己经营项目，这时就不需要经营合同；二是聘请一个经营公司经营项目，这时签订好经营合同就显得至关重要。

具体来说，签订经营和维护协议的主要目的在于：确保项目实施在项目公司和贷款者认可的预算范围内正常经营和维护，并以适当的方式运营，从而实现收入最大化；将项目的经营和维护风险分配给项目的经营者，由此实现项目公司和贷款者风险的隔离。

经营和维护合同一般包括下列关键条款：项目经营者和所有者双方的责任细则、补偿和支付条款、子合同、运营测试、纠纷处理条款、赔偿条款、任务分配条款、工作延误和提前终止条款、不可抗力条款等。

在由第三方当事人作为经营者的情况下，经营和维护合同一般有以下几类：

(1) 固定价格合同(Fixed Price Contracts)

固定价格的经营和维护合同，在项目融资中较少采用。在这种合同结构下经营者承担了经营风险，所以，固定价格合同相对更昂贵些。同时，这种合同的期限一般不超过 15 年或 20 年。

(2) 成本加费用合同(Cost Plus Fee Contracts)

大多数项目融资采用的是这种经营和维护合同。这种合同结构下，项目公司除了支付给经营者一笔固定费用外，还支付给经营者经营项目发生的成本开支。此时，项目公司承担了经营成本增加的风险，如果经营者不能在预算内经营项目或有效率地经营项目，项目公司将拥有终止合同的权利。但在实践中，经营者承担经营风险的程度可作为刺激经营者实现成本节约的一种有效办法。

(3) 带有最高价格和激励费用的成本加费用合同(Cost Plus Fee Contracts With Maximum Price and Incentive Fee)

这是在成本加费用合同的基础上改进的一种合同形式。在这种结构下，经营者的报酬将严格地与其经营成本的高低挂钩。如果经营成本超出了最高价格，则经营者自己吸收这些成本，或者项目发起人有权更换经营者而提前终止协议。关于激励费用，只有经营者实现了规定的经营目标，才能获得一笔奖金。相反，如果经营者未实现规定的经营目标，则不得不接受一定的惩罚，此时，项目公司支付给经营者的经营费用将会降低。因此，这种合同结构的关键问题在于：事先就特定的经营目标进行谈判时，应在合同中详细说明与项目经营和维护有关的所有方面应达到的目标。

贷款者比较倾向于这种形式的经营和维护合同结构，因为它能将大部分经营风险与项目公司隔离开来，并能让人看到项目在预算内运营良好的前景。

4. 由供应合同(Supply Contracts)提供的间接担保

项目的供应合同在保证项目成本稳定和可预见方面起着非常重要的作用，因而也是项目担保的一个组成部分，一般用来为项目的成本超支风险提供担保。

许多项目都会依赖必需的原料和燃料，如木材、煤、石油和天然气等，这也是项目能够正常经营的前提条件。在项目融资中，项目公司和贷款银行都十分关心项目在整个生命期内是否有可靠、稳定的资源和原料供应，其中关键的问题就是项目公司能否在事先协商的价格基础上签订一个长期的供应合同，如果项目公司不能做到这一点，它将面临两种风险：一是在即期市场上原料是否能获得；二是原料价格可能波动。

项目融资中的原料供应合同一般有以下两种形式。

(1) 或付或取供应合同(Take-or-Pay Supply Contracts)

在这种合同结构下，项目公司同意在一个指定日期按协议价格向原料供应方购买规定数量的原料。对项目公司而言，即使不向合同对方购买协议规定数量的原料，也必须向原料供应方付款。原料供应方的义务则只是以协议价格提供规定数量的原料。

(2) 纯供应合同(Sole-Supplier Contracts)

在这种合同结构下，项目公司和一家供应商签订协议，根据该协议，项目公司将向该供应商购买项目所需的全部原料。但所需原料的实际数量和支付的原料价款没有必要事先指定。而且在任何情况下，项目公司只支付其实际购买的原料部分的款项。此外，在这种合同结构下，原料供应商可能供应也可能不供应项目所需的全部原料。

所以，贷款银行一般偏好前一种合同，即或取或付供应合同，因为它使项目在协议规定价格基础上可获得一个稳定的原料供应。

5. 以其他合同形式提供的项目担保

项目融资是许多各自独立的合同联结在一起的一个复合体，这种巧妙而复杂的合同结构，是金融界及其律师们根据长期经验创造出来的。除了上述的几种合同外，还有一些合同也可以在一定程度上发挥项目担保的作用。

(1) 投资协议(Investment Agreements)

项目发起方与项目公司之间签订的协议即投资协议，其内容主要是规定发起人同意向项目公司提供一定金额的财务支持。它主要有两种方式：一是项目发起人同意以次级贷款或参与股权的方式向项目公司注资，贷款或股份出资的金额应当使项目公司具备清偿债务的能力，或达到规定的财务指标，如应达到规定的最低流动资本额；二是由项目发起人向项目公司提供一笔足以使后者向贷款人偿还贷款的资金。

(2) 购买协议(Purchase Agreements)

项目发起人与贷款人之间签订的协议即购买协议。根据该协议，项目发起人同意在项目公司不履行对贷款人的偿还义务时，项目发起人将购买相当于贷款人发放给项目公司的贷款金额的产品。因此，这种协议可以作为一种担保，它是项目发起人对贷款人所提供的一种保护。

6.4.3 或有担保

或有担保是针对一些由于项目投资者不可抗拒或不可预测的因素所造成的项目损失的风险所提供的担保。按照风险的性质不同，或有担保可分为三类：

1. 针对由于不可抗拒因素造成的风险所提供的担保

如地震、火灾、地下矿井坍塌等。提供这类或有担保的项目担保人通常是商业保险公司。

2. 针对政治风险所提供的担保

由于政治风险的不可预见性，因而为减少这类风险而提供的担保有时划分到或有担保的范畴。

3. 针对项目环境风险所提供的担保

针对与项目融资结构特性相关的并且一旦变化将会严重改变项目的经济强度的一些项目的环境风险所提供的担保，例如以税务结构为基础建立起来的杠杆租赁融资模式，政府对税收政策做出任何不利于杠杆租赁结构的调整，都将损害贷款银行的利益甚至损害项目融资结构的基础。

或有风险种类繁多，有的具有共性，但有很多是某个项目特有的，因而或有担保的行使很不规范，并且绝大部分或有风险的发生概率是很小的。

6.4.4　意向性担保

从严格意义上讲，意向性担保不是一种真正的担保，因为这种担保不具有法律上的约束力，仅仅表现为担保人有可能对项目提供一定支持的意愿。意向性担保不需要在担保公司的财务报告中显示出来，所以它受到担保人的偏爱，在项目融资中的应用比较普遍。

意向性担保仅仅是一种道义承诺，无法律后果。它是有些单位不愿对项目公司承担直接或间接担保责任而采取的一种变通办法。提供意向性担保的主要方法有以下几种：

1. 安慰信（Letter of Comfort）

在项目融资中，运用最多的意向性担保形式是所谓的"安慰信"或"支持信"。安慰信一般是由项目发起人或政府写给贷款人，对其发放给项目公司的贷款表示支持的信。这种支持体现在以下三个方面：

（1）经营支持

担保人声明在其权力范围内将尽一切努力保证按照有关政策支持项目公司的正常经营。

（2）不剥夺项目资产

东道国政府保证不会没收项目资产或将项目国有化。

（3）资金支持

担保人同意向项目公司提供一切必要手段使其履行经济责任，如母公司愿意在其子公司遇到财务困难时提供帮助。

虽然安慰信一般不具有法律约束力，但是，由于关系到担保人自身的资信，因此资信良好的担保人一般不会违背自己在安慰信中的诺言。所以安慰信作为一种担保形式，可以为贷款人所接受。另一方面，由于意向性担保的普遍运用，国际上对于它的法律责任有日益严格的发展趋势。

我国中央政府有关部门或地方政府有关部门往往为大型项目融资向贷款人出具安慰信，一方面是向贷款人提供信誉担保，另一方面可为项目的进展创造良好的支持环境。

2. 东道国政府的支持

东道国政府在项目融资中扮演的角色虽然是间接的，但却很重要。在许多情况下，东道国政府颁发的开发、运营的特许权和执照是项目开发的前提。虽然东道国政府一般不以借款人或项目公司股东的身份直接参与项目融资，但仍可以通过代理机构对项目进行必要的权益投资，或成为项目产品的最大买主或用户，在我国尤其是这样。

一般项目，特别是基本建设项目，如公路、机场、地铁等，所在国政府将参与项目的规划、融资、建设和运营各个阶段。BOT 项目就是一个典型,在项目运营一段时期后由政府接管项目。

对于其他项目,政府的支持可能是间接的,但对项目的成功却很重要。如自然资源开发和收费交通项目均需要得到政府的特许。在多数国家,尤其在我国,能源、交通、土地、通信等资源均掌握在政府手中,而这些资源是任何项目成功必不可少的条件,只有得到我国政府的支持,才能保证项目顺利进行。

3. 消极担保

消极担保条款即项目公司向贷款人承诺,将不在自己的资产上设立有利于其他债权人的物权担保。消极担保条款是融资协议中的一项重要条款,条款为:只要在融资协议下尚有未偿还的贷款,借款人不得在其现在或将来的资产、收入或官方国际储备上为其他外债设定任何财产留置权,除非借款人立即使其融资协议下所有的未偿债务得到平等的、按比例的担保,或这种其他的担保已经得到贷款人的同意。

消极担保是一种有法律约束力的保证,但它不同于一般的物权担保。消极担保并不允许贷款人对借款人资产提出所有权、占有权、控制权和销售权的要求,也不允许贷款人在借款人破产或清算时提出任何优先受偿权。借款人如果违反消极担保条款,把其资产作为第三方担保,按照绝大多数法律,这种担保是无效的。虽然借款人因违反合同而负有责任,但借款人的资产被作为还款来源,对贷款人来说仍然是不利的。如果第三方知道或应该知道存在消极担保条款,贷款人也许能够指控任何使借款人作违约担保的有效性,但这取决于当时的环境和有关的法律体系。

6.4.5 准担保交易

项目融资中除了上述各种担保形式外,还有许多类似担保的交易。这些交易在法律上一般被排除在物权担保范围之外,而被视为贸易交易。但由于其经济效果类似物权担保,而且在很大程度上是为了规避物权担保法的限制而进行的,故可以归入广义的担保范围内。

1. 融资租赁

卖方(名义上的出租人)将设备租给买方(名义上的承租人),卖方仍保留对设备的所有权,卖方则拥有设备的使用权;或者卖方将设备出售给一家金融公司或租赁公司并立即得到价款,然后该金融公司或租赁公司将设备租给买方。无论以何种形式出租,卖方都足以在租期内收回成本。这实际上是一种商业信用,买方以定期交租金的方式得到融资,而设备本身则起到担保物的作用。

2. 出售和租回

借款方将资产卖给金融公司,然后按与资产使用寿命相应的租期重新租回。在这里价款起了贷款的作用,租金缴纳就是分期还款,而设备就是"担保物"。

3. 出售和购回

借款方将资产卖给金融公司而获得价款,然后按事先约定的条件和时间购回。购回实际上就是还款,而资产起到了担保作用。

4. 所有权保留

所有权保留也称有条件出售，即卖方将资产卖给债务人，条件是债务人只有在偿付资产债务后才能获得资产所有权。资产同样起到"担保物"的作用。

5. 从属之债

从属之债是指一个债权人同意在另一债权人受偿之前不请求清偿自己的债务。前者称为从债权人，其债权称为从债权，可由一切种类的债权构成；后者称为主债权人，即项目融资的贷款方。

从经济效果看，从债权对主债权的清偿提供了一定程度的保证；从属之债也对主债务提供了一定的担保。

复习思考题 🖋

1. 什么是担保？担保在项目融资中的地位如何？

2. 如何理解项目担保是项目融资结构的生命线，是实现项目融资风险分担的关键所在？

3. 项目担保人的三种类型以及担保文件的内容是什么？

4. 项目担保的范围主要是哪几种风险？

5. 简述项目融资中的物权担保及其局限性？

6. 直接担保的担保责任主要体现在哪两个方面？

7. 比较分析"无货亦付款"合同和"提货与付款"合同。

8. 按照项目担保在项目融资中承担的经济责任不同，信用担保可以划分为四种基本类型，比较分析一下直接担保、间接担保、或有担保、意向性担保。

9. 结合近年来项目融资的发展，分析一下项目信用保证结构的可能创新趋势。

7.1 项目融资风险管理概述

7.1.1 项目融资风险管理概念

1. 风险与风险管理

人类历史上对风险问题的研究可以追溯到公元前916年的共同海损制度，以及公元前400年的船货押贷制度。到18世纪产业革命，法国管理学家亨瑞·法约尔(Henri Fayol)在《一般管理和工业管理》一书中才正式把风险管理思想引进到企业经营管理。1930年，美国宾夕法尼亚大学索罗门·许布纳(Solomon Huebner)博士在美国管理学会发起的一次保险问题会议上首次提出风险管理(Risk Management)这一概念，其后风险管理迅速发展成为一门涵盖面甚广的管理科学，尤其是从20世纪60~70年代至今，风险管理已几乎涉及经济和金融的各个领域。

目前，关于风险的定义尚没有较为统一的认识，国内有学者为风险下了如下的定义：风险是指对某一事件的全过程的预期目标可能产生的不利因素发生的概率及后果。对这一概念的准确理解要把握下列几点：

(1) 某一事件：是指所要研究的一个问题或一个项目，如一项投资。

(2) 全过程：是指研究事件全生命周期的风险，而不是某一阶段的风险。

(3) 预期目标：评价事件风险的大小要以预期目标为标准。

(4) 不利因素：风险研究的对象是对事件不利的各种因素，而不关心有利因素。

(5) 概率及后果：度量风险的大小时，既要考虑风险发生的概率又要考虑风险产生的后果。

由于风险认识的角度不同和风险管理应用领域的不同，风险管理的定义也不尽相同。风险管理的一般定义为：组织通过风险识别、风险估计和风险评价，并以此为基础合理地使用多种管理方法、技术和手段对活动涉及的风险实行有效的控制，采取主动行动，创造条件，尽量扩大风险事件的有利结果，妥善地处理风险事故造成的不利后果，以最少的成本保证安全、可靠地实现组织的总目标。

2. 项目融资风险管理

项目融资作为一种金融活动，必然包含"风险"这一基本属性，国内外许多项目融资失败的案例都是由于风险分析、评价与处理失当导致的。

根据项目融资活动的特点，项目融资风险管理可以定义为：通过对项目融资的风险识别、风险估计与评价，采用合理的经济与技术手段，对项目经营活动和融资活动所涉及的风险加以控制和处理，以最大限度地避免或减少风险事件导致的项目实际效益与预期效益的偏差，从而保证项目投资者的预期收益及项目贷款人的追索权得以顺利实现的一种管理活动。

7.1.2 项目融资风险管理的一般程序

项目融资风险管理可以划分为风险分析和风险管理两个步骤，风险分析又包括风险识别、风险估计和风险评价；风险管理是在风险分析的基础上，按事先制定好的计划对风险进行控制，并对控制机制本身进行监督以确保其成功的过程，具体包括风险规划、风险控制和风险监督。

1. 项目融资风险分析

在项目建议书、可行性研究或项目规划过程中，所有融资的不确定性可能给项目结果带来的影响，都应该周全的考虑到。对于融资风险来源何处，属何种类型，有哪些特点进行分析，并对风险进行评估，做出决策时要充分考虑对融资的影响。

风险分析的作用就是查明项目活动在哪些方面，哪些地方，什么时候可能会出现问题，哪些地方潜藏着风险。查明之后要对风险进行量化，确定各风险的大小及重要程度，并在此基础上提出为减少风险而供选择的各种行动路线和方案。

(1) 风险识别

风险识别(Risk Identification)是风险分析的第一个步骤，其目的是减少项目的结构不确定性。风险识别首先要弄清楚项目的组成、各变数的性质和相互间的关系、项目与环境之间的关系等。在此基础上，对潜在的或存在的各种风险因素进行系统的归类和全面的分析研究，进而确定经济主体所面临的风险及其性质并把握其发展趋势的过程。风险识别要解决的主要问题是：哪些风险因素应予以考虑，引起风险的原因、风险类型、性质及其后果。

(2) 风险估计

风险估计(Risk Assessment)是在风险识别的基础上，通过对由风险识别获得的资料和数据进行处理，估算风险事件发生的概率及其后果的大小，以减少项目计量的不确定性。风险估计分主观和客观两种：客观的风险估计以历史数据和资料为依据；主观的风险估计无历史数据和资料来参考，主要依据人的经验和判断。

(3) 风险评价

风险评价(Risk Evaluation)是对各风险事件后果进行评价，并确定其严重程度顺序。一般来说，各种风险的可接受或危害程度互不相同，因此在风险评价中需要决定哪些风险应该首先或者是否需要采取措施，并且还要提出防止、减少、转移或消除风险损失的初步方法，并将其列入下一阶段需要进一步考虑的各种方法之中。风险评价的方法有定量和定性两种。

在实践中，风险识别、风险估计和风险评价绝非互不相关，而是常常相互重叠，需要反复交替进行。

2. 项目融资的风险管理

风险管理就是在风险分析之后，针对风险做出决策。一般有规划、控制和监测三个阶段。

(1) 风险规划

风险规划(Risk Planning)有两个方面：第一，决策者针对项目面对的形势选定行动方案。选定后，还需要制定执行这一行动方案的计划。第二，选择适合于已选定行动路线的风险规避策略。一般来说，可从改变风险后果的性质、风险发生的概率或风险后果大小三个方面提出多种策略，常见的有减轻、预防、转移、回避、自留和后备措施六种策略。在风险规划中，还要选定监督风险规避策略的措施，并确定规避风险可能需要哪些应急资源。此外，还要考虑在监督期间出现意外时，如何保证风险规避策略正常发挥作用。

(2) 风险控制

风险控制(Risk Control)就是在风险事件发生时实施风险管理计划中预定的规避措施。风险控制的依据包括风险管理计划、实际发生了的风险事件和随时进行的风险识别结果。并且，风险控制的手段除了风险管理计划中事前制定的规避措施之外，还需要有根据实际情况确定的权变措施。

(3) 风险监测

风险监测(Risk Monitor)就是跟踪已识别的风险，监视残余风险，识别新出现的风险，找出细化和改进风险管理计划的机会，保证风险计划的实施，并评估风险减轻的效果。一旦发现项目在资金方面出现问题，要及时采取措施。在风险监督的整个过程中，既要及时发现问题，又要保证原计划的正常实施，也就是不应频繁地改变计划，这就要求必须及时发现问题，及时解决问题。

风险规划、控制、监督的各个管理过程不是各自独立、互不干扰的，而是经常反复、重叠的过程。而且，项目活动随时会出现新的情况，因此就需要随时做出应对措施。

7.2 项目融资风险分析

7.2.1 项目融资风险识别

项目融资的风险识别是项目融资风险管理的前提和基础，是正确进行风险管理决策的基本依据。根据项目发展的时间顺序，项目风险识别工作可以分阶段考虑，即项目建设开发阶段风险、项目试生产阶段风险和项目生产经营阶段风险。每个阶段的项目风险都有不同的特点，项目融资中的阶段性风险划分的常见形式如图 7-1 所示。

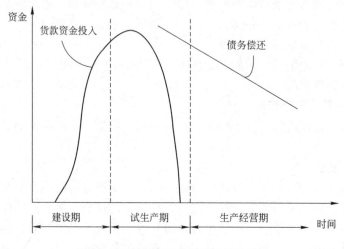

图 7-1　项目融资中的阶段性风险划分

1. 项目建设开发阶段的风险

项目在正式建设之前一般都会有一个较长的预开发阶段，包括项目的规划、可行性研究、工程设计，对于矿山项目还会包括地质勘探、储量确定、矿石金属性试验等一系列工作。在这一时期，项目带有许多未知的和不确定的因素，这时期的投资也带有风险投资的性质。这一阶段的风险是由项目投资者来承担的，因此也就不包括在项目融资风险之中。

项目建设开发阶段的风险，是从项目正式动工建设开始计算的。项目动工建设之后，大量的资金投入到购买工程用地、购买工程设备、支付工程施工费用当中，贷款的利息也由于项目还未产生任何收入而计入资本成本。从贷款银行的角度，在这一阶段随着贷款资金的不断投入，项目的风险也随之增加，在项目建设完工时项目的风险也达到或接近了最高点。这时，如果因为任何不可控或不可预见的因素造成项目建设成本超支，不能按预定时间完工甚至项目无法完成，贷款银行所承受的损失也是最大的。因此，项目融资在这一阶段要求投资者提供强有力的信用支持以保证项目的顺利完成。只有在对项目建设有百分之百把握的前提下，贷款银行才会取消对投资者提供附加信用支持的要求。

利用不同形式的工程建设合同可以相应影响项目建设期的风险变化，有可能将部分项目建设期的风险转移给工程承包公司。这类合同的一个极端是固定价格、固定工期的"交钥匙"合同，另一个极端是"实报实销"合同，在两者之间又有多种中间类型的合同形式。在"交钥匙"合同中，项目建设的控制权和建设期风险全部由工程公司承担；而在"实报实销"合同中，项目建设期风险及项目控制权全部由项目的投资者承担。

2. 项目试生产阶段的风险

项目的试生产阶段是风险仍然很高的一个阶段，此时项目虽然建成投产了，但如果项目不能按照原定的成本计划生产出符合"商业完工"条件的产品和服务，就无法达到项目预期的现金流量目标，必然危及到贷款的偿还，给项目投资者带来相应的风险。

项目融资中所谓的"商业完工"（Commercial Completion）是指在融资文件中具体规定的项目产品的产量和质量、原材料、能源消耗定额以及其他一些技术经济指标作为完工指标，并且将项目达到这些指标的时间下限也作为一项指标。只有项目在规定的时间范围内满足这些指标时，才被贷款银行接受为正式完工。

3. 项目生产经营阶段的风险

项目生产经营阶段，是一个标志性的阶段。在这一阶段，项目进入正常的运转，如果项目可行性研究报告中的假设条件符合实际情况的话，项目应该生产出足够的现金流量支付生产经营费用，偿还债务，并为投资者提供理想的收益。项目的生产经营阶段是项目融资风险阶段的一个分水岭。从这一阶段起，贷款银行的项目风险随着债务的偿还逐步降低，融资结构基本上依赖于项目自身的现金流量和资产，成为一种"无追索"的结构。这一阶段的项目风险主要有：生产经营风险、市场风险、政治风险、法律风险以及其他一些不可预见因素方面。

7.2.2   项目融资风险识别的技术与方法

在项目风险识别过程中，借助于一些技术和工具不但可以提高识别风险的效率，而且操作规范，不容易产生遗漏。在具体应用这些技术和工具时，要结合项目本身的特点。

1. 检查表

人们考虑问题有联想的习惯，在过去经验的启示下，思维会变得活跃并浮想联翩。因此，如果把人们经历过的项目中的风险事件及其来源一一列出来，写成核对表，那么项目风险识别人员看了就会开阔思路，容易识别出本融资项目会存在哪些潜在的风险。

目前，国际上一些有项目融资经历的专家和金融机构从以往的这类业务活动中总结出了一些经验和教训，并把这些经验和教训写成核对表。通过翻阅检查表，提示人们对照分析项目融资风险的问题与状态，进而实现对于风险的监控与应对。表 7-1 是核对表的一个示例。

项目融资风险核对表　　　　　　　　　　　　　　　表 7-1

项目失败的原因	本项目情况	项目对策	备注(责任部门)
工期延迟，因而利息增加，收益推迟			
成本、费用超支			
技术失败			
承办商财务失败			

续表

项目失败的原因	本项目情况	项目对策	备注（责任部门）
政府过多干涉			
未向保险公司投保人身伤害险			
原材料涨价或供应短缺、供应不及时			
项目技术陈旧			
项目产品或服务在市场上没有竞争力			
项目管理不善			
对于担保物，例如油、气储量和价值的估计过于乐观			
项目所在国政府无财务清偿力			

2. 常识、经验和判断

以往经历过的项目融资活动所积累起来的数据、资料、经验和教训，以及项目融资人员和其他相关参与人员的常识、经验和判断，在进行项目风险识别时非常有用。因此，把项目融资有关各方找来，同他们就项目融资所面临风险进行面对面讨论，就可能触及一些活动中未曾发现的项目融资风险。

3. 头脑风暴法

头脑风暴法又叫集思广益法，由美国人奥斯本于 1939 年首创，从 20 世纪 50 年代起就得到了广泛应用。该方法是通过营造一个无批评的自由的会议环境，使与会者畅所欲言、充分交流、互相启迪，产生出大量创造性意见的过程。头脑风暴法是以共同目标为中心，参会人员在他人的看法上建立自己的意见。因此，可充分发挥集体的智慧，提高风险识别的正确性和效率。

应用头脑风暴法应该注意的是：在发言过程中没有讨论，不进行判断性评论。

4. 德尔菲法

德尔菲法又叫专家调查法，是 20 世纪 50 年代初美国兰德公司研究美国受前苏联核袭击风险时提出来的，并很快就在世界上盛行起来。德尔菲法是依靠专家的直观能力对风险进行识别的方法，现在该方法的应用已经普及经济、社会、工程技术等许多领域。

德尔菲法的应用步骤如下：

（1）挑选企业内部、外部的专家构成小组，专家们不见面，彼此之间互不了解；

（2）要求每位专家对所研讨的问题进行匿名分析；

（3）所有专家都会收到一份全组专家的集合分析答案，并要求所有专家在反馈的基础上重新分析。如有必要，该程序可反复进行，直到专家的意见趋向一致时，程序结束。

5. 敏感性分析

敏感性分析是研究在项目生命周期内，当项目的变数（如销售量、单价、投资、成本、项目寿命、建设期等）以及项目的各种前提假设发生变动时，项目的经济评价指标(如净现值、内部收益率等)会出现何种变化以及变化范围有多大。因此,通过敏感性分析就能够回答哪些项目变数或假设的变化对项目的性能影响最大,这样,项目管理人员就能识别出风险隐藏在哪些项目的变数或假设下。

6. 故障树法

故障树是利用图解的方式将大的风险分解成各种小的风险,或对各种引起风险的原因进行分解的一种方法。使用该方法可以很容易地找出所有的风险因素。

7.2.3　项目融资的风险估计

1. 项目风险估计表

项目风险估计表是一种最简单、最常用的分析方法,该方法适用于决策前期,得出的结论也不要求是资金方面的具体值,而是一种大致的程度值。首先,对于项目出现问题的可能性,以及带来的项目还款风险的可能性进行分析。分析的方法通常采用专家评价的方法。然后,建立风险指标和风险程度分析表,通过征询专家意见和统计分析得出对于项目能否正常运行的判断。项目风险估计表的形式见表 7-2,其内容要根据项目的实际情况具体细化。

项目风险估计表　　　　　　　　表 7-2

序号	风险因素	风险程度				发生概率	备　注
		轻　微	较严重	严　重	极其严重		
1	信用风险						
2	完工风险						
3	生产风险						
4	市场风险						
5	金融风险						
6	政治风险						
7	环保风险						
8	其他风险						

2. 敏感性分析

项目敏感性分析有单因素敏感性分析和多因素敏感性分析两种。在单因素敏感性分析中,设定每次只有一个因素变化,而其他因素保持不变,这样就可以分析出这个因素的变化对指标的影响大小。如果一个因素在较大的范围内变化时,引起指标的变化幅度并不大,则称其为非敏感性因素;如果某因素在很小的范围内变化时,就引起指标很大的变化,则称为敏感性因素。对于敏感性因素,需要进一步研究这个变量取值的准确性,或者收集众多的相关数据以减小在预测中的误差。多因素敏感性分析是考察多个因素同时变化对项目的影响程度,从而对项目风险的大小进行估计,为投资决策提供依据。

敏感性分析的具体方法见第 2 章有关内容。

此外,需要注意的是,有时在进行现金流量模型变量的敏感性分析时,需要对最差方案下的现金流量(即所有变量的最坏可能性结合在一起作为现金流量模型的方案)和最佳方案下的现金流量进行比较，以此来了解在各种假设条件下的项目现金流量状况及债务承受能力。

7.2.4　项目融资风险的评价方法

风险评价是对项目融资整体风险的量化分析，注重的是整体风险程度的综合评价。下面介绍几种具有代表性的风险评价方法。

1. 资产定价模型

资产定价模型(CAPM，Capital Asset Price Model)是项目融资中被广泛接受和使用的一种确定项目风险贴现率的方法。项目风险贴现率的含义是指项目的资本成本在公认的低风险的投资收益率的基础上，根据具体项目的风险因素加以调整的一种合理的项目投资收益率。

(1) CAPM 模型的理论假设

1) 资本市场是一个充分竞争的和有效的市场。投资者在资本市场上可以不考虑交易成本和其他制约因素的影响。

2) 资本市场上，追求最大的投资收益是所有投资者的投资目的。高风险的投资有较高的收益预期，低风险的投资有较低的收益预期。

3) 资本市场上，所有投资者均有机会运用多样化、分散化的方法来减少投资的非系统性风险。在投资决策中只需要考虑系统性风险的影响和相应的收益问题即可。

4) 资本市场上，对某一特定资产，所有的投资者是在相同的时间区域做出投资决策的。

根据以上的假设，投资者做出决策时，只需考虑项目的系统风险(即与市场客观环境有关、超出项目自身范围的风险，如政治风险、经济衰退等)，而无需考虑项目的非系统性风险(即可由项目实体自行控制管理的风险，如完工风险、经营风险等)。

(2) CAPM 模型的基本公式

$$R_i = R_f + \beta_i(R_m - R_f) = R_f + 风险收益率 \tag{7-1}$$

式中　R_i——在给定风险水平 β 条件下，项目 i 的合理预期投资收益率，即项目 i 带有风险校正系数的贴现率(风险校正贴现率)；

R_f——无风险投资收益率；

β_i——项目 i 的风险校正系数，代表项目对资本市场系统风险变化的敏感程度；

R_m——资本市场的平均投资收益率。

项目现金净现值的计算公式：

$$NPV = \sum_{t=0}^{n}(CI - CO)_t(1+i)^{-t} \tag{7-2}$$

将风险校正贴现率代入项目现金流量净现值的计算公式中，就可以计算出考虑到项目具体风险因素之后的净现值：

$$NPV = \sum_{t=0}^{n} (CI - CO)_t [1 + R_f + \beta_i (R_m - R_f)]^{-t} \qquad (7\text{-}3)$$

式中　NPV——项目的净现值；

　$(CI-CO)t$——第 t 年项目的净现金流量，其中 CI 为现金流入量，CO 为现金流出量；

　　　　n——计算期期数，一般为项目的寿命期；

　　　　i——折现率。

根据项目现金流量的净现值的计算，如果 $NPV \geqslant 0$，则表明项目投资者在预期的项目寿命期内，至少可以获得相当于项目贴现率的平均投资收益率，项目收益将大于或等于投资的机会成本，项目是可行的。如果 $NPV < 0$，说明该项目的投资机会成本过高，项目不可行。需要注意的是，此处为简化分析做了一定的假设，即无风险投资收益率（R_f）、资本市场平均投资收益率（R_m）及风险校正系数在项目的寿命期内保持不变。

(3) CAPM 模型参数的确定

CAPM 模型的参数主要有：无风险投资收益率（R_f）、风险校正系数（β）和资本市场平均投资收益率（R_m）。

1）无风险投资收益率（R_f）

无风险投资收益率是指在资本市场上可以获得的风险极低的投资机会的收益率，一般认为各种类型的政府债券是这种投资机会的典型代表。然而，由于各种政府债券的利率随着发行当时的资本市场情况以及期限的长短而变化，因此，确定无风险投资收益率的通常做法是在资本市场上选择与项目预计寿命期相近的政府债券的利率作为 R_f 的参考值，通常 R_f 也被用来作为项目风险承受力底线的指标。

2）风险校正系数（β）

风险校正系数是风险贴现率计算中最难确定的指标值，并且争议也比较大。在国际项目融资中，一般的方法是根据资本市场上已有的同一种工业部门内相似公司的系统性风险的 β 值作为将要投资项目的风险校正系数。β 值越高，表示该工业部门在经济发生波动时风险性越大。也就是说，当市场宏观环境发生变化时，那些 β 值高的公司对这些变化更加敏感；反之，公司的 β 值越低，市场和宏观环境的变化对其影响相对较小。

理论上，在资本市场上对某一公司的系统性风险进行估值，可以按照数理统计的原理对该公司股票价格与资本市场整体运动趋势之间的相对应关系的历史数据（需要至少 5 年以上的数据）加以统计回归作出相关曲线来完成，相关曲线的斜率就是该公司的风险校正系数 β。但是，在实践中除了专业化的证券公司外，一般的投资者很难获得完整的资料来进行计算，所以在资本市场相对发达的工业国家中，一些具有权威性的证券公司定期公布所有上市公司的 β 值以及各个工业部门的平均 β 值，提供给投资者参考。在引用公布的 β 值时，需要注意区分该 β 值是某一工业部门（或公司）的资产 β 值还是其股本资金的 β 值。资产 β 值反映的是该工业部门（或公司）的生产经营风险；股本资金 β 值反映的是公司在不同股本/债务资金结构中的融资风险。一般来说，债务越高融资风险也就越高，股本资金 β 值也就越大。在 CAPM 中采用的是股本资金 β 值，因此，如果证券公司公布的数据是全行业的资产 β 值，就需要进行二者的换算，其换算公式为：

$$\beta_e = \beta_a \left[1 + \frac{D}{E}(1-t) \right] \tag{7-4}$$

式中　β_e——股本资金 β 值；

　　　β_a——资产 β 值；

　　　D——项目债务的市场价值；

　　　E——项目股本资金的市场价值；

　　　t——公司所得税。

3）资本市场平均投资收益率（R_m）

依据现代西方经济理论，资本市场的充分竞争性和有效性以及投资者追求最大投资收益的动机决定了资本市场存在一个均衡的投资收益率，然而这一均衡的投资收益率在实际的风险分析工作中却很难计算出来。在一些资本市场相对发达的国家，通常以股票价格指数来替代这一均衡投资收益率，来作为资本市场的平均投资收益率 R_m 的参考值。由于股票价格指数的收益率变动频繁、幅度较大，所以，在实际计算资本市场平均投资收益率时，一般是计算一个较长时间段（一般是 10 年）的平均股票价格指数收益率。这样做带来的一个问题是，在实际的风险分析计算时，可能会出现 $R_m - R_f < 0$ 的情况，这是因为 R_m 的估值是过去某一阶段的平均收益率，而 R_f 的估值是反映对未来收益的预期，两者不匹配。为了解决这一问题，可以采用计算一个较长时间段内的（$R_m - R_f$）的平均值，以此来代替 R_m 的单独估值。

（4）加权平均资本成本（WACC）

由于项目资金包括债务资金和股本资金两部分，因此运用 CAPM 模型计算项目投资的合理资金成本时，需要计算加权平均资本成本，为项目投资决策提供依据。加权平均资本成本（WACC，Weighted Average Cost of Capital）是将债务资本成本和权益资本成本分别乘以两种资本在总资本中所占的比例，再把两个乘积相加所得到的资本成本。其计算公式如下：

$$WACC = R_e + W_e + R_d \times (1-t) \times W_d = R_e \times \frac{E}{E+D} + R_d \times (1-t) \times \frac{D}{E+D} \tag{7-5}$$

式中　$WACC$——加权平均资本成本；

　　　R_e——权益资本成本；

　　　W_e——权益资本权重；

　$R_d \times (1-t)$——债务资本成本；

　　　R_d——债务利息率；

　　　t——税率，通常是公司所得税税率；

　　　W_d——债务资本权重；

　　　E——权益资本；

　　D——债务资本。

　　当项目投资者进行投资时，如果其资本额不高于用这种方法所计算的加权平均资本成本，就说明投资者至少可以获得资本市场上相同投资的平均投资收益率，即项目投资满足最低风险收益的要求。

2. 项目融资中风险评价指标

　　对于项目所表现出来的融资风险，常用以下三个指标说明：项目债务覆盖率（包括单一年度债务覆盖率和累计债务覆盖率）、项目债务承受比率和资源收益覆盖率。

(1) 项目债务覆盖率

　　项目债务覆盖率是指项目可用于偿还债务的有效净现金流量与债务偿还责任的比值，可以通过现金流量模型计算得到。

　　1) 单一年度债务覆盖率

　　单一年度债务覆盖率的计算公式为：

$$DCR_t = \frac{[(CI-CO)_t + RP_t + IE_t + LE_t]}{RP_t + IE_t + LE_t} \tag{7-6}$$

式中　　DCR_t——债务覆盖率；

　　$(CI-CO)_t$——第 t 年项目净现金流量；

　　　　RP_t——第 t 年到期债务本金；

　　　　IE_t——第 t 年应付债务利息；

　　　　LE_t——第 t 年应付项目租赁费用（存在租赁融资的情况下）。

　　一般项目融资中，贷款银行要求 $DCR_t \geqslant 1$，如果项目融资风险较高，贷款银行会要求相应增加 DCR_t 的值，因为 DCR_t 增大，就意味着有更多的有效净现金流可用于偿还债务。公认的 DCR_t 取值范围在 $1.0 \sim 1.5$ 之间。

　　2) 累计债务覆盖率

　　累计债务覆盖率的计算公式为：

$$\Sigma DCR_t = \frac{\left[\sum_{i=1}^{t} (CI-CO)_i + RP_t + IE_t + LE_t \right]}{RP_t + IE_t + LE_t} \tag{7-7}$$

式中　　$\sum_{i=1}^{t} (CI-CO)_i$ 表示自第 1 年开始到第 t 年项目未分配的净现金流量。

　　项目融资中应用累计债务覆盖率的作用在于它规定了项目一定比例的盈余金必须保留在项目公司中，只有满足累计债务覆盖率以上的资金部分才被允许作为利润返还给投资者，从而保证项目经常性地满足债务覆盖率的要求。通常情况下，ΣDCR_t 的取值范围在 $1.5 \sim 2.0$ 之间。

(2) 项目债务承受比率

　　项目债务承受比率是项目现金流量的现值与预期贷款金额的比值，其计算公式为：

$$CR = \frac{PV}{D} \tag{7-8}$$

式中 CR——项目债务承受比率；

$\quad PV$——项目在融资期间内采用风险校正贴现率为折现率计算的现金流量的现值；

$\quad D$——计算贷款的金额。

项目融资一般要求 CR 的取值在 $1.3 \sim 1.5$ 之间。

（3）资源收益覆盖率

对于依赖某种自然资源（如煤矿、石油、天然气等）的生产型项目，项目融资的风险与资源储量有直接的关系，因此，除了以上两个指标外，这类项目还需要增加评价资源储量风险的指标。

资源收益覆盖率的计算公式为：

$$RCR_t = \frac{PVNP_t}{OD_t} \tag{7-9}$$

式中 RCR_t——第 t 年资源收益覆盖率；

$\quad OD_t$——第 t 年未偿还的项目债务总额；

$PVNP_t$——第 t 年项目未开采的已证实资源储量的现值。

公式中 $PVNP_t$ 的计算公式为：

$$PVNP_t = \sum_{i=1}^{n} \frac{NP_t}{(1+R)^i} \tag{7-10}$$

式中 n——项目的经济寿命期；

$\quad R$——贴现率，一般采用同等期限的银行贷款利率作为计算标准；

NP_t——项目第 t 年的毛利润，即销售收入与生产成本之差额。

对于这类项目的融资，一般要求任何年份的资源收益覆盖率都要大于 2，并且还要求已经证实的可供项目开采的资源总储量是项目融资期间计划开采资源量的 2 倍以上。

7.3 项目融资风险管理

在项目融资风险识别和风险评价的基础上，项目的风险管理有三个方面的任务：第一，针对项目所面对的各种风险因素，决定所应采取的规避策略；第二，针对这些规避策略，制定最实际的行动方案。行动方案的制定需要考虑包括风险对项目影响的重要程度、风险管理可能采用的手段以及风险管理的成本等多方面因素；第三，在实际项目中实施这些行动方案。

7.3.1 融资项目风险管理的内容

融资项目的风险管理一般可以分为项目的核心风险管理和项目的环境风险管理。

项目的核心风险管理，即项目的完工风险、生产风险、技术风险等一系列与项目建设和生产经营有着直接关系的风险要素的管理，是项目投资者和经营者日常生产管理工作的一个重要组成部分。由于项目的核心风险是项目的投资者和经营者可了解并且有能力管理控制的风险，因此贷款银行很少分担这类风险，且在项目融资安排过程中这类风险多数已经通过各种形式的协议或担保转移给了其他利益相关者。这种风险的转移在项目风险的识别一节中已有论述，因此在本节不再重述。

项目的环境风险通常较难预测，一般它都超出企业控制的范围，其风险管理的难度较大，这就要求人们制定出有别于项目核心风险管理的方法和思路。项目的环境风险管理主要包括项目的政治风险管理、法律风险管理和金融风险管理。

1. 项目的政治风险管理

当项目融资在很大程度上依赖于政府的特许经营权和特定的税收、外汇、价格政策作为重要的信用支持来安排融资结构时，政治风险的管理就显得相对敏感和突出。目前，项目政治风险的管理主要采取以下措施：

（1）通过政治风险投保来降低风险可能带来的损失。政治风险投保是项目投资者或项目公司、贷款银行和其他参与方向商业保险公司或官方机构（如出口信贷机构或多边发展机构）投保政治风险。

（2）在项目融资中引入多边机构。多边机构（如政府出口信贷机构和多边金融机构等）的书面保证也能为项目参与各方提供一些政治上的保护。

（3）尽量使项目有政府的直接参与。

（4）在一些外汇短缺或管制严格的国家，如果项目产生"硬通货"，通过销售合同合理安排，贷款人可能从海外接受、控制和保留部分现金流量，用以偿还债务，降低项目的政治风险和外汇管制风险。

（5）如果有可能，应从项目所在国的中央银行得到可以获得外汇的长期保证。

（6）与地区发展银行、世界银行或援助机构一同安排平行贷款。这种协调机制将减少所在国政府干预贷款人利益的风险。

2. 项目的法律风险管理

项目的法律环境变化会给项目带来难以预料的风险，为了规避这类风险，项目公司与东道国政府之间可以签署一系列相互担保协议，双方在自己的权利范围内做出某种担保或让步，以达到互惠互利的目的，这些协议也在一定程度上为项目公司和贷款银团提供了法律上的保护，主要包括：进口限制协议、劳务协议、诉讼豁免协议、公平仲裁协议和开发协议。在项目融资中根据项目的特点，不同的项目签署不同的相互担保协议。如有的项目在建设或生产经营中需要从国外进口设备或原材料，项目公司就应尽可能地与东道国政府签订进口限制协议，以达到放宽进口限制及减免关税的目的；有的项目需要外籍人员为其提供服务，项目公司应力争与项目所在国政府签署劳务协议，要求对外籍人员的聘用不加以限制。

需要说明的是，一般来说，项目公司应与所在国政府签署开发协议，以保证项目公司在协议执行期间得到有效的服务，以合理的价格销售项目产品，授予项目公司一些特许权限，从而在很大程度上转移项目的法律风险，这一点在 BOT 融资模式中显得尤为重要。此外，对于项目发起方来说，在项目设计过程中就需要聘请法律顾问的参与。因为项目的设计和项目的融资及税务处理等都必须符合项目所在国的法律要求，在项目融资中，有时还需对可以预见的法律变动提前做好准备，使项目顺利度过法律上的转变阶段。

3. 项目的金融风险管理

项目的金融风险分为利率风险和汇率风险。

利率风险产生的原因是利率的波动，该风险存在于每一个项目中。由于近些年来国际金融市场的利率波动幅度大幅度增加，在项目融资中，利率风险的管理变得非常重要。对于利率风险的管理分两种情况：一是东道国货币不是国际硬通货，在这种情况下，只能采取一些经营管理手段和通过适当的协议将风险分散给其他项目参与方共同分担。例如，预测利率的变化，在此基础上通过对不同假设条件下项目现金流量的预测分析来确定项目的资金结构，利用提高股本资金在项目资金结构中的比例等方法来增加项目抗风险能力，以避免在项目出现最坏情况时可能发生的风险。但这种方法成功与否直接取决于利率的预测，而对利率走向的准确预测通常是比较困难的，过高地估计风险因素，过多地增加股本资金投入会导致项目投资者最终放弃项目的投资机会。另一种情况是项目资产或负债使用的是硬通货，这时通过金融衍生工具对冲风险比较有效。项目利率风险管理的基本工具有：利率期权、利率掉期、利率期货、远期利率协议等，随着国际金融市场的发展，这些金融衍生工具也被逐步地引入到项目市场和原材料、能源价格风险的管理中，为项目融资在各类项目中的普遍运用提供了保证。

对于汇率风险的管理也分两种情况，如果东道国货币是国际硬通货，通过金融衍生工具(如汇率期权、掉期等)来对冲风险比较有效；如果东道国货币不是国际硬通货，则只能采取一些经营管理手段来降低汇率风险，其做法与利率风险管理方法大体一致。至于降低汇率风险中的汇兑风险，最有效的方法是从项目所在国的中央银行取得自由兑换硬通货的承诺协议。一般情况下，各国对外商投资项目的货币兑换及收益汇出都有明确的法律规定，如在我国，就有相关的法律保护外商合理收入的顺利出境。

7.3.2 项目环境风险管理的基本工具

在当今的国际金融市场上，用于利率和汇率风险管理的金融衍生工具形形色色，多种多样，并且新产品层出不穷。投资者正确地使用这些工具，可以达到有效降低项目环境风险的目的。通过深入剖析，可以发现所有这些工具都是以掉期(Swaps)、期权(Options)、期货(Futures)和远期(Forwards)这四种基本风险管理工具为基础的。因此，下面将对这四种工具进行详细论述。

1. 掉期

在项目融资中，掉期是指用项目的全部或部分现金流量交换与项目无关的另一组现金流量。经常使用的掉期有三种形式：利率掉期(Interest Rate Swaps)、货币掉期(Currency Swaps)和商品掉期(Commodity Swaps)。其中商品掉期是在 1986 年刚刚发展起来的,但是由于它可以锁定商品的市场价格(减少项目的产品市场价格风险或者原材料价格风险),目前已经成为项目融资中一种十分重要的风险管理工具。

(1) 利率掉期

利率掉期也称利率互换,在 20 世纪 80 年代早期,首次出现在欧洲证券市场上,当时主要是那些从事国际货币业务和国际资本业务的金融机构利用利率互换来减少利率变动的风险,此后,利率掉期交易发展迅速,已成为管理利率风险的主要工具之一。

利率掉期是交易双方将同种货币不同利率形式的资产或者债务相互交换。债务人根据国际资本市场利率走势,通过运用利率掉期,规避利率风险。最常见的利率掉期是用来改变利息支付的性质,即由固定利率转换为浮动利率或由浮动利率转换为固定利率,利率掉期不涉及债务本金的交换。一般的利率掉期是在同一种货币之间进行,从而不涉及汇率风险因素,几乎所有的利率掉期交易的定价都以伦敦同业银行拆放利率(LIBOR)为基准利率。利率掉期一般通过第三方作为中介人安排,投资银行和大型商业银行都可以充当中介人的角色。

在项目融资中,由于大多数的项目长期贷款都采用的是浮动利率的贷款公式,使项目有关各方承担着较大的利率波动风险。这时,通过浮动利率与固定利率的掉期,将部分或全部的浮动利率贷款转换为固定利率贷款,在一定程度上可以起到项目风险管理的作用。

项目融资中的利率掉期结构基本框架如图 7-2 所示。

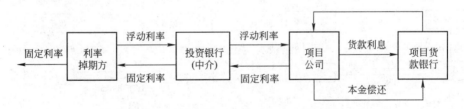

图 7-2　项目融资中的简单利率掉期结构

利率掉期的基本原理是:假设金融市场上的两个借款人 A 和 B,借款人 A 能够在市场上以较好的条件借到浮动利率贷款,但是由于种种原因希望使用固定利率的资金;而借款人 B 在市场上可以较容易地借到固定利率的贷款,但是却希望使用低利息成本的浮动利率资金。通过这样的掉期安排,双方都可以获得相应的成本节约。

在项目融资中,利率掉期的作用可以归纳为以下两个方面:

第一,根据项目现金流量的特点安排利息偿还,减少因利率变化造成项目风险的增加。由于项目融资在贷款安排方面仍然存在一定的不灵活性,因而可能出现贷款利率结构不一定符合项目现金流量结构的情况。如果通过浮动利率与固定利率之间的掉期,不同基础的浮动利率之间的掉期,或者不同项目阶段的利率掉期,在一定程度上可以起到项目风险管理的作用。

第二，根据借款人在市场上的位置和金融市场的变化，抓住机会降低项目的利息成本。这方面的做法包括：

1）将固定利率转为浮动利率；

2）通过先安排浮动利率贷款，然后再将其转为固定利率的方法，降低直接安排固定利率贷款的成本；

3）同样，通过先安排固定利率贷款，然后再将其转为浮动利率的方法，降低直接安排浮动利率贷款的成本。

(2) 货币掉期

货币掉期是一种货币交易，又称货币互换，是指交易双方按照事先确定的汇率和时间相互交换两种货币。货币掉期的早期形式是由一个国家企业以本国货币贷款给在另一个国家的企业，同时又从该企业借回另一个国家的货币。企业之间利用这样的方式达到绕开某些外汇管制或者安排货币保值的目的。但是，在项目融资中这种最基本的货币掉期形式用处有限，较难发挥出风险管理的作用。

项目融资经常使用的货币掉期工具是交叉货币掉期，特别是对于采用类似出口信贷作为主要资金来源的项目融资结构，交叉货币掉期提供了一种灵活的机制，有效地将项目资产或项目债务的风险从一种货币转为另一种更为合理的货币。交叉货币掉期在市场上的出现，公认是以 1981 年世界银行和美国国际商业公司的交易作为标志的。交叉货币掉期的基本特点是在安排货币掉期的同时安排利率掉期，将两者的优点结合起来。图 7-3 是一种浮动利率/固定利率交叉货币掉期的简单说明。

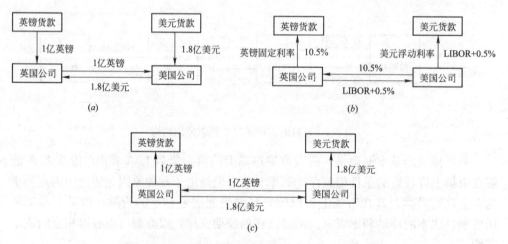

图 7-3　浮动利率/固定利率交叉货币掉期的简单结构
(a)初始阶段；(b)执行阶段；(c)最后阶段

交叉货币掉期在项目融资风险管理中能够发挥的作用有以下几个方面：

第一，降低项目的汇率和利率风险。例如，在使用政府出口信贷作为资金来源的项目融资中，虽然一方面项目可以享受信贷的优惠政策，但是另一方面却有可能面临着较大的货币风险。假设某项目的收入都是美元，但是有一笔固定利率的德国马克优惠贷款。由于市场上马克利率上升，美元利率下降，美元相对马克的汇率也随之下跌。为了减少项目日益增加的汇率损失风险，该项目安排了一个交叉货币掉期，支付浮动的美元 LIBOR 利率而收取固定的马克利率。通过这一安排，该项目不仅降低了项目的汇率波动，而且也从不断降低的美元利率中获得了一定的好处。

第二，从事项目的资产/债务管理。对于现有项目的资产/债务结构，如果资产和债务分别涉及到几种不同的货币和利率，交叉货币掉期同样是一种有用的工具。除此之外，在很多情况下，交叉货币掉期为融资提供了更为灵活的手段，对于分别在不同金融市场上具有优势的借款人来说，可以利用这些优势所带来的成本节约进入其他货币的融资安排。

经过十几年的发展，交叉货币掉期已经成为在国际金融市场上融资以及进行融资风险管理(汇率风险和利率风险管理)的主要工具。与单纯的外汇交易不同，交叉货币掉期的安排可以长达 10 年以上，同时，由于交叉货币掉期是参与掉期安排双方之间的一种特殊合约结构，因而交叉货币掉期成为投资银行根据客户要求专门设计的一种产品。交叉货币掉期的这些特点，使其在项目融资风险管理中发挥着重要作用。

(3) 商品掉期

商品掉期是在两个没有直接关系的商品生产者和用户之间(或者生产者与生产者之间以及用户与用户之间)的一种合约安排，通过这种安排，双方在两个规定的时间范围内针对一种给定的商品和数量，相互之间定期地用固定价格的付款来交换浮动价格(或市场价格)的付款。

在项目融资中，商品价格波动所引起的风险经常存在，通过把项目原材料或者能源供应的成本与项目最终产出品的市场价格挂钩的方法可以降低这类风险，但商品掉期只适用于具有较强流通性并且已建立有公认国际商品市场的产品，例如，黄金、天然气、石油及有色金属等。商品掉期的交易过程和利率掉期相似，图 7-4 说明的是一种基本的商品掉期安排。

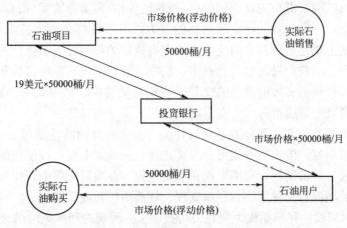

图 7-4　商品掉期安排的基本结构

　　图 7-4 中，假设一个石油项目每月生产 5 万桶石油，根据其生产成本和融资成本结构，希望在未来三年内将其所生产石油的价格固定在每桶 19 美元水平，以减少项目的价格波动风险。为此，该项目通过投资银行安排了一个商品掉期，每个季度按照市场价格支付投资银行 15 万桶石油的销售收入（为简化问题，假设这就是该石油项目在市场上的实际销售收入），与此对应，投资银行同意在同一时间按每桶 19 美元的价格支付石油项目 15 万桶石油的收益。如果实际市场价格高于固定价格（即 19 美元/桶），石油项目就需要支付投资银行其差额；反之如果实际市场价格低于固定价格，则投资银行需要支付石油项目其差额。因此，在任何情况下，通过这个掉期，石油项目的石油销售价格均被固定在 19 美元/桶水平，排除了价格下跌的风险，但也不可能获得任何价格上升的好处。

　　作为石油用户，进入这一掉期安排的目的与石油项目是一样的，但是所期望的结果则是相反的。石油用户在掉期安排中根据自身的生产成本结构将石油成本同样固定在 19 美元/桶，因为如果石油价格上涨，则石油用户的生产成本同样也要上涨。

　　归纳起来，在图 7-4 的例子中商品掉期对于石油项目和用户都起到了降低风险的作用。在图 7-4 的上半部分，石油项目通过将石油销售价格固定在 19 美元/桶，防止了石油价格下跌从而导致项目现金流量恶化的风险；在图 7-4 的下半部，石油用户通过将石油购买价格固定在 19 美元/桶，防止了石油价格上涨造成项目现金流量恶化的风险。

　　但由于商品掉期的发展历史还不到 10 年，并且受到国际商品市场的流通性、价格机制等因素的制约，所以商品掉期没有像利率掉期那样得到广泛的应用。在商品掉期的期限安排上，一般的商品掉期期限基本上不能超过 5 年，只有极少数商品可以安排长期（最长期限为 10 年）的掉期。

　　2. 期权

　　期权，又称选择权，是指在未来一定时期可以买卖的权力，是买方向卖方支付一定数量的金额（指权利金）后拥有的在未来一段时间内（指美式期权）或未来某一特定日期（指欧式期权）以事先规定的价格（指履约价格）向卖方购买（指看涨期权）或出售（指看跌期权）一定数量的特定标的物的权力，但不负有必须买进或卖出的义务。期权交易事实上就是这种权力的交易。买方有执行的权利也有不执行的权利，完全可以灵活选择。期权交易可以包括利率、汇率、股票市场的股价指数和其他金融产品交易，也可以包括实际的商品的交易。在期权交易中，如果买方决定执行期权，期权的卖出者就必须履行合约，有卖出或者买入商品的义务。

　　期权按不同的标准可划分为不同的种类。按期权合约的性质可分为看涨期权、看跌期权和双期权；按执行方式可分为美式期权和欧式期权；按期权的交割内容可分为指数期权、外币期权、利率期权和期货期权。在项目融资中，作为风险管理工具经常使用的期权有三种形式：利率期权、货币期权和商品期权。

　　（1）利率期权。利率期权为项目公司提供了一种规避利率风险的金融工具。由于在项目融资中，很多国际融资项目所使用的债务资金的利率结构是以短期欧洲美元利率作为基础的，所以这部分投资者经常会面临利率大幅度增长所带来的风险。虽然利率掉期也可以帮助投资者规避利率上涨的风险，但是利率掉期也损失了利率下降的好处。与利率掉期相比，利率期权的优点在于，如果期权所有人认为执行该项交易对他不利，可以不必履行期权合约。这样利率期权既帮助了投资者避免利率上涨的风险，又在合适的价格条件下帮助投资者获得利率下降的好处。由于项目融资的长期性特点，在项目融资中使用的多数是较为复杂的中期利率期权形式，时间常为 3～10 年。

（2）货币期权。货币期权又称为外汇期权，是近年来兴起的一种交易方式，权利的买方有权在未来的一定时间里按约定的汇率向权利的卖方（如银行）买进或卖出约定数额的外币，同时权利的买方有权不执行上述买卖合约。货币期权既为项目公司提供了套期保值的方法，又为项目公司提供了从汇率变动中获利的机会，在对汇率变化趋势预测不准的情况下，采用货币期权将为项目公司提供较大的风险管理灵活性。

（3）商品期权。商品期权和利率期权、货币期权的概念极为相似，根据项目对某一种商品市场的不同需求和依赖程度，项目公司可以通过购买期权或者卖出期权进行风险管理。

对于项目投资者来说，期权交易具有投资少、收益大、降低风险、保有权利的作用。购买者只需支付一笔期权权利金，就可取得买入或卖出商品的权利。一旦投资者预期与市场变化相一致时，即可获得可观收益；如果与预期相反，又可放弃行使权利。在交易中，投资者的风险是固定的，却可能带来潜在收益。但需注意的是，购入期权需支付期权费，期权费通常较高，在项目融资中，需要对项目风险进行全面评价，在此基础上决定是否采用期权作为项目风险管理工具。

3. 期货和远期

远期合约（Forward Contract）和期货合约（Futures Contract）与上述两种金融工具相比，历史悠久，形式也相对简单一些。这两种工具在本质上是一样的，即为合约的买卖双方在未来的某一个时间点上完成一项（或者若干项）其条件（如数量、质量、价格、交货地点等）预先确定好的交易。两者的区别在合约的形式上：远期合约是通过合约双方根据各自需求谈判确定的，因而是一种交换条件（如数量、质量、时间、交货地点等）可以变化的非标准合同形式；而期货合约则是一种标准的合同形式，无论买卖双方都需要按照这种标准合约的交易条件从事交易。由于远期合约和期货合约的期限均比较短（期限多数不超过 2 年，少数可以达到 3 年），而项目融资期限往往又以中长期为多，所以限制了远期合约和期货合约在项目融资风险管理中的应用范围。

（1）远期合约

商品的远期合约是由商品买卖双方签订的正式协议，协议中规定买方以某一约定价格从卖方那里购买一定数量的商品，买卖双方并不在签约日交割，而是在将来某一约定的日期交割，这种以签订远期合约来进行的商品买卖，叫做商品的远期交易。

远期合约的历史悠久，它的执行依赖于买卖双方履约的信用。理论上，远期合约适用于任何一种实物产品或金融产品的交易，实际上，最发达的远期合约市场有远期外汇合约和远期商品合约两大类。远期合约在形式上比较灵活，合约双方可以根据各自需要谈判确定，在签署合约时一般不需要合约方支付一定的费用。在项目融资中，项目公司可以通过使用远期市场以远期合约方式来保值或锁定一种商品的价格，有利于消除项目公司在建设和生产过程中价格变化的不确定因素，但是由于远期合约的期限比较短，所以限制了其在项目融资风险管理中的应用。另外，远期交易还有其他不易解决的问题，如交易的一方必须寻找合适的交易对象，交易的数量也要符合对方的要求等。

（2）期货合约

期货合约是期货交易所为期货交易而制定发行的标准化合同，一切成交的合约要求购买者和出售者在合同规定的未来时间，按约定价格分别买入和卖出一定数量的某种资产。和远期合约相比，期货合约的流动性很好，期货合约的购买者可以根据市场变化，决定是否提前结束合约。由于期货市场上有大量的投机性买卖行为，所以大多数的期货合约在到期日之前已经卖掉或者是以现金做差额结算，很少实行真正实物交割，实际的产品销售协议和期货合约可以是完全分离的。

期货合约主要包括三种形式：商品期货合约、外汇期货合约和其他金融期货合约（如股指期货合约、定期债券或定期存款期货合约）。在项目融资中，项目经营者可以通过期货市场对其产品、货币、利率等进行保值和固定价格，避免其价格波动带来的影响。不过，使用期货合约进行风险管理会带来潜在利润损失，机会成本也比较大，而且期货合约只对特定的商品、货币和金融产品有效，合约条款和合约期限都有局限性，限制了期货合约的使用范围。

7.3.3 项目融资风险管理的实施

风险管理的实施是风险管理过程的最后阶段，它涉及面较广，项目融资的各个阶段都存在风险管理，在这里重点阐述风险管理工具在风险管理实施中的作用。在项目融资中，环境风险管理工具所能发挥的作用可以大致归纳为以下几类：

1. 利率风险管理

根据具体项目的特点，利用风险管理工具设计其融资的利率结构，是进行项目环境风险管理的一个重要功能。例如，对一些现金流量特点比较稳定、未来市场状况相对比较清晰的 BOT 模式的融资项目，根据项目风险的预测状况，可以采用利率互换、期权等工具将一般项目融资的浮动利率转换成固定利率，或者采用带有一系列逐步递增的利率上升的利率期权来降低项目融资的成本和风险。对于一些生产耐用消费品的项目和民用住宅开发项目，由于这些项目最终用户的消费能力与市场利息率是呈反方向运动的，即利率上升会导致项目的销售收入相应下降，进而引起融资成本的增加；同时利率上升也是项目收益减少的时期，如果项目的融资安排采用普通的浮动利率贷款，一旦利率朝着不利于项目的方向发展，会对项目的现金流量造成严重的影响。利用风险管理工具中的利率互换和期权的结合，可以将这类项目的贷款利率结构设计成一种与项目收入呈反方向变化的形式，即把普通的浮动利率贷款利息结构转换成为一种特殊设计的浮动利率贷款利息结构，使得融资成本的运动与项目现金流量的运动保持同一趋势，控制了项目的利率风险。通过利率风险管理工具的运用，项目投资者可以加强项目成本的预算和规划，从而降低了项目的风险。

2. 能源、原材料或者最终产品价格的风险管理

对于能源、原材料或者最终产品的价格的风险管理，需要区别对待，能够采用风险管理工具降低其风险的项目可以分为以下四种基本类型：

（1）项目的最终产品具有某种商品价格的风险，而项目的生产成本和其他生产要素不具有商品价格的风险。例如，有色金属开采项目、贵金属开采项目都属于此种类型的项目。这类项目所面临的风险在项目融资风险管理中又称为"收益风险"，即商品价格上升，收益增加，商品价格下跌，收益减少。对于这类项目的商品价格风险管理，办法相对比较简单，只要风险预测分析的资料准确，就可以采用商品互换、期权、远期等风险管理工具将商品价格定位在一定的水平上，以满足项目最低现金流量的需要。

（2）项目最终产品和生产成本要素同时具有某种商品价格风险，但项目最终产品和生产成本承担风险的程度比例不同。例如，电解铝厂，项目的最终产品和主要原材料都随着国际市场的价格波动而变化，只是波动的幅度不同。这类项目所面临的商品价格风险称之为准收益风险，其风险管理方法要比第一种类型的项目复杂得多，需要认真研究商品价格与生产要素成本之间的数量关系，在此基础上设计选择适用的风险管理工具。

（3）项目的能源原材料等主要生产要素具有某种商品价格风险。例如铁路、公路、航空等运输项目，能源价格变动会对这类项目的成本和收益造成重大的影响。它们所面临的风险在项目融资风险管理中称之为成本价格风险。对这类项目进行风险管理，仍然是使用前面介绍的远期、期权、掉期等风险管理工具。

（4）项目最终产品和生产要素成本具有同一种相关商品价格风险，两种商品的价格运动密切相关。例如，铜冶炼厂、炼油厂等项目属于此类项目，这类项目的特点是使用一种产品的主要原材料生产另外一种相关商品，项目的收益主要来自于两种商品的价差。这类项目所面临的风险称之为"边际风险"。其风险管理方法相对简单，以炼油厂为例，通过掉期安排，将炼油厂的主要最终产品和原油价格之间的关系固定下来，以保证炼油厂固定的加工费收入，减少商品价格市场波动的风险。

3. 货币、汇率风险管理

依据项目现金流量的货币结构，采用风险管理工具中的交叉货币掉期、期权等形式，将利率较高的一种货币贷款转换为另一种利率相对较低的货币贷款，从而实现分散融资风险，降低融资成本的目的。如双货币贷款就是利用货币、汇率管理来降低项目融资风险的一种典型形式。

4. 利用风险管理工具的不同组合在时间上和税务上控制项目的现金流量

在项目融资中，项目投资者和有关参与方应充分研究税法及相关法律，在法律允许的条件下，利用项目的税务优惠、投资优惠，对具体项目的现金流量作出时间上和税务上的不同安排，控制和增强项目的现金流量，从而在整体上改善项目的经济强度，达到降低项目融资风险的目的。

7.4　项目融资效益分析与评价

工程项目融资是筹措工程项目所需资金来源的主要方式。为了保证融资达到预定的效果，就必须对融资的效果进行分析。但对于不同的利益相关人，其分析的目的是不同的，因此其分析的内容也是不同的。但各利益相关人都共同关心工程项目的财务分析，因此，工程项目融资效果分析主要是财务分析。财务分析主要通过对工程项目的财务报告(资产负债表、利润表、现金流量表及其报表附注、财务报告说明书)的分析，并结合项目评价的方法，分析了解工程项目的资金使用能力、偿债能力、盈利能力以及营运能力、发展能力等情况。

另外，工程项目分盈利性和非盈利性的，所以对盈利性的工程项目还必须分析盈利情况。

7.4.1　项目风险融资效果分析方法

1. 项目融资效果的比较分析法

比较分析法是会计报表分析最常用，也是最基本的方法。它是通过对主要项目或指标数值变化的对比，计算差异额，分析和判断企业财务状况及经营成果的一种方法。比较分析法在会计报表分析中的作用主要表现在：通过比较分析，可以发现差距，找出产生差异的原因，进一步判定企业的财务状况和经营成果；通过比较分析，可以确定企业生产经营活动的收益性和资金投向的安全性。

比较分析的具体方法种类繁多，不同比较标准的选择，形成了不同类型的比较分析方法。

(1) 根据比较对象的不同，比较分析法可分为

1) 实际指标与本项目历史指标比。这种分析可以把握项目前后不同历史时期有关指标的变动情况，了解项目财务活动的发展趋势和管理水平的提高情况，也称趋势分析。

2) 实际指标与计划或预算指标比。这种分析主要揭示实际与计划或预算之间的差异，掌握该项指标的计划或预算的完成情况，也称差异分析。

3) 实际指标与同类项目比。这种分析能够找出本项目与行业或竞争对手的差异，明确本项目财务管理水平或财务效益在行业中的地位，也称横向比较。

(2) 根据指标数据形式的不同，比较分析法分为

1) 绝对数指标比较分析法。该方法是利用两个或两个以上的绝对数指标进行对比，揭示这些绝对数指标之间的数量差异。

2) 相对数指标比较分析法。该方法是利用两个或两个以上的相对数指标进行对比，揭示这些相对数指标之间的数量差异。

在财务分析中最常用的比较分析法是借助于比较财务报表。财务报表的比较是将最近两期或连续数期的财务报表并列起来，比较其相同指标的增减变动金额和幅度，据以判断项目财务状况和经营成果发展变化的一种方法。财务报表的比较，一般包括资产负债表的比较、利润表的比较、现金流量表的比较等。比较财务报表除列示各期报表金额外，通常还列示增减金额及增减百分比。

2. 项目融资效果的比率分析法

比率分析法是以同一期财务报表上若干重要项目的相关数据相互比较，求出比率，用以分析和评价公司的经营活动以及公司目前和历史状况的一种方法，是财务分析最基本的工具。比率指标主要有：

（1）构成比率。构成比率分析是指通过计算某项经济指标各个组成部分占总体的比重，分析构成内容的变化，从而掌握该项经济活动的特点与变化趋势，反映部分与总体的关系。其计算公式为：构成比率＝某个组成部分数值/总体数值。利用构成比率，可以考察总体中某个部分的形成和安排是否合理，以便协调各项财务活动。

（2）效率比率。用以计算某项经济活动中所费与所得的比率，反映投入与产出的关系。利用效率比率指标，可以进行得失比较，考察经营成果，评价经济效益。如将利润项目与销售成本、销售收入、资本等项目加以对比，可计算出成本利润率、销售利润率以及资本利润率等利润率指标，可以从不同角度观察比较企业获利能力的高低及其增减变化情况。

（3）相关比率。相关比率分析是根据经济活动客观存在的相互依存、相互联系的关系，将两个性质不同但又相关的指标加以对比，求出比率，以便从经济活动的客观联系中认识企业生产经营状况。利用相关比率指标，可以考察有联系的相关业务安排得是否合理，以保障企业运营活动能够顺畅进行。如将流动资产与流动负债加以对比，计算出流动比率，据以判断企业的短期偿债能力。

比率分析法的优点是计算简便，计算结果容易判断，而且可以使某些指标在不同规模的企业之间进行比较，甚至也能在一定程度上超越行业之间的差别进行比较。

3. 项目融资效果的因素分析法

因素分析法是依据分析指标与其影响因素之间的关系，按照一定的程序和方法，确定各因素对分析指标差异影响程度的一种分析方法。运用这一方法的出发点在于，当有若干因素对分析指标发生作用时，假定其他各个因素都无变化，顺序确定每一个因素单独变化所产生的影响。

因素分析法首先构建分析指标与影响因素之间的数量关系，例如对固定资产净值增加的因素分析，可分解为原值变化和折旧变化两因素。然后在假定某一因素不变条件下，分别计算另一因素本期实际值与计划值（或上期值）的差额及其对分析指标的影响程度，逐项替代，使每一因素的影响程度之和等于分析指标本期实际值与计划值（或上期值）的差额。

下面以产品销售收入为例，说明因素分析法的应用。

影响产品销售收入的因素很多，按经济指标之间的关系可以综合为两个：产品销售量和产品销售价格，其关系可用公式表示为：产品销售收入＝产品销售单价×产品销售数量。通过分析，确定差异如表 7-3 所示。

产品销售差异表　　　　　　　　　　　　表 7-3

项　目	实　际	计　划	差　异
销　量	300	260	40
单　价	500	530	－30
销售收入	150000	137800	12200

表 7-3 中的数据表明，产品销售收入实际比计划增加了 12200 元，主要是因为产品销售数量增加了 40 件和产品销售单价减少了 30 元两个因素综合影响所产生的结果。为了进一步确定这两个因素对产品销售收入的影响程度，可用因素分析法计算，如表 7-4 所示。

因素分析法计算表　　　　　　　　　　　表 7-4

项　目	实　际	计　划	差　异
销　量	300	260	（300－260）×530＝21200
单　价	500	530	（500－530）×300＝－9000
销售收入	—	—	12200

可以看出，由于产品销售数量增加使产品销售收入增加 21200 元，而产品销售单价的减少使产品销售收入降低 9000 元，这两个因素的综合影响的结果就是使产品销售收入增加 12200 元。

值得指出的是：因素分析法的计算结果，与各影响因素的替代顺序有关，改变某一因素替代顺序，所计算的各因素对指标变动影响程度随之发生变化。但各因素对指标变动影响程度的总和不变。因素替代顺序通常由各因素对指标影响的性质所决定。

7.4.2　项目风险融资效果财务分析

1. 项目融资效果财务分析的必要性

对项目财务运行结果进行分析的必要性，具体体现在：

首先，从分析的内在逻辑上看，必须进行结果分析，先把握全局，把握结果，才能全面分析项目的整体状况，只有掌握了项目的全局，才可能由结果进一步引申至原因。

其次，从项目的投资者或潜在的投资者来看，存在三个层次的需求：一是潜在的投资者投资前需要判断项目整体的回报率；二是在投资后，投资者需要项目必须有一定的盈利能力、偿债能力、运营能力和发展能力；三是投资者需要全面了解经营者是否实现了投资者的资本保值和增值的目标。投资者的这三个方面需求，就要求必须要进行融资效果的财务分析。

第三，项目的债权人、政府等也需要进行财务分析。作为资本的所有者，在决定是否借贷之前，债权人必然要对项目的财务状况和经营成果进行分析，以保证能够按期收回本息，保证借出资本的安全。政府作为财务报表信息的需求者，有两个方面的需求：一是作为征税的主体，需要通过对财务报表的分析判断项目有没有偷漏税；二是政府作为宏观经济的管理者，应维持市场秩序，增强市场参与者的透明度。

最后，从项目的内部来看，有两个主体，一是经营者，另一个是项目的员工。在两权分离下的委托—代理关系中，经营者作为受托者，需要进行财务分析，从结果上判断自己有没有完成受托责任；另一方面，为增加员工信息，也需要让他们了解项目的财务运行结果，把握项目的发展轨迹。

因此，为了正确评价项目总体的经营成果和财务状况，有必要对企业的财务运行结果进行分析。

2. 项目融资效果具体财务分析

分析项目融资效果，必须要从项目的性质出发。如果工程项目是非盈利性的，如市政工程，则融资的效果主要集中在资金使用情况和偿债情况两个方面。如果工程项目的性质是盈利性的，则还必须同时考虑融资项目的盈利情况。财务分析的指标见表 7-5。

项目融资财务分析指标 表 7-5

资金使用状况		分析年度计划投资额与项目建设内容是否相符
		分析计划投资额与融资方案是否相平衡
偿债能力状况	短　期	营运资金，流动比率，速动比率，现金比率
	长　期	资产负债率，产权比率，利息保障倍数，权益乘数
营运能力分析	流动资产营运能力	应收账款周转率，存货周转率，流动资产周转率
	固定资产营运能力	固定资产更新率，固定资产退废率，固定资产利润率
盈 利 能 力		销售毛利润，销售净利率，总资产利润率，总资产报酬率，净资产收益率
发 展 能 力		销售增长率，利润增长率，总资产增长率
		三年利润平均增长率，三年资产平均增长率

（1）资金使用状况分析

资金使用状况分析是对投资项目投入资金使用的合理性和经济性的分析，具体包括：

1) 分析年度计划投资额与项目建设内容是否相符；

2) 分析计划投资额与融资方案是否相平衡，即年度投资是否突破融资总额，投资来源和投资计划是否平衡。

对资金使用情况的分析主要通过编制资金使用计划与融资方案表进行。

（2）偿债能力状况

偿债能力是指项目偿还各种到期债务的能力，是项目举债经营或继续举债经营的基础。项目的负债按偿还期的长短，可分为短期负债和长期负债。短期偿债能力是指项目以流动资产偿还流动负债的能力；而长期偿债能力是指项目偿还长期负债的能力。偿债能力分析就是对项目偿还自身所欠债权人债务的能力分析。

1）短期偿债能力分析

反映项目短期偿债能力的指标主要有营运资金、流动比率、速动比率和现金比率等指标。

① 营运资金

营运资金是流动资产超过流动负债的部分，是表现项目短期偿债能力的一项基本指标。其计算公式为：

$$营运资金＝流动资产－流动负债 \tag{7-11}$$

营运资金通常被视为项目经营流动资金的安全保障。营运资金越多，意味着项目不受短期偿债约束的可用资金越多，生产经营所需资金就越有保障；反之，营运资金过低，表示项目在按期偿债和保证生产经营所需之间左右为难，资金需求可能会出现紧张。

② 流动比率

流动比率是流动资产与流动负债之比，表明项目每一元流动负债有多少流动资产作为偿还的保证，反映项目以流动资产偿付流动负债的能力。流动比率的计算公式为：

$$流动比率＝\frac{流动资产}{流动负债} \tag{7-12}$$

流动比率反映了项目流动资产规模与流动负债规模的比例关系，这个指标越高，表明项目偿还流动负债的能力就越强。但是，过大的流动比率对于项目来说也并非是好现象，可能是项目滞留在流动资产上的资金过多，未能有效地加以利用，可能会影响项目的获利能力。

③ 速动比率

速动比率是项目在一定时期的速动资产同流动负债的比率，是衡量项目短期偿债能力的更为敏感的指标。速动比率的计算公式为：

$$速动比率＝\frac{速动资产}{流动负债} \tag{7-13}$$

其中，速动资产＝流动资产－存货－预付账款－待摊费用。

由于各行业的经营特点不同，判断的标准也不同，一般来说，速动比率的值要求在 1 左右比较合适。但在实际分析中，还应根据项目的性质和其他因素来综合判断。

④ 现金比率

现金比率是反映项目以现金及其等价物即时偿债的能力大小的指标，该指标剔除了应收款项本身可能产生的无法按期收款或部分出现坏账的不确定性影响。现金比率的计算公式为：

$$现金比率 = \frac{(现金 + 现金等价物)}{流动负债} \quad (7\text{-}14)$$

现金包括库存现金和银行活期存款，现金等价物是项目持有的期限短、流动性强、易于转换为已知金额的现金和价值变动很小的投资。

一般情况下，现金比率越高，表明项目偿债的能力越强，但是过高的现金比率，就意味着流动资产未能合理的运用。通常现金比率保持在 30% 左右为宜。

2）长期偿债能力分析

反映项目长期偿债能力的指标主要有资产负债率、产权比率、利息保障倍数、权益乘数等指标。

① 资产负债率

资产负债率是反映项目负债总额与资产总额的比例的指标，反映项目举债经营情况以及全部资产对债权人权益的安全保障程度。资产负债率的计算公式为：

$$资产负债率 = \frac{负债总额}{资产总额} \quad (7\text{-}15)$$

资产负债率是衡量项目负债水平和偿债能力的一项综合性指标。对债权人来说，该比率越低越好，说明项目总体的偿债能力越强，债权人利益的保证程度越高。但对项目来说，项目进行负债经营是必要的，应保持一定的负债比率，以利用债权人的资金，扩展生产经营规模以获得较多的利益。关于资产负债率以多少为宜，国际上没有一个确定的标准。一般来讲，该指标维持在 50% 左右最好，一旦超过 70%，则预示着项目存在一定的经营风险和财务风险。

② 产权比率

产权比率是指负债总额与所有者权益之比，是项目财务结构稳健与否的重要标志。产权比率的计算公式为：

$$产权比率 = \frac{负债总额}{所有者权益总额} \quad (7\text{-}16)$$

产权比率实际上是资产负债率的另一种表现形式。从项目长期偿债能力的角度看，这一比率越低，项目的长期偿债能力越强，项目的财务风险越小。根据经验判断，负债与所有者权益比率维持在 1∶1 较适宜。

③ 利息保障倍数

利息保障倍数是指项目每期获得的息税前利润与所支付的固定利息费用的倍数关系。利息保障倍数的计算公式为：

$$利息保障倍数 = \frac{息税前利润}{利息费用} \quad (7\text{-}17)$$

其中，息税前利润 = 净利润 + 所得税 + 利息费用。

该指标测定项目用其获得的息税前利润来承担支付利息的能力，是从利润表方面考虑项目长期偿债能力的指标。通常认为项目的利息保障倍数在 3 倍左右比较安全。

④ 权益乘数

权益乘数是指资产总额与所有者权益的比率，权益乘数的计算公式为：

$$权益乘数 = \frac{资产总额}{所有者权益} \tag{7-18}$$

权益乘数越大，表明所有者投入项目的资本所占的比重越小，项目对负债经营利用得越充分，该比率越小，则表明所有者投入项目的资本额在资产总额所占的比重越大，债权人权益的保障程度越高，项目偿债能力也就越强。

(3) 营运能力分析

项目无论是负债筹资还是所有者权益筹资都是为了形成足够的营运能力，营运能力是项目对资金进行有效配置和利用的能力。营运能力分析，首先对全部资产营运能力进行分析，然后分别对流动资产营运能力和固定资产营运能力进行分析。通过对营运能力的分析，可以了解项目资产的利用性和利用效益，有利于挖掘项目资产的利用潜力。

1) 全部资产营运能力分析

全部资产营运能力分析就是要对项目全部资产的营运效率进行综合分析，其衡量指标是总资产周转率，反映销售收入与平均总资产之间的比例关系。总资产周转率的计算公式为：

$$总资产周转率 = \frac{销售收入}{平均总资产} \tag{7-19}$$

其中，平均总资产=(年初资产总额＋年末资产总额)/2。

该指标反映了项目全部资产的周转快慢，周转越快，表明销售能力越强，相应地，项目偿债能力和获利能力就越高。因此，该指标总是越高越好。

2) 流动资产营运能力分析

流动资产的营运能力是决定项目总资产营运能力高低的重要因素，固定资产在营运中能否从根本上发挥应有的营运能力，主要决定于固定资产对流动资产的营运能力的作用程度以及流动资产本身营运能力的高低。流动资产营运能力评价指标主要包括：应收账款周转率、存货周转率和流动资产周转率等。

① 应收账款周转率

应收账款周转率是年度内应收账款转为现金的次数，表示项目从取得应收账款的权利到收回款项、取得现金性质资产所需要的时间。应收账款周转率可以用周转次数和周转天数来表示，其计算公式为：

$$应收账款周转率(周转次数) = \frac{当期赊销收入净额}{应收账款平均余额} \tag{7-20}$$

$$平均收账期(周转天数) = \frac{365}{应收账款周转次数} \tag{7-21}$$

一般来说，应收账款周转率越高，平均收账期越短，说明应收账款的收回越快。反之，项目的营运资金会过多地呆滞在应收账款上，影响正常的资金周转。但应收账款周转率并不是越高越好，有时候过高的周转率可能是由于项目执行过度紧缩的信用政策而引起的，这种情况会危及项目的未来销售增长。

② 存货周转率

存货周转率是项目在一定会计期间的主营业务成本与平均存货的比率，是衡量和评价项目购入存货、投入生产、销售回收等各环节管理状况的综合性指标。存货周转率可以用存货周转次数和存货周转天数两个指标来表示，其计算公式为：

$$存货周转率（周转次数）=\frac{销售成本}{平均存货} \tag{7-22}$$

$$存货周转期（周转天数）=\frac{365}{存货周转率} \tag{7-23}$$

一般来说，存货周转率越大，表明存货的占用水平越低，流动性越强，存货转换为现金或应收账款的速度越快，提高存货周转率可以提高项目资产的变现能力。但是，过快的存货周转率也可能说明项目库存有问题，如存货过低甚至经常缺货、采购次数频繁或者采购批量太小等。

③ 流动资产周转率

流动资产周转率是指项目一定时期的销售收入与全部流动资产的平均余额的比率，该指标反映的是全部流动资产的利用效率。流动资产周转率也可以用周转次数和周转天数两个指标来表示，其计算公式为：

$$流动资产周转率（周转次数）=\frac{销售收入}{平均流动资产} \tag{7-24}$$

$$流动资产周转期（周转天数）=\frac{365}{流动资产周转率} \tag{7-25}$$

其中：平均流动资产＝（年初流动资产＋年末流动资产）/2。

流动资产周转率是分析项目流动资产周转情况、衡量项目营运能力的综合指标。周转速度越快，会相对节约流动资产，等于相对扩大资产投入，增强项目盈利能力。

3) 固定资产营运能力分析

固定资产营运能力是指固定资产的营运效率与效益，其分析目的是了解固定资产利用情况，分析现存问题，提高固定资产的利用效益。固定资产营运能力分析的主要指标包括：固定资产更新率、固定资产退废率和固定资产利润率等。

① 固定资产更新率

固定资产更新率是反映固定资产更新程度的指标，其计算公式为：

$$固定资产更新率=\frac{当年新增固定资产原价}{年初固定资产原价之和} \tag{7-26}$$

固定资产的总体新旧程度在一定意义上反映了项目的实际生产能力和潜力。

② 固定资产退废率

固定资产退废率是指项目全年退废的固定资产对原有固定资产总额的比率，该指标从另一个角度说明了固定资产的更新率，其计算公式为：

$$固定资产退废率=\frac{当年退废固定资产原值}{年初固定资产原价之和} \tag{7-27}$$

③ 固定资产利润率

固定资产利润率是指固定资产与利润的比率关系，其计算公式为：

$$固定资产利润率＝\frac{利润总额}{固定资产平均总额} \tag{7-28}$$

(4) 盈利能力分析

盈利能力是指项目赚取利润的能力。对于盈利性的投资项目，盈利能力是衡量项目融资效果的最直接的指标。不论是投资人、债权人还是项目经理，都非常重视和关系项目的盈利能力。因此，在项目的财务评价体系中，盈利能力分析是核心。常用的指标有：销售毛利率、销售净利率、总资产利润率、总资产报酬率、净资产收益率等。

1) 销售毛利率

销售毛利率是销售毛利与主营业务收入的比率，其计算公式为：

$$销售毛利率＝\frac{销售收入}{主营业务收入} \tag{7-29}$$

销售毛利率反映项目营业活动流转额的初始获利能力，体现了项目的获利空间和基础。

2) 销售净利率

销售净利率是在销售毛利率的基础上产生的分析指标，是项目净利润与销售收入的比率，其计算公式为：

$$销售净利率＝\frac{净利润}{主营业务收入} \tag{7-30}$$

销售净利率用于衡量项目销售收入的收益水平，表明项目实现 1 元主营业务收入所能带来的税后利润。

3) 总资产净利率

总资产利润率是净利润与平均资产总额的比率指标，反映项目以全部资产获得最终净利润的能力，其计算公式为：

$$总资产净利率＝\frac{净利润}{平均资产总额} \tag{7-31}$$

总资产净利率是衡量项目利用权益资本和债务资本所取得的利润多少的重要指标，指标值越高，表明资产利用的效益越好，利用资产创造的利润越多，整个企业盈利能力越强，财务管理水平越高，否则相反。

4) 总资产报酬率

总资产报酬率是项目息税前利润和平均资产总额的比率，其计算公式为：

$$总资产报酬率＝\frac{息税前利润}{平均资产总额} \tag{7-32}$$

其中，息税前利润＝利润总额＋利息费用。

该指标是反映项目资产综合利用效果的指标，是衡量项目盈利能力和营业效率的指标之一，是衡量项目利用债权人和所有者权益所取得盈利的重要指标。

5) 净资产收益率

净资产收益率是净利润与平均净资产的比率，其计算公式为：

$$净资产收益率 = \frac{净利润}{平均净资产} \qquad (7\text{-}33)$$

该指标用来衡量项目运用权益资本获得收益的能力，是反映项目盈利能力的核心指标。

6）资本保值增值率

资本保值增值率是项目投入使用后期末所有者权益同年初所有者权益的比率，其计算公式为：

$$资产保值增值率 = \frac{期末所有者权益}{期初所有者权益} \qquad (7\text{-}34)$$

该指标主要用于国有和国有控股的项目的评价，实际上是要考察国有资产保值增值情况。

7）资本积累率

资本积累率是指本年所有者权益增长额同年初所有者权益的比率，表示当年资本的积累能力，其计算公式为：

$$资本积累率 = \frac{本年所有者权益增长额}{年初所有者权益} \qquad (7\text{-}35)$$

资本积累率是当年所有者权益总的增长率，反映所有者权益在当年的变动水平。

（5）发展能力分析

项目发展能力是项目在生存的基础上，扩大规模，壮大实力的潜在能力。衡量和评价项目发展能力的主要指标包括：销售增长率、总资产增长率、三年利润平均增长率、三年资产平均增长率等。

1）销售增长率

销售增长率是指项目本期销售收入增长额与基期销售收入总额的比率，其计算公式为：

$$销售增长率 = \frac{本期销售收入增长额}{基期销售收入总额} \qquad (7\text{-}36)$$

销售增长率是衡量项目投入营运后经营状况和市场占有能力、预测经营业务扩展趋势的重要标志，也是扩张增量和存量资本的重要前提。

2）利润增长率

利润增长率是指项目本期利润增加额与基期利润额的比率，其计算公式为：

$$利润增长率 = \frac{本期利润增加额}{基期利润总额} \qquad (7\text{-}37)$$

利润增长率是项目提高盈利水平所取得的总效果，反映项目生产经营的成果。

3）总资产增长率

总资产总长率是指本期总资产增长额与基期资产总额的比率，其计算公式为：

$$总资产增长率 = \frac{本期资产增长额}{基期资产总额} \qquad (7\text{-}38)$$

总资产增长率是从项目资产总量扩张方面衡量项目的发展能力，表明规模增长水平对项目发展后劲的影响。

4）三年利润平均增长率

三年利润平均增长率表明项目投入运营后利润的连续三年增长情况，其计算公式为：

$$三年利润平均增长率 = \left(\sqrt[3]{\frac{年末利润总额}{三年前年末利润总额}} - 1\right) \times 100\% \qquad (7-39)$$

其中，三年前年末利润总额是指项目三年前的利润总额数，例如评价项目2008年的绩效状况，则三年前年末的利润总额是指2005年利润总额。

该指标能够反映项目的利润增长趋势和稳定程度，较好体现项目的发展状况和发展能力。

5）三年资产平均增长率

资产增长率会受资产短期波动因素的影响，因此计算三年的平均资产增长率可反映项目较长时期内的资产增长情况，避免因偶然因素造成资产异常波动，其计算公式为：

$$三年资产平均增长率 = \left(\sqrt[3]{\frac{年末资产总额}{三年前年末资产总额}} - 1\right) \times 100\% \qquad (7-40)$$

7.4.3　项目风险融资效果综合分析及评价

项目风险融资效果综合分析就是将各有关财务指标作为一个整体，系统、全面、综合地对项目财务状况和经营业绩进行剖析、解释和评价，说明项目总体运行中存在的问题，以及项目在市场竞争中的优势和劣势，为后续的投资和经营决策提供财务支持。

1. 杜邦分析法

杜邦分析法是指根据各主要财务比率指标之间的内在联系，建立财务分析指标体系，综合分析项目财务状况和财务综合能力的方法。由于该指标体系是由美国杜邦公司最先采用的，故称为杜邦分析体系。

利用杜邦分析法进行综合分析，一般以净资产收益率为综合指标或分析的出发点，进行层层分解，使得基于内在关联关系的各个分解后的指标构成一个完整的指标体系。各指标之间主要体现了以下一些关系：

由于：净资产收益率＝总资产净利率×权益乘数

而且：总资产净利率＝销售净利率×资产周转率

则：净资产收益率＝销售净利率×资产周转率×权益乘数

为了更深入地分析净资产收益率变化的详细原因，还可以在前面分析的基础上对销售净利率和资产周转率做进一步的分解，如图7-5所示。

通过杜邦分析体系，一方面可从项目销售规模、成本水平、资产营运、资本结构方面分析净资产收益率增减变动的原因；另一方面可协调项目资本经营、资产经营和商品经营关系，促使净资产收益率达到最大化，实现财务管理目标。

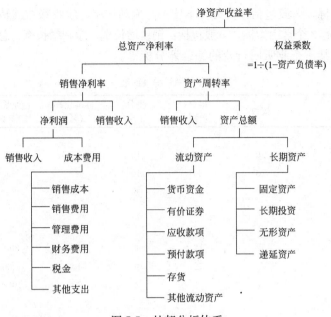

图 7-5 杜邦分析体系

2. 沃尔分析法

沃尔分析法是由财务状况综合评价的先驱者之一——美国 19 世纪末会计学家亚历山大·沃尔创造的。他在 20 世纪初出版的《信用晴雨表研究》和《财务报表比率分析》中提出了信用能力指数的概念，把若干财务比率用线性关系结合起来，以此评价企业的信用水平。他选择了 7 种财务比率指标：流动比率、产权比率、固定资产比率、存货周转率、应收账款周转率、固定资产周转率、净资产周转率，并分别给定了其在总评价中占的比重，总和为 100 分。然后确定标准比率，并与实际比率相比较，评出每项指标的得分，最后求出总评分。

从理论上讲，沃尔分析法的弱点就是未能证明为什么要选择这 7 个指标，而不是更多或更少，以及未能证明每个指标所占比重的合理性。从技术上讲，沃尔分析法也存在不足，就是当一个指标严重异常时，会对综合指数产生不合逻辑的重大影响。

尽管沃尔分析法在理论上还有待证明，在技术上也不完善，但它在实践中还是具有较为广泛的应用价值。

3. 综合评分法

综合评分法的思想是按照"减少重复、全面兼顾"的原则，在各类财务分析比率中，选择若干个有代表性的指标，依据这些指标在企业经营活动与创利过程中所起作用的大小，赋予每个指标一个权重，同时根据同行业的平均水平或行业标准确定恰当的计分方式，综合企业各方面实际情况，计算出该企业实际财务状况的综合得分，作为评价企业整体实力与整体运营效果的依据。

一般认为企业财务评价的内容主要是盈利能力，其次是偿债能力，此外还有成长能力。它们之间大致可按 5∶3∶2 来分配比重。盈利能力的主要指标是总资产净利率、销售净利率和净值报酬率，并将它们之间的权数之比确定为 2∶2∶1。偿债能力有 4 个常用指标，一般包括：自有资本比率、流动比率、应收账款周转率、存货周转率，成长能力有 3 个常用指标，一般包括：销售增长率、净利增长率、总资产增长率。

表 7-6 是某一企业所属行业的综合评分标准。

综合评分标准　　　　表 7-6

指　　标	权数	得分上限	得分下限	标准比率（%）	行业最高比率（%）	每分比率的差（%）
盈利能力：						
总资产净利率	20	30	10	8	18	1.00
销售净利率	20	30	10	10	20	1.00
净值报酬率	10	15	5	16	20	0.80
偿债能力：						
自有资本比率	8	12	4	30	60	7.50
流动比率	8	12	4	100	300	50.00
应收账款周转率	8	12	4	400	1000	150.00
存货周转率	8	12	4	600	1000	100.00
成长能力：						
销售增长率	6	9	3	10	30	6.67
净利增长率	6	9	3	15	40	8.33
总资产增长率	6	9	3	15	30	5.00
合计	100	150	50			

综合评价方法的关键技术是"标准评分值"的确定和"标准比率"的建立。标准比率应以本行业平均数为基础，适当进行理论修正。同时，为了避免在评分过程中某个指标的过度影响，在确定指标得分时，应规定其得分的上限和下限。上限可定为正常评分值的 1.5 倍，下限定为正常评分值的 0.5 倍。此外，在具体计分时，尽量不用"乘"的关系，而采用"加"或"减"的关系，使得对每一个侧面的指标水平都能兼顾，以克服沃尔评分法的缺点。

4. 层次分析法

进行工程项目融资分析时，常常面临的是一个由相互关联、相互制约的众多因素构成的复杂系统，这给系统的分析带来很大困难。借助层次分析法，不仅可以简化系统分析和计算，把一些定性因素加以量化，使人们的思维过程变成数字化，而且还能帮助决策者保持思维过程的一致性。

(1) 层次分析法的基本步骤

1）建立层次结构模型；

2）构造判断矩阵；

3）层次单排序；

4）层次总排序；

5）一致性检验。

(2) 层次分析法应用举例

1）问题的提出——层次分析模型的建立

  某BOT项目融资，经过分析得到融资过程中可能出现的风险，并归纳出图 7-6所示的系统层次结构模型。

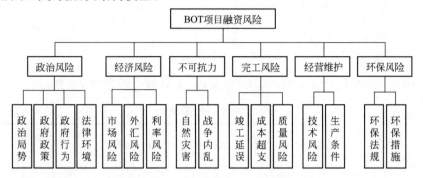

图 7-6　BOT项目融资风险因素层次模型

2）建立判断矩阵

通过征询有关专家意见，并由项目经理综合权衡后，得出各判断矩阵如下：

Ⅰ.判断矩阵 A-B

A	B_1	B_2	B_3	B_4	B_5	B_6
B_1	1	1/7	1/2	1/3	1/2	2
B_2	7	1	5	3	7	7
B_3	2	1/5	1	1/3	2	5
B_4	3	1/3	3	1	5	5
B_5	2	1/7	1/2	1/5	1	2
B_6	1/2	1/7	1/5	1/5	1/2	1

Ⅱ.判断矩阵 B_1-C

B_1	C_1	C_2	C_3	C_4
C_1	1	1/2	1/3	1/5
C_2	2	1	1/2	1/3
C_3	3	2	1	1/2
C_4	5	3	2	1

Ⅲ.判断矩阵 B_2-C

B_2	C_5	C_6	C_7
C_5	1	1/5	1/3
C_6	5	1	3
C_7	3	1/3	1

Ⅳ.判断矩阵 B_3-C

B_3	C_8	C_9
C_8	1	6
C_9	1/6	1

Ⅴ.判断矩阵 B_4-C

B_4	C_{10}	C_{11}	C_{12}
C_{10}	1	2	3
C_{11}	1/2	1	2
C_{12}	1/3	1/2	1

Ⅵ.判断矩阵 B_5-C

B_5	C_{13}	C_{14}
C_{13}	1	2
C_{14}	1/2	1

Ⅶ. 判断矩阵 B_6-C

B_6	C_{15}	C_{16}
C_{15}	1	4
C_{16}	1/4	1

3）层次单排序

若用方根法进行计算，对判断矩阵 A-B，其计算过程如表 7-7 所示。

方根法计算表　　　　　　　　　　表 7-7

A	B_1	B_2	B_3	B_4	B_5	B_6	$M_i = \prod\limits_{i=1}^{n} b_{ij}$	$\overline{W}_i = \sqrt[n]{M_i}$	$W_i = \dfrac{\text{上列}}{8.750}$	BW
B_1	1	1/7	1/2	1/3	1/2	2	0.024	0.536	0.061	0.379
B_2	7	1	5	3	7	7	5145	4.155	0.475	2.972
B_3	2	1/5	1	1/3	2	5	1.333	1.049	0.120	0.749
B_4	3	1/3	3	1	5	5	75	2.054	0.235	1.483
B_5	2	1/7	1/2	1/5	1	2	0.057	0.621	0.071	0.445
B_6	1/2	1/7	1/5	1/5	1/2	1	0.001	0.336	0.038	0.243
合　　计							—	8.750	1.000	—

由此可求得：

$$\lambda_{\max} = \sum_{i=1}^{n} \frac{(BW)_i}{nW_i} = \frac{0.379}{6 \times 0.061} + \frac{2.972}{6 \times 0.475} + \frac{0.749}{6 \times 0.12} + \frac{1.483}{6 \times 0.235} + \frac{0.445}{6 \times 0.071}$$

$$+ \frac{0.243}{6 \times 0.038} = 6.272$$

$$CI = \frac{\lambda_{\max} - n}{n-1} = \frac{6.272 - 6}{6-1} = 0.054$$

查 $n=6$ 时 RI 值（表 7-8），得 $RI = 1.24$，则

不同阶段 RI 的取值　　　　　　　　　表 7-8

阶数 n	1	2	3	4	5	6	7	8	9
RI	0.00	0.00	0.58	0.90	1.12	1.24	1.32	1.41	1.45

$$CR = \frac{CI}{RI} = \frac{0.054}{1.24} = 0.044 < 0.1$$

按同样的计算方法对判断矩阵 B_1-C，有：

$$W = [0.088, \ 0.157, \ 0.272, \ 0.483]^{\mathrm{T}}$$

$$\lambda_{\max} = 4.015, \ CI = 0.005, \ RI = 0.90, \ CR = 0.005 < 0.10$$

对判断矩阵 B_2-C，有：

$$W = (0.105, \ 0.637, \ 0.258)^{\mathrm{T}}$$

$$\lambda_{\max} = 3.039, \ CI = 0.019, \ RI = 0.58, \ CR = 0.033 < 0.10$$

对判断矩阵 B_3-C，有：

$$W = (0.857, \ 0.143)^{\mathrm{T}}$$

对判断矩阵 B_4-C，有：

$$W=(0.540, 0.297, 0.163)^{\mathrm{T}}$$

$$\lambda_{\max}=3.009, CI=0.005, RI=0.58, CR=0.008<0.10$$

对判断矩阵 B_5-C，有：

$$W=(0.667, 0.333)^{\mathrm{T}}$$

对判断矩阵 B_6-C，有：

$$W=(0.800, 0.200)^{\mathrm{T}}$$

由于 3 阶以上判断矩阵的 CR 值均小于 0.1，可以认为它们均有满意的一致性。

4）层次总排序

A-B 的层次总排序即为相应的层次单排序，B-C 的层次总排序计算过程如表 7-9 所示。

层次总排序计算表

表 7-9

层次 C	层 次 B						层次 C 总排序
	B_1	B_2	B_3	B_4	B_5	B_6	
	0.061	0.475	0.120	0.235	0.071	0.038	
C_1	0.088	0	0	0	0	0	$0.061\times0.0088=0.005$
C_2	0.157	0	0	0	0	0	$0.061\times0.157=0.010$
C_3	0.272	0	0	0	0	0	$0.061\times0.272=0.017$
C_4	0.483	0	0	0	0	0	$0.061\times0.483=0.029$
C_5	0	0.105	0	0	0	0	$0.475\times0.105=0.050$
C_6	0	0.637	0	0	0	0	$0.475\times0.637=0.303$
C_7	0	0.258	0	0	0	0	$0.475\times0.258=0.123$
C_8	0	0	0.857	0	0	0	$0.120\times0.857=0.103$
C_9	0	0	0.143	0	0	0	$0.120\times0.143=0.017$
C_{10}	0	0	0	0.540	0	0	$0.235\times0.540=0.127$
C_{11}	0	0	0	0.297	0	0	$0.235\times0.297=0.070$
C_{12}	0	0	0	0.163	0	0	$0.235\times0.163=0.038$
C_{13}	0	0	0	0	0.667	0	$0.071\times0.667=0.047$
C_{14}	0	0	0	0	0.333	0	$0.071\times0.333=0.024$
C_{15}	0	0	0	0	0	0.800	$0.038\times0.800=0.030$
C_{16}	0	0	0	0	0	0.200	$0.038\times0.200=0.008$

5）一致性检验

$$CI=\sum_{i=1}^{n}\alpha_i(CI_i)=0.061\times0.005+0.475\times0.019+0.120\times0$$
$$+0.235\times0.005+0.071\times0+0.038\times0=0.011$$

$$RI = \sum_{i=1}^{n} \alpha_i (RI_i) = 0.061 \times 0.90 + 0.475 \times 0.58 + 0.120 \times 0$$

$$+ 0.235 \times 0.58 + 0.071 \times 0 + 0.038 \times 0 = 0.467$$

$$CR = \frac{CI}{RI} = \frac{0.011}{0.467} = 0.023 < 0.1$$

满足一致性要求。

根据综合评价结果，我们可以得到该 BOT 项目融资过程中各种风险因素的排序表，如表 7-10 所示。

综合评价结果 表 7-10

	第一层风险因素	第二层风险因素	综合权重	排 序
BOT 项目融资风险	政治风险	政治局势	0.005	16
		政府政策	0.010	14
		政府行为	0.017	12
		法律环境	0.029	10
	经济风险	市场风险	0.050	6
		外汇风险	0.303	1
		利率风险	0.123	3
	不可抗力	自然灾害	0.103	4
		战争内乱	0.017	13
	完工风险	竣工延误	0.127	2
		成本超支	0.070	5
		质量风险	0.038	8
	经营维护	技术风险	0.047	7
		生产条件	0.024	11
	环保风险	环保法规	0.030	9
		环保措施	0.008	15

项目参与方应对排在前几位的风险因素进行重点考虑，采取相应措施，通过合同和其他方式合理分配、转移并防范风险的发生。

复习思考题 🖊

1. 项目融资风险与项目风险有何联系与区别？
2. 项目融资风险管理的程序有哪些？
3. 项目融资风险的识别方法有哪些？
4. 项目融资风险的评价方法有哪些？

5. 项目融资风险管理的内容有哪些?
6. 项目融资风险管理的基本工具有哪些?
7. 项目风险融资效果的分析方法有哪些?
8. 项目风险融资效果财务分析指标有哪些?
9. 项目风险融资的综合分析方法有哪些?

8.1 2×20万kW热电联产机组项目融资

8.1.1 项目概况

大唐黑龙江双鸭山热电有限公司 2×20 万 kW 热电联产机组项目位于黑龙江省东部的双鸭山市。项目建设内容为征地 80 万 m^2，新建 2×20 万 kW 超高压抽汽冷凝式供热机组，配置 2 台 670t/h 煤粉炉，新建 220kV 2 回出线接入系统及其他辅助设施。项目新增平均采暖热负荷 30.1 万 GJ，采暖供热面积 750 万 m^2。

双鸭山市是我国重点煤炭生产基地之一，煤矿储量十分丰富，仅双鸭山矿业集团公司所属煤矿已探明储量为 64.5 亿 t，年产量近 1000 万 t。截止 2003 年末，双鸭山市是黑龙江省唯一没有实现城区集中供热的地级城市，其尖山区、集贤县福利镇和双福新区构成的中心城区居民住宅建筑面积已达 685 万 m^2，而中心城区集中供热面积仅为 85 万 m^2，集中供热率仅为 12.41%，其余供热面积全部由 471 台分散小锅炉承担。由于分散锅炉容量小、热效率和除尘效率低，造成能源的大量浪费和严重的环境污染。集中供热已连续多年列为双鸭山市政府重点工程项目计划的首位。双鸭山热电有限公司实施项目不仅能够提高能源利用率，而且可以明显地改善城市大气环境，符合国家产业政策，具有显著的社会效益和环境效益。

1. 项目批复情况

项目建议书于 2000 年 12 月经原国家经贸委批复同意立项。依据原国家计委文件要求"对于只有采暖热负荷的燃煤热电厂，应选用单机容量 20 万

kW 及以上大容量、高参数供热机组"，建设方案由项目建议书阶段的新建 5 万 kW 和异地搬迁一台 10 万 kW 热电联产机组改为新建 2 台 20 万 kW 热电联产机组。据此，具有甲级资质的黑龙江省电力勘察设计研究院于 2003 年 12 月完成项目可行性研究报告，国家电力公司电力规划设计总院对该可行性研究报告进行了审查，并出具审查会议纪要。黑龙江省计委和大唐集团已于 2004 年 1 月将项目可行性研究报告分别上报国家发改委并得到批复。

2. 项目建设进度计划及进展情况

第一台机组计划于 2006 年 9 月发电，第二台机组计划于 2007 年 3 月发电。

8.1.2 可行性研究分析

1. 项目建设条件评价

厂址位于双鸭山市工业开发区内，距离供热区域约 4km。项目用地已列入当地土地利用总体规划，水利部已批复项目水土保持方案，国土资源部办公厅已同意通过用地预审。

项目耗煤约 100 万 t/年，选用距厂址 15km 的国有双鸭山矿业集团公司所属集贤矿为主供煤矿。

项目年耗水量约 482 万 m^3。双鸭山市水务局批复同意将集贤煤矿矿井疏干水作为本工程主水源，将双鸭山市二、三水源地作为备用水源。根据黑龙江省水利厅对项目水资源论证报告书的批复，疏干水供水能力达到 1303.5 万 m^3/年，可以满足项目 482 万 m^3/年的用水要求。

根据《双鸭山市中心城(含福利镇)供热规划》，以 2007 年预计采暖建筑面积 (750 万 m^2)的采暖热负荷作为项目的设计热负荷。2003 年 9 月，黑龙江省建设厅对该规划的审查进行了批复。同时，双鸭山市政府出具了关于热负荷的承诺文件，承诺项目建成后该区内将全部利用热电厂供热，并拆除现有低效锅炉。2003 年 10 月，黑龙江省计委批复项目配套热网工程项目可行性研究报告。

2. 环境保护评价

项目环境影响报告书于 2003 年 11 月由具有甲级资质的东北电力设计院编制完成，2004 年 3 月，国家环境保护总局已批复该报告书。

3. 市场评价

(1) 黑龙江省电力市场评价

1) 黑龙江省电网现状

截止 2003 年末，黑龙江电网装机总容量为 1179 万 kW，其中：水电装机容量 79.5 万 kW，占 6.7%；火电装机容量 1099.5 万 kW，占 93.3%。电网最大负荷为 571 万 kW。全省电网全口径发电量为 494.88 亿 kWh，其中：火电 484.21 亿 kWh；水电 10.67 亿 kWh。2003 年全社会用电量达到 493.37 亿 kWh，当年开始出现电量盈余 1.51 亿 kWh。1999 年至 2003 年全社会用电量和最大供电负荷年均增长率分别为 4.35% 和 4.8%，年均分别增长 17.37 亿 kWh 和 21 万 kW。

黑龙江省省内以及与东北电网之间已形成双回 500kV 线路的骨干网架，成为东电西送和北电南送的主要电力干线。省网现有 500kV 线路 12 条，线路总长度为 2118km，220kV 线路 149 条，线路总长度为 7890km。

2）黑龙江省电力市场预测

根据《黑龙江省电力工业"十一五"规划和 2020 年远景目标研究》，黑龙江省 2005 年、2010 年和 2020 年全社会用电量分别为 542 亿 kWh、692 亿 kWh 和 1075 亿 kWh，"十五"后两年年均增长 4.4%，2005～2020 年年均增长 5.5%。2005 年、2010 年和 2020 年电网最大负荷分别为 963 万 kW、1249 万 kW 和 2042 万 kW，"十五"后两年年均增长 4.7%，2005～2020 年年均增长 5%。根据预测，黑龙江省 2007 年开始出现电力盈余 38 万 kW，2010 年和 2015 年分别盈余 119 万 kW 和 311 万 kW。2004 年电量盈余 33.3 亿 kW，并且总体保持不断增长的盈余态势，至 2010 年和 2015 年分别盈余 87.9 亿 kWh 和 158.7 亿 kWh。

3）黑龙江省集中供热机组发电利用小时分析

调查并选取了省内主要大、中城市集中供热电厂作为分析样本，根据黑龙江省电力公司编制的《2002 年、2003 年电力工业统计资料汇编》，采集并分析上述热电厂 2002～2003 年发电利用小时数，具体见表 8-1。

黑龙江省电力生产装机容量状况表　　　　表 8-1

序　号	单　位　名　称	装机容量（万 kW）	年均利用小时数(h)	
			2002 年	2003 年
1	黑龙江省鸡西华光热电厂	7.5	4429	5625
2	黑龙江省富源热电厂	15	5179	5387
3	哈尔滨热电厂	30	4502	5278
4	黑龙江省富拉尔基热电厂	5	5043	4861
5	北安热电有限公司	10	5368	5889
6	黑龙江省黑河热电有限公司	3.9	4580	4805
7	黑龙江省佳木斯东方热电厂	7.4	5418	5432
8	牡丹江第二发电厂	102	4539	4472
9	黑龙江省大庆油田热电厂	60	5001	5035
	年均		4895	5198

从表 8-1 中可以看出，2002～2003 年上述集中供热电厂年均发电利用小时分别为 4895h 和 5198h，两年平均为 5047h；但同期黑龙江省统调火电厂年均发电利用小时只有 3845h 和 4433h，两年平均为 4139h。可见，由于供热需要，近两年集中供热电厂较统调火电厂平均发电利用小时数高出近 900h；而且双鸭山市冬季采暖期长达 6 个月，折合供热所需的发电利用小时数已达到 4320h；加之项目可行性研究报告及国家电力公司电力规划设计总院对可行性研究报告的论证中均采用 5000h 作为项目发电利用小时，因此，本项目年发电小时确定为 5000h。

4）上网电价分析

根据《国家发展改革委关于疏导东北电网电价矛盾有关问题的通知》，对于黑龙江省省级电网统调范围内的未安装脱硫设备的新投产机组(含热电联产机组),在发电利用 3100h 内的核定上网电价为 0.31 元/kWh(含税,下同),对于超过 3100h 以上的超发电量,超发电价为 0.235 元/kWh,该价格调整自 2004 年 6 月 25 日执行。

(2) 热力市场

1) 双鸭山市中心城区供热现状

双鸭山市区辖尖山区、岭东区、四方台区和宝山区四个区及福利镇地域范围,共 1767km²。截止 2002 年末,市区人口 50.67 万。根据《双鸭山市城市总体规划(2001~2020)》,双鸭山市中心城区包括尖山区、福利镇及双福新区,该区为双鸭山市重点建设发展区。截止 2003 年,中心城区供热面积为 685 万 m²,但目前已实施集中供热面积仅为 85 万 m²,集中供热率仅为 12.41%,其余均由现有的 355 座锅炉房,471 台锅炉以分散方式供热。

2) 双鸭山市中心城区供热规划及热负荷预测

2002~2003 年双鸭山市 GDP 分别达到 100.5 亿元和 114.9 亿元,较上年分别增长 9.1% 和 10.7%;同期房屋建筑竣工面积分别为 41 万 m² 和 40 万 m²,2004 年将达到 70 万 m²,预计今后 3~5 年房屋建筑竣工面积将保持现有发展速度。根据双鸭山市社会经济发展状况和《双鸭山市中心城供热规划(2003~2020)》,对项目供热区域近期热负荷平衡预测如表 8-2 所示。

项目供热区域热负荷平衡预测　　　　　　　　表 8-2

项　　　目			2003 年		2006 年	
			采暖面积 (万 m²)	热负荷 (万 kW)	采暖面积 (万 m²)	热负荷 (万 kW)
中心城供热需求			685	45.9	895	60.0
供热能力	集中供热	1. 矸石热电厂	85	5.7	85	5.7
		2. 双热公司	0	0	750	50.3
	分散小锅炉供热		600	40.2	65	4.0
项目拟替代分散小锅炉供热			0	0	750	50.3

从表 8-2 中可以看出,项目投产供热后,在替代原有分散小锅炉供热面积 750 万 m² 和承担 50.3 万 GJ 热负荷的基础上,仍需由分散小锅炉供热 65 万 m² 和承担 4 万 GJ 的热负荷。同时,双鸭山市政府已承诺"热电厂建成后该区内将全部利用热电厂供热,并拆除现有低效锅炉",因此,项目热力市场存在一定空间。

3) 热价分析

2002~2003 年双鸭山市人均可支配收入分别为 4584 元和 5227 元,较上年分别增长 18.2% 和 14.3%;目前该市户均热费负担水平约为 1030 元/户,户均热费支出占户均可支配收入的比例为 6.57%。与双鸭山市毗邻的佳木斯热力公司及七台河热力公司购热价格分别为 19.2 元/GJ 和 17 元/GJ。根据双鸭山市政府出具的承诺,市政府接受可行性研究报告确定的电厂出口热价 19 元/GJ。

(3) 煤价分析

据有关资料，2001~2003 年集贤矿煤价当年最高价分别为 145.61 元/t、157.85 元/t 和 161.58 元/t(含到厂运费 5 元/t，含税，下同)，最低发热量为 21045.52kJ/t。另外，可行性研究报告采用的煤价为 158.09 元/t。

8.1.3 项目的融资结构

1. 投资估算

项目总投资为 200033 万元，其中固定资产 197291 万元，流动资金 2742 万元。固定资产投资中工程投资 134016 万元，接入系统投资 13496 万元，其他费用 21557 万元，预备费用 15576 万元，建设期利息 12646 万元。

经测算该项目总投资较可行性研究报告总投资 189579 万元增加 10454 万元，其中固定资产投资增加 8472 万元，流动资金投资增加 1982 万元。固定资产投资增加主要是预备费用增加 3140 万元，建设期利息增加 4384 万元，接入系统投资增加 948 万元。

2. 筹资计划

固定资产投资 197291 万元，资金来源为：申请银行贷款 157291 万元，自筹 40000 万元；流动资金投资 2742 万元，资金来源为：申请银行贷款 1982 万元，自筹 760 万元。固定资产自筹资金比例约为 20%。

3. 资本金来源

自筹资金为股东注入的资本金，据合资协议，项目 40760 万元资本金中，大唐集团出资占 80%，为 32608 万元；华光热电出资占 20%，为 8152 万元。

8.1.4 项目的融资风险

1. 市场风险

据黑龙江省电力工业"十一五"规划，预计 2010 年黑龙江省电力富余约 119 万 kW，电量富余约 88 亿 kWh。若项目建成投产后，黑龙江省经济增长放缓、电力弹性系数降低、新上电源得不到很好控制或双鸭山市集中采暖发展进度未能实现规划目标，将加剧未来电力、热力供需的不平衡，出现上网电量、电价下降局面和供热量、热价低于预期情况，影响项目效益和贷款偿还。此外，由于尚未签订购售电合同和供热合同，项目实际电价、热价是否能够达到预测值具有不确定性。

2. 筹资风险

虽然项目控股股东大唐集团实力雄厚，但未取得该公司在项目建设期内资本金平衡计划，鉴于近期该公司在建和拟建项目较多，因此一旦该公司进入投资高峰，则有可能影响项目资本金及时到位。华光热电投入的资本金实际由双鸭山市财政出资，但从双鸭山市近年来财政收支情况分析，该市财政收支仅仅达到平衡，项目资本金能否完全按计划落实到位仍存在不确定因素。

3. 配套设施建设风险

负责项目供热区域内热网投资、建设、运营、管理的热网公司由双鸭山市政府负责组建。目前黑龙江省发改委已批复热网项目可行性研究报告，资金落实、机构建设等具体工作尚未全面展开，热网公司能否与项目同步建成将可能影响项目效益能否按期实现。

4. 煤价风险

项目为坑口电站，电煤价格及供应能力较其他非坑口电站有一定竞争力，但如遇煤价大幅上涨，则可能对项目效益带来一定影响。

8.1.5 项目融资的简评

（1）电力生产是国民经济和社会生活必不可少的重要资源，电力项目的回报相对稳定，所以其融资具有较强的议价能力，是现阶段我国金融机构重点支持的领域。但是从项目的融资渠道来看，融资的渠道还比较单一，存在着较大的降低融资成本的空间。

（2）项目业主的融资方式可以考虑采取银团贷款。银团贷款又称为"辛迪加"贷款，是指由一家或多家银行承销并安排，随后向一组金融机构推介发行的公司融资工具。银团贷款的特点和优势是筹款金额大，期限长；能够分散或降低贷款风险；增强各贷款行间的业务合作；增加银行信贷资产的流动性。对于项目业主来说，采取银团贷款方式可以减少融资谈判的对象，降低谈判的难度，减少融资成本。

项目本身必须符合国家产业政策和银行信贷政策，尤其是关系到国计民生的基础设施产业，能源、电力产业等领域的重大投资项目。而本项目是热电联产项目，符合国家产业政策和银行的信贷政策；东北地区的供热需求保证了项目的发电上网时间，增强了项目的偿债能力，对银行具有较强的吸引力，适于采用银团贷款方式。

（3）在许多大的项目融资工作中存在一个共性的问题，就是贷款计划的设计。有一些项目为了减少资金占用，通过短期贷款的方式，表面上降低了融资的成本，但实际上，由于固定资产的投资具有长期性，会出现短贷长用的事实，易造成贷款履约风险，即项目尚未完工产生效益，而贷款已到期，无法履约，影响项目业主的信誉，给项目的再融资和投产后正常生产所需流动资金贷款堵死了融资之门。所以说，具体的融资方案既要考虑项目建设期间的融资成本，树立良好的信誉，也要考虑项目投产后的融资安排，为广开融资渠道奠定基础。

8.2 国道主干线哈尔滨绕城高速公路东北段（东风至秦家）项目融资

8.2.1 项目概况

项目是国道主干线同江至三亚公路（G010）和国道主干线绥芬河至满洲里公路

（G015）在哈尔滨市的过境公路，见图 8-1。哈尔滨绕城高速公路是哈尔滨——宾县、哈尔滨——阿城、哈尔滨——五常、哈尔滨——双城、哈尔滨——太平国际机场、哈尔滨——大庆、哈尔滨——呼兰、哈尔滨——绥化等十几条公路出入哈尔滨的通道，同时还承担着松花江南北两岸城区交通的职能。按其实施时间的先后顺序可分为三段：东南环为东风镇至瓦盆窑段；西环为瓦盆窑至秦家段；东北环为秦家至东风镇段，即融资项目。项目的实施可实现绕城环路的闭合，对逐步完善黑龙江省主骨架公路网及发挥以哈尔滨市为轴心的"一环五射"❶ 高速公路系统的整体功能具有重要意义。

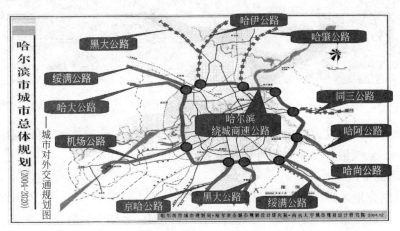

图 8-1　城市对外交通

1. 项目实施进度

2004 年 8 月 6 日交通部批复同意项目可行性研究报告（交规划发［2004］433号）。2005 年 3 月 25 日交通部批复同意初步设计（交公路发［2005］127 号）。2005年 2 月 3 日，通过国土资源部土地预审（国土资厅函［2005］117 号）。2005 年 3 月15 日国家环境保护总局出具环审［2005］258 号文件同意环评报告。可行性研究报告由工程勘探综合类甲级资质单位黑龙江省公路勘探设计院编制。

项目工期计划分三年实施，2006 年 4 月全线正式开工，2008 年 10 月全线竣工。2005 年 6 月 9 日经黑龙江省交通厅批准，松花江特大桥与天恒山隧道局部试开工已累计投入资金 6750 万元。

2. 项目建设规模

项目起于绕城公路西段的终点秦家屯，终于东南段的起点东风镇，路线全长约25.843km。路线地理位置如图 8-2 所示。

全线共设特大桥 1 座（松花江特大桥，全长 2283.68m），涵洞 6 座，双洞分离式隧道 1 座（天恒山隧道，上、下行线全长分别为 1690m 和 1760m），互通式立体交叉 4 处（含 1 处规划预留三环路互通），分离式立体交叉 12 处，服务区 1 处，由

---

❶　一环即哈尔滨绕城高速公路，五射即哈尔滨至长春、牡丹江、佳木斯、绥化、大庆五个方向。

图 8-2 项目地理位置示意图

道收费站 2 处。全线为双向四车道高速公路标准建设，设计速度 120km/h，路基宽度 28m。全线桥涵设计汽车荷载公路—1 级。

3. 建设条件

项目所在地区封冻期 5 个月以上，公路建设施工时间 6 个月，其中还有 2 个月的雨季，给施工带来一定的影响。建筑材料通过郊区乡镇及地方道路运输，建设条件基本具备。

8.2.2 项目的融资结构

测算项目总投资 197271 万元，其中：工程费用 156121 万元，占比 79.14%，其他费用 16501 万元，占比 8.36%，预备费用 12256 万元，占比 6.21%，建设期利息 12393 万元，占比 6.28%。项目选择了 BOT 融资模式，特许经营权为 30 年。资金来源为：项目资本金 72271 万元，占比 36.64%；申请银行项目贷款 125000 万元，占比 63.36%。

8.2.3 项目的融资风险

（1）交通量风险。项目交通量虽经专业咨询机构论证，但受项目影响区域经济发展、路网结构变化等其他多种因素影响，未来交通量能否达到预测水平存在一定不确定性。

（2）建设风险。项目施工中含有松花江特大桥及天恒山隧道各 1 座，工程复杂，建设期长，如果项目因施工、拆迁原因或其他自然因素引起工程超投资或不能如期完工，则会对项目的建设产生不利影响，使项目效益延时实现。

（3）财务风险。项目单位造价高，项目建成后批复的收费标准若不能达到预测值，或在项目经营期间相关高速公路政策及收费标准出现不利变化，以及由于特殊情况项目的特许经营权被提前终止或发生项目经营权转让。

8.2.4　项目融资简评

（1）目前，绕城公路的整体部分只差此路段尚未完工，因此该项目是黑龙江省重要的交通枢纽，对于完善和发挥当地路网的整体功能具有举足轻重的作用。同时，该项目属于基础设施产业，符合国家产业政策和金融机构的信贷政策，具有较强的竞争能力和议价能力。

（2）鉴于此，项目业主可采取招标贷款的方式。在标书中，一方面，要明确需国家批复的重要文件完成情况，如立项、土地、环保等审批项目，项目建设的必要性，较高的贷款担保能力等方面的基础工作；另一方面，要对金融机构明确提出融资期限、融资价格（此类项目一般应坚持执行基准贷款利率下浮档的利率要求，利于减少融资成本）、融资办理时限等要求。

（3）将标书发往各金融机构后，以最佳满足项目业主要求的银行投标方案为准，将极大地提高融资效率，降低融资成本。

8.3　南京市地铁 1 号线南延线建设项目融资

8.3.1　项目概况

南京市轨道交通线网远景规划共由 13 条轨道线路组成，其中 9 条地铁线，4 条轻轨线，线网总长 433km。近期规划中提出南京市 2010 年前轨道交通建设项目总里程为 73.625km，由 2010 年前规划建成的 51.93km 与已建成的 1 号线一期 21.7km，率先构成南京市轨道交通"十字形"骨干网络。2010 年前启动 2 号线西延线和 3 号线 45.75km 的线路建设，将与 2010 年前建成的线路一同构成南京市 118.38km 轨道交通"两纵一横"的骨干网络。该规划已于 2005 年 12 月获国务院批准。南京市轨道交通近期规划方案见表 8-3。

南京市轨道交通近期规划方案　　　　　　　　　　表 8-3

项　　目	线路编号	起　　点	终　　点	长度（km）
建成线路	1 号线一期	迈皋桥	奥体中心	21.7
	2 号线一期	马群镇	汪家村	24.145
	1 号线南延线	安德门	大学城	17.1
近期规	2 号线东延线	马群	仙林	9.68
划线路	2 号线西延线	集庆门大街	城西路	14.82
	3 号线	南京南站	江北林场	30.932
	合计			96.68
合　　计				118.38

南京市地铁 1 号线南延线建设项目，该项目由安德门站向南延伸至东山新市区，穿越雨花区和江宁区，途经南京火车南站、岔路口、胜太路、百家湖、竹山

路、天印大道、城东路等站至本次工程的终点。全长 17.98km，其中地下线
12.32km，占全长 68.52％，高架线 5.66km（含路堑和路堤段长度），占全长
31.48％。全线设车站 16 座（不含安德门站），其中地下站 11 座，高架站 5 座。车
辆基地设在小行至安德门东侧，由小行车辆段、综合维修中心、材料总库与国铁联
络线组成，占地 0.312km²。

1. 项目批复情况

项目的工程可行性研究报告由具有工程咨询甲级资质的北京城建设计研究总院
有限责任公司编写；国家发展改革委对项目可行性研究进行了批复；国家环保总局
对项目环评报告进行了批复；国土资源部对项目建设用地预审意见出具复函（国土
资预审字〔2006〕328 号）。

2. 项目建设进度计划及进展情况

项目 2006 年 12 月开始前期准备工作，2007 年进行土建工程招标，同时完成
车辆招标、启动设备招标，所有车站开工建设；预计 2008 年 9 月完成车站和区间
土建工程，实现洞通，2008 年 11 月开始装修、设备安装及调试，2009 年 2 月全线
轨通，8 月开始全线的联动调试及试运行，2009 年 12 月 31 日通车试运营。

8.3.2　可行性研究分析

1. 交通量预测

(1) 南京市经济概况

南京是江苏省的政治、文化、经济中心，也是长江流域四大中心城市之一和长
江三角洲西部枢纽城市。现辖行政区包括鼓楼、玄武、白下、建邺、下关、秦淮、
雨花、栖霞、浦口、六合、江宁十一区和溧水、高淳两县，总面积 6597.6km²，其
中市区面积 4737.0km²。根据南京总体规划预测全市人口远景达到 1000 万人左右，
目前南京市常住人口与流动人口已分别超过 700 万和 200 万人。2006 年南京市国
内生产总值（GDP）达到 2774 亿元，全市实现财政收入 603.9 亿元，分别比上年增
长了 14.96％和 18.4％，见表 8-4。人均 GDP 达到 3.9 万元人民币（按常住人口计
算），突破 5000 美元。经济总量和财政收入的增长速度高于全国、全省平均水平，
经济总量在全国省会城市中排名第三。

南京市区域经济数据一览表　　　　　　　　　　表 8-4

年　份	GDP（亿元）	增长率	人均 GDP（元）	增长率	市财政总收入（亿元）	增长率	地方财政收入（亿元）	增长率
2004	1910		35770		403.65		166	
2005	2413	26.34％	40500	13.22％	510.17	26.35％	211.07	24.24％
2006	2774	14.96％	42968	6.09％	603.9	18.4％	246.4	16.74％

(2) 南京市城市客运总体情况

居民出行抽样调查显示，2005 年南京市主城居民人均出行次数由 2004 年的
2.66 次/日略增到 2.73 次/日。外围城区居民出行次数高于主城居民，人均达到

3.04 次/日。根据调查推算的主城居民一日出行总量为 627.7 万人次，比 2004 年的 594.27 万人次增长了 5.63%，其中公交出行量约为 141.86 万人次。2005 年南京市居民出行方式结构与去年相比有了较明显的变化，主要表现在步行和自行车出行比例明显增长，公交出行比例有所下降。

由于经济的发展，公用车辆的增多，私家车辆的快速增长，加之受历史形成的城市空间布局结构和地形条件的影响，南京市在城市中心区形成多处交通瓶颈，公交车行驶速度较慢，不但增加道路动态交通压力，而且导致静态停车矛盾日益突出，加剧了交通紧张状况。

根据南京市城市快速轨道交通建设规划，到 2015 年，南京将建成一个以快速轨道交通为骨干，公共电汽车为主体，其他公共交通方式为辅的多层次公共交通系统，居民公交出行比例将上升，轨道交通占公交客运量比例约为 25%。预测 1 号线南延线客流数据见表 8-5。

南京市地铁 1 号线南延线客流数据预测表　　　　　　　　表 8-5

年　份	2012 年	2019 年	2034 年
日客流量(万人次)	19.19	36.62	49.96
平均运距(km)	10.98	10.41	9.95

(3) 客流量取值

根据谨慎原则，对南京地铁项目整体进行预测，基年客流量为南京地铁 1 号线、南延线和 2 号线全部客流量的 70%，之后每年折扣减少 5%，2015 年为 90%，以后年度不再考虑增长。

城市交通政策导向、城市用地开发导向、线网规划、票价因素、与地面公交的衔接能力等诸多因素均会对具体一条轨道线路的客流量产生较大影响，因此项目通车后仍存在实际客运量与预测数据产生差异的可能。

2. 票价分析

(1) 可行性研究票价分析

南京地铁 1 号线投入运营后，预计平均票价为 4 元/人次，约合 0.38 元/(人·km)。

(2) 票价取值

项目贷款期限较长，票价水平将对项目运营效益影响很大。目前，南京市已运营的地铁 1 号线一期长度为 21.72km，沿线设置 16 个站。实行分段收费：起步价 2 元(1~8 站)，3 元(9~12 站)，4 元(13~16 站)。北京地铁 1 号线、环线及复八线的现状票价为 2 元/人次，上海地铁 1 号线、广州地铁 1 号线等项目的平均人次票价也在 3 元左右。

综合考虑可研票价预测并参考各地实际票价，预测 2011 年 1 号线南延线建成投入运营起票价起点为 3 元/人次，2021 年起为 4 元/人次，2025 起起为 5 元/人次，以后年度不再考虑增长。因此，由于轨道交通的公益性质，它的票价通常不受市场调节，同时作为理论票价，还必须考虑套票折扣因素及对特殊人群的减免因素。因此，经听证后的地铁票价存在进一步变动的可能。

3. 南京市房地产市场情况

(1) 南京市房地产市场总体情况

近年来，随着国家宏观调控政策的加强，南京市商业、旅游、娱乐和商品住宅等经营性用地一律采用挂牌方式出让土地使用权，使土地供应的渠道透明化，全市土地收益稳步增长。由于房地产市场的快速发展、房价的持续走高和土地资源的相对稀缺，使得南京市土地价格将不断升值。同时经济快速增长对各类建设用地的需求压力较大，客观上也促使地价持续上涨。近几年南京市公开市场土地交易价格呈现较快的上升趋势，各地块实际成交价格大多超过了所处区域的政府基准地价，见表8-6。

南京市区基准地价表　单位：元/m²　　　　表8-6

项　目	土地级别	用　途　类　别		
		商　业	住　宅	工　业
南京市	Ⅰ	22000	10000	1300
	Ⅱ	16000	7750	1100
	Ⅲ	13200	5800	800
	Ⅳ	9500	3900	680
	Ⅴ	6700	2600	
	Ⅵ	4650	1600	
	Ⅶ	3200		
江宁区	Ⅰ	3200	2400	470
	Ⅱ	2500	1700	410
	Ⅲ	1800	1200	360
	Ⅳ	1200	900	320
	Ⅴ	900	640	270
	Ⅵ	600	460	
	Ⅶ	480		

同时依据中国城市地价动态监测系统，南京市近年来的各类土地平均地价如表8-7所示。

南京地价平均值历年情况　单位：元/m²　　　　表8-7

项　目	综　合	商业用途	居住用途	工业用途
2006 年第三季度	3631	6195	4629	958
2005 年	3588	6128	4556	958
2004 年	1839	2822	1746	865
2003 年	1735	2653	1574	859
2002 年	1667	2466	1534	845

依据南京土地储备中心官方网站披露的交易情况，2004—2006 年，南京市土地出让总收入呈增长趋势，2006 年度经营性土地成交价格已达到 123.69 亿元，平

均地价达到 155.32 万元/亩，2007 年 1～8 月，南京市土地成交价款 154.68 亿元，超出 2006 年全年水平，每亩成交单价较年初增长了 208.03％。见表 8-8。

2004～2007 年 8 月南京市土地成交价格情况表　　　　　表 8-8

项　　目	2004 年	2005 年	2006 年	2007 年 8 月
土地成交价款(亿元)	52.65	97.15	123.69	154.68
土地成交价款增幅(％)	−39.85	84.52	27.31	25.06
土地出让面积(万 m²)	264.92	612.93	530.89	316.80
单位面积成交价格(万元/亩)	132.5	105.67	155.32	325.50
单位面积成交价格增幅(％)		−20.25	46.99	208.03

(2) 区域市场

按照南京市城市发展规划，市区面积逐渐扩大，南京市未来发展区分"主城—新市区—新城"三个层次，主城是城市发展区的核心，在主城(包括城东、城南、城北、城中、河西五大板块)外围形成仙林、江宁东山、江北浦口三个新市区。受该因素影响，使得南京市土地出让面积和出让收入近年来开始出现较大增长。近年来南京市土地出让主要集中在河西、江宁、江北、城东、城南、仙林等板块，上述区域占到总交易量的 94％左右，见表 8-9。

南京主要板块新增经营性用地公开交易情况　　　　　表 8-9

2006 年	出让面积(万 m²)	幅数	规划建筑面积(万 m²)	容积率	成交价(亿元)	每亩单价(万元/亩)	楼面地价(元/m²)
总计	530.88	70	831.15	1.57	123.69	155.32	1488.14
城北	20.18	8	38.50	1.9	7.8	257.66	2026.24
城东	31.21	4	35.20	1.13	15.42	329.34	4380.8
城南	29.74	5	65.93	2.22	18.62	417.35	2824.05
城中	9.49	6	29.12	3.07	2.96	208.15	1016.16
河西	109.00	13	243.03	2.23	46.70	285.61	1921.56
江北	65.05	8	93.49	1.44	3.50	35.82	373.88
江宁	245.42	22	291.00	1.19	23.52	63.89	808.3
仙林	20.79	4	34.88	1.68	5.17	165.77	1482.34

2007 年 1～8 月	出让面积(万 m²)	幅数	规划建筑面积(万 m²)	容积率	成交价(亿元)	每亩单价(万元/亩)	楼面地价(元/m²)
合计	316.79	51	609.94	1.93	154.69	325.50	2535.86
城北	32.79	9	68.51	2.09	17.86	362.96	2605.98
城东	2.86	2	4.90	1.72	5.77	1347.25	11765.7
城南	64.97	7	155.06	2.39	31.81	326.39	2051.40
城中	4.00	5	18.41	4.60	8.77	1460.91	4762.55
河西	38.35	6	94.21	2.46	40.57	705.31	4306.37
江北	19.92	4	37.41	1.88	4.17	139.41	1113.58
江宁	78.36	11	141.25	1.80	26.10	222.06	1847.81
仙林	75.54	6	90.19	1.19	19.64	173.27	2535.86

（3）项目市场

1）储备地块市场

青龙片和麒麟片的储备地块，分别位于仙林区和江宁区。通过上述分析可以看出，涉及项目资本金及负债偿还的两块土地——麒麟及青龙地块4760亩，分别位于江宁和仙林相对较好的地区。

2）上盖物业市场

由于地铁大大改善了沿线的交通，新城区不断出现，沿线地价上升较快，地产不断增值。南京地铁充分利用地铁对沿线土地价值产生增值影响的优势，将地铁建设与沿线的土地开发结合起来，成为筹措建设资金的重要途径之一。2007年1月，地铁2号线所街站137.13亩上盖物业建设地块拍卖成交，由江苏凤凰集团拍得，地价高达737万/亩。2007年7月隶属万科的上海朗达实业拍得的位于江宁开发区内环路以北、牛首山河以南二类居住用地（容积率2.0）价格高达437万/亩，基本上与测算盖物业土地出让价格450万元/亩的水平相当。

4. 南京市房地产市场分析

（1）总体市场分析

2006年南京全市房地产投资规模达351亿元，在同类城市中保持较高水平；全市住宅开发投资、住宅施工面积、住宅竣工面积同比增长50%。2006年全市各类商品房销售总量高达1310.6万 m^2，其中商品住房（含政策性住房）1144.2万 m^2，住宅累计成交80492套，成交均价4265元/m^2，较上年同期增长6.1%。2006年一季度南京住宅均价为6476元/m^2。江南八区5月份成交均价已达7916元/m^2，2007年6月，新建商品住房销售价格同比上涨11.3%，涨幅在全国70个大中城市中列第三位。

（2）区域市场分析

近年来，南京市居住用地出让主要集中在主城河西及仙林、江宁三个居住新区。代表性楼盘见表8-10。

南京市代表性楼盘情况　　　　　　　　　　　　　表8-10

项目名称	板块	地理位置	规模（m^2）	主力户型	均价（元/m^2）	销售率	物业形态
西堤国际	河西	建邺区恒山路	527100	3×2、2×2	8400	100%	高层，中高层
朗诗国际	河西	河西大街87号	300000	3×2、4×2	12000	98%	高层，中高层
东方天郡	仙林	仙林大学城中心区	390000	3×2、2×2	7500	100%	高层，中高层
尚东区	仙林	仙林大道118号		3×2、2×2	7500	100%	高层，中高层
同曦新贵之都	江宁	江宁开发区胜态路	80000	2×2、1×1	5500	100%	多层
南方花园枫彩园	江宁	江宁岔路口	450000	3×2	6000	100%	多层

2006年，江宁区完成房地产投资总额46亿元，商品房销售突破100亿元，商品房住宅平均入住率为65%，住宅销售均价为3831元/m^2，比去年同期上涨了8.22%。房地产开发行业的健康快速发展保证了未来土地收益的实现。

8.3.3 项目的融资结构

1. 投资估算

项目总投资预计约为 752898 万元，平均每公里造价 41874 万元，其中固定资产投资 749118 万元，流动资金 3780 万元。见表 8-11。

项目投资估算情况表 单位：万元 表 8-11

项 目	评估值
总投资	752898
1. 固定资产投资	749118
工程费用	421709
其他费用	75127
车辆购置费	135907
预备费用	44555
其中：基本预备费	24215
涨价预备费	20340
建设期利息	71820
2. 流动资金	3780

2. 筹资计划

项目固定资产总投资 749118 万元，资金来源为：项目自筹资金 319118 万元，占固定资产总投资的 42.60%；银行融资 430000 万元，占固定资产总投资的 57.40%；项目流动资金总投资 3780 万元，资金来源为：自筹 1134 万元，占比 30%；银行融资 2646 万元，占比 70%。

8.3.4 项目的融资风险

1. 政策和体制风险

（1）项目融资周期较长，融资期内国家及地方相关政策存在进一步调整的可能。

（2）项目的资本金来源和绝大多数还款来源为土地出让收益（轨道基金），而国家对土地出让收益的使用有着较严格限制，如遇国家土地相关政策调整，将对项目的融资及偿债产生较大影响。

2. 资本金到位风险

（1）项目的股东方以自身效益出资的能力有限，需依靠南京市政府和沿线各区政府的财政资金投入及土地出让收益作为资本金来源。

（2）由于南京市地铁后续规划建设项目投资较大，将有可能影响到市政府对项目资本金的筹集和按期足额到位。

3. 市场风险

项目的市场风险主要包括客流量、票价及土地出让收益。

（1）轨道交通客流量变化受经济发展、交通网络状况、出行习惯等诸多因素影响，存在一定的不确定性。

（2）作为公共交通，其票价制定必须考虑项目的公益性，受到政府及有关方面的限制，还需进行价格听证，加上套票折扣及对特殊人群的减免因素，最终的票价收入能否覆盖企业的实际成本具有一定不确定性。

（3）项目是南京市第二条地铁线路，其运营时地铁尚未形成网络，其客流量受客流结构、地上公交的影响较大。

（4）项目的绝大多数还款来源为土地出让收益，而土地出让计划、价格受多方面因素影响，存在不确定性。

4. 建设及超支风险

项目建设期长达 4 年，工程量大且难度较高，其中约 70％部分须在地下施工，南京属长江中下游地区，地质结构较为复杂，影响工程投资和进度的因素较多，存在建设及超支风险。

8.3.5　项目融资的简评

（1）可以把融资租赁作为项目设备的融资方式。例如，车厢和一些信号系统设施等，通过融资租赁，可以解决一部分资金不足的问题。而对于一些车辆生产厂家来说，融资租赁也是可以接受的。

（2）投资主体需要多元化。通过投资主体的多元化和经营运作的市场化，充分改善轨道交通投资和经营的效率。比如，进行股份制改造，通过存量或增量发行股份来实现投资主体的多元化。许多城市基础设施项目，贷款的来源都是银行，从银行的角度来说，这类项目也是最保险的项目。所以，客观上造成忽略投资渠道多元化。

（3）对于政府投资的关系到国计民生的重大基础设施项目可以发行以政府信誉作担保的长期建设债券，以弥补建设资金缺口。

（4）根据新古典经济理论，政府投资的增加会加大国内的货币需求，在货币供给不变的条件下，市场利率上升，最终导致私人投资减少，即政府投资会产生"挤出"私人投资的效应。挤出效应的效果取决于两个条件：一是利率的市场化程度，二是私人投资对市场利率变动的敏感度。总之，在项目策划阶段多考虑吸引包括私人在内的融资，减少城市基础设施对于政府的依赖，是地铁项目融资下一步要考虑的一个问题。

8.4　"世茂滨江新城"项目融资

8.4.1　项目概况

"世茂滨江新城"项目位于哈尔滨市松北区，三环路与四环路、世茂大道与松花江防护堤围合成的地带，是哈、大、齐工业走廊的中心地段。项目总用地面积

400.84 万 m²，分四期进行建设。一期工程占地面积 46 万 m²，建筑面积 75 万 m²，分四个区进行建设，项目为其一期三、四区，占地面积 20 万 m²，建筑面积 39.9 万 m²，其中：三区由 27 栋独栋别墅、40 套双拼、50 套多拼、156 套 4 栋中高层住宅楼组成，地上建筑面积 10 万 m²、地下车库建筑面积 1.4 万 m²，容积率为 0.72，绿化率 52%；四区由 24 栋临江高层住宅楼组成，住宅 1529 套，地上建筑面积 26.1 万 m²、地下车库建筑面积 2.4 万 m²，容积率为 2.79，绿化率 62%。

1. 项目实施进程

2004 年 4 月 29 日，哈尔滨市发展计划委员会对"滨江新城"一期项目进行了批复。项目《国有土地使用证》、《建设用地规划许可证》、《建设工程规划许可证》、《建筑工程施工许可证》、《商品房预售许可证》五证齐全。项目于 2005 年 3 月开工，预计 2007 年 12 月末竣工，目前该项目内、外装饰已完工。现已完成投资 74956 万元，占总投资的 77.17%。

2. 项目建设条件

项目《可行性研究报告》由哈尔滨市建筑设计院编制，资质甲级。施工单位分别为黑龙江省第一建筑工程公司，资质特级；哈尔滨恒达建筑工程有限公司，资质一级；北京城建第三建设发展有限公司，资质一级。监理单位分别为黑龙江省建设监理有限责任公司，资质甲级；通化市工程建设监理公司，资质甲级。项目环评报告已获哈尔滨市环保部门批复。

8.4.2 可行性研究分析

1. 哈尔滨市基本情况

哈尔滨市坐落在松花江南岸，是黑龙江省的政治、经济、文化中心，是我国的老工业基地之一。改革开放以来，哈尔滨加快了国有企业改革步伐，实施了战略性调整，产业结构和产品结构得到优化，努力构建国家的机械制造业、高新技术产业、绿色食品、医药工业、对俄经贸科技合作基地和世界冰雪旅游名城。从 1990 年起，每年召开的哈尔滨经济贸易洽谈会，成为我国对外开放的重要窗口。近三年哈尔滨市经济发展状况见表 8-12。

哈尔滨市经济发展状况指标　　　　表 8-12

项　目	国民生产总值（亿元）	全市人口（万人）	市区居民家庭年人均可支配收入（元）	城乡居民储蓄存款余额（亿元）
2004 年	1680.5	970.23	8940	1261.2
2005 年	1830.4	974.36	10065	1461.5
2006 年	2094	980.3	11230	1563.8

经过近三年的发展，哈尔滨市国民生产总值逐年上升，同时市区居民家庭年人均可支配收入及城乡居民储蓄存款余额均不断增长，人们的消费能力得到了一定的提高。

2. 哈市房地产市场情况

2000 年以来，哈尔滨市商品房住宅价格一直在持续上涨，但涨幅有限，维持在 3% 至 5% 左右。2005 年哈尔滨市商品房住宅每平方米建筑面积平均价格比上一年上涨 324 元，涨幅约为 14%。近三年哈尔滨市商品房住宅价格走势，见表 8-13。

近三年哈尔滨市商品房住宅价格走势表　　　　　　　　　表 8-13

年　　份	2003 年	2004 年	2005 年	年均增长率(%)
价格(元/m²)	2203	2248	2472	5.93
人均居住面积(m²)	22.54	23.74	24.74	4.77

2005 年哈尔滨市房地产开发投资完成 140.2 亿元，比上年增长 16.9%，其中商品住宅投资完成 76.8 亿元，比上年增长 19.2%。哈尔滨市城市居民居住条件继续改善，市区人均住房使用面积达 16.69m²，比上年增加 0.75m²。总体上看，哈市房地产开发规模持续扩大，城市居民居住条件得到了逐步的改善。主要呈现以下特点：

（1）房地产开发投资增幅趋缓，购置土地增加。截至 2005 年 12 月末，哈尔滨市房地产开发投资累计完成 140.2 亿元，比上年增长 16.9%，其中，住宅投资累计完成 76.8 亿元，占全部投资的 54.8%，比上年增长 19.2%。房地产开发土地购置面积达 342.3 万 m²，比上年增长 21.3%。土地成交价款为 24.5 亿元，比上年增长 24.2%，增长幅度明显高于房地产开发投资。

（2）商品房建设规模增长较快。2005 年哈市房地产开发施工面积为 1348.4 万 m²，比上年增长 11.9%，其中新开工面积占 50.4%，比上年增加 9.8 个百分点。商品住宅施工面积为 917.2 万 m²，比上年增长 19.7%。

（3）商品房销售平稳增长，销售价格小幅上扬。2005 年哈尔滨市商品房销售面积 513.6 万 m²，比上年增长 11.8%。商品房销售额 138.7 亿元，比上年增长 21.0%。商品住宅销售面积 407.2 万 m²，比上年增长 16.3%，占全市的 79.3%，比上年增长 3.1 个百分点。

（4）竣工总量增势不减。2005 年末，哈尔滨市房地产开发竣工总量为 524.8 万 m²，比上年增长 2.9%，占全年施工规模的 38.9%，继续保持较高的竣工规模。其中商品住宅竣工总量为 386.1 万 m²，比上年增长 12.5%，经济适用房为 58.6 万 m²，比上年下降 8.7%。

（5）商品房空置面积居高不下。2005 年，哈尔滨市商品房空置面积为 396.4 万 m²，仅比上年减少 1.7 万 m²。其中，空置一年至三年的为 216.9 万 m²，增长 43.4%；空置三年以上为 30.9 万 m²，下降 11.8%。商品住宅空置面积为 231.3 万 m²，比上年下降 7.4%。

2006 年哈尔滨市房地产开发投资完成 66.2 亿元，比上年增长 7.8%，房地产开发施工面积 1585.6 万 m²，竣工面积 667.3 万 m²。房产市场日趋活跃，全年商品房销售 674.4 万 m²，比上年增长 16.8%。

3. 松北区房地产市场分析

松北房地产开发初期，以其环境优越，发展前景乐观，房价低于江南中心城区等优势吸引了众多投资置业者，加之市政府迁往江北等众多因素驱使江北房地产市场曾一度表现繁荣，2005 年、2006 年江北楼市价格迅速增长。但进入 2006 年二季度后期，由于以下几个原因，造成江北房地产市场出现滞销：一是基础设施建设缓慢，常住人口较少，未形成商业氛围，居民购物出行不便；二是江北楼盘快速的开发进度与市场消化能力不相匹配；三是哈尔滨市政府对群力、哈西等地区大规模的开发建设，分流了江北市场购买能力的份额，对江北楼盘的销售冲击较大；四是受市政府大楼塌陷、搬迁等一些传闻的影响，各楼盘的销售受到较大影响。

进入 2007 年，哈尔滨市政府对政府大楼塌陷、搬迁进行了辟谣，二十道街跨江大桥已开工建设，据黑龙江晨报 5 月 11 日报导，省委书记钱运录同志在松北视察表示，要通过省市共建、市区联建的方式，凝聚各方力量，合力建设新松北。哈尔滨市市委、市政府明确提出要举全市之力推进"两岸繁荣"。如果黑龙江省政府能够尽早迁至江北，松北区的各项基础配套设施和商业配套设施能够形成规模，江北房地产市场销售将步入良性发展轨道。但上述条件的实现，存在一定的不确定性，且其进展速度也将对江北房地产市场产生较大影响。

4. 市场竞争能力分析

(1) 地理位置

项目位于哈尔滨市松北新区，距离哈尔滨市政府办公大楼约 700m，东临哈尔滨市规划三环路，南临松花江防护堤，北临规划世纪大道，四期用地相连。在交通上，向北可到达松北区和呼兰区，向南通过其北部的世纪大道、202 国道和松花江公路大桥可进入市区中心地带，现有 80、88 等公交线路与江南相通。

(2) 市场定位与户型分析

项目销售对象主要定位于中、高档收入阶层，包括：第一类，在哈尔滨的世界 500 强企业和外商投资企业的外籍高层人士，江浙一带有经济实力的投资客户及哈尔滨市归国定居人员；第二类，哈尔滨市有相当经济实力的私营企业主、政府公务员及外企高管；第三类，哈尔滨市的白领阶层和高级知识分子阶层；第四类，松北新区及周边城市的移民；第五类，投资性购房群体。其户型结构情况见表 8-14。

项目户型结构情况表　　　　　　　　　　　　　　　表 8-14

序号	户型	住宅使用面积 (m²)	套数	套数占比 (%)	住宅总使用面积(m²)	户型面积比 (%)
1	独栋	324.25	26	1.73%	8430.60	3.16%
2	五联排	399.51	50	3.32%	19975.51	7.49%
3	双拼	227.35	40	2.66%	9094.00	3.41%
4	叠拼	209.57	156	10.37%	32692.34	12.25%
5	一室	79.90	126	8.37%	10067.18	3.77%
6	二室	127.19	332	22.05%	42227.90	15.83%
7	三室	181.24	605	40.20%	109648.72	41.10%
8	四室	203.91	170	11.30%	34665.24	12.99%
合计			1505	100.0%	266801.49	100.00%

从上表可以看出，项目中、大户型搭配，以大户型为主，属高档住宅。

(3) 价格分析

项目业主初步定价：住宅销售均价三区 5000 元/m²，四区 3000 元/m²，车位 9 万元/个。项目与江北具有相似品质高层楼盘比较情况见表 8-15。

项目与江北具有相似品质高层楼盘比较情况　　　　表 8-15

名　称	项目地点	车库(万元/个)	商服(元/m²)	住宅均价(元/m²)
世纪花园	世茂大道	10	4000	2200
荷兰新城	世茂大道与拉萨路交会处	11.5	无	2750
新新怡园	松北大道与世茂大道交会处	14	6500	2800
北岸明珠	松北大道与世茂大道交会处	12	7600	3100
项目	三区	9	无	5000
	四区	9	无	3000

项目周边楼盘较多，市场竞争非常激烈；通过上表可以看出，因项目三区户型主要为独栋、叠拼，四区为高层，住宅规格较高，与周边相似品质楼盘销售价格对比，不具优势。

(4) 配套设施

小区环境按照"以人为本"的设计理念，亲水性设计，追求良性的社区结构。随着松花江大顶子山航电枢纽工程的完成，江水可直接流入小区，小区东部公建用地布置会所、商场、幼儿园、中小学和商业街。其大型会所投资 1 亿余元，内设游泳馆、篮球馆、乒乓球馆等各种活动、休闲设施。但松北区因市政配套设施建设尚不很完备，常住人口较少，尚未形成商业氛围，居民生活不很便利，可能影响项目销售预期的实现。

8.4.3　项目的融资结构

1. 投资估算

项目估算总投资 97128 万元，其中：土地费用 13900 万元，前期工程费 600 万元，房屋开发费 69300 万元，其他费用 552 万元，销售费用 2335 万元，管理费用 2593 万元，财务费用 5775 万元，不可预见费 2079 万元。项目开发成本 86431 万元，期间费用 10697 万元。

2. 融资方案

项目估算总投资 97128 万元，资金来源为：企业自筹资金 35270 万元，占项目总投资的 36.32%，银行贷款 46261 万元，占项目总投资的 47.33%；商品房预售返还投资 15597 万元，占总投资的 16.06%。

8.4.4　项目的融资风险

1. 市场风险

该项目位于哈尔滨市松花江江北的松北区，属于哈市新开发的城市区域，过江通道、商业、医疗等城市配套设施的完善，市政府开发方向的转变，省政府是否迁至江北计划的实施，都将影响项目销售预期的实现。

2. 政策风险

项目住宅大部分为别墅、叠拼、多拼和高层，且户型较大，属高档住宅项目，受国家政策调控影响较大，可能对资金安全产生不利影响。

8.4.5 项目融资的简评

（1）融资手段单一，对银行贷款过度依赖。我国房地产项目开发资金大部分来源于银行贷款，因此，房地产金融风险主要是由银行系统来承担。一旦国家宏观政策调整，资金链断裂，必然给企业和银行造成严重影响。

（2）为保证项目的正常运转和企业的信誉，一方面，项目业主要合理调度安排资金，防止在滚动开发过程中过度占用银行贷款，形成到期贷款无法偿还的局面；另一方面，要将一部分按揭贷款用于偿还银行开发贷款，防止贷款集中到期风险，确保项目业主的融资信誉。

（3）对于房地产夹层融资的思考。目前，我国的房地产企业融资市场是典型的以银行融资为主导的市场体系，企业融资主要依靠间接融资，制约了房地产业的发展。有人提出：夹层融资就是很好的解决方案之一。

夹层融资是一种处于股权和普通债务之间的一种融资方式，是一种无担保的长期债务，这种债务附带有投资者对融资者的权益认购权。夹层融资只是从属债务的一种，它包括两个层面含义：从夹层资本的提供方，即投资者的角度出发，称为夹层资本；从夹层资本的需求方，即融资者的角度，称为夹层债务。夹层融资的利率水平一般在 10％～15％之间，投资者的目标回报率是 20％～30％。一般说来，夹层利率越低，权益认购权就越多。

夹层融资结合了固定收益资本的特点（如现金利息收入）和股权资本的特点（如转股权利），可以获得现金收益和资本升值双重收益。

夹层融资的本质仍然是一种债务融资工具，投资者在融资合同中通常会加入限制性条款，对企业融资后的一些行为进行约束，从而将资产下跌风险控制到最小。

夹层融资对投资方而言，融资期内有可预测的稳定的正向现金流入，如利息或本金的分期还款，而且投资者还可以通过财务杠杆来改变资金结构，提高投资收益。

对融资方而言，夹层融资成本一般高于优先债务但低于股本融资，而且可以按照客户的独特需求设计融资条款，可在最大限度上减少对企业控制权的稀释。

参 考 文 献

References

[1] Peter K. Nevitt，Frank fabozzi. Project Finance，Seventh Edition. Euromoney Publications PLC，2000.

[2] Graham Vinter. Project Finance：A Legal Guide，Second Edition. London：Sweet and Maxwell，1998.

[3] Esteban C. Buljevich，Yoon S. P ark. Project Financing and the International Financial Markets. Boston：Klwuer Academic，1999.

[4] K. T. Yeoa，Robert L. K. Tiong. Positive management of differences for risk reduction in BOT projects. International Journal of Project Management，2000，18：257-265.

[5] Y. Y. Ling，B. S. Y. Lau. A Case study on the manangement of the development of a large-scale power plant project in East Asia based on design-build arrangement. International of Project Management，2002，20：413-423.

[6] 任淮秀. 项目融资. 北京：中国人民大学出版社，2004.

[7] 马秀岩. 项目融资. 大连：东北财经大学出版社，2002.

[8] 王兆星. 金融市场学. 北京：中国金融出版社，2006.

[9] 张元萍. 创业融资与风险投资. 北京：中国金融出版社，2006.

[10] 张朝兵. 项目融资理论与实务. 北京：经济管理出版社，2006.

[11] 李春好，曲久龙. 项目融资. 北京：科学出版社，2004.

[12] 简迎辉，杨建基. 融资理论语方法. 北京：中国水利水电出版社，2006.

[13] 徐莉. 项目融资. 武汉：武汉大学出版社，2006.

[14] 赵华，苏卫国. 工程项目融资. 北京：人民交通出版社，2004.

[15] M. Fouzul Kabir Khan，Robert J. Parra［美］大项目融资. 北京：清华大学出版社，2005.

[16] 蒋先令编著. 项目融资. 北京：中国金融出版社，2004.

[17] 隋静，陈增寿. 财务管理学. 北京：清华大学出版社，北京交通大学出版社，2005.

[18] 和宏明等. 投资项目可行性研究工作手册. 北京：中国物价出版社，2002.

[19] 张先治主编. 财务分析. 北京：北京财政经济出版社，2003.

[20] 鲁爱民主编. 财务分析. 北京：机械工业出版社，2005.

[21] 谢志华主编. 财务分析. 北京：高等教育出版社，2003.

[22]《新会计制度下的财务分析》编写组编. 新会计制度下的财务分析. 北京：中国市场出版社，2006.

[23] 杨显英主编. 财务分析理论与实务. 上海：立信会计出版社，2006.

[24] 张极井著. 项目融资. 北京：中信出版社，2003.

[25] 戴大双主编. 项目融资. 北京：机械工业出版社，2005.

［26］ 邢秀青，岑玢，孙静. 项目融资风险的模糊综合评价方法研究. 山西建筑. 2007，33 (11)：261-262.

［27］ 陈武新，李作正，吕秀娟，冯冲. PFI 项目融资模式在公共工程中的应用. 建筑经济. 2006，05：52-54.

［28］ 周活球，胡长明，张回家. BOT 模式在工程项目管理中的应用. 广东科技. 2006，(12)：138-139.

［29］ 纪彦军，雷飞伦. 我国 PPP 模式及其运作研究. 产业与科技论坛. 2007，6(8)：181-183.

［30］ 姜建平. PPP 模式与 BOT 模式融资方式比较分析. 山东交通科技. 2006，4：100-101.

［31］ 毕星，陈锋. BOT 项目融资风险评价. 河北建筑科技学院学报，2006，23(11)：100-103.

［32］ 卢有杰，卢家仪. 项目风险管理. 北京：清华大学出版社，1998.

［33］ 财政部注册会计师考试委员会办公室. 财务成本管理——2007 年度注册会计师全国统一考试指定辅导教材. 北京：经济科学出版社，2002.

［34］ 全国会计专业技术资格考试领导小组办公室. 财务成本管理. 北京：中国财政经济出版社，2007.

［35］ (美)詹姆斯·范霍恩，约翰·瓦霍维奇. 现代企业财务管理(第十版). 北京：经济科学出版社，2001.

［36］ 文忠平，彭淼. 中国项目融资法律政策环境的简要分析. 市场周刊研究版. 2005，09：110-111.